FACULTÉ DE DROIT DE PARIS

DE LA BONNE FOI

ET DE SES EFFETS EN MATIÈRE CIVILE

—

THÈSE POUR LE DOCTORAT

PRÉSENTÉE PAR

Claude ARTHAUD,

Né à Lyon.

PARIS

A. PARENT, IMPRIMEUR DE LA FACULTÉ DE MÉDECINE

31, RUE MONSIEUR-LE-PRINCE 31

—

1874

DE LA BONNE FOI

ET

DE SES EFFETS EN MATIÈRE CIVILE

THÈSE POUR LE DOCTORAT

PRÉSENTÉE PAR

Claude ARTHAUD,

Né à Lyon.

*L'acte public sur les matières ci-incluses sera soutenu le jeudi
30 Juillet 1874, à midi.*

Président :	M. LABBÉ,	Professeur.
	MM. VALETTE,	
Suffragants :	DE VALROGER	Professeurs.
	BUFNOIR,	
	GLASSON,	Agrégé.

*Le candidat répondra, en outre, aux questions qui lui seront faites
sur les autres matières de l'enseignement.*

PARIS

A. PARENT, IMPRIMEUR DE LA FACULTÉ DE MÉDECINE

Rue Monsieur-le-Prince, 29 et 31

1874

A MON PÈRE

A MA MÈRE

A MON ONCLE C. GIRARD.

DE LA BONNE FOI

ET DE

SES EFFETS EN MATIÈRE CIVILE.

INTRODUCTION

L'homme, soumis à un ensemble de lois auxquelles il doit librement adhérer, a pour éclairer ses déterminations et diriger ses actes une conscience qui juge de leur conformité à la loi qui doit les régir. C'est de ce jugement de la conscience que dépend ce que nous appelons la bonne et la mauvaise foi. On est de bonne ou de mauvaise foi, selon qu'en agissant on juge son acte conforme ou contraire à la loi. Peu importe d'ailleurs que la loi ait, ou non, été réellement violée : dans l'un et l'autre cas, la bonne et la mauvaise foi peuvent se rencontrer. Ce qui constitue la bonne foi, c'est la croyance, vraie ou fausse, où est une personne qui agit que son acte est parfaitement licite; la croyance contraire constitue la mauvaise foi. La bonne et la mauvaise foi sont donc deux faits essentiellement subjectifs, deux états de l'âme qui s'appuient l'un et l'autre sur la con-

Artaud.   1

science. Nous définirons la bonne foi : l'état moral de l'homme qui en agissant juge son acte conforme à la loi ; par contre la mauvaise foi sera : l'état moral de l'homme qui en agissant juge son acte contraire à la loi.

Quel que soit en lui-même l'acte accompli, qu'il soit ou non licite, il importe toujours, au point de vue de la loi morale, de rechercher quelle a été la pensée de celui qui a agi ; s'il a été de bonne ou de mauvaise foi. L'intérêt de cette distinction est évident lorsque l'acte est réellement contraire à la morale ; l'auteur en pareil cas, n'est responsable qu'autant qu'il a agi en connaissance de cause ; sa bonne foi le met à l'abri de tout reproche. Mais, même dans l'hypothèse, où l'acte se trouve en soi parfaitement moral, la question de bonne ou de mauvaise foi n'est pas indifférente : celui qui est de mauvaise foi, c'est-à-dire qui fait un acte que réprouve sa conscience, est par cela seul toujours coupable, cet acte fût-il irréprochable en lui-même, car il pèche dans sa volonté et viole ce devoir qui oblige tout homme à ne jamais aller contre sa conscience.

L'intérêt qu'il y a au point de vue de la loi morale, à distinguer la bonne et la mauvaise foi, se retrouve quoique à un degré moindre, dans l'application des lois civiles.

Ces lois, à la différence des lois morales, ne règlent absolument que les actes extérieurs : tout ce qui n'est que simple fait de conscience échappe à leur empire : ce n'est que lorsque l'homme sort de lui-même et agit au dehors, qu'alors elles interviennent pour régler son activité, la protéger et la maintenir dans les limites du droit. Tant que ces limites ne seront pas franchies et qu'on se trouvera en présence d'un acte régulier et parfaitement correct, il sera superflu et tout à fait oiseux de rechercher si l'auteur de cet acte a été de bonne ou de mauvaise foi ; si, en l'accomplissant, il a cru ou non violer la loi : dans l'un et l'autre cas, celle-ci se trouve également satisfaite. La mauvaise foi étant un simple fait de conscience, ne saurait être par elle seule une violation de la loi civile, comme nous avons vu qu'elle l'était de la loi morale. Mais lorsqu'au contraire, il s'agit d'actes opposés au droit, il devient du plus haut intérêt, au point de vue des conséquences légales qui peuvent en résulter, de distinguer selon que ces actes ont été accomplis de bonne ou de mauvaise foi. Et en effet, ne serait-il pas souverainement injuste de ne pas faire cette distinction et de traiter avec la même rigueur celui qui a su qu'il commettait une infraction à la loi, et celui qu'il l'a ignoré ? Le premier ayant agi en connaissance de cause, est pleinement responsable et mérite toutes les sévérités de la loi qu'il a violée sciemment ; le second, au contraire, ayant agi sous l'empire de l'erreur, est toujours exempt de dol, peut-être même n'a-t-il aucune négligence, aucune imprudence à se reprocher, sa responsabilité doit donc disparaître complètement ou tout au moins s'atténuer dans une large mesure.

Parcourons rapidement les principales conséquences légales que peut entraîner la violation de la loi, et indiquons sommairement l'influence que la bonne foi est appelée à exercer sur chacune d'elles.

Les conséquences que peut entraîner la violation de la loi sont multiples et variées. On peut cependant les ramener toutes à trois principales : tantôt ce sont des peines qui sont infligées à l'auteur de l'infraction commise ; tantôt c'est l'obligation qui lui incombe de réparer le dommage qu'il a causé injustement à autrui ; tantôt enfin c'est la privation de certains avantages juridiques, dont il prétend jouir, mais pour l'obtention desquels il se trouve n'avoir pas satisfait aux conditions prescrites par la loi. Reprenons séparément ces trois conséquences, et voyons quelle influence aura sur chacune d'elles la bonne foi.

1° *Des peines.* — Elles ne doivent jamais frapper que les infractions à la loi qui sont volontaires ou tout au moins imputables à faute à leur auteur. Il serait en effet tout à la fois injuste et inutile de punir ceux qui, à leur insu, contreviennent à la loi, sans qu'aucune imprudence puisse leur être reprochée : injuste, car étant exempts de dol et même de faute, ils ne sont aucunement responsables de leur acte ; inutile, car, vis-à-vis d'eux, le but, que se propose la loi en punissant, ne saurait être atteint. Que veut, en effet, la loi? Prévenir par l'intimidation de nouvelles infractions ; or, il est bien évident qu'un tel résultat n'est possible, qu'autant que celui qui est sur le point de violer la loi, en a conscience, ou l'ignore par sa faute. Celui qui contrevient à la loi, à son insu, après avoir fait pour l'éviter tout ce que commandait la prudence, étant pleinement convaincu de la parfaite légitimité de l'acte qu'il accomplit, ne saurait en être détourné par la crainte d'une peine qu'il ne croit pas encourir.

Ce ne sont pas toutes les infractions à la loi qui sont l'objet d'une répression spéciale, mais seulement les plus graves, celles qu'il importe le plus de prévenir, ou contre lesquelles il n'existe pas d'ailleurs de sanction suffisante. Les unes ne sont punies qu'autant qu'il y a eu dol de la part du délinquant ; pour les autres, il suffit qu'il y ait eu simple faute ; s'il y a eu dol, la peine sera dans certains cas plus forte. — C'est au législateur seul qu'il appartient de déterminer ainsi quelles infractions devront être punies, à quelles conditions et dans quelle mesure, il convient qu'elles le soient.

Il résulte de ce que nous venons de dire que les peines auxquelles peut donner lieu la violation de la loi, sont subordonnées tantôt au dol, tantôt à la faute du délinquant : dans le premier cas, la bonne foi les écartera toujours ; dans le second, elle ne les écartera que si elle est exempte de faute.

2° De l'obligation de réparer le dommage qu'on a causé injustement à autrui. — Pour que cette obligation prenne naissance, il ne suffit pas qu'un dommage ait été injustement causé, il faut encore qu'une faute soit imputable à celui qui en est l'auteur. La faute est la condition essentielle de l'obligation, dont il s'agit ici, c'est elle qui la justifie et qui la légitime. Celui à qui aucune imprudence, aucune négligence ne peut être reprochée, n'est jamais responsable du préjudice que, par son fait, il a involontairement causé à autrui : quelque digne d'intérêt que soit la personne qui a souffert du dommage, quelque grande que soit la faveur qu'elle mérite, elle n'a absolument droit à aucune indemnité. La perte qu'elle a subie peut être, en quelque sorte, assimilée à une perte par cas fortuit ou force majeure, qui doit toujours rester à la charge exclusive de celui qui en a été directement atteint. Telle est la règle d'équité, que nous trouvons formulée dans l'art. 1382 du Code civil : *Tout fait quelconque de l'homme qui cause à autrui un dommage, oblige celui* PAR LA FAUTE *duquel il est arrivé, à le réparer.*

La bonne foi aura, dans certains cas, pour effet de soustraire celui, qui a agi sous son empire, l'obligation de réparer le dommage qu'il a injustement causé. Mais nul ne doit s'enrichir aux dépens d'autrui; si donc l'auteur du dommage en a retiré quelque profit, il sera, même en l'absence de toute faute, tenu de le réparer jusqu'à concurrence de son enrichissement.

Il peut arriver que, par suite d'une convention qui accompagne l'acte dommageable, l'auteur se trouve en être responsable, bien qu'il ne soit pas en faute, comme aussi, à l'inverse, il peut se faire qu'il n'ait à répondre que de son dol. En voici un exemple : j'ai remis à quelqu'un une chose qui se trouvait atteinte de vices tels qu'elle lui a causé un préjudice : si c'est à titre de dépôt, je devrai l'indemniser de toute la perte qu'il aura éprouvée, quand bien même aucune faute ne me serait imputable. (Art. 1947, Cod. civ.) Si au contraire, c'est à titre de commodat, je n'en serai tenu qu'autant que j'aurai été de mauvaise foi au moment du contrat, que j'aurai connu les vices de la chose que je livrais (1).

Le dommage causé à autrui peut consister dans l'inexécution totale ou partielle d'une obligation. Des règles particulières sont alors applicables. Aux termes de l'article 1147 du Code civil, *le débiteur est condamné, s'il y a lieu, au paiement de dommages-intérêts, soit à raison de l'inexécution de l'obligation, soit à raison du retard dans l'exécution, toutes les fois qu'il ne justifie pas que l'inexécution provient d'une cause étrangère qui ne peut lui être imputée, encore qu'il n'y ait aucune mauvaise foi de sa part.* Et l'art. 1148 ajoute : *Il n'y a lieu à aucuns dommages-intérêts lorsque, par suite d'une force majeure ou d'un cas*

(1) Gaius. Loi 18. § 3. D., Commod., liv. 3, tit. 6. — Art. 1891, Cod. civ.

fortuit, le débiteur a été empêché de donner ou de faire ce d'quoi il était obligé, ou a fait ce qui lui était interdit. — Ainsi le débiteur est responsable de l'inexécution de l'obligation, toutes les fois qu'elle provient d'une faute, ou même d'un simple fait à lui imputable : ce n'est, en effet, qu'autant que l'inexécution résulte d'une cause étrangère, d'un cas fortuit ou d'une force majeure, que la loi le dispense de payer au créancier des dommages-intérêts.

A Rome, la règle était en principe la même. Suivant qu'il s'agissait de tel ou tel contrat, on appréciait avec plus ou moins de rigueur le degré de faute nécessaire pour faire naître la responsabilité du débiteur; le commodataire répondait de sa faute, quelque légère qu'elle fût; le dépositaire, à moins, bien entendu, de convention contraire, n'était jamais tenu que du dol (1).

Quelquefois aussi on distingue entre la *culpa in omittendo* et la *culpa in committendo* : celui, par exemple, qui avait promis un esclave déterminé, n'était, en cas de mort de cet esclave, tenu d'en payer la valeur au créancier que si c'était par suite de son fait que l'esclave était mort; s'il avait simplement négligé de lui donner des soins, il n'encourait absolument aucune responsabilité, *quia qui dari promisit, ad dandum, non faciendum tenetur* (2).

Que le débiteur soit responsable et tenu d'indemniser le créancier, lorsque c'est par suite de sa négligence ou bien de son imprudence que l'obligation n'a pas été exécutée, rien assurément de plus légitime : c'est l'appli-

(1) Ulpien. Loi. 23. D., *de reg. jur.*, liv. 50, tit. 17.
(2) Paul. Loi 91, pr. et § 1. D., *de verb. oblig.*, liv. 45, tit. 1.

cation pure et simple du principe très-équitable posé dans l'art. 1382; mais, comment justifier qu'en l'absence de toute faute de sa part, le débiteur puisse encore être responsable de l'inexécution de l'obligation, quand elle provient de son fait? Sans doute, s'il s'agit d'une obligation conventionnelle, on peut dire que telle a été, lors du contrat, la volonté présumée des parties. Tout s'explique alors parfaitement: la faute du débiteur n'est plus nécessaire pour qu'il réponde de son fait, parce qu'il en répond déjà en vertu de la convention intervenue entre lui et le créancier; c'est ainsi par exemple que le vendeur de la chose d'autrui, qu'il ait agi de bonne ou de mauvaise foi, est toujours obligé, par l'effet du contrat de vente, d'indemniser l'acheteur évincé. Mais si, au contraire, c'est d'une obligation non conventionnelle qu'il s'agit, sur quoi peut reposer alors la responsabilité du débiteur qui n'a commis aucune faute?

Nous sommes convaincu que, si la loi condamne à des dommages-intérêts le débiteur, toutes les fois que l'inexécution de l'obligation provient de son fait, c'est qu'en pareil cas, elle le présume toujours en faute. La plupart du temps, en effet, il en sera réellement ainsi, et le débiteur qui aura agi en violation de l'obligation dont il était tenu, aura un dol ou, tout au moins, une imprudence à se reprocher. — Non-seulement la loi le présume coupable, mais elle ne l'autorise même pas à faire la preuve contraire. On a voulu par là éviter les contestations sans nombre que les débiteurs n'auraient pas manqué de soulever pour se soustraire injustement à leurs obligations, et les difficultés inextricables que la solution de ces contestations aurait rencontrées le plus souvent. Telles sont les considérations pratiques sur lesquelles repose la règle d'après laquelle le débiteur qui, par son fait, n'exécute pas son obligation, en est toujours responsable. En définitive, et en s'attachant au fond des choses, c'est toujours le principe de l'art. 1382, que nous rencontrons ici ; il n'y a que les règles d'application qui diffèrent.

Lorsqu'il s'agit d'une obligation conventionnelle, il peut être intéressant de savoir si le débiteur, qui ne l'a pas exécutée, et qui, par suite, a causé un dommage à son créancier, a été de bonne ou de mauvaise foi, au point de vue de l'étendue de la responsabilité qui devra dans tous les cas peser sur lui. Cette responsabilité sera, en effet, plus ou moins lourde, suivant qu'il aura ou non agi avec dol (art. 1150 et 1151. Cod. civ.); c'est là le seul intérêt pratique que présente la bonne foi dans la question de l'exécution ou de la non-exécution des obligations que nous venons d'examiner.

Supposons une obligation de corps certain, et que la chose qui fait l'objet de cette obligation vienne à périr ou bien à être détériorée : faisant à ce cas particulier l'application des règles que nous venons de voir, nous dirons que le débiteur sera tenu d'indemniser le créancier du préjudice résultant de l'inexécution totale ou partielle de l'obligation, à moins qu'il ne justifie que la perte ou la détérioration de la chose provient d'un cas fortuit ou de force majeure. C'est ce qui ressort bien clairement en droit romain de la loi 91 §2 de Paul au Digeste, *de Verb. oblig.* (liv. 45, tit. 1), et dans notre droit, soit de l'art. 1245 pour le cas où la chose a été simplement dégradée, soit de l'art. 1302 pour le cas où elle a péri tout à fait ou a été perdue. — L'art. 1245 est ainsi conçu : *Le débiteur d'un corps certain et déterminé est libéré par la*

remise de la chose en l'état où elle se trouve lors de la livrai-
son, pourvu que les détériorations qui y sont survenues ne
viennent point de son fait ou de sa faute. L'art. 1302 décide,
dans le même sens, que, *lorsque le corps certain et dé-*
terminé qui était l'objet de l'obligation vient à périr...., l'obli-
gation est éteinte si la chose a péri... sans la faute du débi-
teur. Ajoutons : *ou sans son fait,* comme dans l'art. 1245.
Nous avons dit plus haut que la loi présumait toujours
en faute le débiteur qui, par son fait, se mettait dans l'impossibilité de remplir son obligation ; nous en trouvons
ici une nouvelle preuve : d'une part, l'art. 1302 dit : le
le débiteur d'un corps certain est libéré par la perte de
la chose, toutes les fois qu'il n'est pas en faute ; d'autre
part, l'art. 1245 dit qu'il n'est pas libéré, si c'est par son
fait que la chose a péri. Impossible évidemment de concilier ces deux textes, à moins d'admettre, comme nous
l'avons fait tout à l'heure, que le législateur présume le
débiteur en faute toutes les fois que par son fait il se met
dans l'impossibilité de remplir son obligation.

Il y a cependant des cas particuliers, où, par exception,
le débiteur d'un corps certain et déterminé, qui par son
fait, mais de bonne foi, a cessé de posséder tout ou partie
de la chose due, n'encourt absolument aucune responsabilité, et n'est obligé d'indemniser le créancier, qu'autant qu'il se sera enrichi et dans cette mesure seulement.
Ainsi, l'héritier du dépositaire qui, ignorant le dépôt
fait entre les mains de son auteur, a vendu de bonne foi
la chose déposée, n'est jamais tenu que du prix qu'il a
obtenu de la vente (1). — De même, celui qui a reçu de

(1) Ulpien. Loi 1, § 17. D., *depositi,* liv. 16, tit. 3. — Art. 1935,
Cod. civ.

bonne foi une chose qui ne lui était point due et qui l'a vendue, ignorant qu'il en était devenu débiteur, ne peut jamais être contraint à restituer que le prix de la vente (art. 1380 Cod. civ.). Si, au lieu de vendre la chose, il l'avait détruite ou détériorée, il n'en serait d'aucune façon responsable, et ne devrait compte que du profit qu'il en aurait retiré (art. 1379 Cod. civ.).—Enfin le créancier qui a reçu en paiement une chose des mains d'une personne qui n'en était pas propriétaire, ou qui n'avait pas le pouvoir de l'aliéner, auquel cas le paiement n'est pas valable et peut être répété, sera libéré de l'obligation de la restituer, s'il l'a consommée de bonne foi (art. 1238 Cod. civ.). — Le secours exceptionnel que la loi accorde à l'héritier du dépositaire se justifie suffisamment par cette seule considération que le dépôt, étant un contrat de bienfaisance du côté du dépositaire qui accepte la garde de la chose à lui confiée, il ne convient pas de lui imposer une lourde responsabilité. Quant à la faveur également exceptionnelle dont jouit le débiteur de bonne foi dans les deux autres cas que nous avons mentionnés, elle se justifie aussi très-bien : d'une part, celui qui en bénéficie en est réellement fort digne ; d'autre part, celui aux dépens de qui elle est accordée, ne fait le plus souvent, en définitive, que souffrir d'une situation qu'il a lui-même créée : n'a-t-il pas, en quelque sorte, autorisé celui à qui il livrait la chose en paiement, à croire qu'il en était vraiment créancier et qu'il pouvait dès lors en disposer librement?

Parmi les cas d'un dommage injustement causé à autrui, citons, en terminant, celui où un débiteur nuit à ses créanciers par des actes qui le rendent insolvable. — En principe, le débiteur conserve toujours vis-à-vis de ses créanciers le droit d'administrer son patrimoine et d'en disposer en maître : il peut aliéner, hypothéquer, contracter de nouvelles dettes, même aux dépens de ses créanciers, pourvu que ce soit à son insu. Une seule condition, en effet, est exigée de lui : qu'il agisse toujours avec cette bonne foi qui ne doit jamais cesser d'exister dans les rapports entre débiteurs et créanciers. Si, au contraire, trahissant ses obligations, il agit en fraude des droits de ses créanciers, c'est-à-dire sachant très-bien que par son acte il se rend insolvable, ou augmente son insolvabilité qui existait déjà, la loi alors intervient pour protéger les créanciers fraudés et leur accorde une action spéciale pour faire révoquer l'acte fait à leur préjudice. Cette action, toutefois, ne sera pas toujours possible : comme elle atteint les tiers qui ont contracté avec le débiteur, il est absolument nécessaire, pour la légitimer, que ceux-ci se soient rendus complices de la fraude, sinon, qu'ils en aient du moins profité. — Le rôle de la bonne foi dans le cas où le débiteur consent un acte préjudiciable à ses créanciers est donc bien nettement indiqué : existe-t-elle chez le débiteur ? l'acte est inattaquable ; existe-t-elle seulement chez le tiers ? le débiteur étant de mauvaise foi, l'acte ne peut être révoqué que s'il est à titre gratuit.

3° *De la privation des avantages juridiques pour l'obtention desquels les conditions requises par la loi n'ont pas été remplies.* — La loi détermine à quelles conditions s'acquièrent et s'éteignent les droits. Ces conditions ne sont point arbitraires ; elles sont toujours exigées, soit dans un but de morale et d'ordre public, soit par des motifs d'équité, pour assurer le respect de droits déjà existants.

On comprend dès lors qu'en principe elles ne puissent jamais être suppléées par la bonne foi de celui qui, ne les ayant pas remplies à son insu, prétendrait néanmoins aux droits et libérations qui en dépendent. Il ne faut pas en effet, pour venir au secours de celui qui a erré et lui donner le bénéfice d'une situation qu'il a cru régulièrement acquérir, sacrifier des intérêts et des droits non moins légitimes, que la disposition légale, violée par lui, a pour but de sauvegarder.

Toutefois il y a tels cas particuliers où, par exception, celui qui aura agi de bonne foi, jouira de certains droits et avantages en dehors des conditions normales exigées par la loi pour les acquérir. Nous allons citer, à titre d'exemples, quelques-uns de ces cas, en indiquant sommairement, pour chacun d'eux, les motifs qui ont fait déroger aux règles ordinaires du droit en faveur de la bonne foi.

A Rome, le mariage, *justum matrimonium*, étant une institution du droit civil, ne pouvait exister qu'entre citoyens romains. Mais si un citoyen romain avait par erreur épousé une pérégrine, qu'il croyait citoyenne romaine, et en avait un enfant, la loi venait à son secours : il pouvait, en prouvant son erreur, obtenir pour sa femme et son enfant la qualité de citoyen romain ; son union devenait un *justum matrimonium* et en avait tous les effets. On ne sacrifiait, ici, aucun intérêt sérieux, en venant au secours de l'époux de bonne foi. Notons qu'il fallait qu'un enfant fût né de l'union : il y avait dans cette circonstance un motif de plus pour justifier la faveur de la loi. — Supposons un mariage déclaré nul : il ne doit en principe avoir aucun effet, puisqu'il est réputé n'avoir jamais existé. Cependant si, lors de la célébration, les époux ont été de bonne foi, c'est-à-dire ont ignoré les vices qui s'opposaient à la validité de leur mariage, la loi vient à leur secours, et fait produire à leur union les effets civils jusqu'au jour où la nullité en étant prononcée, les époux sont condamnés à se séparer. Tout se passe alors comme si leur mariage, ayant été vablement contracté à l'origine, se trouvait simplement dissous par le jugement qui en prononce la nullité, (art. 201 Cod. civ.). Si l'un des époux seulement était de bonne foi, la faveur de la loi ne s'étendrait qu'à lui et aux enfants issus du mariage (art. 202 Cod. civ.) — Le secours exceptionnel qu'on accorde ici aux époux de bonne foi, se justifie aisément. Remarquons-le bien, aucune atteinte n'est portée aux intérêts que la loi, dans la disposition qui a été enfreinte, a voulu sauvegarder, ces intérêts se trouvent protégés, autant qu'ils peuvent l'être, par l'annulation du mariage qui leur est contraire, laquelle annulation devra toujours être prononcée. Si la loi prive des effets civils les mariages qu'elle annule, c'est uniquement dans un but d'intimidation, pour arrêter dans leur projet coupable ceux qui seraient tentés de contracter des unions en dehors des conditions de validité qu'elle exige ; or l'intimidation n'est évidemment possible qu'à l'égard de celui qui viole sciemment la loi : l'époux, qui contracte de bonne foi un mariage nul, étant persuadé au contraire que son mariage est parfaitement valable, ne saurait en être détourné par la crainte, qu'il n'éprouve en aucune façon, de voir son union privée des effets civils. Il était donc tout à fait inutile d'aggraver encore la situation de l'époux de bonne foi, dont on annulait le mariage, en lui refusant, pour le passé, le bénéfice des effets civils. C'était en outre injuste, car on lui eût ainsi infligé une peine, pour un acte dont il n'est en rien responsable.

En principe, les actes faits par un mandataire après l'expiration du mandat, n'obligent le mandant au nom de qui ils ont été passés, ni vis-à-vis du mandataire, ni vis-à-vis des tiers qui ont contracté avec ce dernier. Cette règle souffre une double exception. Le mandant restera obligé envers le mandataire, toutes les fois que celui-ci, en agissant, aura ignoré la cessation du mandat, et envers les tiers, toutes les fois que ceux-ci auront contracté avec le mandataire dans la même ignorance. Il y a là une sorte de fiction par laquelle on considère le mandat comme survivant à lui-même au profit du mandataire et des tiers de bonne foi. — La faveur dont jouit le mandataire de bonne foi s'explique tout naturellement par la volonté présumée des parties et par l'obligation qui incombe au mandant d'indemniser le mandataire de toutes les suites du mandat. — Quant aux tiers qui ont contracté de bonne foi avec le mandataire, rien de plus légitime que le mandant se trouve lié vis-à-vis d'eux. De deux choses l'une, en effet : ou bien le mandataire a été de bonne foi, et alors le mandant étant, nous venons de le voir, tenu de l'indemniser de toutes les suites de sa gestion indûment continuée, ne devra pas, en refusant de reconnaître ses actes, l'exposer à un recours de la part des tiers vis-à-vis desquels il est garant de l'existence du mandat au moment où il a contracté avec eux ; ou bien le mandataire a été de mauvaise foi, et dans ce cas le mandant, ayant commis une grave imprudence en donnant sa confiance à un homme qui ne la méritait pas, il est juste qu'il en supporte seul toutes les conséquences. — Ajoutons enfin que, même en se plaçant au point de vue de l'intérêt des mandants, la double exception, qui nous occupe en ce moment, peut très-bien se justifier. Si elle n'était admise, personne n'oserait accepter de mandat, ni contracter avec des mandataires ; par suite, cette quantité énorme d'affaires, qui se traitent et ne peuvent se traiter que par mandataire, resteraient en souffrance.

Pour se libérer, le débiteur doit payer entre les mains du créancier ou d'une personne ayant pouvoir de toucher au nom de ce dernier. Par exception, le paiement fait au simple possesseur de la créance sera libératoire, toutes les fois qu'en le faisant, le débiteur aura été de bonne foi. D'une part, il y aura le plus souvent nécessité pour le débiteur de payer entre les mains du possesseur de la créance : peut-être était-il sous le coup de poursuites immédiates, ou bien avait-il un grand intérêt à se libérer tout de suite de sa dette; d'autre part, le véritable créancier n'était-il pas plus à même d'empêcher que son droit fût exercé par un autre, que ne l'était le débiteur de contrôler si cet autre, qui se présentait à lui avec toutes les apparences du véritable créancier, l'était réellement. Telles sont les considérations qui ont fait avec raison préférer le débiteur au créancier et sacrifier le droit de ce dernier.

En principe, le simple possesseur d'une chose n'en devient propriétaire que par une possession prolongée pendant trente ans. Par exception, lorsque le possesseur a reçu la chose de bonne foi, en vertu d'un juste titre, c'est-à-dire d'un acte qui lui aurait transféré la propriété, s'il était émané du véritable propriétaire ou d'une personne ayant pouvoir d'aliéner, la loi l'autorise à prescrire par un laps de temps plus court. Elle le rend même, du moins dans notre droit moderne, immédiatement propriétaire dès l'instant de son entrée en possession, s'il s'agit de meubles qui n'ont été ni perdus, ni volés. —

Le secours que la loi accorde ici au possesseur de bonne foi, aux dépens du véritable propriétaire exproprié de sa chose, se légitime tout à la fois par la faveur que mérite le possesseur, par la négligence présumée du propriétaire, et enfin par des considérations d'utilité publique. La faveur due au possesseur de bonne foi ! Elle est évidente : dès lors, en effet, qu'il a agi sous l'empire d'une erreur, et que c'est à son insu qu'il a violé la loi, il n'en est pas responsable et ne mérite en aucune façon d'être privé du droit de propriété, qu'il a cru avoir bien et dûment acquis. — La négligence présumée du propriétaire ! elle s'induit tantôt de son silence durant la prescription ; tantôt, s'il s'agit de la prescription instantanée d'un meuble, de ce simple fait que le propriétaire a cessé de posséder. Il sera très-rare, en effet, que celui qui, pendant tout le temps requis pour la prescription, aura laissé, sans le réclamer, son bien entre les mains d'un tiers possesseur, n'ait pas quelque négligence à se reprocher. On peut en dire autant de celui qui a cessé de posséder un meuble, lorsque ce meuble se trouve instantanément prescrit : les meubles sont des biens qui par leur nature échappent facilement à notre possession et sur lesquels, par conséquent, une surveillance de tous les instants est absolument nécessaire ; le plus souvent ce sera pour avoir manqué à cette surveillance ou l'avoir confiée à une personne insouciante ou infidèle, que le propriétaire d'objets mobiliers s'en trouvera dépossédé. — Enfin les considérations d'utilité publique ! l'ordre public est en effet grandement intéressé à ce que celui qui a reçu de bonne foi et avec juste titre une chose d'un non-propriétaire ou d'une personne n'ayant pas le pouvoir d'aliéner, ne puisse plus, après un certain temps de possession, en être évincé. Les

Artaud.   2 revendications tardives et les évictions, qui en sont la suite, ont le très-grave inconvénient de donner souvent lieu à une série de recours en garantie, qui vont porter le trouble et quelquefois la ruine dans bien des patrimoines. C'est pour conjurer ce danger, ou du moins l'atténuer, que la loi a établi, en faveur du possesseur de bonne foi, qui a un juste titre, une prescription acquisitive spéciale, plus courte que celle du droit commun. Les rédacteurs du Code sont même allés encore plus loin, et, en consacrant dans l'art. 2279 la règle de l'ancienne jurisprudence du Châtelet de Paris : *en fait de meubles, la possession vaut titre*, ils ont voulu créer une sorte de prescription instantanée. La rapidité avec laquelle les meubles circulent et passent de mains en mains rendait cette prescription nécessaire ; on ne pouvait, sans s'exposer au danger que nous signalions tout à l'heure, permettre au propriétaire d'un objet mobilier, qui s'en trouve dépossédé, de le revendiquer entre les mains des tiers acquéreurs, fût-ce même dans un bref délai.

Nous venons d'indiquer sommairement, en la justifiant, l'influence de la bonne foi sur les diverses conséquences que peut entraîner la violation de la loi. Tantôt ces conséquences sont subordonnées à la fraude, et alors la bonne foi, qui est exclusive de toute fraude, les écarte toujours ; tantôt elles sont subordonnées à la faute, et la bonne foi les écarte encore, pourvu qu'elles reposent sur une erreur excusable ; tantôt enfin elles ne dépendent ni du dol, ni de la faute ; la bonne foi alors, n'exerce en principe aucune influence sur elles ; c'est seulement à titre d'exception qu'à raison de circonstances particulières, elles les modifie dans des cas déterminés.

Les effets de la bonne foi peuvent donc être divisés en

deux groupes : 1° les effets réguliers et normaux, qui consistent purement et simplement à empêcher l'application des dispositions édictées contre le dol ou la faute ; 2° les effets dérogatoires au droit commun, c'est-à-dire qui viennent modifier des règles qui n'ont aucunement pour but spécial d'atteindre le dol ou la faute de celui à qui elles s'appliquent.

Nous dirons peu de choses des effets de la première série : il est bien évident que la bonne foi, en écartant le dol et la faute, devra nécessairement en repousser tous les effets ; c'est là un résultat tout naturel, qu'il suffit de constater. Nous nous attacherons de préférence à ceux des effets de la bonne foi qui dérogent au droit commun, les seuls qui offrent quelque intérêt dans l'étude de la bonne foi.

Ces effets, remarquons-le bien, n'ont rien d'arbitraire ; ils ne sont que l'application de principes supérieurs, qui, dans des cas donnés, tiennent en échec l'application des règles ordinaires du droit. La faveur qui s'attache à la bonne foi, le fait ou la négligence de celui aux dépens de qui il est dérogé à la loi, l'intérêt public enfin, tels sont les motifs qui toujours se rencontrent, soit isolément, soit en concours, pour justifier et légitimer le secours exceptionnel que la loi accorde à celui qui, sous l'empire d'une erreur, est contrevenu à ses dispositions. C'est au législateur seul qu'il appartient d'apprécier et de déterminer dans quelle mesure il convient de déroger, en faveur de la bonne foi, aux règles ordinaires du droit : une telle mission ne pouvait, sans de graves inconvénients, être abandonnée au pouvoir discrétionnaire du juge.

Nous l'avons déjà fait observer en commençant, la bonne foi ne présente quelque intérêt, au point de vue du droit, qu'autant que la loi se trouve violée ; or, en pareil cas, toutes les fois qu'il y aura bonne foi, il y aura nécessairement erreur. On peut donc dire que les effets de la bonne foi sont toujours des effets de l'erreur ; mais la réciproque n'est pas vraie, et dans bien des cas l'erreur produit des effets absolument étrangers à la bonne foi. Supposons, par exemple, une personne ayant erré sur les qualités substantielles d'un objet qu'elle achetait : il n'y a eu de sa part aucune violation de la loi ; aussi ne dira-t-on pas d'elle qu'elle a acheté de bonne foi l'objet dont il s'agit, mais simplement qu'elle l'a acheté par erreur ; l'annulation qu'elle obtiendra en pareil cas sera un effet de l'erreur, mais non de la bonne foi dont il n'est pas question. — Les effets de la bonne foi ont un caractère commun qui les distingue des autres effets de l'erreur. Tandis que ceux-ci sont toujours restitutifs, les effets de la bonne foi au contraire sont confirmatifs : celui qui invoque sa bonne foi demande à être traité comme s'il avait agi suivant le droit, et il l'obtient dans une certaine mesure ; celui au contraire qui, sans violer la loi, a, sous l'empire d'une erreur, consenti un acte qui lui est préjudiciable, demande que cet acte soit annulé, afin d'être rétabli dans la situation où il était avant de l'avoir consenti.

Nous diviserons notre travail en deux parties : dans la première, nous étudierons des conditions que doit remplir la bonne foi pour produire des effets ; dans la deuxième, nous traiterons de ces effets eux-mêmes.

DROIT ROMAIN

PREMIÈRE PARTIE

DES CONDITIONS

QUI SONT EXIGÉES

DE LA BONNE FOI

Nous connaissons déja ce qu'il faut entendre par bonne foi. Nous allons, dans cette première partie de notre travail, examiner successivement : 1° Si, pour produire des effets, la bonne foi ne doit pas présenter certaines qualités; 2° si la bonne ou la mauvaise foi ne peut profiter ou nuire qu'à celui chez qui elle a existé.

CHAPITRE PREMIER.

La bonne foi, dont nous avons à parler ici, suppose toujours un erreur; elle en est le résultat, et participe de ses vices et de ses qualités propres; l'étude de la bonne foi se rattache donc à celle de l'erreur. Nous allons donc parler de l'erreur en essayant de dégager une théorie générale des textes nombreux que nous offrent sur la matière les monuments du droit romain.

Nous rencontrons souvent dans les textes les mots *error, ignorantia :* sans doute, dans le langage philosophique, ces deux expressions ne doivent pas être confondues, car elles correspondent à deux états de l'âme bien distincts: « Error, a dit Bossuet, c'est croire ce qui n'est pas; « ignorer, c'est simplement ne le savoir pas » (1), mais en droit il n'y aucune utilité à faire cette distinction. L'ignorance et l'erreur doivent exercer la même influence sur la création des rapports de droit.

Les jurisconsultes romains ont distingué deux espèces d'erreurs ; l'erreur de fait et l'erreur de droit : *igno antia vel facti vel juris est.* (Paul — loi 1, de jur. et fait. ign. liv. 22, tit. 6).

Qu'est-ce que l'erreur de fait? — Nos droits ont leur source dans la loi, mais ils naissent à l'occasion de sim-

---

(1) « Ignorantia est inscientia : error falsa opinio ex ignorantia contracta. » (Doneau.)

ples faits; ainsi par exemple le décès de celui dont nous sommes l'héritier présomptif nous ouvre des droits sur sa succession; les justes noces donnent aux époux et aux enfants, qui en naissent, la qualité de légitimes et tous les droits de famille qui s'y rattachent; l'affranchissement conduit à la liberté; la naturalisation confère les droits de cité; enfin les conventions donnent naissance à des droits personels, et les actes translatifs de propriété à des droits réels. Ne pas connaître ou supposer à tort l'existence d'un des événements auxquels la loi a subordonné la naissance des droits, c'est errer sur le fait. — Le jurisconsulte Paul nous donne des exemples de cas où il y a erreur de fait : *Si quis nesciat decessisse eum, cujus bonorum possessio defertur.... Item si quis sciat quidem alii delatam esse bonorum possessionem, nesciat autem ei tempus præterisse bonorum possesionis in facto errat. Idem est si putet eum bonorum possessionem accepisse.* (Loi 1, §§ 1 et 3, de jur. et fact. ign. liv. 22, tit. 6).

Qu'est-ce que l'erreur de droit? — Errer en droit, c'est ne pas apercevoir cette corrélation, dont nous venons de parler, établie par la loi entre certains faits et la création de droits, ou au contraire attribuer des effets juridiques à des faits qui n'ont pas la puissance de les produire (1) : si, par exemple, je pense qu'un impubère peut s'obliger ou aliéner sans l'autorisation de son tuteur (2), je ne connais pas les conséquences légales de l'impuberté, je commets une erreur de droit. Il en sera de même au cas où l'usufruitier d'une esclave aura disposé du part qu'il a cru être un fruit (loi 36, § 1, in fine. Liv. 41, tit. 3).

(1) « Juris ignorantia est, cum quis ignorat ea quæ legibus cauta sunt. » (Voët.)

(2) Loi 2. § 15, D., liv. 41, tit. 4.

Nous savons maintenant en quoi consistent l'erreur de fait et l'erreur de droit, terminons sur ce point par un texte, où Paul met en lumière leur différence : *Si quis nesciat se cognatum esse, interdum in jure, interdum in facto errat : nam, si et liberum se esse et ex quibus natus sit sciat, jura autem cognationis habere se nesciat, in jure errat. At si quis forte expositus quorum parentium esset ignoret, fortasse et serviat alicui, putans se serrum esse, in facto magis quam in jure errat.* (Loi 1, § 2, de jur. et fac. ign., liv. 22, tit. 6).

Comment les jurisconsultes ont-ils appliqué la distinction qui nous occupe? — Cette distinction paraît tout d'abord étrangère à notre paragraphe; elle porte en effet sur l'objet de l'erreur, et c'est de son caractère que nous avons à parler ici. Toutefois nous reconnaîtrons bien vite, par l'étude qui va suivre, que, si les jurisconsultes se sont attachés à l'objet de l'erreur pour en régler les effets, c'est qu'ils ont vu une relation intime entre l'objet et le caractère de l'erreur. Et en effet, l'erreur porte-t-elle sur des choses que les hommes connaissent généralement, ou tout au moins doivent connaître, elle est réputée inexcusable ; porte-t-elle au contraire sur des choses qui, par leur nature, sont susceptibles de beaucoup de variétés et par là même échappent facilement à la connaissance de l'homme, elle est réputée excusable. Voilà l'idée qui a conduit le législateur à diviser les erreurs en deux catégories, et cela d'après la nature de leur objet. Elle ressort tout naturellement de ce texte de Nératius, qui forme la loi 2 du titre *de jur. et fact. ign.* au Digeste : *In omni parte error in jure non eodem loco, quo facti ignorantia, haberi debebit : cum jus finitum et possit esse, et debeat; facti interpretatio plerumque etiam prudentissimos fallat.*

N'insistons pas devantage sur ce point, nous y reviendrons plus loin, mais recherchons d'abord l'importance qu'il y a à distinguer l'erreur de droit et l'erreur de fait.

Regula est, dit Paul, *juris quidem ignorantiam cuique nocere, facti vero ignorantiam non nocere* (1).

Ainsi l'ignorance de fait ne nuit pas ; bien plus, elle est utile pour nous faire acquérir certains droits ; c'est ce que nous dit Pomponius à propos de l'usucapion, *facti vero ignorantiam prodesse constat* (2). Papinien donne la même décision : *Error facti ne maribus quidem in damnis vel compendiis obest* (3). — En principe l'erreur de fait peut donc être invoquée par toute personne, *ne maribus quidem obest,* qu'il s'agisse de réaliser un bénéfice ou d'éviter une perte.

L'erreur de droit, au contraire, nuit à chacun, dit le jurisconsulte Paul, mais cette formule est trop générale ; elle ne doit pas s'étendre au *damnum rei amittendæ* (4). Cela résulte évidemment des textes suivants de Papinien : *juris ignorantia non prodest adquirere volentibus, suum vero petentibus non nocet* (5) ; *cæterum omnibus juris error in damnis amittendæ rei suæ non nocet* (6). — L'ignorance de droit nous nuit donc, en ce sens seulement que nous ne pouvons pas exciper d'elle pour acquérir un droit, ni pour nous faire restituer contre un préjudice déja souffert ; mais nous pouvons l'invoquer utilement pour éviter un dommage qui nous menace.

Cujas (7) résume ainsi la théorie qui ressort des textes

(1) Loi 9. D., *de jur. et fact. ign.,* liv. 22, tit. 6.
(2) Loi 4, *cod.,* tit.
(3) Liv. 8, *cod., tit.*
(4) Voët. Comm., *ad tit. jur. et fact. ign. lib.* 22, n° 5.
(5) Loi 7, D., *de jur. et fact. ign.*
(6) Loi 8, *cod. tit.*
(7) Observ. Lib. 5, chap. 39.

que nous venons de citer : « Error facti lucro adficit et
« damno liberat, error juris neque lucro adficit neque
« damno liberat; cæterum neque hic neque ille error
« damno adficit. »

Pour obtenir une règle exacte, nous devons lire la
loi 9, pr., comme s'il y avait *non prodesse* au lieu de *nocere*(1).
Du reste, nous ne ferons qu'imiter en cela le jurisconsulte
Paul lui-même qui, dans les §§ 3 et 5 de la même loi, dit,
en rappelant successivement les deux parties de la règle
qu'il a posée plus haut : *juris ignorantiam non prodesse,...
ignorantiam facti non juris prodesse*. Ainsi, tout en reconnaissant que ces expressions *prodesse*, *non prodesse*, *nocere*, *non nocere* expriment en réalité des idées distinctes (2), nous ne devons pas donner au choix qui en est
fait une portée trop importante (3).

Nous avons rencontré dans la loi 8 *de jur. et fact. ign.*
une distinction entre le *compendium*, le *damnum rei amissæ*
et le *damnum rei amittendæ;* il importe de nous arrêter
sur le sens de chacune de ces expressions, afin de pouvoir
préciser les indications vagues et sommaires que nous
venons d'énoncer sur les effets de l'erreur.

Compendium.—Dans le langage usuel, les mots *lucrum*,

(1) Noodt, ad tit. 6, lib. 22, tom. I, p. 376. — Cujas, Observ.,
lib. 5, cap. 39. — « Sane. Quod igitur ignorantiam juris nocere,
« ita accipiendum est non prodesse. »
(2) Cujas, Comm. in tit, 6, lib. 22, *ad leg.* 7 et 8. — « Prodesse
« duo significat aut lucrum adferre, aut non nocere damnum non
« adferre. Nocere bifariam accipitur nocere proprie est damnum
« inferre : itemque est non prodesse, id est lucrum intercipere.»—
Noodt, Comm. ad eumdem tit., tom. I, pag. 377. — « Non nocere
« non est prodesse, sed est medium inter nocere et prodesse. »
(3) M. de Savigny. Append. VIII, § VIII, tom. III.

compendium, signifient enrichissement : celui qui reçoit une libéralité, une donation par exemple, réalise un *lucrum* ; de même aussi, celui qui, après avoir acheté des marchandises à bas prix, les revend à un prix plus élevé, fait un bénéfice, *lucrum*, qui se quote par la différence des prix. C'est, employé dans le sens naturel d'enrichissement que nous rencontrons fréquemment le mot *lucrum* dans les textes du Digeste, notamment dans la loi 10 § 24, *quæ in fraud. créd.*, où Ulpien nous dit, à propos de l'action Paulienne : *iniquum enim prætor putavit, in lucrum morari eum qui lucrum sensit ex fraude : idcirco lucrum ei extorquendum putavit.* — Mais, dans notre matière, le mot *lucrum* paraît avoir reçu un sens plus général, et exprimer l'idée d'une acquisition nouvelle : « Compendii « et lucri sunt usucapio, bonorum possessio, res heredi- « tatisve delatæ, omnisque alicujus rei acquisitio (1). — Sans doute tout gain provient d'une acquisition ; mais à l'inverse, toute acquisition ne produit pas un gain, dans le sens ordinaire du mot ; si, par exemple, j'ai acheté une chose à un prix qui dépasse sa valeur, j'ai assurément fait une acquisition, mais je suis bien loin d'en avoir retiré un profit. De même, si ayant acheté à un juste prix un immeuble que je croyais à tort appartenir au vendeur, j'invoque ma bonne foi contre le véritable propiétaire qui fait valoir ses droits, il semble bien qu'en réalité je veux éviter le préjudice que me causerait l'évic- tion, et cependant je serai traité comme si je prétendais réaliser un gain, parce que je veux acquérir, et il ne sera tenu aucun compte de mon erreur, si j'ai erré sur le droit. Telle me paraît être la solution qui résulte des textes ;

(1) Donell. Lib. 1. cap. 21, n° 5, tom. I.

et en effet, dans notre espèce, il ne s'agit pas évidemment d'un *dammum rei jam amissæ*, il n'existera qu'après l'éviction; il ne s'agit pas davantage, du moins dans l'esprit des jurisconsultes, d'un *damnum rei amittendæ*, autrement l'erreur même de droit serait utile pour l'usucapion (1), ce qui est formellement contredit par les textes. — Reconnaissons donc qu'au point de vue des effets de l'erreur les jurisconsultes ont confondu l'idée de lucre et l'idée d'acquisition. L'acheteur qui a erré en droit subi. un dommage par suite de l'éviction, mais il aura l'action en garantie pour se faire indemniser. A la vérité cette action en garantie sera inefficace si le vendeur est insolvable, mais c'est là le résultat d'une circonstance fortuite que le législateur a négligé de prévoir. — Tout en cherchant à indiquer la portée que nous devons donner aux mots *lucrum, compendium*, nous avons dit incidemment que l'erreur de droit n'était pas utile à l'usucapion; voici deux lois de Paul et de Pomponius qui formulent cette règle : *Nunquam in usucapionibus juris error possessori prodest* (2); *juris ignorantiam in usucapione negatur prodesse* (3). Ces textes sont très-formels et n'apportent aucune distinction: que l'usucapion soit fondée sur un acte à titre gratuit ou à titre onéreux, la règle reste toujours la même; l'erreur de fait peut seule être utilement invoquée. — Nous en dirons autant en matière de *bonorum possessiones* : en effet, pour être déférée, la *bonorum possessio* doit être demandée dans

---

(1) Loi 8, D., *in fine, de jur. et fact. ign. Cæterum omnibus juris error in damnis amittendæ rei suæ non nocet.*

(2) Loi 31, D., *de usurp. et usuc.*, liv. 41, tit. 3.

(3) Loi 1. D., *de jur. et fact. ign.*, liv. 22, tit. 6.

un certain délai (1), sous peine de déchéance (2); or ce délai courra contre celui qui aura erré en droit (3), car l'erreur de droit n'est pas utile quand il s'agit d'acquérir (4). C'est par application de la même règle que nous voyons l'empereur Gordien, dans un rescrit qui forme la loi 2 au Code de *jur. et fact. ign.*, refuser tout secours à un majeur de 25 ans qui, par ignorance du droit, a renoncé imprudemment à la succession de sa mère.

Damnum rei jam amissæ. — On appelle ainsi une perte déjà subie, un fait dommageable déjà consommé. La question qui se pose est de savoir si celui qui a été ainsi victime de son erreur pourra l'invoquer pour se faire restituer contre le préjudice souffert. La règle à cet égard se trouve tracée dans la loi 8 au Digeste, *de jur. et fact. ign.* : celui-là seul qui aura erré sur le fait pourra prétendre à cette restitution. Ainsi les erreurs de fait et de droit, qui ont également nui, si on se place au moment où la perte a été subie, se trouvent avoir des effets bien différents au point de vue de la réparation du dommage : un secours est accordé à celui qui a erré en fait, il est refusé aux autres. Nous pourrions à la rigueur citer à l'appui de ce que nous venons de dire la loi 7 du même titre, *de juris et facti ignorantia*; en effet, nous y voyons que l'ignorance du droit n'est pas utile à ceux qui veulent

(1) Inst., § 8, *in fine, de bonor. poss...* liv. 3, tit. 9. — *Liberis itaque et parentibus, tam naturalibus quam adoptivis in petenda bonorum possessione anni spatium, cæteris centum dierum dedit.* — Fragm. d'Ulp., tit. 28, § 10.

(2) Inst., § 9, cod. tit.

(3) Loi 10, D., *de bon. poss...*, liv. 37, tit. 1. — Loi 1, § 3, in fine, D. liv., 22, tit. 6.

(4) Loi 7, D., liv. 22, tit. 6.

acquérir; or ne veut-il pas acquérir celui qui demande à reprendre la chose qu'il a perdue par une aliénation? Sans doute il se propose de réparer une perte, mais notre loi 7 ne distingue pas et prononce pour toutes les acquisitions, quel qu'en soit le but.

L'observation que nous venons de présenter parait enlever toute l'utilité pratique qu'il y a à distinguer, au point de vue des effets de l'erreur, le *compendium* et le *damnum rei amissæ*; cependant les deux situations ne doivent pas être confondues : dans la première il s'agit d'une acquisition que les jurisconsultes ont considérée en elle-même et, jusqu'à un certain point, indépendamment de toute idée de dommage; dans la seconde au contraire, il ont eu en vue principalement un préjudice à réparer, l'acquisitionne s'est présentée à eux que comme un moyen d'arriver à ce résultat. Nous retrouverons plus loin l'importance de cette distinction.

L'exemple le plus frappant d'un *damnum rei jam amissæ* est bien le cas où un individu a payé par erreur une chose qu'il ne devait pas. L'erreur du *solvens* n'a pas empêché l'aliénation : il a perdu complètement la chose qu'il a payée (1), et il ne peut être restitué contre cette perte que par un secours tout particulier, une *condictio* par laquelle il obtiendra les choses qu'il aura aliénées, ou leur équivalent (2). Ce secours est accordé à celui qui a erré, et l'erreur qui a nui au *solvens*, en lui faisant consentir l'aliénation, deviendra au contraire utile pour lui faire obtenir une *condictio*. Mais en sera-t-il ainsi

(1) Just. Inst., § 6, liv. 3, tit. 27. — Donell., lib. I, cap. XXI, n. 12. — « Quia enim hoc animo est ut transferret, tradendo sua voluntate dominium transtulit : transferendo amisit. »

(2) Loi 7, D., liv. 12, tit. 6.

de toute erreur? *Non; quum quis jus ignorans indebitam pecuniam solverit: cessat repetitio. Per ignorantiam enim facti tantum repetitionem indebiti soluti competere tibi notum est* (1). Cette constitution des empereurs Dioclétien et Maximien indique clairement que l'on ne saurait se prévaloir de l'erreur de droit pour obtenir la *condictio indebiti*. Bien d'autres textes viennent confirmer la même doctrine. Dans la loi 9, §5, *de jur. et fact. ign.* nous lisons : *si quis jus ignorans, lege Falcidia usus non sit, nocere ei dicit epistola divi Pii.* Dans le même paragraphe le jurisconsulte Paul nous rapporte encore un rescrit des empereurs Sévère et Antonin, qui donne la même solution et qui assimile celui qui a erré en droit à celui qui a agi sciemment, comme le fait remarquer Voët : « Imo in jure errans opponitur errantibus et stultis aggre- « gatur » (2). Dans un rescrit qui forme la loi 9 au Code *ad leg. Falc.*, l'empereur Gordien, visant la même hypothèse relative à la quarte Falcidie, nous dit : *Etiamsi jus ignoraverit, cessat repetitio.* — La loi 6 au Code (liv. 4, tit 5) parlant de la *condictio indebiti* suppose expressément que le *solvens* a été victime d'une erreur de fait : *si per ignorantiam facti non debitam quantitatem pro alio solvisti....*

Malgré ces textes, qui semblent bien précis, un certain nombre d'auteurs admettent cependant que l'erreur de droit est utile pour la *condictio indebiti*. Ils s'appuient sur ce principe que personne ne doit s'enrichir aux dépens d'autrui : *Nam hoc natura æquum est, neminem cum alterius detrimento fieri locupletiorem* (3). Si un individu paie sciemment l'indû, il est censé avoir voulu faire

(1) Loi 10, Cod., liv. 1, tit. 18.

(2) Comm., ad Pandect. in lib. XII, Dig., tit. VI, n. 7. — Zoesius comm. in lib. XII, Dig., liv. VI, n. 11.

(3) Loi 14, D., *de condict. indeb.*, liv. 12, tit. 6.

une donation (1) ; voilà pourquoi on lui refuse la *condictio indebiti* (2). Mais on ne peut plus tenir un pareil langage quand le *solvens* a erré en droit ; on ne peut pas en effet lui supposer l'*animus donandi*, et dès lors il faut appliquer la règle qui vient d'être citée. — Cette règle, fait observer M. de Savigny (3), est trop générale et trop vague, et elle est loin de se présenter avec un caractère aussi absolu dans la pratique. Nous ne contestons pas, sans doute, qu'elle soit un des éléments qui servent de base à la *condictio indebiti : hæc condictio ex bono et æquo introducta, quod alterius apud alterum sine causa deprehenditur, revocare consuevit* (4); mais elle n'est pas le seul, et la répétition de l'indû s'appuie aussi sur l'erreur du *solvens*, erreur qui doit être excusable et reposer sur une *justa causa : qui dicit indebitas solvisse, compelli ad probationes, quod per dolum accipientis vel aliquam justam ignorantiæ causam indebitum ab eo solutum : et nisi hoc ostenderit, nullam eum repetitionem habere* (5).

Vinnius (6) remarque que, dans le titre *de condict. indeb.* le mot *erreur* est employé sans aucune distinction, et il en conclut contre notre système, qu'il est arbitraire d'en introduire une. Il est facile de répondre à cet argument que la distinction qui nous occupe a été indiquée, une fois pour toutes, avec ses applications générales, et que dès lors il devenait inutile que les jurisconsultes la formulassent de nouveau pour chaque cas particulier.

(1) Loi 53, D., *de divers. reg. jur..*, liv. 50, tit. 17.
(2) Loi 1, § 1, D., *de condict. indeb.*
(3) Comm. des Instit., t. III, append. VIII, § XXXV.
(4 Loi 66, D., *de condict. indeb.* — Loi 1, pr. D., *de condict. sine causa*, liv. 12, tit. 7.
(5) Loi 25, pr. *in fine, de probat.*, liv. 22, tit. 3.
(6) Select. jur. quæst., lib, I, cap. XLVII.

Nous avons vu que l'erreur de droit n'était pas utile pour faire acquérir (1); or, ici, il s'agit d'une véritable acquisition (2), puisque le *solvens*, en répétant la chose indûment payée, veut s'en faire retransférer la propriété : « Est autem acquirere quod nostrum non est, condicendo « in judicio adipisci »(3). C'est donc à tort que quelques auteurs prétendent appliquer à la *condictio indebiti* cette règle : *juris ignorantia.... suum vero petentibus non nocet.* « Nam, nous dit Doneau, qui indebitum solutum petit, « alienum petit, non suum »(4). — Cependant, des auteurs ont soutenu que, dans notre espèce, le *solvens* voulait

(1) Loi 7, *de jur. et fact. ign.*, liv. 22, tit. 6.

(2) Zoesius, Comm. in lib. XII, Dig., tit. VI, n. 14. — « Mulier « amittendæ quidem rei damnum evitat per juris ignorantiam, « non etiam rem amissam recuperat, quia spectat ad compen- « dium. »

(3) Baro, Comm. instit., § 1, lib. III, tit. XV.

(4) Lib. I, cap. XXI, n. 12. — Le seul fait de la part d'un homme de ne pas connaître un droit qui existe à son profit ne peut pas l'en dépouiller. Si donc un individu ignorant pendant quelque temps sa qualité de propriétaire s'aperçoit ensuite de son erreur et veut revendiquer sa chose, on ne pourra pas lui opposer son erreur pour repousser sa prétention, et il devra triompher, à moins que sa revendication ne vienne se heurter contre une usucapion déjà accomplie. C'est bien dans ce sens-là que paraît devoir être entendue la règle formulée par Papinien. Ce jurisconsulte nous en présente une application dans la loi 79, *de legat.*, lib. 2 : une femme a disposé par testament au profit des affranchis de son mari prédécédé, comme aussi au profit des siens propres, de l'usufruit des mêmes immeubles, qui devaient à sa mort revenir, à titre de fidéicommis, aux affranchis seuls du mari, en vertu du testament de ce dernier. Ceux-ci, trompés par une erreur de droit, ont cru ne pouvoir pas se prévaloir de ce testament pour réclamer la propriété entière et exclusive des immeubles à eux laissés par le mari; et pendant longtemps ils n'ont joui de ces biens qu'en concours avec les affranchis de la femme. Cette erreur de droit ne

éviter une perte, et que, par conséquent, on devait lui accorder la *condictio indebiti*, alors même qu'il aurait erré en droit : « Je ne comprends pas, dit M. du Caurroy, que la « nature de l'erreur rende la répétition plus ou moins équi- « table. L'ignorance du droit ne profite à personne, en ce « sens qu'on ne peut s'en prévaloir pour acquérir, et par « exemple pour l'usucapion ; mais réciproquement elle ne « nuit pas lorsqu'on cherche à éviter des pertes, et n'em- « pêche personne de réclamer ce qui lui appartient » (1). Mais il ne s'agit pas, comme nous l'avons déjà dit, d'éviter un dommage ; il a été causé par l'aliénation : « non tam juris « errorem nocere, quam factum proprium et traditionem « solutionemque » (2) ; il ne peut donc être ici question que de le réparer (3). Et remarquons bien que nous n'en- levons pas à celui qui a erré en droit une action qu'il aurait déjà ; nous ne faisons que lui refuser un secours exceptionnel, parce qu'il ne nous paraît pas digne de cette faveur : c'est ce qu'exprime très-clairement Cujas : « Quod quis jus ignoraverit, non ideo non habet condic- « tionem indebiti, sed quod jus ignoraverit, non ideo « danda ei est condictio, quæ ipso jure non competit » (4). Comment donc pourrait-on prétendre que le *solvens* qui invoque son erreur pour obtenir la *condictio indebiti* veut éviter un dommage ?

Nous venons de répondre aux considérations géné-

leur nuira pas décide le jurisconsulte, et ne leur enlèvera pas le droit de demander l'exécution du prémier fidéicommis. Donell., lib. I, cap. XXI, n. 17. — Voët, Comm. in tit. de jur. et fact. ign., lib. XXII, tom. I, p. 701.

(1) Instit. de Just., sept. édit., tom. II, p. 253, note 6.
(2) Ant. Favre, Rational., de condict. indeb., loi 1 *in fine*.
(3) Donell. Lib. I, cap. XXI, n. 21.
(4) Cujas, Observ., lib. V. cap. XXXIX.

rales qu'on fait valoir contre notre système, examinons
maintenant, brièvement, les objections qu'on a opposées
aux textes, que nous avons cités au commencement de
cette discussion, et sur lesquels nous nous sommes ap-
puyé. On a dit que ces textes étaient des rescrits dont la
rigueur s'explique par les espèces tout particulièrement
défavorables au *solvens*, sur lesquelles ils avaient statué :
il s'agit en effet d'un héritier qui, pouvant invoquer la
quarte Falcidie, a payé par erreur l'intégralité des legs,
et les rescrits décident qu'il ne pourra pas se prévaloir
d'une erreur de droit pour répéter ce qu'il a payé au delà
de ce qu'il devait. Cette décision se justifie parfaitement,
dit-on, car, en définitive, cet héritier veut réaliser un
gain, et non pas simplement réparer un préjudice :
« Cum amissa quarta non tam aliquod damnum rei suæ
« incurrisse, quam occasionem acquirendi amisisse videa-
« tur. » (1).

Cette explication n'est rien moins que spécieuse : pour
s'en convaincre, il suffit de remarquer que l'hérédité, une
fois acceptée, est entrée définitivement dans le patrimoine de l'héritier, et que dès lors toute diminution,
qu'elle subit depuis cette époque, est en réalité une diminution du patrimoine tout entier. — On a aussi voulu
voir dans le payement de l'intégralité des legs, le payement d'une sorte d'obligation naturelle (2), attendu

(1) Ant. Favre, Rational., cod. loc.

(2) Vinnius avait été ainsi amené à distinguer suivant que l'*accipiens* pouvait ou non se prévaloir d'une juste cause pour retenir
le payement indû qu'il avait reçu : dans le premier cas, l'erreur,
quel que soit son objet, donnait lieu à la *condictio indebiti* ; dans le
second cas, au contraire, l'erreur de fait était la seule, qui pût être
utilement invoquée.

qu'en définitive l'héritier n'avait fait qu'exécuter les volontés du testateur ; mais, s'il en était réellement ainsi, on aurait refusé la répétition de l'indû, même à celui qui invoquait l'erreur de fait. Du reste, aucun texte n'indique que c'est pour un semblable motif que l'on refuse la *condictio indebiti* à celui qui a erré en droit : pour justifier ce refus d'action, on nous dit seulement que celui qui commet une erreur de droit ne mérite pas qu'on vienne à son secours : *nec stultis solere succurri.*

Les partisans du système que nous combattons invoquent cependant, à l'appui de leur opinion, un texte d'Ulpien, duquel il résulte que l'héritier, qui, par erreur même de droit, aura fourni indûment la *cautio legatorum*, aura la *condictio : numquid condicere possit, qui jus ignoravit ? adhuc tamen benigne quis dixerit satisdationem condici posse* (1). Ce texte est loin d'être aussi concluant qu'il le paraît tout d'abord ; et en effet, le mot : *benigne*, employé par le jurisconsulte, indique assez qu'il y a ici une disposition favorablement exceptionnelle (2). Ce n'est donc pas avec un texte conçu en ces termes qu'on peut ébranler la règle que nous avons établie sur le texte très-formel de la loi 10 au Code (liv. 1, tit. 18). — Concluons et décidons qu'en principe l'erreur de droit ne saurait être invoquée utilement pour obtenir la *condictio indebiti.*

Damnum rei amittendæ. — Nous nous trouvons ici en

_____

(1) Loi 1, pr. D., liv. 36, tit. 1.

(2) D'après M. de Savigny, ce n'est que depuis un rescrit de Marc-Aurèle, qui fait partie de ses *Semestria*, que le testateur pût dispenser son héritier de fournir caution au légataire. Ce nouveau droit pouvait paraître encore un peu incertain ; voilà ce qui explique l'indulgence du préteur.

présence d'une situation toute nouvelle, d'une situation qui, d'après les règles ordinaires du droit, devrait aboutir à un préjudice pour celui qui se l'est créée. Pourra-t-il, en pareil cas, invoquer son erreur pour obtenir un secours, et échapper ainsi à la perte dont il est menacé? La règle n'est pas douteuse : l'erreur de droit elle-même, que nous avons reconnue inutile pour réaliser une acquisition, ou obtenir réparation d'une perte, devient pleinement efficace dans l'hypothèse qui nous occupe en ce moment : *omnibus juris error in damnis amittendæ rei suæ non nocet,*

Le *damnum rei amittendæ* se présente dans bien des cas, en matière pénale et en matière civile. Nous nous attacherons uniquement aux situations du droit civil, auxquelles du reste la loi 8 in fine, *de jur. et fact. ign.* au Digeste, paraît se référer exclusivement (1). — Voici, à titre d'exemples, plusieurs hypothèses, où celui qui invoquera son erreur voudra éviter un dommage.

Un possesseur d'hérédité a dissipé de bonne foi les deniers de la succession, le véritable héritier intente contre lui la pétition d'hérédité, que devra-t-il restituer? En principe, il devrait être tenu de tous les biens héréditaires qu'il a perçus; mais le sénatus-consulte Juventien est venu limiter à l'enrichissement l'obligation de restituer, quand elle incombe à un possesseur de bonne foi.

(1) Il est vraisemblable, en effet, que cette loi s'occupe dans toutes ses parties du même ordre de faits ; or, il est manifeste qu'il n'est pas du tout question des délits, ni dans le premier, ni dans le deuxième alinéa, puisqu'il s'agit uniquement d'acquisitions et de préjudices immédiats, et que les délits ne sauraient produire aucun de ses résultats : « Nemo jure lucrum facit ex delictis; nemo ex « omni delicto statim rem suam amittit : sed in id damnum vo- « catur postea. » (Donell., lib. I, cap. XXII, n. 2.) — D'ailleurs il

Celui-ci pourra invoquer même une erreur de droit (1), pour mettre son patrimoine personnel à l'abri des conséquences funestes de la pétition d'hérédité : « Atque ita rursus juris error *in damnis amittendæ rei suæ* non nocet »(2).

De même, dans le cas de payement de l'indû, l'*accipiens* de bonne foi, qui excipe de son erreur pour faire réduire la condamnation au profit qu'il a retiré du payement, veut éviter un préjudice, je pense donc qu'il pourra utilement invoquer l'ignorance de droit.

Doneau cite encore l'exemple d'un individu qui, se croyant débiteur, aurait promis une chose qu'il ne devait pas, et nous dit qu'il pourra se prévaloir de l'erreur de droit, soit pour repousser par une exception la poursuite qui serait dirigée contre lui, soit même pour réclamer sa libération par une condiction sans attendre d'être actionné. — J'accepte volontiers que dans cette hypothèse celui qui a erré en droit, puisse obtenir le secours d'une exception; mais aller plus loin, et lui reconnaître le droit de réclamer une action, c'est ne tenir aucun compte du motif qui a fait distinguer le *dammum rei jam amissæ*, et le *dammum rei amittendæ*. Quel est en effet ce motif? Serait-il que la personne victime d'une erreur est plus ou moins digne d'intérêt, suivant qu'il s'agit d'un dommage imminent ou déjà consommé? Evidemment non : les deux situations sont également

serait inexact d'appliquer aux délits la disposition relative au *damnum rei admittendæ*, car celui qui les commet ne peut pas, en règle générale, se prévaloir d'une erreur de droit pour échapper à la condamnation, à moins qu'il ne s'agisse de ces délits dont le dol est un des éléments constitutifs. (L. 1, § 3, D., liv. 17, tit. 2. — Loi 7, pr. et § 1. D., liv. 2, tit. 1.)

(1) Loi 25, § 6. D., *de hæred. petit.*, liv. 5, tit. 3.
(2) Voët, Comm. in tit. de jur. et fact. ign., lib. XXII.

favorables. La véritable raison de la distinction repose uniquement sur cette règle du droit romain, que l'exception s'accorde bien plus facilement que l'action : on vient au secours de celui qui combat pour éviter un dommage, parce qu'on le peut au moyen d'une simple exception ; mais, dans le cas d'une perte déjà subie, quand il s'agit de la réparer, une exception ne suffit plus, il faut le secours plus énergique de l'action, et le législateur n'a pas jugé que celui qui a ignoré le droit méritât une telle faveur : tel est bien le motif qui a fait établir une distinction entre nos deux hypothèses ; ne serait-ce pas le méconnaître que d'accorder une *condictio* à celui qui, par erreur de droit, a promis une chose qu'il ne devait pas ? Doneau invoque cependant, à l'appui de son opinion, la loi 1 pr. *ut in posse*, etc., où il est dit que l'héritier qui, ignorant le droit, aura fourni aux légataires une satisdation, alors qu'il n'y était pas obligé, aura une *condictio* pour la répéter. Mais, nous l'avons fait remarquer plus haut, ce texte ne contient qu'une disposition exceptionnelle qu'il ne faut pas généraliser.

Il semble résulter de la loi 20 *de Sénat.-Cons. Maced.* que, dans ce dernier exemple d'un *damnum rei amittendæ*, celui qui a erré en droit ne peut pas même prétendre à une exception. Il s'agit d'un fils de famille qui a reçu un prêt, et qui, devenu *paterfamilias*, a promis, en faisant novation, de restituer la somme à lui prêtée : si le créancier agit contre ce *paterfamilias*, celui-ci pourra le repousser par une exception, si toutefois, ajoute le texte, il a erré en fait ; il ne le pourra donc pas, s'il a erré en droit. — Mais cette loi est complètement étrangère à la question, que nous venons de traiter, car elle vise une espèce toute différente : le fils de famille qui a emprunté une somme d'argent est tenu d'une obligation naturelle ; quand, ensuite, devenu *paterfamilias*, il s'engage à restituer cette somme, il promet une chose qu'il devait déjà ; si donc il invoque son erreur pour se soustraire aux conséquences de sa nouvelle obligation, il ne s'agit plus tant pour lui d'éviter une perte que de réaliser un gain : « quam ob causam recte dicturi sumus, eum « qui laboret de ea pecunia retinenda non tam laborare « de damno amittendæ rei suæ quam de lucro ex re aliena, « vel alii debita faciendo, quam per occasionem juris civilis « contra æquitatem naturalem retinere conetur. » (1).

Observons, en terminant sur les effets généraux de l'erreur, qu'il ne peut être question d'appliquer les règles qui viennent d'être tracées, que dans ces hypothèses prévues par la loi, où l'erreur est appelée à jouer un certain rôle, et lorsqu'il s'agit uniquement de déterminer de quelle erreur le législateur a entendu parler.

Nous venons de parcourir les règles générales suivant lesquelles s'applique la distinction de l'erreur de fait et de l'erreur de droit : sans en méconnaître l'importance, gardons-nous cependant de leur prêter un caractère trop absolu, qu'elles n'avaient certainement pas dans la pensée, et les ouvrages des jurisconsultes : en effet, dans les textes, trop souvent mutilés, que nous ont transmis les commissaires de Justinien, nous rencontrons, à côté des principes rigoureux, que nous avons exposés, de nombreuses restrictions qui servent à en régler la portée et

(1) Donell.

le sens naturel, et sur lesquelles par conséquent il est important de nous arrêter.

En distinguant l'erreur de droit et l'erreur de fait, les jurisconsultes n'ont voulu qu'une seule chose, arriver plus facilement à appliquer une autre division des erreurs, plus rationnelle et plus équitable : les erreurs excusables et celles qui ne le sont pas. Voilà la véritable distinction qui apparaît dans les textes, et qui domine toute la matière. Le juge devait examiner si celui qui invoquait une erreur avait ou non une faute à se reprocher. Pour faciliter cette appréciation, certaines présomptions favorables ou défavorables avaient été établies, suivant que l'ignorance portait sur telle ou telle espèce d'objets : pour l'erreur de fait, la négligence n'était pas présumée, elle devait être prouvée ; pour l'erreur de droit, il y avait une présomption de culpabilité, qui ne pouvait être détruite que par le concours de circonstances extraordinaires.

De la présomption attachée à l'erreur de fait. — Les faits peuvent échapper à la connaissance des hommes les plus attentifs : *cum...... facti interpretatio plerumque etiam prudentissimos fallat;* c'est pourquoi l'ignorance de fait est généralement excusée : « Id causæ est, quod igno- « rantia facti justam et manifestam excusationem ha- « bet » (1). Il en sera toujours ainsi, à moins, toutefois, que les circonstances ne révèlent une négligence impardonnable (2) : par exemple, s'il s'agit de ces faits d'une grande

(1) Donell. Comm. jur. civ., lib. I, cap. XXIII.
(2) Donell. Eod. lib., cap. XX. « Sed facti ignorantia ita demum « cuique non nocet, si non ei summa negligentia objiciatur ; quia « hæc ignorantia pro ignorantia habenda non est, magisque in

notoriété, qui dès lors sont faciles à connaître : *Quid enim, si omnes in civitate sciant, quod ille solus ignorat? et recte Labeo definit scientiam neque curiosissimam, neque negligentissimi hominis accipiendam : verum ejus qui eam rem diligenter inquirendo habere possit* (1). Ainsi on n'exige pas de celui qui a erré, qu'il ait apporté dans la gestion de ses affaires cette attention minuticuse, dont quelques hommes seulement sont capables ; mais on veut qu'il ait agi avec cette prudence vulgaire que doit avoir tout bon père de famille, et non avec la légèreté d'esprit d'un étourdi ou d'un fou : *Cassius ignorantiam Sabinum ita accipiendum existimasse, refert : non deperditi et nimium securi hominis* (2).

Toute erreur de fait n'est donc pas excusable : à cet égard il convient de distinguer, avec les textes, suivant qu'il s'agit du fait d'autrui ou de notre propre fait, car il est bien évident que, dans ce dernier cas, l'erreur ne saurait être admise que très-difficilement (3). C'est assurément cette distinction que nous rencontrons dans la loi suivante de Pomponius : *Plurimum interest, utrum quis de alterius causa et facto non sciret, an de jure suo ignorat* (4). Il n'est question dans tout ce texte que de l'erreur de fait : « De jure suo ignorat qui in facto errat,

« doli suspicionem cadit. » — Loi 32, D., liv. 16, tit. 3. — Loi 1, § 1, D., liv. 11, tit. 6. — *Lata culpa plane dolo comparabitur.*

(1) Loi 9, § 2, Paul, D., *de jur. et fact. ign.*, liv. 22, tit. 6.

(2) Loi 3, § 1, Pomponius, et loi 6, Ulpien, eod. tit.

(3) Vinnius, Select. jur. quæst., lib. I, cap. XLVII. — Celui qui ignore son propre fait est inexcusable, « quæ ignorantia pro igno-« rantia juris habetur. » — Loi 5, § 1, in fine, D., liv. 41, tit. 10. *In alieni facti ignorantia tolerabilis error est.*

(4) Loi 3, pr. D., liv. 22, tit. 6.

«ut qui nescit se emancipatum »(1). — Et en effet, l'ignorance de son propre droit n'implique pas du tout l'idée
d'une erreur de droit : on peut dire qu'il erre *de jure suo*,
celui qui ne connaît pas les événements qui ont créé des
droits à son profit. Les deux parties de notre texte mettent en opposition deux catégories d'erreurs de fait ;
dans la première, il est question de l'erreur portant sur
le fait d'autrui ; il est donc probable que, dans la seconde, le jurisconsulte a entendu parler du cas où un
individu a erré sur son propre fait ; cependant, il faut
en convenir, ces expressions *an de jure suo ignorat*, ne se
réfèrent pas exclusivement à cette dernière hypothèse ;
car il peut très-bien arriver que nos droits, dont nous
ignorons l'existence, proviennent de faits, auxquels nous
sommes restés complètement étrangers.

De la présomption attachée à l'erreur de droit. — L'erreur de droit en général n'est pas excusable : « Juris
« autem ignorantia nec justa est, nec jure ullam excu
« sationem habet » (2). Un rescrit des empereurs Sévère
et Antonin traite d'insensé celui qui erre en droit, et
lui refuse tout secours (3). Il est coupable de négligence,
cum jus finitum et possit esse et debeat, celui qui ne connaît pas les lois de son pays, et néglige les moyens de
s'éclairer. Cependant le droit n'est pas toujours si bien
déterminé et si nettement formulé, qu'il soit toujours

(1) Cujas, Comm. in tit. VI, lib. XXII, ad leg. 3. — Loi 35, D.,
liv. 11, tit. 1. — Loi 15, § 2, D., liv. 18, tit. 1.

(2) Donell. Lib. 1, cap. XXIII, n. 2. — Loi 12, Cod., *de jur. et
fact. ign.*, liv. 1, tit. 18. *Constitutiones principum nec ignorare quemquam, nec dissimulare permittimus.*

(3) Loi 9, § 5, D., *de jur. et fact. ign.*

facile de le bien connaître et bien interpréter : les nombreuses controverses, qui divisaient les jurisconsultes romains, le prouvent suffisamment. Il ne peut donc être ici question que d'une présomption de culpabilité, qui devra tomber devant la preuve, que celui, qui a erré, a agi néanmoins avec la prudence d'un bon administrateur.

L'erreur de droit, dit Labéon, ne nuira qu'autant que celui qui en aura été victime, pouvait facilement l'éviter, soit au moyen de ses propres connaissances juridiques, soit en s'entourant des conseils des jurisconsultes, *si jurisconsulti copiam haberet, vel sua prudentia instructus sit : ut, cui facile sit scire, ei detrimento sit juris ignorantia.* La présomption d'inexcusabilité attachée à l'erreur de droit se trouvait ainsi considérablement affaiblie, peut-être même supprimée ; aussi tous les jurisconsultes étaient-ils loin d'accepter complétement l'opinion de Labéon : Paul qui la reproduit se hâte d'ajouter : *quod raro accipiendum est* (1). Cependant le même jurisconsulte Paul dans la loi 10 *de bonor. poss.*, après avoir dit que l'ignorance de droit n'empêche pas de courir le délai fixé pour demander la *bonorum possessio*, nous dit: *scientiam enim non hanc accipi, quæ juris prudentibus sit : sed eam quam quis aut per se habeat aut consulendo prudentiores adsequi potest* (2).

Il y a donc à distinguer entre les erreurs de droit : elles ne sont pas toutes dépourvues d'effets ; car on vient au secours de celui qui a erré en droit, s'il est démontré qu'il n'y a eu de sa part aucune négligence. Cette preuve

(1) Loi 9, § 3, D., *de jur. et fact. ign.*, liv. 22, tit. 6.

(2) Ulpien exprime la même idée. Loi 2, § 5, *quis in ord. in poss. scre.*, liv. 38, tit. 16.

serait irrecevable s'il s'agissait de l'ignorance d'une règle
de droit naturel, « cum ergo naturæ gentiumque jura
« omni humano generi communia sint, non potest quis
« sine summæ negligentiæ vitio corum ignorantiam ob-
« tendere ad sui defensionem » (1).

La présomption défavorable, qui nous occupe en ce moment, n'atteignait pas certaines personnes auxquelles,
à raison de circonstances particulières, il était permis
d'ignorer le droit. Ces personnes étaient : les militaires,
les mineurs de 25 ans, les femmes, et les hommes sans
instruction. — Ce privilége ne s'étendait pas en principe
aux délits (2). Cependant par exception il y avait certains
délits, à l'égard desquels ces personnes étaient excusées
à cause de leur bonne foi, pourvu néanmoins qu'elle ne
reposât pas sur une erreur de droit des gens : c'est ainsi
qu'on décidait que la femme, qui en cas d'inceste de
pur droit civil était excusée, encourait au contraire
la même peine que son prétendu mari, si elle avait contracté une union incestueuse prohibée même par le droit
naturel (3). Une décision analogue était rendue en faveur
du mineur (4). — L'édit du préteur défendait à l'affranchi
d'appeler son patron *in jus;* celui qui par l'ignorance
violait cette disposition, encourait une pénalité, bien
qu'il fût un *rusticus : cum naturale ratione honor hujus modi*
personis debeatur (5).

En matière civile l'erreur de droit était, à l'égard des

(1) Voët.
(2) Loi 2, Cod., liv. 2, tit. 35. — *Licet in delictis ætate neminem*
excusari constet
(3) Loi 38, § 2, D., liv. 18, tit. 5.
(4) Ead. leg., § 6.
(5) Loi 2, Cod., *de in jus voc.,* liv. 2, tit. 2.

militaires, traité comme l'erreur de fait : *arma etenim magis quam jura scire milites sacratissimus legislator existimavit* (1). C'est pourquoi, si un militaire actionné en justice s'est laissé condamner par suite d'une erreur de droit, et a négligé de faire valoir ses moyens de défense, il pourra, *propter simplicitatem armatæ militiæ*, repousser son adversaire, en lui opposant les mêmes moyens, quand celui-ci voudra faire exécuter contre lui la sentence de condamnation (2). — Un fils de famille militaire, institué héritier par un de ses compagnons d'armes, croit qu'il ne lui est pas permis de faire adition sans l'ordre de son père : son ignorance ne lui nuira pas : *per constitutiones principales jus ignorare potest : et ideo ei dies aditionis non cedit* (3).

Les mineurs de 25 ans jouissaient du même privilège que les militaires ; il leur était permis d'ignorer le droit : *ante præmisso*, dit Paul, *quod minoribus vigintiquinque annis jus ignorare permissum est* (4). Ulpien est peut-être encore plus affirmatif : *Hodie, certo jure utimur, ut et in lucro minoribus succurratur* (5). Doneau, en parlant des mineurs, nous dit : « his error juris non magis noceat, « quam nocuisset majoribus facti justa ignorantia ». Si donc un mineur de 25 ans a prêté une somme d'argent à un fils de famille, on viendra à son secours : *subvenitur ei, ut non videatur filiofamilias credidisse* (6).

<hr>

(1) Loi 22, Cod., liv. 6, tit. 30.
(2) Loi 1, Cod., *de jur. et fact. ign.*, liv. 1, tit. 18.
(3) Loi 9, § 1, D., cod. tit.
(4) Loi 9, pr., D., cod. tit.
(5) Loi 7, § 6, D., liv. 4, tit. 4.
(6) Loi 9, pr. in fine, D., *de jur. et fact. ign.* — Cujas (Comm. in tit. VI, lib. XXII, ad leg. 9) fait cette distinction entre les mineurs : l'impubère qui a agi sans l'autorisation de son tuteur est excusé *ipso jure : Impuberes sine tutore agentes, nihil posse scire intelliguntur.* (Loi 10, D., liv. 22, tit. 6.) Le préteur, au contraire, ne

Les femmes et les personnes sans instruction ne sont pas traitées aussi favorablement que les militaires et les mineurs; « quia in fœminis et rusticis majoribus viginti-« quinque annis non eadem est infirmitas consilii, quæ in « minoribus; non idem his favor qui militibus » (1).

Le jurisconsulte Paul, après avoir dit que les mineurs sont excusables d'ignorer le droit, ajoute : *Quod et in fœminis in quibusdam causis propter sexus infirmitatem dicitur.* — D'après Doneau (2), ces mots *in quibusdam causis* feraient allusion aux délits, mais, il suffit de lire attentivement le texte pour se convaincre du contraire; il est permis aux mineurs d'ignorer le droit; cela est également permis, dans certains cas, aux femmes, pourvu toutefois (et cette observation s'adresse aux mineurs comme aux femmes) qu'il ne s'agisse pas de délits : *et ideo sicubi non est delictum, sed juris ignorantia, non læduntur.* Par ces derniers mots le jurisconsulte écarte évidemment l'hypothèse où il s'agirait de délits.

M. de Savigny croit que ces mots, *in quibusdam causis* ont été ajoutés dans le texte par les commissaires de Justinien : autrefois, dit-il, la faveur accordée aux femmes par rapport à l'erreur de droit était aussi illimitée que celle dont jouissaient les mineurs de 25 ans. Une constitution d'Honorius insérée au code théodosien, mettait en effet sur la même ligne ces deux classes de personnes : *et mu-*

viendra au secours du pubère mineur de 25 ans qu'après avoir pris connaissance de la cause. (Loi 3, § 2, D., liv. 14, tit. 6.)

(1) Donell., lib. I, cap. XXIII, n. 5.

(2) Eod. lib., cap. XXI, n. 13. — « Dixit *in quibusdam causis.* In « quibus igitur? In delictis, quibus in causis et minoribus venia « datur, non ad acquirendum, aut ad amissum repetendum : sed « ne propter delictum rem suam amittat. »

*lieribus et minoribus in his, quæ vel prætermiserunt, vel igno-
raverunt, innumeris auctoritatibus constat esse consultum* (1).
Ce texte est reproduit au code de Justinien où il forme
la loi 8 (liv. 2, tit. 22), mais les premiers mots: *et mulieribus et*, ont disparu. Un changement s'était donc opéré dans
la législation. M. de Savigny l'attribue à l'empereur Léon :
cet empereur aurait aboli (2), comme règle générale, la
faveur qui permettait aux femmes d'invoquer l'erreur de
droit, et ne l'aurait laissée subsister que, comme une exception, dans les cas, où les lois antérieures en faisaient
une application spéciale. Les commissaires de Justinien
auraient ainsi introduit dans la loi 9 pr. de Paul les
mots *in quibusdam causis*, afin de mettre ce texte en harmonie avec la législation nouvelle; comme, aussi, ils ont
supprimé les premiers mots de la loi 3 du code Théodosien
en l'insérant au code de Justinien.

Cette explication est sans doute très-ingénieuse, mais
un peu arbitraire; aussi semble-t-il préférable d'admettre
que l'empereur Léon n'a pas voulu innover, mais simplement réagir contre l'abus, qui s'était probablement introduit dans la pratique, de restituer à tort les femmes
contre leurs erreurs de droit, en dehors même des cas limi-
tativement déterminés par les lois antérieures. Telle est
bien, nous paraît-il, la mesure exacte de l'importance qu'il
convient de donner à la constitution de l'empereur Léon.

Il ne faut pas dès lors supposer une interpolation dans
la loi 9 ; ces mots : *in quibusdam causis*, employés par Paul

(1) Loi 3, Cod. Théod., *de integr. restit.*, liv. 2, t. 16.
(2) Loi 13, Cod., *de jur. et fact. ig*, liv. [1, tit. 18. *Statuimus,
si per ignorantiam juris damnum aliquod circa jus vel substantiam
uam patiantur, in his tantum casibus, in quibus præteritarum legum
sauctoritas eis suffragatur subveniri.*

font précisément allusion à ces mêmes lois que l'empereur Léon rappelle dans sa constitution, afin de leur donner une nouvelle force en les confirmant; mais qui probablement existaient déjà à l'époque classique avec leur sens limitatif. — La constitution d'Honorius insérée au code Théodosien, et la modification qu'elle a subie en passant dans le code de Justinien, offrent, il est vrai, un argument favorable à l'opinion que nous combattons; mais ce texte, qu'on nous oppose, ne saurait être accepté avec trop de défiance, à cause de l'inexactitude de sa formule, incontestablement trop générale. Il assimile en effet les femmes aux mineurs; or une telle assimilation est évidemment fausse, puisque le mineur de 25 ans peut invoquer l'erreur de droit, même pour réaliser un gain, tandis qu'il est constant que la femme ne saurait prétendre à une telle faveur. Voici un texte de Constantin, qui ne laisse aucun doute à cet égard : *Quamvis in lucro nec fœminis jus ignorantibus subveniri soleat : attamen contra ætatem adhuc imperfectam locum hoc non habere, retro principum statuta declarant* (1). — Papinien nous dit aussi : *juris autem error nec fœminis in compendiis prodest* (2). Ces textes, qui restreignent, en ce qui concerne les femmes, les effets de l'erreur de droit, ne suffiraient-ils pas pour justifier à eux seuls les mots *in quibusdam causis*, et faire rejeter toute idée d'interpolation, quelque système qu'on adoptât d'ailleurs sur les prétendues innovations attribuées à l'empereur Léon (3)?

(1) Loi 11, Cod., cod. tit.
(2) Loi 8, D., cod. tit.
(3) Noodt. Comm., ad tit. VI, lib. XXII. — « Sed his (fœminis) « non in omnibus causis, sed in quibusdam : puto indamnis dun- « taxat, non etiam in lucris : eoque pertinere, quod in præsenti

Arthaud.   4

Les femmes, même à l'époque classique, ne pouvaient donc pas se prévaloir de leur erreur de droit dans tous les cas : elles ne le pouvaient jamais pour réaliser une acquisition, mais seulement quand il s'agissait d'obtenir réparation d'une perte subie : et même dans cette dernière hypothèse, fallait-il encore, du moins dans le dernier état du droit, que la loi vînt expressément à leur secours.

Quant aux *rustici*, les hommes sans instruction aucune, nous avons peu de choses à en dire : on s'accorde assez généralement pour décider qu'ils doivent être traités comme les femmes. De nombreux textes (1) nous montrent plusieurs cas, où celui qui erre en droit, se trouve excusé, *propter imperitiam*, *propter rusticitatem*.

Conclusion. — Pour produire des effets juridiques l'erreur doit être excusable ; mais dans quels cas aura-t-elle cette qualité ? et comment arrivera-t-on à le constater ? La réponse à ces deux questions sera le résumé synthétique et la conclusion des développements que nous venons de donner.

Quand on dit qu'une erreur est excusable, on ne prétend pas toujours qu'elle soit dégagée de toute faute, mais simplement qu'elle n'atteint pas un certain degré de culpabilité. Or, ce degré de culpabilité n'est pas, et ne devait pas être le même dans tous les cas, car il est de toute équité que la loi mesure ses exigences, à la faveur que méritent les diverses situations, où l'erreur est appelée à exercer une

---

« addit Paulus : *et ideo sicubi non est delictum sed juris ignorantia,* « *non læduntur.* »

(1) Loi 2, § 7, *in fine*, D., de jure fisci, liv. 49, tit. 14. — Loi 7, § 4, D., *de jurisdict.*, liv. 2, tit. 1. — Loi 3, § 22, D., liv. 20, tit. 5. — Loi 8, Cod., liv. 6, tit. 0.

certaine influence, ainsi qu'à l'énergie du secours qui
est demandé. Il variera donc suivant qu'il s'agira de réaliser un gain ou d'éviter une perte, d'accorder une action
ou bien une simple exception. — On comprend dès lors
qu'étant donnée une erreur, dont le degré de culpabilité
se trouve parfaitement déterminé, on ne puisse pas dire
a priori, si elle est ou non excusable : cela dépendra de la
sévérité de la loi pour le cas particulier, et c'est à ce point
de vue qu'il importe de distinguer, comme nous l'avons
fait, le *lucrum*, le *dammum rei jam amissæ* et le *damnum rei
amittendæ*.

Mais comment arrivera-t-on à déterminer le degré de
faute de celui qui a erré ? On ne doit négliger aucun des
nombreux éléments d'appréciation résultant des circonstances particulières, qui pouvaient éclairer celui qui a
erré, ou au contraire l'induire en erreur. — La culpabilité
étant un état essentiellement subjectif, il s'ensuit qu'il
faut aussi prendre en grande considération le caractère
de la personne, son âge, sa situation sociale : l'erreur
aura un caractère différent, suivant qu'elle se rencontrera
chez un homme ou une femme, chez un mineur ou un
majeur de 25 ans.

Pour faciliter ces appréciations souvent très-difficiles,
le législateur romain a établi certaines présomptions, qui
reposent à la fois sur la nature de l'objet de l'erreur et sur
les qualités de la personne.

La présomption est que l'erreur de fait est toujours
excusable : qu'il soit question d'un *dammum*, ou d'un
lucrum, d'obtenir une action ou une exception, on pourra
toujours l'invoquer sans distinction de personnes.

Celui qui a erré en droit, au contraire, est réputé coupable d'une négligence grossière : aussi la loi ne lui

accorde-t-elle que le secours d'une exception, et dans les
cas seulement les plus dignes d'intérêt. — Cette règle,
cependant, n'est pas toujours applicable : pour certaines
personnes, il n'y a dans notre hypothèse qu'une présomption de faute légère, dont on devra sans doute tenir quelque compte, mais qui n'empêchera pas qu'elles ne
puissent, dans certains cas particuliers, exercer une
action. A l'égard d'autres personnes enfin, il n'y a aucune
différence à établir entre l'erreur de droit et l'erreur de
fait : l'une et l'autre sont présumées excusables.

CHAPITRE II

LA BONNE OÙ LA MAUVAISE FOI NE POURRA-T-ELLE JAMAIS PROFITER OU NUIRE QU'A CELUI CHEZ QUI ELLE AURA EXISTÉ?

La réponse à la question posée dans la rubrique de notre chapitre se trouve nettement indiquée dans le texte suivant de *Terentius Clemens : iniquissimum videtur cuiquam scientiam alterius quam suam nocere ; vel ignorantiam alterius alii profuturam* (1). En principe, l'ignorance d'autrui ne doit pas plus nous profiter, que sa connaissance nous nuire.

Cette règle assurément se justifie d'elle-même et n'a besoin d'aucun commentaire; mais, bien qu'elle soit formulée en des termes très-absolus, elle n'est pourtant pas sans éprouver quelques exceptions, que nous devons étudier sans toutefois prétendre en donner une énumération complète.

La liberté est un bien inaliénable. Un homme libre qui a été vendu comme esclave pourra donc revendiquer sa qualité de personne libre, *in libertatem proclamare.* Cependant ce droit lui sera refusé, si, l'acquéreur étant de bonne foi, il s'est laissé vendre frauduleusement pour ensuite partager le prix avec son complice, le vendeur.

(1) Loi 5, D., *de jur. et fact. ign.*, liv. 22, tit. 6.

Or, qu'arrivera-t-il, si, dans notre hypothèse, il y a deux acheteurs conjoints, dont un seulement est de bonne foi? Ce cas est prévu et résolu par Ulpien (1). L'état d'une personne est indivisible : un homme ne peut donc pas être à la fois libre et esclave pour parties; aussi Ulpien décide-t-il que, dans l'espèce, l'homme libre, qui a été vendu, deviendra esclave pour le tout. Mais alors, à qui appartiendra cet esclave? *Sed enim illa erit quæstio partem solam habebit is qui ignoravit, an totum? Et quid dicemus de alia parte, an ad eum, qui scit, pertineat?* L'acheteur de bonne foi en aura-t-il la propriété exclusive, ou bien, au contraire, devra-t-il la partager avec l'acheteur de mauvaise foi? C'est à ce dernier parti que s'arrête définitivement le jurisconsulte : *Sed ille indignus est quid habere, quia sciens emerit : rursum, qui ignoravit, non potest majorem partem dominii habere, quam emit : evenit igitur, ut ei prosit, qui eum comparavit sciens, quod alius ignoravit.* Voilà bien un cas où, par exception à la règle, la bonne foi de l'un profitera à l'autre.

En voici un second : un citoyen romain, épouse une latine ou une pérégrine, qu'il croyait citoyenne romaine, il n'y a pas là de *justes noces*, puisque le *connubium* n'existe qu'entre citoyens ; mais si de cette union naît un enfant, l'époux de bonne foi sera admis à prouver son erreur, *erroris causam probare.* Le résultat de cette preuve sera de faire parvenir à la cité la mère et l'enfant, et de placer ce dernier sous la puissance paternelle. L'union qui, à l'origine, n'était qu'un simple concubinat, deviendra ainsi

____

(1) Loi 7, § 3, D., *de lib. caus.*, liv. 40, tit. 12.— Nous verrons plus loin comment on peut concilier cette loi avec la loi 5 au Dig. *quibus ad libert.*

un *justum matrimonium* (1). La bonne foi de l'époux citoyen romain profitera donc à l'autre.

Il faut maintenant rechercher l'influence que peut exercer sur la formation des rapports de droit à notre profit, la bonne ou la mauvaise foi des personnes qui nous représentent dans des actes juridiques.

Ces personnes le plus souvent se trouvent placées sous notre puissance; elles peuvent aussi nous être étrangères.

Des personnes qui sont sous notre puissance. — Tels sont les fils de famille, les esclaves et, dans l'ancien droit, les femmes *in manu* et les individus *in mancipio.* Toute acquisition, réalisée par une de ces personnes, profite à celui en puissance de qui elle se trouve, qu'il s'agisse d'un droit de créance ou de propriété : *Admonendi sumus adquiri nobis non solum per nosmetipsos, sed etiam per eas personas quæ in nostra potestate, manu, mancipiove sunt* (2). — Nous pouvons aussi acquérir par l'homme libre ou l'esclave d'autrui, que nous possédons de bonne foi, mais seulement *ex operis suis vel ex re nostra.* Il en est de même pour l'esclave dont nous avons l'usufruit (3).

Non solum autem proprietas per eos quos in potestate habemus, nobis adquiritur, sed etiam possessio. Nous pouvons donc aussi acquérir la possession par nos esclaves et nos fils de famille, pourvu toutefois que ceux-ci, qui reçoivent la détention matérielle de la chose, aient l'*intellectus possidendi : cæterum et ille, per quem volumus possidere talis*

(1) Gaius. Com., I, § 67.

(2) Gaius. Com., III, § 163. — Just. Instit., liv. III, tit. XXVIII, pr.

(3) Gaius, Com., II, § 86. — Just. Instit., liv. II, tit. IX, § 4. — Loi 10, liv. 41, tit. 1.

esse debet, ut habeat intellectum possidendi (1) ; et que nous, nous ayons la volonté de posséder : *possessionem adqui- rimus et animo et corpore : animo utique nostro, corpore vel nostro vel alieno* (2).

Le maître, le père sont réputés avoir cet *animus possi- dendi* à l'égard de toute acquisition faite, même à leur insu, *peculiari nomine*, par l'esclave, le fils de famille : *item adquirimus possessionem per servum, aut filium, qui in potestate est, et quidem earum rerum, quas peculiariter te- nent, etiam ignorantes, sicut Sabino, et Cassio, et Juliano placuit, quia nostra voluntate intelligantur possidere, qui eis peculium habere permiserimus* (3). — Cela a été admis, nous dit Papinien, à titre de droit exceptionnel, et par un motif d'utilité pratique : *utilitatis causa jure singulari re- ceptum* (4), afin que les maîtres ou les pères de famille ne fussent pas obligés de s'occuper, à chaque instant, des détails d'une administration, dont ils ont voulu précisé- ment se décharger sur la personne de leurs esclaves ou de leurs fils.

Mais, en dehors du cas que nous venons de voir, fau- dra-t-il nécessairement que le maître sache que la tradition a eu lieu pour devenir possesseur de la chose livrée à son esclave? Papinien le dit expressément : *si non ex causa peculiari quæratur aliquid scientiam quidem domini esse neces- sariam, sed corpore servi quæri possessionem* (5). C'est, en

---

(1) Paul. Loi 1, §§ 9 et 10, D., liv. 41, tit. 2. — *Et ideo si furio- sum servum miseris, ut possideas, nequaquam videris adprehendisse possessionem.*

(2) Paul. Sent., V, II, § 1.

(3) Paul. Loi 1, § 5 et loi 3, § 12, *in fine*, D., liv. 41, tit. 2.

(4) Papinien. Loi 44, § 1, cod. tit.

(5) Loi 44, § 1, in fine, liv. 41, tit. 2.

conséquence, ce que décide également Pothier (1). — Cujas (2) est d'un avis contraire : suivant lui, il n'y a pas à distinguer si la chose a été livrée à l'esclave, à l'occasion du pécule ou à un tout autre titre : le maître en acquiert toujours la possession au moment même de la tradition, qu'il l'ait connue ou non. Il invoque à l'appui de son opinion le texte suivant d'Ulpien qui ne fait aucune distinction : *Servus quoque meus ignoranti mihi adquiret possessionem* (3), et cet autre texte : *Si servus meus vel filius peculiari, vel etiam meo nomine quid tenet, ut ego per eum ignorans possideam vel etiam usucapiam* (4), duquel il semble bien résulter aussi que je pourrai devenir possesseur, même à mon insu, de la chose acquise par mon esclave ou mon fils, non-seulement *ex peculiari causa*, mais encore *nomine meo*. — Sans aller aussi loin que Cujas, nous déciderons cependant par analogie de ce qui se passe au cas de mandat donné à une personne étrangère, que, si le maître a donné à son esclave l'ordre d'acquérir une chose déterminée ou non, il en deviendra possesseur, dès l'instant où la tradition en aura été faite à l'esclave.

Pour acquérir la possession d'une chose par un esclave, il fallait encore le posséder lui-même (5). On avait cependant, après quelques hésitations, fini par admettre qu'on pourrait acquérir la possession par l'esclave dont on avait seulement l'usufruit (6). Cette

(1) Lib. XLI, Pandect., tit. II, § 1.
(2) Observ., liv. XXIV, tit. IX.
(3) Loi 31, § 2, D., liv. 41, tit. 2.
(4) Paul. Loi 31, § 3, D., liv. 41, tit. 3.
(5) Loi 1, § 15, D., liv. 41, tit. 2.
(6) Gaius, II, § 94. — Loi 19, pr. D., cod. tit.

condition n'était pas et ne pouvait pas être exigée, relativement aux fils de famille : ils n'étaient susceptibles ni d'un droit de propriété, ni, par conséquent, d'une possession (1).

Les personnes qui sont sous notre puissance peuvent avoir agi sous l'empire d'une erreur ou au contraire avec pleine connaissance; leur bonne foi nous profitera-t-elle? leur mauvaise foi nous nuira-t-elle? A cet égard, plusieurs distinctions doivent être faites : l'esclave ou le fils de famille a-t-il agi *ex peculiari causa*, ou *nomine domini vel patris?* Dans ce dernier cas, y a-t-il eu ou non mandat? Ce mandat a-t-il été déterminé ou indéterminé? Toutes ces distinctions se rencontrent dans les textes, il est nécessaire d'en étudier quelques-uns.

Un esclave a acheté une chose qu'il savait, mais que son maître ignorait être litigieuse : la peine, qui frappe les acquéreurs de choses litigieuses (2), sera-t-elle applicable dans ce cas? La mauvaise foi de l'esclave nuira-t-elle ou non au maître? La loi 2, au Digeste, *de litigiosis* (liv. 44, tit. 6), qui vise cette hypothèse, répond par une distinction : s'il n'y a pas eu mandat, on appliquera la peine, bien que le maître soit de bonne foi : *et magis est ut scientia inspicienda sit ejus qui comparavit, non ejus cui adquiretur : et ideo pœna litigiosi competit : sic tamen, si non mandatu domini emit.* — Si au contraire, il y a eu mandat, la mau-

(1) D'après Cujas, Ulpien aurait fait allusion à cette différence entre le fils de famille et l'esclave dans le texte suivant : *Quidquid filius peculiari nomine apprehenderit, id statim pater ejus possidet, quamvis ignoret in sua potestate filium.* — Loi 4, D., liv. 41, tit. 2.

(2) Celui qui achetait, le sachant, des droits litigieux, était obligé de rendre la chose sans pouvoir se faire restituer le prix qui ne restait pas pourtant entre les mains du vendeur, mais revenait au fisc. — Loi 4, pr., au Code, liv. 8, tit. 37.

vaise foi de l'esclave ne nuira pas au maître : *Nam si mandatu, etiamsi scit servus, dominus autem ignoravit, scientia non nocet* (1). — Remarquons qu'il s'agit ici d'un mandat d'acheter une chose déterminée, comme cela a lieu également dans l'hypothèse prévue par la loi 17 *de liberali causa*. Le jurisconsulte Paul suppose que j'ai donné mandat à mon esclave ou à une personne étrangère d'acheter un homme que je savais être libre, et il décide qu'il n'y aura pas lieu à l'action en garantie, que mon esclave ait été de bonne ou de mauvaise foi en contractant : *in servo et in eo, qui mandato nostro emit, tale est, ut si certum hominem mandavero emi, sciens liberum esse, licet is, cui mandatum est, ignoret idem sit : et non competet ei actio. Contra autem, si ego ignoravi, procurator scit : non est mihi deneganda* (2). — S'il s'agissait d'un mandat d'acheter une chose *in genere*, ou bien encore si l'esclave avait agi spontanément *nomine domini*, il faudrait, au contraire, s'attacher à la personne de l'esclave, et tenir compte de sa bonne ou de sa mauvaise foi « eo casu, » dit Cujas (3), « (dominus) emptionem posuit in potestate servi, eique « eligendi arbitrium dedit, ideoque eo casu scientia servi « ignoranti domino nocet » (4).

(1) Le jurisconsulte Africain, pour le cas où un esclave a acheté un esclave atteint de vices rédhibitoires, donne une solution différente : dans ce cas, dit-il, la connaissance de l'esclave nuira toujours au maître, qu'il s'agisse d'un mandat déterminé ou non : *cum mancipium morbosum vel vitiosum servus emat, et redhibitoria vel ex empto dominus experiatur, omnimodo scientiam servi, non domini spectandam esse ait : ut nihil intersit, peculiari, an domini nomine emerit, et certum incertumve mandante eo emerit.* — Loi 51, pr., D. liv. 21, tit. 1. — Cujas déclare qu'il y a ici une disposition exceptionnelle.

(2) Pomponius, loi 13, D., liv. 18, tit. 1.

(3) Comm. in tit. VI, lib. XXII, ad leg. 5.

(4) Connanus, com. jur. civ., lib. III, cap. XIII. — « Ratio au-

On peut assimiler le cas où un esclave agit en vertu
d'un mandat d'acheter une chose *in genere* au cas où il
agit *peculiari nomine*, il y a, en effet, dans ce dernier cas,
une sorte de mandat général, qui donne à l'esclave un
pouvoir de large administration sur la partie du patrimoine, qui lui a été concédée à titre de pécule : « In eo
« quod servus peculii causa emit, videtur generale et in-
« certum mandatum habere a domino » (1).

Les distinctions que nous venons de faire s'appliquent également aux fils de famille : un fils de famille a
acheté de mauvaise foi, *peculiari nomine*, un homme libre :
il n'acquerra pas au père une action en garantie, alors
même que celui-ci serait de bonne foi. Du reste, il en
serait de même dans le cas où il aurait agi sur le mandat de son père : la mauvaise foi du fils nuirait alors au
père : *Quare si filiusfamilias emit, si quidem ipse scit, pater ignoravit, non adquisiit patri actionem : hoc si peculiari
nomine egerit. Cæterum si patre mandante hic quæritur, an
filii scientia noceat ? et puto adhuc nocere, quemadmodum procuratoris nocet* (2). — Cependant, même dans le cas où
le fils aurait agi de bonne foi, *peculiari nomine*, l'action
serait refusée au père, si celui-ci de mauvaise foi était

« tem diversitatis est, quod servus mandato domini rem certam
« emens, non ipse sed dominus per eum videtur emisse. Ideo so-
« lius domini scientia attendi debet : quando vero servus non do-
« mini mandato, sed suo jure emit, sibi quodammodo emit, et in
« ejus persona jus emptionis positum est. »

(1) Connanus, com. jur. civ., lib. III, cap. XIII.

(2) Loi 16, § 3, D., liv. 40, tit. 12. — Il s'agit ici évidemment
d'un mandat incertain, puisqu'on assimile le fils de famille, qui
a reçu mandat de son père au *procurator*, et que, comme nous le
verrons, la science du mandataire ne nuit au mandant, qu'autant
qu'il s'agit d'un mandat déterminé. Tel est aussi l'avis de Cujas.

présent à la vente, et pouvait l'empêcher : *Plane si filius ignoravit, pater scit, adhuc dico repellendum patrem, etiam si peculiari nomine filius emit : si modo pater præsens fuit, potuitque filium emere prohibere* (1). La présence du père constitue en effet l'équivalent d'un mandat déterminé. — Nous étendrons à l'esclave la disposition du texte que nous venons de citer. — Pomponius ne paraît pas accepter la doctrine d'Ulpien, du moins en ce qui touche l'erreur sur la substance de la chose en matière de vente. après avoir posé la règle suivante : *in hujusmodi modi quæstionibus personæ ementium et vendentium spectari debent, non eorum, quibus adquiritur ex eo contractu actio*, il ajoute comme conséquence : *nam si servus meus vel filius, qui in mea potestate est, me præsente, suo nomine emat, non est quærendum quid ego existimem : sed quid ille, qui contrahit* (2). Mais la règle formulée par Pomponius est trop absolue; et Africain lui-même, qui l'admet pour le cas où l'esclave a connu et le maître ignoré les vices de la chose achetée, la repousse, au contraire, dans l'hypothèse inverse, où c'est le maître qui a connu, et l'esclave ignoré ces vices, en décidant que dans ce dernier cas, comme dans le premier, il n'y aura pas lieu à l'action rédhibitoire, si l'esclave a agi en vertu d'un mandat déterminé : *sed si servus mandatu domini, hominem emerit, quem dominus vitiosum esse sciret, non tenetur venditor* (3).

Telle est bien la théorie qui paraît ressortir des textes que nous venons de parcourir : la personne en puissance a-t-elle contracté *ex peculiari causa*, ou en vertu d'un mandat indéterminé, ou bien encore sans mandat aucun,

(1) Ulpien. Loi 16, § 4, D., liv. 40, tit. 12.
(2) Loi 12, D., liv. 18, tit. 1.
(3) Loi 51, pr. *in fine*, D., liv. 21, tit. 1.

on prendra en considération sa bonne ou sa mauvaise foi. A-t-elle au contraire agi d'après le mandat déterminé de son maître ou de son père, on ne s'occupera plus de sa bonne ou de sa mauvaise foi, et on s'attachera uniquement à la personne du maître ou du père.

Nous avons dit qu'on pouvait acquérir par les personnes sous notre puissance non-seulement des droits de créance et de propriété, mais encore la possession. Il faut maintenant préciser à quelle condition et à partir de quel moment cette possession ainsi acquise sera utile à l'usucapion, et, pour cela, distinguer si l'esclave ou le fils de famille l'a acquise à l'occasion de son pécule ou à un tout autre titre.

In peculiaribus tantum rebus ut ignorantes usucaperimus, receptum est (1). Ainsi nous pouvons usucaper à notre insu dès le moment de la tradition, les choses qui ont été livrées, *nomine peculiari*, à nos esclaves ou a nos fils de famille : *Labeo, Neratius responderunt, ea quæ servi peculiariter nancti sunt, usucapi posse; quia hæc etiam ignorantes domini usucapiunt. Idem Julianus scribit* (2). — Mais, pour qu'il en soit ainsi, il faut que l'esclave ou le fils de famille ait été de bonne foi en recevant la chose. Si donc mon esclave achète, au nom de son pécule, une chose qu'il sait, mais que j'ignore ne pas appartenir au vendeur, je ne pourrai jamais usucaper (3). Je ne l'usucaperais pas même, si, dans la suite, étant toujours de bonne foi, j'entrais en possession directe de cette chose, par exemple en retirant le pécule, car dans cette hypothèse je ne ferais que continuer une possession viciée à son origine par la mau-

____

(1) Paul. Loi 47, D., *de usurp.*, liv. 41, tit. 3.
(2) Loi 8, D., liv. 41, tit. 3. — Loi 1, § 5, D., liv. 41, tit. 2.
(3) Loi 2, §§ 10 et 11, D., liv. 41, tit. 4.

vaise foi de l'esclave : *quod si peculiari, tunc mentem servi quærendam, et si servus mala fide possideat, eamque dominus nanctus sit, ut suo nomine possideat, adempto puta peculio : dicendum est, ut eadem causa sit possessionis : et ideo usucapio ei non magis procedat* (1). — Si au contraire un esclave a acheté de bonne foi, au nom du pécule, la chose d'autrui, l'usucapion aura lieu, alors même que le maître le saurait en apprenant plus tard l'acquisition : la possession est en effet commencée, et n'a pas été vicieuse à l'origine : *si servus bona fide emerit, peculiari nomine, ego, ubi primum cognovi, sciam alienam : processuram usucapionem Celsus ait : initium enim possessionis sine vitio fuisse.* Mais si, au moment de la vente, le maître a été de mauvaise foi, il n'usucapera pas malgré la bonne foi de l'esclave, qui a acheté *ex peculiari causa : sed si eo ipso tempore, quo emit, quanquam id bona fide faciat, ego alienam rem esse sciam, usu me non capturum* (2).

Ce que nous venons de dire s'applique également au cas où l'acquisition a été faite *nomine peculiari* par un fils de famille (3).

Dans le cas où la possession, acquise par les personnes sous notre puissance, ne l'a pas été au nom du pécule, l'usucapion ne s'accomplira pas à notre insu, comme dans l'hypothèse précédente ; il faudra pour qu'elle commence à courir que nous ayons connaissance de l'acquisition, et qu'à cette époque nous soyons de bonne foi : *Pomponius quoque in his, quæ nomine domini possideantur, domini potius, quam servi voluntatem spectandam ait* (4). — La bonne

(1) Loi 2, § 12, cod. tit.
(2) Loi 2, § 12, cod. tit.
(3) Loi 11, § 7, D., liv. 41, tit. 3.
(4) Paul. Loi 2, § 12, D., cod. tit.

foi devra aussi exister chez l'esclave ou le fils de famille. C'est ce que nous dit l'apinien pour le fils de famille : *patrem usu non capturum quod filius emit, propter suam vel filii scientiam, certum est* (1).

Des personnes qui peuvent nous représenter, bien qu'elles ne soient pas sous notre puissance. — Nous pouvons aussi par une personne étrangère, qu'elle soit libre ou esclave (2), acquérir possession qui est un simple fait et par cette possession un droit de propriété : *et hoc est quod dicitur, per extraneam personam nihil adquiri posse, excepto eo quod per liberam personam, veluti per procuratorem, placet non solum scientibus, sed et ignorantibus nobis adquiri possessionem, secundum divi Severi constitutionem, et per hanc possessionem etiam dominium, si dominus fuit qui tradidit* (1). Ce texte des Institutes pourrait faire croire que la règle, qui nous occupe en ce moment, a été introduite par une constitution de l'empereur Sévère, il n'en est rien cependant. Déjà Labéon semblait admettre que nous pouvions acquérir la possession *per extraneam personam*, lorsque, supposant que j'ai acheté une certaine quantité de bois ou de vin, il disait : *nihil interest utrum mihi, an et cuilibet jusserim, custodia tradatur* (4). — Neratius , qui vivait sous Trajan

(1) Loi 13, § 1, eod. tit. — « Sed hoc casu exigitur etiam ut ser-
« vus nesciat, cui scilicet traditur possessio, alioquin vitiosum erit
« initium possessionis quod usucapioni maxime impedimento est. »
(Cujas.) — « At si filiusfamilias aut servus meus aliquid emerint,
« quod mihi jurepotestatis acquiratur, tum utriusque scientia in-
« spicitur. Quia ab utroque pendet jus contractus. Nam illis pri-
« mum, tum per eos mihi quoque quæritur. » (Connanus, com.
jur. civ., lib. III, cap. XIII.)

(2) Loi 31, § 2, D., liv. 41, tit. 2.

(3) Just. Inst., liv. 2, tit. 9, § 5, in fine. — Gaius. Com. II, § 95, in fine. — Loi 13, in fine, D., *de donat.*, liv. 39, tit. 5.

(4) Loi 51, D., *de adq. rer. dom.*, liv. 41, tit. 1.

formulait le même principe : *per procuratorem possessionem adipisci nos jam fere convenit* (1). Ailleurs il est encore plus explicite et dit que la chose vendue et livrée à mon mandataire, *adquiritur mihi etiam ignoranti* (2). Le jurisconsulte Paul donne la même décision, qu'il justifie par une raison d'utilité (3).

Le tuteur, comme le mandataire, *emendo nomine pupilli, illi adquirit etiam ignoranti* (4). Mais l'ignorance du pupille peut être bien plus complète que celle du mandant. Le mandant ignore seulement l'instant précis où s'opère l'acquisition ; le pupille peut n'avoir aucune idée de l'acquisition même.

Quant au simple gérant d'affaires qui, sans aucun mandat, a acheté une chose, il ne pourra en acquérir la possession à celui dont il a voulu gérer les affaires, qu'autant que ce dernier aura l'*animus possidendi*, et par conséquent aura connu et ratifié cette acquisition (5).

Dans le très-ancien droit, nous ne pouvions pas acquérir par un étranger un droit de créance. Papinien fait de cette règle une application remarquable : *Etsi possessio per procuratorem ignoranti quæritur, usucapio vero scienti competit, tamen evictionis actio domino contra venditorem invito procuratore non datur ; sed per actionem mandati ea cedere cogitur* (6). Mais, dès l'époque de Papinien, on s'était relâché de cette rigueur de l'ancien droit : *si procurator*

(1) Loi 11, D., *de usurp.*, liv. 41, tit. 3.
(2) Loi 13, pr., D., *de adq. rer. dom.*
(3) Paul. Sent., liv. V, tit. II, § 2. — Loi 1 et 8, Cod., *de adq. et rel. poss.*, liv. 7, tit. 32.
(4) Loi 13, § 1, D., *de adq. rer. dom.* — M. Demangeat. Com. des Inst., 1re édit., tom. 1, p. 607.
(5) Ulpien. Loi 42, § 1, D., liv. 41, tit. 2.
(6) Loi 49, § 2, *de adq. vel am. posss.*, liv. 41, tit. 2.

Arthaud.   5

vendiderit et caverit emptori, quæritur an domino vel adversus actio dari debeat. Et Papinianus lib. III Responsorum putat, cum domino ex empto agi posse utili actione, ad exemplum institoriæ actionis, si modo rem vendendam mandavit: ergo et per contrarium dicendum est utilem ex empto actionem domino competere (1). Ainsi, dans le dernier état du droit, on peut contracter par l'intermédiaire d'un mandataire et acquérir par lui une action utile.

S'il s'agit d'un mandat déterminé, la mauvaise foi du mandataire ne nuira pas au mandant. La loi 2, au Digeste, *de litigiosis*, pourrait à la rigueur être invoquée dans ce sens : on y suppose qu'un esclave, sur le mandat de son maître, a acheté une chose litigieuse, et on décide que, si le maître a été de bonne foi, il n'encourra aucune peine, sans qu'il y ait à tenir compte de la mauvaise foi de l'esclave. La loi 17, *de liberali causa*, est du reste bien formelle : j'ai acheté par l'intermédiaire d'un mandataire un homme libre que je croyais esclave : cet homme revendique sa liberté : j'aurai contre le vendeur l'*actio in duplum*, sans qu'on puisse m'opposer la mauvaise foi de mon mandataire : *si ego ignoravi, procurator scit : non est mihi deneganda* (2). — D'après la loi 22, § 5, du même titre, il est vrai, la science du mandataire nuit au mandant, mais il s'agit d'un mandat indéterminé, comme le montre suffisamment l'assimilation que présente le texte entre le *procurator* et le tuteur qui, lui, évidemment a un mandat indéterminé : *sed si per procuratorem scientem quis emerit, ei nocet : sicuti tutoris quoque nocere Labeo putat* ((3). C'est là

(1) Loi 13, § 23, *de act. empt.*, liv. 19, tit. 1.
(2) Loi 17, in fine, D., *de lib. caus.*, liv. 40, tit. 12.
(3) Loi 22, § 8, D., eod. tit.

une situation qui diffère de la première, et à laquelle la règle précédente ne s'applique plus.

La possession peut nous être acquise, même à notre insu, par une personne étrangère, mais elle ne sera utile à l'usucapion (1), qu'autant que cette acquisition sera parvenue à notre connaissance (2), et que nous aurons été de bonne foi à cette époque. « Si mon mandataire, « mon gérant d'affaires, mon tuteur, mon curateur achè- « tent une chose pour moi et en prennent possession en « mon nom, l'usucapion et partant le droit à l'action « Publicienne courront à mon profit, dans le cas du pro- « cureur, soit mandataire, soit simple gérant d'affaires, « du moment que j'aurai eu connaissance de l'acquisition, « et, dans le cas du tuteur ou curateur, du moment même « de l'acquisition, sans attendre que j'en aie eu connais- « sance, la volonté de mon tuteur ou curateur remplaçant « de tout point la mienne » (3).

(1) Ulpien. Loi 7, § 10, D., liv. 6, tit. 2.
(2) Loi 1, Cod. loi 7, tit. 32.
(3) M. Pellat. Traité de la propriété, 2ᵉ édit., p. 507.

DES EFFETS DE LA BONNE FOI

EN MATIÈRE CIVILE.

Nous venons de voir les conditions que doit remplir la bonne foi pour produire des effets. Il nous reste maintenant à examiner quels sont ces effets et les conditions particulières auxquelles certains d'entre eux se trouvent soumis. Pour ne pas donner trop d'étendue à ce travail, nous nous bornerons à exposer les principaux effets de la bonne foi en matière civile.

Nous avons indiqué dans notre introduction sous quel aspect particulier se présentaient les effets de la bonne foi; quel était leur caractère distinctif; et enfin, comment en général on pouvait les justifier. Nous avons vu qu'ils se divisaient en deux grandes catégories : les effets qui ne sont que l'application du droit commun, et ceux qui y dérogent. Les premiers consistent simplement à écarter les dispositions édictées spécialement en vue du dol et de la fraude, et sont plus encore la conséquence de l'absence de dol, que des effets propres de la bonne foi;

nous n'aurons donc pas à y insister longuement. Les seconds, au contraire, sont l'objet de dispositions toute de faveur et d'exception, qui en font des effets directs de la bonne foi : à ce point de vue, leur étude offre un intérêt tout particulier; nous devrons nous y arrêter de préférence.

Quel ordre devrons-nous suivre dans l'exposé des effets de la bonne foi? Nous pourrions nous attacher à la division très-naturelle que nous venons d'indiquer : énumérer d'abord les dispositions spéciales au dol et à la fraude, dont la bonne foi a nécessairement pour résultat d'écarter l'application ; parcourir ensuite les règles dérogatoires au droit commun, spécialement établies en faveur de la bonne foi. — Nous pourrions encore à défaut de cette première division, en adopter une autre analogue à celle que nous avons suivie dans l'exposé général, que nous avons présenté dans notre introduction, des effets de la bonne foi : passer successivement en revue les trois groupes de conséquences qui peuvent résulter des diverses violations de la loi, et indiquer l'influence qu'exerce la bonne foi sur chacun de ces groupes. Mais ces deux systèmes de classification ont l'un et l'autre l'inconvénient de séparer des effets de la bonne foi, se rapportant à une même situation, s'appuyant sur une même erreur, en les plaçant sous des rubriques distinctes ; et par suite, de rendre nécessaire un double exposé de la situation commune à laquelle se rattachent des effets différents.

Supposons, par exemple, une possession injuste : nous voulons étudier l'influence que doit exercer sur cette possession la bonne foi : si nous nous attachions au premier système de classification que nous venons d'indiquer, nous serions obligé de scinder notre étude : et en effet, d'une part la bonne foi fait acquérir au possesseur la chose, qu'il possède injustement, par l'usucapion de un ou deux ans, suivant qu'il s'agit de meubles ou d'immeubles ; d'autre part, elle le soustrait à toute responsabilité, quant aux dégradations que par son fait il se trouve avoir commises sur la chose ; or, de ces deux effets qu'a la bonne foi en matière de possession, le premier étant un effet dérogatoire au droit commun, ce serait parmi les effets présentant le même caractère qu'il faudrait le ranger ; le second, au contraire, n'étant, comme nous le verrons, qu'une application des règles ordinaires du droit, sa place se trouverait sous la rubrique des effets réguliers et normaux de la bonne foi. Ainsi nous aurions à parler de la bonne foi à propos de la possession, à deux reprises différentes : une première fois pour en constater les effets qui ne sont que l'application des principes de droit commun ; une seconde, pour en étudier les effets qui dérogent à ces principes. — Le même inconvénient se présenterait si nous adoptions le second système de classification, que nous avons indiqué. Voici, en effet, deux des termes qui la constituent : on peut les formuler ainsi : 1° *Des cas où la bonne foi a pour effet de soustraire celui qui a commis un dommage à l'obligation de le réparer ;* 2° *Des cas où elle fait acquérir certains droits ou autres avantages à celui qui n'a pas, pour les obtenir, satisfait aux conditions de droit commun.* Eh bien ! la possession, que nous avons prise pour exemple, devrait figurer, tout à la fois, sous ces deux rubriques : sous la première, puisque le possesseur, à raison de sa bonne foi, n'est pas tenu des dégradations qu'il a commises sur la chose ; sous la seconde, puisqu'il acquiert, en dehors des règles ordinaires du droit commun, la propriété de la chose qu'il a reçue injustement.

Pour éviter ces répétitions et abréger, autant que possible, ce travail, nous croyons devoir nous arrêter à un autre système de division. Nous grouperons ensemble sous une commune rubrique tous les effets de la bonne foi, se rattachant à une même situation ; nous étudierons successivement, et dans l'ordre suivant, les effets de la bonne foi : 1° lorsqu'elle porte sur l'état d'une personne ; 2° lorsqu'elle se produit à l'occasion d'un fait, autre qu'une possession injuste, de nature à faire naître une obligation personnelle, à l'étendre, ou à la perpétuer, si déjà elle existait ; 3° lorsqu'elle se réfère à une possession injuste. D'où la division de la seconde partie de notre travail en trois chapitres : des effets de la bonne foi, 1° en matière d'état, 2° en matière d'obligations, 3° en matière de possession.

CHAPITRE PREMIER

DES EFFETS DE LA BONNE FOI EN MATIÈRE D'ÉTAT.

L'état d'une personne est l'ensemble des qualités qui rendent cette personne capable de droits. — L'état qui constitue la personne du droit civil romain se compose de trois éléments : la liberté, la cité, la famille. Pour déterminer les effets de la bonne foi en matière d'état, il convient donc de rechercher l'influence qu'elle peut exercer sur chacun de ces éléments.

LIBERTÉ. — A Rome une grande incertitude régnait sur l'état des personnes ; aucun système particulier de preuves n'avait été organisé en cette matière, et celui qui voulait justifier de sa qualité d'homme libre, rencontrait le plus souvent des difficultés inextricables. — Pour remédier à ce grave inconvénient et donner de la sécurité à une multitude de personnes libres, en mettant leur état à l'abri de toute contestation, et aussi afin de venir au secours de celui qui, se croyant libre en droit, avait pratiqué pendant de longues années une liberté de fait, qu'il aurait été bien dur de lui retirer, on avait été amené à créer une institution analogue à celle qui existait déjà en matière de propriété : l'*usucapio libertatis*.

Tous ceux qui justifiaient avoir vécu *in libertate, sine dolo malo*, pendant vingt ans étaient déclarés libres et citoyens romains : cette usucapion fut admise par faveur

pour la liberté et par une considération d'utilité publique :
Favor enim libertati debitus, et salubris jampridem ratio suasit, ut his, qui bona fide in possessione libertatis per viginti annorum spatium sine interpellatione morati essent, præscriptio adversus inquietudinem status eorum prodesse debeat, ut et liberi et cives romani fiant (1).

Pour usucaper ainsi la liberté, l'esclave devait donc être *in libertate*, en ce sens qu'il devait se comporter publiquement comme un homme libre ; l'esclave fugitif n'était donc pas réputé *in libertate*, puisqu'en prenant la fuite il agissait comme un esclave : *hoc ipso quod in fuga sit, pro servo agere* (2).

Cette situation de fait devait se prolonger pendant vingt ans, après lesquels le maître de l'esclave, qui avait négligé de faire valoir ses droits, était estimé mériter l'expropriation dont il se trouvait victime.

Enfin, l'esclave devait être de bonne foi. Ici la bonne foi était prise en considération, alors même qu'elle reposait sur une erreur de droit ; on n'exigeait que l'absence de dol. Ulpien le dit expressément : *Generaliter dicendum est, quotiens qui justis rationibus ductus vel non justis, sine calliditate tamen, putavit se liberum, et in libertate moratus est, dicendum est hunc in ea causa esse, ut sine dolo malo in libertate fuerit : atque ideo possessoris commodo fruatur* (3). — Ajoutons qu'il suffisait que la bonne foi eût existé au commencement de cet état *in libertate : præstat firmam defensionem libertatis ex justo initio longo tempore obtenta possessio.*

---

(1) Loi 2, Cod., *de long. temp. præscr.*, liv. 7, tit. 22.
(2) Loi 10, *in fine*, et loi 11, D., *de lib. caus.*, liv. 40, tit. 12.
(3) Loi 12, § 3, D., *de lib. caus.*, liv. 40, tit. 12.

D'après la règle du droit des gens, les enfants suivaient la condition de leur père ou de leur mère, selon qu'ils étaient ou non issus d'un *justum matrimonium* : *connubio interveniente liberi semper patrem sequuntur, non inveniente connubio matris conditioni accedunt* (1). Cependant, en vertu d'une loi dont le nom est inconnu, lorsqu'un homme libre s'unissait de bonne foi à une esclave, qu'il croyait libre, les enfants mâles nés de cette union étaient libres; les filles restaient esclaves (2). Mais Vespasien rétablit la règle du droit des gens et décida que tous les enfants seraient esclaves, sans qu'il y eût à tenir compte de la bonne foi du père.

La liberté est inaliénable et imprescriptible (3); elle n'est pas dans le commerce et elle échappe à toute convention (4). — Cette règle favorisait une fraude qui se pratiquait assez fréquemment : un homme libre se faisait vendre comme esclave et partageait le prix avec le vendeur son complice; puis, dès qu'il avait ainsi réalisé le gain qu'il s'était proposé, il revendiquait aussitôt sa liberté qu'il n'avait pu aliéner, l'acheteur perdait ainsi et le prix qu'il avait payé et l'esclave qu'il avait cru acquérir.

Pour déjouer ce calcul frauduleux, il fut décidé que celui qui se ferait vendre comme esclave dans les circonstances que nous préciserons plus loin deviendrait

(1) Ulp. Reg., tit. V, § 8. — Celsus, loi 19, D., liv. 1, tit. 5.
(2) Gaius. Com. I, § 83.
(3) Loi 106, Paul, D., liv. 50, tit. 17. — Loi 3, Cod., *de long. temp. præscr.*, liv. 7, tit. 22.
(4) Loi 37, Callistrate, *de lib. caus.*, lib. 40, tit. 12. — Lois 6, 10, 21, 30, Cod., *de lib. caus.*, liv. 7, tit. 16.

l'esclave de l'acheteur. — Cette perte de la liberté est moins l'effet de la convention que le châtiment de l'intention coupable, comme le fait observer Pothier : « Hoc « casu servi fiunt, non quod privata conventio per se « possit aliquem servum facere, sed quod lex hoc casu « in pœnam turpissimæ fraudis eos servos faciat » (1).

Quelques auteurs ont cru pouvoir rattacher cette disposition au sénatus-consulte Claudien : Le jurisconsulte Paul dans un passage du commentaire qu'il avait écrit sur ce sénatus-consulte, traite, en effet, une question qui s'y réfère et dont nous aurons à parler plus loin ; mais il résulte des termes employés par Pomponius (2) que d'autres sénatus-consultes s'étaient occupés également de la même disposition ; il est donc plus vraisemblable de supposer que dans le principe, le préteur a pris sur lui de refuser l'action en réclamation de liberté à l'homme libre, qui sciemment s'était laissé vendre comme esclave, et que plus tard seulement les sénatus-consultes sont venus consacrer cette jurisprudence du préteur (3).

Examinons maintenant quelles conditions étaient requises pour que l'individu, qui s'était fait vendre comme esclave, perdît la liberté.

Il fallait qu'il eût agi avec fraude, et par conséquent, qu'il eût connu sa qualité d'homme libre. Il fallait de plus qu'il se fût proposé de partager avec le vendeur le prix de la vente ; *ut participaverit pretium* (4) : c'était en effet tout particulièrement contre ce genre de fraude

(1) Lib. XL, Pandect., tit. XIII, art. 1, § 1, note 1.
(2) Loi 3, D., *quibus ad libert.*, liv. 40, tit. 13.
(3) M. Demangeat, t. I, p. 181.
(4) Loi 7, Ulp., D., *de lib. caus.*, liv. 40, tit. 12. — Loi 5, Cod., *quibus ad libert.*, liv. 7, tit. 18.

qu'on avait voulu protéger les acheteurs de bonne foi. Celui qui, par exemple, se faisait vendre dans le simple but de causer un préjudice à l'acheteur, et sans songer à en retirer un profit personnel, ne devenait donc pas esclave : *ex cæteris autem causis, quamvis major viginti annis se venumdari passus sit, ad libertatem ei proclamare licet* (1). Cette remarque se retrouve aussi dans la constitution suivante de l'empereur Gordien : *Dispar causa est ejus qui dissimulata conditione sua distrahi se passus est, et ejus qui pretium participatus est. Nam superiori quidem, non denegatur libertatis defensio ; posteriori autem, et si civis romanus sit, et participatus est pretium libertas denegatur* (2).

Il fallait enfin que celui qui s'était rendu coupable de la fraude fût majeur de vingt ans, sinon à l'époque de la vente, du moins au moment du partage du prix : *minori autem viginti annis ne quidem ex causa supra scripta debet denegari libertatis proclamatio : nisi major annis viginti factus duravit in servitute : tunc enim si pretium partitus sit, dicendum erit denegari ei debere libertatis proclamationem* (3).

Quant à l'acheteur, il devait avoir payé le prix, afin qu'il eût réellement subi un préjudice. — Il devait aussi être de bonne foi : la loi ne vient pas au secours de celui qui peut se protéger lui-même. Comment du reste l'acheteur de mauvaise foi pourrait-il se plaindre de la fraude d'autrui ? N'est-il pas victime de la sienne propre ? *Si quis sciens liberum emerit, non denegatur vendito in libertatem proclamatio adversus eum qui eum comparavit, cujusque sit ætatis qui emptus est ; idcirco quia non est venia dignus*

(1) Loi 1, pr., D., quibus ad libert., liv. 40, tit. 13.
(2) Loi 1. Cod., quib. ad libert., procl., liv. 7. tit. 18.
(3) Loi 1, § 1, D., quib. ad libert., liv. 40, tit. 13. — Loi 7, § 1, D., de lib. caus., liv. 40. tit. 12.

qui emit, etiamsi scientem prudentemque se liberum eme-
rit (1).

Dans l'hypothèse où l'acheteur de mauvaise foi a re-
vendu à un tiers de bonne foi, la *proclamatio ad libertatem*,
qui était possible contre le premier, cessera de l'être
contre le second, si toutefois les conditions prescrites de
la part de l'homme libre, qui s'est fait vendre, ont été
remplies : *sed enim si postea alius cum emerit ab hoc qui
scivit, ignorans; deneganda est ei libertas* (2).

On peut aussi supposer deux acheteurs conjoints :
qu'arrivera-t-il si l'un d'eux est de mauvaise foi? La
liberté est indivisible ; un homme ne peut pas être à la
fois libre et esclave pour parties : les lois 7, § 3 *de lib.
caus.*, et 5 *quib. ad libert.*, au digeste, parfaitement d'accord pour priver de sa liberté l'homme qui s'est ainsi
fait vendre, semblent ne plus l'être pour régler à qui
appartiendra cet homme libre, devenu esclave : la
loi 7, § 3 *de lib. caus.*, en attribue la propriété aux deux
acheteurs sans tenir compte de la mauvaise foi de l'un ; la
loi 5 *quibus ad libert.*, au contraire, en réserve la propriété
exclusive à l'acheteur de bonne foi. Mais il n'y a là
qu'une antinomie apparente : Cujas la fait disparaître par
la distinction suivante : « Sed distinguendum : aut eme-
« runt in solidum singuli aut pro partibus. Si in solidum,
« ignorantia alteri non prodest. Ideoque tunc ille fiet in
« solidum servus ignorantis. Sic accipienda l. 5, quibus
« ad libert., ut docet, l. 22, § 2 *de lib. caus.* Si emerunt
« pro partibus et unus scit, alter ignorat, tunc sciens
« ignoranti non nocet, quominus ignorans partem do-

(1) Loi 7, § 2, D., *de lib., caus.*, liv. 40, tit. 12.
(2) Eod., § 2, *in fine.*

« minii obtineat, imo vero illius ignorantiam scienti χρᾶ,
« id facit ut sciens pro sua parte dominium obtineat » (1).
— Dans la loi 7, § 3, il s'agit de deux acheteurs conjoints
verbis tantum, dont les droits respectifs portent sur des
parts distinctes, *si duo simul emerint partes, alter sciens,
alter ignorans....*, et le jurisconsulte Ulpien, malgré l'in-
dignité de l'acheteur de mauvaise foi, *sed ille indignus est
quid habere, quia sciens emerit*, l'admet cependant à partager avec l'acheteur de bonne foi la propriété de l'homme
libre devenu esclave; or, il justifie sa décision par cette
seule raison que celui qui est de bonne foi ne peut pas
recevoir plus qu'il n'a acheté : *rursum qui ignoravit, non
potest majorem partem dominii habere, quam emit;* c'est
donc qu'il faudrait, d'après Ulpien lui-même, donner une
toute autre solution dans l'hypothèse, bien différente de
la précédente, où la vente n'assignerait aucune part aux
coacheteurs, mais appellerait chacun d'eux à la totalité.
C'est cette seconde situation que le jurisconsulte Paul
paraît avoir eu en vue dans la loi 5, *quibus ad libert., si
duo liberum hominem annis viginti emerimus....*, lorsqu'il
décide que cet homme qui s'est ainsi fait vendre deviendra pour le tout l'esclave de l'acheteur de bonne foi;
non etiam ejus qui scit, sed tantum alterius.

Les effets de la bonne foi, que nous venons de parcourir, présentent bien ce caractère confirmatif sur lequel
nous avons insisté plus haut : un esclave est maintenu
dans l'état de liberté de fait où il est entré de bonne foi;
la vente d'un homme libre se trouve validée au profit
d'un acheteur de bonne foi. Mais ces effets ne se pro-

(1) Cujas, *ad leg. 7, § 3, D., de lib. caus.*

duisent pas sans porter atteinte à des droits : dans le premier cas, la négligence présumée du maître de l'esclave justifie l'expropriation dont il est victime ; mais, dans le second cas, une simple faute ne suffit plus à justifier la déchéance de la qualité d'homme libre, dont se trouve frappé celui qui s'est fait vendre comme esclave ; il faut une fraude et une fraude déterminée.

DROITS DE CITÉ. — Nous avons dit plus haut que l'enfant avait la condition de son père ou de sa mère, suivant qu'il était ou non issu d'un mariage légitime contracté entre personnes jouissant du *jus connubii*. Il y avait à cette règle une exception ; et d'après la loi *Mensia* portée sous Auguste, l'enfant né de parents dont un était citoyen et l'autre pérégrin, suivait la condition pire et naissait pérégrin : *(liberi) non interveniente connubio matris conditioni accedunt, excepto eo qui ex peregrino et cive romana peregrinus nascitur, quoniam lex Mensia ex alterutro peregrino natum deterioris parentis conditionem sequi jubet* (1).

Un membre de la cité romaine a par erreur épousé une personne latine ou pérégrine, soit qu'il la crût citoyenne, soit que lui-même se crût latin ou pérégrin : l'absence du *connubium* fait obstacle aux *justæ nuptiæ* ; l'enfant qui naît de cette union est donc latin ou pérégrin ; mais un sénatus-consulte admet l'époux abusé à prouver son erreur, et cette preuve aura pour résultat de faire arriver à la cité l'enfant et le conjoint qui n'est pas citoyen romain (2), pourvu qu'il ne soit pas déditice (3).

(1) Ulp. Reg., tit. 5, § 8.
(2) Ulp. Reg., tit. 7, § 1.
(3) Gaius. Com. 1, § 67, *in fine.*

Gaius nous fait connaître sous le nom d'*erroris probatio* ce mode de naturalisation. Nous sommes ici en présence d'un des effets les plus énergiques et les plus importants de la bonne foi, qui convertit en mariage légitime un simple concubinat et donne la qualité de citoyen non-seulement à l'enfant, mais encore à l'époux latin ou pérégrin, qu'il soit de bonne ou de mauvaise foi. — Pour que cet effet se produisît, on exigeait simplement qu'un enfant fût né de l'union qu'il s'agissait de légitimer : une union stérile pouvait être rompue sans inconvénient, ou ne méritait pas assez de faveur pour justifier une dérogation aux principes généraux.

Il ne faut pas confondre l'*erroris causæ probatio*, que nous venons de voir, avec la *causæ probatio*, dont parle également Gaius (1), et qui est un tout autre mode d'acquisiton du *jus quiritium*. Ce mode de naturalisation fut établi par la loi Ælia Sentia au profit des affranchis latins, et plus tard étendu aux latins *ex lege Junia* par un sénatus-consulte rendu sous Vespasien (2).

Tout affranchi latin qui avait épousé, *liberorum causa*, en présence de 7 témoins pubères et citoyens romains, une citoyenne romaine ou une latine quelconque, pouvait, si un enfant était né de cette union et avait atteint l'âge d'un an, aller trouver le préteur ou le président de la province, établir devant lui que les conditions et les formalités prescrites par la loi Ælia Sentia avaient été remplies, et acquérir ainsi pour lui-même, pour l'enfant et pour la mère, qui ne l'avait pas déjà, la qualité de citoyen romain. — Si le père était mort avant d'avoir fait

(1) Com. I, §§ 29-32.
(2) Com. I, § 31.

cette preuve, la mère pouvait la faire et obtenir pour l'enfant et pour elle-même le droit de cité (1).

Il pouvait arriver que par erreur un latin épousât une pérégrine, qu'il croyait citoyenne romaine ou latine, ou à l'inverse qu'une latine épousât un pérégrin, qu'elle croyait latin. — En pareils cas, bien que les formalités de la loi Ælia Sentia eussent été observées, la *causæ probatio* n'aurait pas pu être appliquée d'après les règles ordinaires, puisque l'un des conjoints était pérégrin ; mais on venait au secours de l'époux de bonne foi, et, s'il parvenait à prouver son erreur, on levait l'obstacle qui s'opposait à l'application de la *causæ probatio :* l'enfant et ses père et mère devenaient ainsi citoyens romains (2).

DROITS DE FAMILLE. — Le mariage est la source principale et naturelle des droits de famille. Or en droit romain un grand nombre d'empêchements faisaient obstacle à la célébration des justes noces : les uns du droit des gens, tels que la parenté, l'alliance, un mariage antérieurement célébré et non encore dissous, l'impuberté, la condition servile de l'un des époux ; les autres, de pur droit civil, comme le défaut de qualité de citoyen chez l'un des époux, certaines inégalités sociales, ou bien encore certaines relations de dépendance. Le mariage contracté au mépris d'un de ces empêchements se trouvait donc radicalement nul et par conséquent dépouillé des effets civils des justes noces ; il n'y avait alors ni dot valablement constituée, ni époux, ni épouse (3) ; les enfants qui naissaient de cette union

(1) Com. I, § 32.
(2) Com. I, §§ 68 et 69. — Ulp. Regul., tit. 7, § 4, *in fine.*
(3) Loi 3. D., *de jur. dot.,* liv. 23, tit. 3.

Arthaud.

étaient illégitimes et soustraits à la puissance paternelle.

L'union déclarée nulle comme mariage pouvait être un concubinat, union parfaitement licite, dépouillée sans doute des effets des justes noces, mais reconnue par la loi : les enfants qui en naissaient s'appelaient *liberi naturales* et venaient à la succession de leurs parents dans l'ordre des cognats. Mais elle pouvait aussi être une union tout à fait illicite ; dans ce cas, outre qu'elle ne produisait pas les effets des justes noces, elle pouvait encore être frappée de certaines peines qui variaient suivant la gravité des circonstances.

Les plus ordinaires étaient la confiscation de la dot et des donations anté-nuptiales, l'attribution au fisc de toutes les libéralités entre-vifs ou testamentaires, que se seraient mutuellement faites les prétendus époux (1). Mais d'autres peines étaient aussi infligées : la destitution de certaines fonctions et dignités, la note d'infamie (2). — Pour les cas les plus graves : l'adultère, l'inceste, les peines étaient aggravées : outre celles que nous avons vues, une constitution d'Arcadius et d'Honorius ajoute l'interdiction de faire un testament, si ce n'est en faveur des plus proches parents légitimes ; à défaut de ceux-ci le fisc s'empare de la succession (3). Dans le droit des novelles le patrimoine entier se trouve immédiatement enlevé aux coupables, dévolu à leurs enfants légitimes, et, s'il n'en existe pas,

(1) Loi 52, Paul, D., *de ritu nupt.*, liv. 23, tit. 2. — Loi 8, Cod., liv. 5, tit. 4. — Loi 32, § 28, D., *de donat. int. vir. et uxor.*, liv. 24, tit. 1. — Loi 128, D., *de legatis*, 1°, liv. 30. — Loi 2, § 1, D., *de his quæ ut indig.*, liv. 24, tit. 9. — Loi 1, pr., D., *und. vir. et ux.*, liv. 38, tit. 11. — Loi 4, *de inc. et inutil. nupt.*, Cod., liv. 5, tit. 5.

(2) Loi 1, D., *de his qui not.*, liv. 3, tit. 2. — Lois 30 et 66, D., *de ritu nupt.*, liv. 23, tit. 2. — Loi 2, Cod., liv. 5, tit. 5.

(3) Loi 6, Cod., *de incest. et inutil.*, liv. 5, tit. 5.

au fisc (1). — Quant aux châtiments corporels, ils ont varié : le jurisconsulte Paul, après avoir dit que l'inceste et l'adultère étaient frappés de la même peine, la relégation (2), indique dans un autre passage la déportation pour le crime d'inceste (3). — Justinien dans la novelle 12, chap. I, punit l'inceste de l'exil, et, s'il y a lieu, de la dégradation militaire. Il ajoute la *verberatio*, si le coupable est *vilis*; enfin dans la novelle 134 il prononce la peine de mort.

Le nombre des empêchements, la difficulté de constater l'état des personnes, les guerres incessantes, qui jetaient de l'incertitude sur l'existence des maris d'un grand nombre de femmes, devaient rendre très-fréquents les cas de mariages nuls, contractés de bonne foi par l'un des époux; cependant les jurisconsultes sont sur ce point d'un laconisme désespérant : quelques textes isolés présentent bien çà et là des dispositions favorables à la bonne foi, mais nulle part nous ne rencontrons sur cette matière une théorie générale, comme celle du mariage putatif en droit français.

La bonne foi, l'erreur plausible sont des motifs d'indulgence; alors les peines s'évanouissent ou s'atténuent (4). — La loi 4 au code *de incest. et inut. nupt.* (liv. 5, tit. 5), décide d'une manière générale que, si un mariage a été contracté contrairement aux lois et aux constitutions, la bonne foi des époux s'opposera à ce que le fisc s'empare des donations, qui auraient été faites entre ceux-ci avant ou pendant le mariage. — Quant à la dot, elle ne sera pas

(1) Novelle, 12, chap. 2.
(2) Paul. Sent., liv. II, tit. 26, § 15 et tit. 19, § 5.
(3) Paul. Sent. liv. II, tit. 26, § 14.
(4) Loi 68, D., *de ritu nupt.*, liv. 23, tit. 2.

non plus revendiquée par le fisc ; elle devra être restituée à la femme.

Les empereurs Dioclétien et Maximien accordent expressément ce droit de réclamer sa dot à la mineure de 26 ans qui a épousé son tuteur : en pareil cas le mariage est annulé dans un but de protection pour la femme, il ne fallait donc pas que cette protection se retournât contre elle : *et dos data per condi.ionem repeti potest* (1). C'est de la *condictio sine causa* qu'il est ici question : l'action *sei uxoriæ* suppose une dot valablement constituée, or elle n'existe pas dans notre hypothèse, puisque le mariage est nul (2).

Toujours dans la même hypothèse le mari ne peut pas recevoir *ex testamento mulieris*, tandis que la femme peut très-bien recevoir *ex testamento viri* : *Delinquunt qui prohibitas nuptias contrahunt, et merito puniendi sunt; quod imputari non potest mulieri quæ a tutore decepta est* (3).

De même si une femme libre avait épousé de bonne foi un esclave, bien que ce mariage fût nul et les enfants, *spurii*, on permettait cependant à la femme de répéter par l'action *de peculio* la dot qu'elle avait apportée (4). — Cette action était garantie par un privilége qui se restreignait aux biens apportés en dot et à ceux qui avaient été acquis avec les valeurs dotales, ou s'étendait à tous les biens du pécule, suivant que la femme se trouvait en présence du maître de son mari, créancier de ce dernier, ou de tous autres créanciers (5). — Ce privilége avait été

(1) Loi 7, Cod., liv. 5, tit. 6.
(2) Pothier.
(3) Loi 128. D., *de legat.*, 2°, liv. 30.
(4) Loi 3, Cod., liv. 5, tit. 18.
(5) Loi 22, § 13, *solut. matr.*, liv. 24, tit. 3.

établi, à l'instar de celui qui existait déjà pour l'action *rei uxoriæ*, par un motif de faveur et d'utilité publique. C'est du moins ce que nous trouvons indiqué pour le cas où, un mariage étant annulé pour vice d'impuberté, la femme mineure de 12 ans, présumée par conséquent de bonne foi, veut se faire restituer sa dot : *si sponsa dotem dederit nec nupserit ; vel minor duodecim annis, ut uxor habeatur : exemplo dotis, condictioni, favoris ratione, privilegium, quod inter personales actiones vertitur, tribui placuit* (1). *Interest enim reipublicæ et hunc solidum consequi, ut ætate permittente nubere possit* (2). — Ce privilége ne sera pas accordé aux héritiers de la femme (3).

Un rescrit d'Antonin le Pieux décidait que si un sénateur avait épousé par erreur une affranchie, qui s'était fait passer pour ingénue, il aurait une action, l'action de dol d'après la Glose, pour obtenir le profit qu'il aurait retiré de la constitution de dot, si le mariage avait été valable : telle est l'interprétation que Pothier donne de la loi 58 *de ritu nuptiarum*, au digeste (4).

Quant aux enfants qui étaient nés de ces unions irrégulières, il serait difficile de dire quelle influence exerçait sur leur état la bonne foi des pères et mères. Flavia Tertulliana, qui par erreur avait épousé son oncle, obtint des empereurs Marc-Aurèle et Lucius Verus que ses enfants fussent traités comme s'ils étaient légitimes ; mais la manière dont s'expriment les empereurs, le soin qu'ils prennent de relever plusieurs circonstances favorables :

(1) Loi 71, D., *de jur. dot.*, liv. 23, tit. 3. — Loi 17, § 1, *de reb. auct. jud.*, liv. 42, tit. 5.
(2) Loi 18, D., eod. tit.
(3) Loi 10, pr., D., eod tit.
(4) Pothier, Pandect. Just., ad tit. *de ritu nupt.*, n. 73.

la bonne foi qui a persisté pendant un long temps, le nombre des enfants, etc., pour justifier leur décision dans l'espèce particulière qui leur est soumise, tout en un mot semble bien indiquer qu'il n'y a dans ce rescrit qu'une disposition exceptionnelle, qu'on aurait tort de généraliser : *movemur et temporis diuturnitate, qua ignara juris in matrimonio avunculi tui fuisti, et quod ab avia tua collocata es, et numero liberorum vestrorum idcirco (que) cum hæc omnia in unum concurrunt, confirmamus statum liberorum vestrorum in eo matrimonio quæsitorum, quod ante annos quadraginta contractum est, perinde atque si ligitime concepti fuissent* (1).

Il nous reste à parler de certains cas dans lesquels la bonne foi aura pour effet de valider d'une façon absolue le mariage nul, en faisant disparaître l'empêchement qui s'oppose à sa validité.

Si une personne épouse de bonne foi un esclave, qu'elle croit libre, sa bonne foi ne suffira pas à elle seule pour valider le mariage ; mais si à la bonne foi de la personne libre, se joint la circonstance que le maître de l'esclave a favorisé cette erreur par des déclarations mensongères, ou un silence calculé, l'esclave deviendra libre et ingénu, et le mariage sera validé *ab initio.* On n'est plus obligé, en effet de respecter le droit du propriétaire de l'esclave ; la fraude, dont il s'est rendu coupable, autorise pleinement l'expropriation, qu'on lui fait subir (2).

Le mariage se trouvait encore validé *ab initio* par l'effet de la bonne foi de l'un des époux dans le cas, déjà vu, où un membre de la cité romaine avait épousé par erreur

(1) Loi 57, § 1, D., *de ritu nupt.*, liv. 23, tit. 2.
(2) Novelle 22, chap. XI.

une personne latine ou pérégrine. S'il était né de cette union un enfant, l'époux de bonne foi pouvait, en prouvant son erreur, faire acquérir le droit de cité à son conjoint, si pourtant celui-ci n'était pas déditice, et à l'enfant dans tous les cas. Les deux époux devenant ainsi tous deux citoyens romains, leur union se trouvait validée avec effet rétroactif, et l'enfant tombait sous la puissance de son père. — Si l'un des conjoints était déditice, il était incapable de devenir citoyen, et l'*erroris probatio* ne pouvait avoir pour effet de valider le mariage, ni dans le passé, ni dans l'avenir; mais elle restait un secours offert à l'époux de bonne foi, soit dans son intérêt, soit dans l'intérêt de ses enfants : les enfants devenaient légitimes et citoyens romains, ils tombaient sous la puissance de leur père, si celui-ci était citoyen romain.

CHAPITRE II.

La bonne foi a des effets au point de vue de la naissance, de l'étendue et de l'extinction des obligations. Nous allons parcourir quelques-uns des principaux cas, où se rencontrent ces effets de la bonne foi. Parmi ces cas, il en est qui se réfèrent au fait de la possession, nous les réserverons pour le chapitre suivant.

En droit romain, dans les contrats de bonne foi, les parties qui contractent s'engagent par là même à être exemptes de dol. Si l'une d'elles manque à cet engagement, l'autre peut en obtenir la répression, et se faire indemniser par l'action même du contrat. Citons deux applications de ce principe :

1° Le vendeur est seulement obligé de procurer à l'acheteur la libre possession et non de le rendre propriétaire. Si donc l'acheteur au cours de sa possession, s'apercevant qu'il n'a pas acquis la propriété de la chose, veut agir contre le vendeur, il ne le pourra pas. Toutefois, il y a à cette règle une exception : lorsqu'en livrant la chose, le vendeur a su qu'il n'en était pas propriétaire et n'en a pas averti l'acheteur, celui-ci peut, sans attendre d'être évincé, agir immédiatement par l'action *ex empto* pour se faire indemniser. Ainsi, suivant que le vendeur aura été de mauvaise ou de bonne foi, en mettant l'acheteur en possession de la chose d'autrui, il pourra ou non être condamné à indemniser l'acheteur, même avant l'éviction (1).

2° En principe, le prêteur n'est pas tenu de restituer au commodataire le dommage, que peut lui avoir causé l'usage de sa chose ; cependant il en sera tenu si ce dommage provient d'un vice qui lui était connu (2). Dans les deux cas que nous venons de citer à titre d'exemples, la bonne foi ne fait qu'écarter une conséquence du dol.

Lorsqu'un débiteur s'était rendu insolvable, ou, s'il l'était déjà, avait augmenté son insolvabilité par des actes frauduleux, les créanciers, qui en étaient victimes, avaient pour les faire rescinder une action spéciale, l'action Paulienne (3). L'effet de cette rescision était de faire rentrer dans le patrimoine du débiteur les biens qui en étaient sortis frauduleusement, avec tout ce qui en était provenu (1).

Cette action n'était donnée contre les tiers qu'autant que ceux-ci, en contractant avec le débiteur, s'étaient rendus complices de sa fraude, ou en avaient tiré profit. Pour savoir s'il y avait lieu à l'action Paulienne, il fallait donc distinguer si le tiers était de bonne ou de mauvaise foi ; ayant cause à titre gratuit ou à titre onéreux.

(1) Loi 30, § 1, D., *de act. empt. et vend.*, liv. 19, tit. 1.
(2) Loi 18, § 3, D., *commodati*, liv. 13, tit. 6.
(3) Loi 6, pr. et loi 10, § 1, D., *quæ in fraud. cred.*, liv. 42, tit. 8. — Loi 1, Cod., *de revoc. his quæ in fraud. cred.*, liv. 7, tit. 75.
(4) Loi 38, § 4, *de usur. et fruct.*, liv. 22, tit. 1. — Loi 10, §§ 20 et 21, cod. tit.

Le tiers de mauvaise foi était tenu de l'action Paulienne dans tous les cas, qu'il eût contracté à titre gratuit ou à titre onéreux : son obligation avait pour cause son dol (1).

Le tiers de bonne foi, au contraire, n'était obligé que s'il avait contracté à titre gratuit : son enrichissement était l'unique cause de son obligation, et devait, par conséquent, en être aussi la mesure (2).

Nous trouvons dans un texte de Venuleius (3) une application intéressante des distinctions que nous venons de faire : un débiteur, ayant lui-même contre un tiers une créance garantie par un fidéjusseur, en a fait la remise par acceptilation en fraude des droits de ses propres créanciers : le tiers et le fidéjusseur, qui se trouvent ainsi libérés, sont-ils tenus de l'action Paulienne ?

1° L'acceptilation a été consentie au fidéjusseur. — Dans ce cas, si le fidéjusseur et le débiteur principal sont tous deux de mauvaise foi, ils seront l'un et l'autre tenus de l'action Paulienne. Mais, si le fidéjusseur est seul de mauvaise foi, le débiteur principal, qui aura ignoré le caractère frauduleux de l'acceptilation, pourra-t-il encore être poursuivi ? Oui, répond le jurisconsulte, sa bonne foi ne le protégera pas, *quia ex donatione capit.*

2° L'acceptilation a été consentie au débiteur principal. — Ici, comme dans le cas précédent, le débiteur principal et le fidéjusseur seront tenus de l'action Paulienne, s'ils sont tous deux de mauvaise foi. *Quid,* si le fidéjusseur est de bonne foi ? Sera-t-il également tenu ? Le juriscon-

---

(1) Loi 6, § 8 et loi 7, D., *quæ in fraud. cred.*, liv. 42, tit. 7.

(2) Loi 6, § 11, D., eod. tit.

(3) Loi 25, pr. et § 1, eod. tit.

sulte paraît incliner pour la négative par cette considération que l'acceptilation fait éviter un dommage au
fidéjusseur plutôt que réaliser un gain.

En principe, celui qui est tenu d'une obligation personnelle, ne peut jamais s'en libérer par son propre fait.
La loi 1, § 47 apporte à cette règle une double exception : *Quia autem dolus duntaxat in hanc actionem venit,
quæsitum est, si heres rem apud testatorem depositam, vel
commodatam distraxit, ignarus depositam, vel commodatam,
an teneatur ? Et quia dolo non fecit, non tenebitur de re an
tamen vel de pretio teneatur, quod ad eum pervenit ? Et
verius est, teneri eum : hoc enim ipso dolo facit, quod id quod
ad se pervenit, non reddit* (1). L'héritier du dépositaire ou
du commodataire, qui a aliéné de bonne foi la chose qui
avait été remise en dépôt ou en commodat à son auteur,
le *de cujus*, est seulement obligé de rendre le prix qu'il
en a retiré.

« Cette solution », fait observer M. Labbé, « est facile
« à expliquer, si on la réfère à l'époque où les contrats
« de dépôt et de commodat n'étaient pas reconnus, où
« les actions *in jus depositi et commodati* n'étaient pas
« introduites. Le dépôt, quand la *mancipatio contracta
« fiducia* n'avait pas été accomplie, était alors un pur
« fait, un acte de confiance, mais non pas un acte juri-
« dique, un contrat. Le déposant n'avait aucun droit
« spécial en vertu de la confiance qu'il avait mise en
« autrui. Toutefois le dol du dépositaire ne devait pas
« être toléré. Ce dol était un délit qui faisait naître une

(1) Ulpien, loi 1. § 47. D., *depositi*, liv. 16, tit. 3.

« obligation et était sanctionné par une action *in factum*
« *depositi*, variété de l'action *de dolo*. Dans ce système,
« on comprend qu'un acte dolosif était nécessaire pour
» susciter une poursuite contre le dépositaire ou son
« héritier. Un fait exempt de déloyauté laissait le déposi-
« taire ou son héritier dans la situation antérieure, qui
« était l'absence d'obligation contractuelle »(1).

C'est une application de cette ancienne doctrine que
nous trouvons dans le texte que nous venons de citer. On
s'explique très-bien qu'elle ait été maintenue pour le cas
de dépôt : elle est alors une conséquence de l'extrême
faveur accordée au dépositaire, qui ne doit absolument
répondre que de son dol, l'héritier du dépositaire est
traité comme son auteur. Mais qu'on ait admis la même
théorie au cas de commodat, nous ne le comprenons
guère à l'époque où écrivait Ulpien. Le commodataire
était tenu non-seulement de son dol, mais encore de son
simple fait ; pourquoi donc son héritier n'était-il pas tenu
de la même façon? Encore une fois la décision d'Ulpien,
en tant qu'elle concerne l'héritier du commodataire, nous
paraît absolument injustifiable.

Le mandat, qui avait cessé d'exister, n'était plus susceptible de produire aucun effet, soit entre les parties,
soit à l'égard des tiers qui se mettaient en relation
avec l'ex-mandataire. Toutefois, une double dérogation fut apportée à cette règle : le mandat, même
après son extinction, produisait encore des effets civils :
1° En faveur du mandataire, qui, ignorant la cessation

(1) Etude sur la perte de la chose due, p. 252. note 2.

du mandat, continuait sa gestion ; 2° en faveur des tiers qui, dans la même ignorance, traitaient avec lui. Ainsi le voulait l'équité : le mandataire et les tiers, qui avoient ignoré la cessation du mandat, ne devaient en éprouver aucun préjudice: du moment, en effet, que le mandant a confié à un tiers la gestion de ses affaires au lieu de les traiter directement lui-même, il est juste qu'il subisse seul les suites dommageables de la situation qu'il a créée. N'est-il pas d'ailleurs de l'intérêt des mandants et de la bonne gestion de leurs affaires, que les mandataires et les tiers ne soient pas exposés à se voir opposer la cessation du mandat, avant qu'ils aient été informés de cette cessation? Si une pareille éventualité était à craindre, personne ne voudrait accepter de mandat, ni traiter avec des mandataires.

La plupart des textes, que nous rencontrons en cette matière, se placent dans l'hypothèse où le mandat se trouve révoqué par suite de la mort du mandant. Si le mandataire a, dans l'ignorance de cette mort, exécuté son mandat, on lui accorde *utilitatis causa* une action contre les héritiers du mandant. De même encore, si les débiteurs du mandant ignorant la mort de ce dernier, ont payé entre les mains du mandataire, ils se trouveront libérés, bien qu'ils aient payé à une personne n'ayant plus pouvoir de recevoir : *Inter casus omittendi mandati etiam mors mandatoris est : nam mandatum solvitur morte: si tamen per ignorantiam impletum est, competere actionem utilitatis causa dicitur. Julianus quoque scribit, mandatoris morte solvi mandatum, sed obligationem aliquando durat* (1).

Il nous paraît indubitable que la même règle s'applique

____

(1) Paul, loi 26, pr., D., *mandati*, liv. 17, tit. 1.

indistinctement à tous les cas de révocation du mandat : *Et huic simile est quod placuit, si debitores, manumisso dispensatore titii, per ignorantiam liberto solverint, liberari eos, cum alioquin, stricta juris ratione, non possint liberari, quia alii solvissent quam cui solvere debuerint* (1). Julien donne la même solution : *Si servus peculiari nomine crediderit, eique debitor, cum ignoraret dominum mortuum esse, ante aditam hereditatem solverit liberabitur;* et il ajoute : *Idem juris erit, et si manumisso servo debitor pecuniam solverit, cum ignoraret ei peculium concessum non esse* (2). Voici encore d'autres textes qui supposent une révocation de mandat, et où nous rencontrons la même solution pour le cas où le mandataire ou les tiers ont agi de bonne foi : *Si mandatum tibi, ut fundum emeres, postea scripsissem, ne emeres, tu antequam scias me vetuisse, emisses, mandati tibi obligatus ero : ne damno adficiatur is, qui suscipit mandatum* (3). — *Sed et si quis mandaverit, ut titio solvam, deinde vetuerit eum accipere, si ignorans prohibitum eum accipere, solvam, liberabor ; sed si sciero, non liberabor* (4). Ainsi il n'y a pas à distinguer suivant que le mandat a pris fin par la mort du mandant, ou de toute autre façon : la cessation du mandat n'est dans aucun cas opposable soit au mandataire, soit aux tiers, qui l'ont ignorée.

A Rome, le fils de famille pubère était capable de s'obliger civilement; il y avait à cette règle une exception : d'après le sénatus-consulte Macédonien, le fils de

(1) Inst. Just., *de mandato.* §§ 9 et 10

(2) Loi 32, D., *de solut.*, liv. 46, tit. 3

(3) Ulpien. Loi 15, D., *mandati*, liv. 17, tit. 1.

(4) Ulpien. Loi 12, §2. — Julien. Loi 34, §3, D., *de solut.*, liv. 46, tit. 3.

famille n'était tenu que d'une obligation naturelle à raison des prêts, qui lui étaient faits, sous quelque contrat du reste qu'on essayât de les déguiser, et avait le secours d'une exception pour repousser l'action du créancier (1).

Examinons le cas où cette disposition du sénatus-consulte a été violée par un préteur de bonne foi. Une personne a prêté une somme d'argent à un fils de famille qu'elle croyait *sui juris*. Faudra-t-il appliquer le sénatus-consulte Macédonien? ou bien, au contraire, le préteur pourra-t-il invoquer sa bonne foi pour repousser l'exception, que lui opposerait le fils de famille? C'est cette dernière solution qui fut et qui devait être adoptée. Le sénatus-consulte avait pour but de protéger les fils de famille contre ceux qui, par des prêts d'argent, favorisaient leur débauche (2); son application n'avait donc plus la même raison d'être, et devait équitablement cesser du moment que le préteur était de bonne foi. Mais il fallait cependant que sa bonne foi fût excusable, l'absence de fraude ne suffisait pas, tel est bien le sens de ce rescrit de l'empereur Pertinax : *Si filiusfamilias cum in potestate patris esset, mutuam a te pecuniam accepit, cum se patremfamilias diceret, ejusque affirmationi credidisse te justa ratione edocere potes : exceptio ei denegabitur* (3).

Supposons qu'un fils de famille, ayant reçu un prêt, ait été délégué par son préteur à un tiers, le jurisconsulte Paul soustrait le délégataire de bonne ou de mauvaise foi à l'application du sénatus-consulte Macédonien : *Adversus creditorem, cui delegatus est ab eo qui mutuam*

(1) Loi 3, § 3, D., *de S. C. Maced.*, liv. 14, tit. 6.
(2) Just. Inst., liv. 4, tit. 7, § 7.
(3) Loi 1, Cod., *ad S. C. Maced.*, liv. 4, tit. 28. — Loi 3, pr. D., *de S. C. Maced.*, liv. 14, tit. 6.

*pecuniam contra senatusconsultum dederat (filiusfamilius),
non utetur exceptione : quia nihil in ea promissione contra
senatusconsultum* (1). Le fils de famille pouvait, en effet,
très-valablement s'obliger par stipulation. Mais on comprend qu'il y avait là une porte largement ouverte à la
fraude, aussi cette doctrine ne fut-elle pas partagée par
tous les jurisconsultes. Ulpien nous dit en effet : *Et si
alius mutuam dedit, alius stipulatus est, dabitur adversus eum
exceptio licet hic non dederit;* et, prévoyant le cas où l'un
des deux seulement, le délégataire ou le prêteur, serait
de bonne foi, il décide que la mauvaise foi de l'autre
nuira à tous deux : *Verius dicendum est utrique nocere.* La
même solution devra être donnée, si deux prêteurs se sont
portés *correi stipulandi :* la mauvaise foi de l'un préjudi-
ciera à l'autre (2).

La dette du fils de famille qui a reçu un prêt étant naturelle a pu être valablement cautionnée par des fidé-
jusseurs; mais ceux-ci pourront opposer au créancier
l'exception du sénatus-consulte Macédonien. S'ils paient
en négligeant cette exception, ils ne pourront pas répéter;
mais pourront-ils exercer l'*actio mandati contraria* pour
se faire rembourser par le fils de famille ce qu'ils auront
ainsi payé? Le mandat n'est pas valable, quand il a pour
but une contravention aux lois, Ulpien le rappelle dans le
cas particulier, qui nous occupe, pour décider que le fidéjusseur n'aura pas de recours contre le fils de famille(3).
Cependant, M. Machelard (4) pense que, si le fidéjus-

(1) Loi 19, D., *de noe.*, liv. 16, tit. 2.
(2) Loi 7, §§ 6 et 7, D., *de S. C. Maced.*, liv. 14, tit. 6.
(3) Just. Inst., liv. 3, tit. 26, § 7. — Loi 12, § 13, D., liv. 17.
tit. 1.
(4) Traité des oblig. nat., p. 120.

seur est de bonne foi, il pourra exercer un recours contre
le fils de famille, pourvu, bien entendu, que sa bonne foi,
qui a existé au moment du mandat, ait persisté jusqu'au
paiement (1).

En vertu du sénatus-consulte Velléien, les femmes ne
pouvaient *intercedere* ni par elles-mêmes, ni par l'entre-
mise d'un mandataire (2).

Lorsqu'une femme avait fait *intercessio* soit par elle-
même, soit par mandataire, le créancier au profit de qui
cette *intercessio* avait eu lieu pouvait être repoussé par
une exception. Il y avait là une protection toute particulière accordée aux femmes à raison de la faiblesse de
leur sexe. Toutefois, cette protection leur était retirée,
lorsqu'elles s'étaient rendues coupables de fraude : *Sed
ita demum eis subvenit, si non callide sint versatæ. Hoc enim
divus Pius et Severus rescripserunt. Nam deceptis non decipientibus, opitulatur : et est et græcum Severi tale rescriptum;*
ταῖς ἀπατώσαις γυναιξὶν τὸ δόγμα τῆς συγκλήτου βουλῆς οὐ βοηθεῖ
*id est, decipientibus mulieribus senatusconsultum auxilio non
est : infirmitas enim fœminarum, non calliditas, auxilium
demit* (3). — Il en était de même, si le créancier avait
ignoré qu'il y eût *intercessio* de la part de la femme, qui
contractait avec lui. En pareil cas, la faveur, que méritait
la bonne foi du créancier, l'emportait sur la protection
que le sénatus-consulte accordait aux femmes; c'est du
moins ce qui nous paraît résulter *a contrario* de ce texte
de Paul : *Tunc locus est senatusconsulto, cum scit creditor*

(1) Loi 29, pr., D., *mandati*, liv. 7, tit. 1.
(2) Loi 1, pr., loi 2, pr. et § 1, loi 30, § 1, D., *ad* S.-C. Vell. Liv. 16,
tit. 1.
(3) Loi 2, § 3, loi 23. loi 30, pr., D., *eod. tit.*

Arthaud.

eam intercedere (1). — Voici, pour le cas où l'*intercessio* avait eu lieu sur le mandat d'une femme, une décision de Papinien, qui est conçue dans le même sens, Ulpien nous la rapporte dans la loi 6, au Digest: *ad S.-C. Vell.*: *Si fidejussores pro defensore absentis filii, ex mandato matris ejus intercesserint, quæritur an etiam his senatusconsulto subveniatur? et ait Papinianus lib. 9, quæstionum, exceptione eos usuros ; nec multum facere, quod pro defensore fidejus- serunt : cum contemplatione mandati matris intervenerunt. Plane inquit! si qui accepit eos fidejussores matrem eis mandasse ignoravit, exceptionem senatusconsulti replicatione doli repellendum.* Ainsi lorsqu'une *intercessio* s'était produite sur le mandat d'une femme, si le créancier, ignorant ce mandat, avait cru que le fondé de pouvoir agissait pour son propre compte, il lui était permis de repousser l'exception du sénatus-consulte par la *doli replicatio.*

Celui qui a payé par erreur une chose, qu'il ne devait pas, peut la répéter (2). On lui accorde à cet effet une action personnelle, la *condictio indebiti*, par laquelle il se fera retransférer la propriété des choses qu'il aura indûment payées. — *Le solvens* a donc cessé d'être propriétaire, et l'*accipiens* l'est devenu par la tradition, qui a été faite; mais en est-il toujours ainsi, et n'y a-t-il pas à distinguer si l'*accipiens* est de bonne ou de mauvaise foi? Il semblerait tout d'abord que l'application rigoureuse des principes dût s'opposer à une pareille distinction: Les conditions de translation de propriété ne se trouvent-elles pas, en effet, remplies indépendamment de toute considération de bonne foi? N'y a-t-il pas eu de tradition? Le

(1) Loi 12, D., cod. tit.

(2) Lois 1 et 7, D., *de condict. indeb.*, liv. 12, tit. 6. — Just. Inst., liv. 3, tit. 27. § 6.

solvens n'a-t-il pas eu l'intention d'aliéner, et l'*accipiens* d'acquérir? Ces trois conditions suffisaient d'après Julien pour que la propriété fût transférée (1). Mais Ulpien, dont la doctrine finit par prévaloir, exigeait de plus que les parties fussent d'accord sur la cause de l'aliénation : cet accord ne se produit pas au cas de paiement de l'indû entre le *solvens*, qui veut éteindre une dette et l'*accipiens* de mauvaise foi, pour qui la tradition n'a pas même cette cause putative. C'est pourquoi plusieurs textes décident que l'*accipiens* de mauvaise foi ne devient pas propriétaire et vont jusqu'à l'assimiler à un voleur : *quoniam furtum sit cum quis indebitos nummos sciens acceperit*, nous dit Scævola ; le jurisconsulte Ulpien n'est pas moins explicite : *Falsus creditor, hoc est is qui se simulat creditorem, si quid acceperit, furtum facit, nec nummi ejus fient* (2). — On appelle *falsus creditor* celui qui se fait passer pour créancier, qu'il invoque une créance purement imaginaire, ou qu'il s'attribue une créance, dont un autre que lui est titulaire : dans les deux cas il commet un *furtum* en recevant des écus, qu'il sait ne lui être pas dus. — Le jurisconsulte Ulpien examine ensuite l'hypothèse où, sans mandat aucun, une personne se ferait payer la créance d'autrui : ici encore, d'après Ulpien, ce faux mandataire ne deviendra pas propriétaire : *falsus procurator furtum quidem facere videtur*. Mais Neratius proposait une distinction très-rationnelle : *Sed Neratius videndum esse ait, an hæc sententia cum distinctione vera sit*: si le débiteur a remis les écus entre les mains du faux mandataire,

(1) Loi 36, D., liv. 41, tit. 1. — Loi 18, D., *de reb. cred.*, liv. 12. tit. 1.

(2) Loi 13, pr., D., *de furt.*, liv. 47, tit. 2. — Loi 18, D., *de condict. furt.*, liv. 13, tit. 1.

avec l'intention d'en transférer la propriété directement au créancier, le *falsus procurator* commet un *furtum* en s'appropriant les écus malgré le débiteur qui voulait rendre le créancier propriétaire : *ut si hac mente ei dederit nummos debitor, ut eos creditori perferret, procurator autem eos intercipiat, vera sit : nam et manent nummi debitoris.* — Mais si le débiteur a voulu rendre propriétaire le prétendu mandataire, ce n'est plus contre la volonté du débiteur qu'il s'est emparé des écus; il n'est donc pas exact de dire, en pareil cas, qu'il y a *furtum : Quod si ita det debitor, ut nummi procuratoris fiant, nullo modo eum furtum facere ait, voluntate domini eos accipiendo* (1). — D'après la doctrine de Neratius, tout à fait conforme à celle de Julien, la bonne foi n'était donc pas exigée de l'*accipiens* pour qu'il devînt propriétaire, il suffisait que le *solvens* eût eu l'intention de lui faire acquérir la propriété. Nous avons déjà rencontré plusieurs textes contraires à cette opinion, Papinien la repousse également : *Falsus autem procurator ita demum furtum pecuniæ faciet, si nomine quoque veri procuratoris, quem creditor habuit, adsumpto, debitorem alienum circumvenerit.* surtout lorsqu'il ajoute : *Quod æque probatur et in eo, qui sibi deberi pecuniam, ut heredi Sempronii creditoris, adseveravit, cum esset alius* (2). Dans cette dernière hypothèse, le débiteur a eu certainement l'intention de rendre propriétaire l'héritier apparent de son créancier, et cependant Papinien décide qu'il y a *furtum.*

On admettait donc généralement que, pour qu'il y eût translation de propriété, les parties devaient être d'accord

(1) Loi 13, § 1, D., *de furt.*, liv. 17, tit. 2.
(2) Loi 80, § 6, D., cod. tit.

sur la cause, sinon réelle, du moins putative de la tradition. M. Vangerow expose cette théorie de la manière suivante : « En ce qui touche la règle proposée sur le « transport de la propriété par tradition, sans doute cette « règle est en général exacte, mais on doit y apporter cette « modification importante et trop souvent négligée que, « malgré le concours de l'*animus dominii transferendi et* « *acquirendi*, la propriété n'est point transmise, quand « l'*accipiens* a connu la nullité de la cause en vertu de la-« quelle s'opérait la tradition. » Cela s'applique parfaitement à notre espèce : le débiteur putatif a sans doute *ex causa solvendi* l'intention de transférer la propriété; mais si l'*accipiens* connaît l'*indebitum*, évidemment cette *causa* n'existe pas pour lui, et par conséquent il ne peut pas acquérir la chose *pro soluto*, mais seulement comme un *prædo* ou un *fur sine omni causa*, en d'autres termes, il ne peut devenir propriétaire.

Voici deux textes l'un de Pomponius : *Hominem, quem ex stipulatione te mihi debere falso existimabas, tradidisti mihi : si scissem mihi nihil debere usu eum non capiam* (1); l'autre de Paul : *Si existimans debere tibi tradam, ita demum usucapio sequitur, si et tu putes debitum esse* (2); qui paraissent bien avoir été conçus dans le sens de la doctrine que nous venons d'exposer.

On y suppose qu'un individu se croyant débiteur a livré en paiement une chose, dont il n'était pas propriétaire; et on décide que celui qui reçoit cette chose, qu'il sait ne lui être pas due, ne pourra pas l'usucaper, bien qu'il ait cru que le *solvens* en était propriétaire. Cette solution s'expli-

(1) Loi 3, D., *pro suo*, liv. 41, tit. 10.
(2) Loi 48, D., *de usurp. et usur.*, lib. 41, tit. 3.

que facilement en disant que la mauvaise foi de l'*accipiens* s'oppose à ce qu'il y ait juste titre. Mais, sans avoir recours à cette explication, ne peut-on pas, soutenir qu'il y a là une disposition exceptionnellement rigoureuse, qui se justifie par cette considération que l'*accipiens*, qui a voulu profiter de l'erreur du *solvens* pour s'enrichir à ses dépens, ne mérite pas d'usucaper: n'est-ce pas en effet uniquement par un motif de défaveur, attachée non plus seulement à la fraude, mais à la simple négligence, que Julien refusait le droit d'usucaper même à l'*accipiens* de bonne foi, s'il y avait eu de sa part erreur grossière à se croire créancier. On ne peut assurément pas, dans ce dernier cas, contester l'existence d'un juste titre, puisque la tradition a une seule et même cause putative (1).

L'accipiens tenu de la *condictio indebiti* est obligé de restituer la chose indûment payée et tout ce qui en provient, y compris même les fruits, qu'il aurait perçus de bonne foi, sous la déduction, bien entendu, des dépenses qui auraient été faites (2). Mais l'*accipiens* propriétaire de l'objet de son obligation a pu en disposer: s'il en a effectivement disposé, reste-t-il tenu envers le *tradens?* Oui, si à ce moment il était de mauvaise foi; non, s'il était encore de bonne foi. Voilà un cas où un débiteur se trouve libéré par son propre fait : mais, pour qu'il en soit ainsi, il faut que l'*accipiens* n'ait retiré aucun profit de l'indu, autrement il restera obligé jusqu'à concurrence de son enrichissement.

J'ai reçu, à titre de payement, un esclave qui ne m'était pas dû; devenu ainsi propriétaire de cet esclave, je l'ai af-

(1) Loi 7, § 2, D., *pro emptore*, liv. 41, tit. 4.

(2) Loi 15, pr. D., *de condict. ind.*, liv. 12, tit. 6. — Loi 65, § 5, D., eod. tit.

franchi. Si j'ai été de mauvaise foi, mon obligation persiste, je reste tenu de la valeur de l'esclave; mais si j'ai agi de bonne foi, je suis quitte envers le *solvens*, en lui restituant les droits, que j'ai conservés sur l'esclave affranchi (1).

Le pupille, qui avait reçu, sans l'autorisation de son tuteur, ce qui ne lui était pas dû, n'avait pas pu s'obliger (2); cependant, en vertu d'une constitution d'Antonin le Pieux, il pouvait être poursuivi jusqu'à concurrence de son enrichissement. Sa situation serait-elle donc identiquement la même que celle du pubère de bonne foi? Assurément non : tandis que celui-ci est obligé par le fait de la réception de l'indu, le pupille, au contraire, n'est tenu qu'autant qu'il s'est enrichi. Le *solvens*, qui agit contre l'impubère, doit donc prouver l'enrichissement; au contraire, lorsqu'il agit contre un pubère, il n'a qu'à prouver qu'il a payé l'indu, et c'est à l'*accipiens*, qui veut éviter une condamnation ou tout au moins la faire réduire, à établir qu'il a dissipé de bonne foi tout ou partie de ce qu'il a reçu.— Pour le pupille, l'enrichissement est évalué au moment de la litiscontestation; pour le pubère, au moment de la cessation de sa bonne foi. (3).

(1) Paul. Loi 65, §§ 7 et 8, D., *de condict. indeb.*, liv. 12, tit. 6.
(2) Gaius. Comm. III, § 91. — Inst. Just., liv. III, tit. XIV, § 1.
(3) Lois 1 et 3. D., liv. 20, tit. 18. — Loi 37, D., liv. 3, tit. 5.

CHAPITRE III.

La possession est le fait d'avoir une chose en son pouvoir avec la volonté d'en disposer en maître. Elle correspond au droit le plus étendu qu'on puisse avoir sur une chose, au droit de propriété. L'exercice de tous autres droits ne constitue pas une véritable possession, mais ce qu'on est convenu d'appeler par analogie *quasi possessio* ou *possessio juris*. — Il peut arriver qu'à son insu le possesseur ou le quasi-possesseur ne soit pas devenu titulaire du droit, qu'il exerce croyant l'avoir acquis, nous avons à rechercher quels seront, dans cette hypothèse, les effets de sa bonne foi.

SECTION I. — Possession de choses individuelles.

Les effets de la bonne foi sont ici très-énergiques et présentent bien ce caractère confirmatif, que nous avons dit leur être propre. Celui qui a reçu une chose de bonne foi, et l'a possédée pendant un certain temps, en devient propriétaire par l'usucapion ou la prescription. Avant même qu'il ait ainsi acquis la propriété de la chose, s'il vient à en perdre la possession, il aura pour la recouvrer une action spéciale appelée publicienne. — Obligé de rendre la chose au véritable propriétaire, le possesseur jouira encore de certaines faveurs: il sera dispensé de rendre compte des fruits qu'il aura perçus et consommés

de bonne foi, aura droit à une indemnité pour les dépenses qu'il aura faites sur la chose, et échappera à certaines restitutions rigoureuses dont il serait tenu s'il était
de mauvaise foi.

USUCAPION ET PRESCRIPTION DE LONG TEMPS.—L'usucapion
est un moyen d'acquérir par une possession prolongée
pendant un certain temps (1). Cette institution recevait
dans l'ancien droit deux applications distinctes :

1° Elle complétait le droit de celui qui avait une chose
seulement *in bonis*, en lui faisant acquérir le *dominium
ex jure quiritium* (2).

2° Elle rendait propriétaire le simple possesseur, qui
avait reçu une chose, de bonne foi et en vertu d'un juste
titre, d'une personne qui n'avait pas le pouvoir de l'aliéner (3).

L'usucapion était un mode d'acquérir du droit civil,
elle n'opérait qu'au profit des personnes jouissant du *jus
commercii*, et sur les biens seulement susceptibles d'une
propriété quiritaire : les meubles et les fonds italiques.
Un grand nombre de possesseurs de bonne foi et ayant
juste titre restaient donc sans aucune protection, indéfi-
niment exposés à être évincés, quelle que fût la durée de
leur possession.

L'inconvénient d'un tel état de choses se faisait sentir
relativement à la possession des fonds provinciaux. Les
édits des présidents créèrent pour ces immeubles une
possessio ou *præscriptio longi temporis*, sorte d'exception au
moyen de laquelle le citoyen ou le pérégrin qui avait

(1) Modestin. Loi 3, D., *de usurp. et usucap.*, liv. 41, tit. 3.
(2) Gaius. Com. II, § 41.
(3) Gaius. Com. II, § 43.

acquis un fonds provincial de bonne foi et en vertu d'un juste titre, et l'avait possédé pendant un temps déterminé, pouvait repousser toute demande en restitution, qui serait formée contre lui. — Cette prescription fut étendue à tous les autres biens et devint ainsi très-utile aux pérégrins qui ne pouvaient usucaper.

La prescription ne produisait pas les mêmes effets que l'usucapion. L'usucapion faisait acquérir la propriété, mais laissait subsister les servitudes et hypothèques qui grevaient la chose entre les mains du précédent propriétaire (1); la *possessio longi temporis*, au contraire, ne donnait au possesseur qu'une simple exception pour se faire maintenir en possession (2), mais cette exception était opposable à toute personne qui prétendait exercer un droit quelconque sur la chose. Sous ce dernier rapport, un citoyen romain pouvait avoir un grand intérêt à se prévaloir de la prescription, plutôt que de l'usucapion.

Sous Justinien, la première application de l'usucapion a complétement disparu. Une personne ne peut plus avoir une chose *in bonis*, tandis qu'une autre personne aurait sur cette même chose le *nudum jus quiritium*. De plus, toute différence entre les fonds provinciaux et les fonds italiques a été également supprimée: les uns et les autres sont susceptibles du *dominium ex jure quiritium*.

(1) Lois 17, § 2 et 44, § 5, D., liv. 7, tit. 1.

(2) Le préteur venait au secours de celui qui, après avoir acquis de bonne foi et en vertu d'un juste titre un fond provincial, en avait perdu la possession, et lui accordait une action spéciale pour la recouvrer (loi 12, § 2, D., *de publ. in rem act.*, liv. 6, tit. 2). Cette action pouvait être intentée efficacement contre le propriétaire lui-même, lorsqu'elle se trouvait fortifiée par une possession de long temps. Le possesseur avait alors l'équivalent d'un droit de propriété (loi 8, pr., Cod., *de præscr. XXX rel XL ann.*, liv. 7, tit. 39).

L'usucapion et la prescription n'ayant dès lors plus d'application distincte, l'une d'elles devait disparaître. Justinien les réunit en une seule institution, qui s'appliqua sans distinction à tous les biens.

La nouvelle usucapion, établie par Justinien, fait certainement acquérir la propriété; mais faut-il appliquer à cette acquisition les principes de l'ancienne usucapion, ou bien ceux de l'ancienne prescription? — La question est très controversée.

Quand il s'agit d'immeubles, les textes parlent en général de *præscriptio, possessio longi temporis;* pour les meubles, au contraire, ils emploient de préférence le mot usucapion; c'est donc, disent quelques auteurs, qu'on doit appliquer aux meubles les règles de l'ancienne usucapion et aux immeubles celles de la prescription : la propriété des meubles est acquise *salvo jure servitutis et hypothecæ;* celle des immeubles, au contraire, franche de toutes charges réelles. On invoque dans ce sens la loi 8 au Code, *de præscriptionibus XXX vel XL annorum,* qui suppose expressément que la prescription de 10 ou 20 ans peut être invoquée contre un créancier hypothécaire. — Mais cette distinction proposée ne saurait être admise, elle ne se rencontre, en effet, ni dans la constitution *de transformanda usucapione* de Justinien, ni dans ce passage des Institutes, qui s'y réfère : *Et ideo constitutionem super hoc promulgavimus, qua cautum est ut res quidem mobiles per triennium, immobiles vero per longi temporis possessionem, id est, inter præsentes decennio, inter absentes viginti annis usucapiantur* (1). On y voit bien que Justinien a augmenté les délais de l'usucapion et en a généralisé l'application,

____

(1) Just. Inst., liv. 2, tit. 6, pr., 2e alinéa.

mais rien n'indique qu'il ait entendu en modifier aussi les effets, pas plus pour les immeubles que pour les meubles. Il faut donc dire, sans établir de distinction, que dans le droit de Justinien l'usucapion fait acquérir la propriété *salvo jure servitutis vel hypothecæ*. Les hypothèques il est vrai, peuvent en même temps se trouver éteintes par une prescription de 10 ou 20 ans, comme aussi les servitudes par le non-usage ; mais l'extinction de ces droits, bien que souvent concomitante à l'acquisition de la propriété, n'en est pourtant pas la conséquence.

En principe, l'usucapion s'applique à tous les biens qui sont dans le commerce. Les hommes libres, les choses sacrées et religieuses, celles du domaine public, ne pouvant pas être l'objet d'un droit de propriété, ne sont pas susceptibles d'usucapion (1).

Par exception certaines choses, bien qu'étant dans le commerce, ne peuvent pas être usucapées (2).

Dans l'ancien droit, l'usucapion ne s'appliquait pas aux fonds provinciaux. Nous avons vu que c'était spécialement pour eux qu'avait été instituée la *præscriptio longi temporis*.

Les choses incorporelles, n'étant pas susceptibles de possession, ne peuvent pas être usucapées (3). Tels sont le *jus agri vectigalis*, le *jus superficiei* (4) les servitudes

---

(1) Gaius. Com. II, § 48. — Loi 9, *de usurp. et usucap.*, liv. 41, tit. 3. — Quant aux biens du domaine privé d'une cité, ils sont soumis au droit commun, et peuvent être prescrits. (Paul. Sent., liv. 5, tit. 2, § 4.)

(2) Just. Inst., liv. 2, tit. 6, § 10.

(3) Gaius. Loi 43, § 1, D., *de adq. rer. rer. domin.*, liv. 41, tit. 1.

(4) Loi 12, §§ 2 et 3, D., *de public. in rem act.*, liv. 6, tit. 2. — Ces droits sont-ils susceptibles d'être prescrits par un long temps ? Je serais assez disposé à l'admettre.

dont une loi spéciale, la loi Scribonia, prohiba l'usucapion (1).

Les meubles, qui ont été volés, et les immeubles, dont
on s'est emparé avec violence, se trouvent entachés d'un
vice qui en rend l'usucapion impossible : *Aliquando*, dit
Gaius, *etiamsi maxime quis bonafide alienam rem possideat,
nunquam tamen illi usucapio procedit : velut si quis rem furti
vam aut vi possessam possideat; nam furtivam lex XII tabularum usucapi prohibet, vi possessam lex Julia et Plautia* (2).
il fallait, en pareils cas protéger le propriétaire d'une façon toute particulière. Ce vice disparaît dès que la chose
revient *in domini potestatem* (3), pourvu que le propriétaire
en ait eu connaissance (4).

Les biens du fisc ne peuvent pas être usucapés. Néan-

(1) Paul. Loi 4, § 20, D., *de usurp. et usucap.*, liv. 41, tit. 3.— Il ne
s'agit ici que des servitudes considérées isolément. Il n'est pas douteux qu'en usucapant un immeuble, je n'acquière en même temps
les servitudes qui en dépendent (loi 10, § 1, D., liv. 41, tit. 3). —
Paul semble cependant admettre une exception pour les servitudes
d'aqueduc et de puisage, dans le cas où ces servitudes auraient été
perdues par le non usage (Paul. Sent., liv. 1, tit. 17, § 2.) — Le
préteur accorde la *præscriptio longi temporis* à celui qui a exercé
une servitude pendant un long temps (Ulpien. Loi 10, pr., D., tit. 3).
— Ant. Caracalla. Lois 1 et 2, Cod., *de servit.*, liv. 3, tit. 34.

(2) Gaius. Com. II, §§ 45 et 48. — Just. Inst., liv. 2. tit. 6, § 2.
— Loi 1, Cod., *de usucap. pro empt. vel transact.*, liv. 7, tit. 26. —
Justinien va plus loin et décide dans la novelle 110 (chap. 7, collat. 9,
tit. 2) que celui qui aura reçu de bonne foi un immeuble d'un
possesseur de mauvaise foi, ne pourra pas usucaper, si le propriétaire a ignoré, et sa qualité, et l'aliénation qui a eu lieu.

(3) La chose est considérée, comme ayant fait retour au propriétaire, lorsque celui-ci a le pouvoir de la revendiquer (Instit. Just.,
liv. 2, tit. 6, § 8). — Paul. Loi 4, § 6, D., *de usurp. et usucap.*, liv. 41,
tit. 3. — Loi 215, *in fine*, D., *de verb. signif.*, liv. 50, tit. 16.)

(4) Paul. Loi 4, § 12 et Neratius. loi 11, D., liv. 4, tit. 3.

moins les choses vacantes, n'étant réputées appartenir au fisc que du jour où elles lui ont été dénoncées, l'usucapion en est possible jusqu'à ce moment (1). Elle s'accomplit par 4 ans (2).

Le fonds dotal étant inaliénable ne peut pas être usucapé : *vix est enim ut non videatur alienare, qui patitur usucapi* (3), à moins qu'il ne soit devenu dotal au cours d'une usucapion déjà régulièrement commencée (4).

L'usucapion est encore impossible au cas où une chose, donnée à un gouverneur de province au mépris de la *lex repetundarum*, a été livrée par lui à un acheteur, ce dernier fût-il de bonne foi (5).

Les biens d'un pupille peuvent-ils être usucapés ? à l'exception des *prædia rustica vel suburbana*, qui ne peuvent pas être aliénés sans un décret du magistrat (6), on admet assez généralement que les biens du pupille sont susceptibles d'être usucapés. Un tuteur a soustrait et vendu une chose appartenant à son pupille, Julien décide que cette chose ne pourra pas être usucapée avant qu'elle ait fait retour au pupille propriétaire (7); c'est donc que dans la pensée du jurisconsulte, le *furtum*, dont se trouve entachée la chose, est le seul obstacle à l'usucapion, et que, ce vice disparaissant, la chose, quoique *res pupilli*, pourra être usucapée. Callistrate suppose qu'une usucapion s'est

(1) Just. Inst., liv. 2, tit. 6, § 9. — Modestin, Loi 18, D., liv. 41, tit. 3.

(2) Constantin. Loi 1, Cod., *de quadr. præscrip.*, liv. 7, tit. 37.

(3) Paul. Loi 28, pr., D., *de verb. signif.*, liv. 50, tit. 16.

(4) Tryphoninus. Loi 16, D., *de fund. dotal.*, liv. 23, tit. 5.

(5) Loi 8, pr., *de leg. julia repetund*, liv. 48, tit. 11.

(6) L'aliénation indirecte par l'usucapion ne doit pas être permise là où l'aliénation directe est formellement défendue.

(7) Loi 7, § 3, D., *pro empt.*, liv. 41, tit. 4.

accomplie contre un enfant qui n'est pas encore né : *etiam ei*, dit-il, *qui, priusquam nasceretur usucaptum amisit, restituendam actionem labeo scribit* (1), à plus forte raison reconnaît-il l'usucapion possible contre un pupille. — La loi 18 pr. *de adq. rer. dom.* au digeste est contraire, il est vrai, à cette opinion : le jurisconsulte Paul, après avoir posé le principe de l'acquisition des fruits par le possesseur de bonne foi, ajoute · *interest ea res, quam bona fide emi, longo tempore capi possit necne; velut si pupilli sit.....,* mais en présence du passage correspondant des basiliques qui porte : τοῦ δήμου, il est permis de croire que ce texte a été altéré (2), et que le mot *pupilli* y a été, par erreur, substitué au mot *populi.* — Dans le droit de Justinien, toute prescription est suspendue en faveur des impubères (3).

Pour usucaper et pour prescrire, trois conditions sont nécessaires : 1° Le juste titre; 2° la bonne foi; 3° une possession prolongée pendant un certain temps. — Les deux premières (4) justifient la faveur, dont jouit le possesseur; la troisième protège le droit du propriétaire jusqu'au moment, où, par sa négligence, il a mérité d'en être exproprié.

(1) Loi 18, pr., D., *de minor.,* liv. 4, tit. 4.

(2) Cujas cependant ne l'admet pas ; il concilie les divers textes, que nous venons de voir, en disant que l'usucapion des meubles est permise, celle des immeubles prohibée.

(3) Loi 3, Cod., *de præscrip. XXX et LX ann.,* liv. 7, tit. 39.

(4) Certaines usucapions ont lieu sans bonne foi, ni juste titre : telles sont les *usureceptiones* (Gaius, Comm. II, §§ 59 à 61), l'*usucapio libertatis* relative aux servitudes urbaines (loi 6, D., *de servit. præd. urban.*), l'usucapion d'un esclave, dont l'abandon noxal a été fait par un simple possesseur (loi 38, D., *de nox. act.,* liv. 9, tit. 4), et enfin l'*usucapio lucrativa pro herede* (Gaius, Comm. II, §§ 53 à 59).

Du juste titre. — On entend par juste titre un acte juridique, de nature à faire acquérir la propriété, et qui manque de produire son effet par suite de circonstances, qui lui sont étrangères. Ainsi, je crois qu'une chose est sans maître, je m'en empare et je la possède, comme *res nullius* : le fait de cette occupation est un juste titre, il me rendrait propriétaire, si la chose n'avait réellement pas de maître. De même, si une personne me livre, en exécution d'une vente qu'elle m'a consentie, une chose, dont elle n'est pas propriétaire, cette tradition sera un juste titre : elle me transmettrait, en effet, la propriété, si elle émanait du véritable propriétaire. On peut donc définir le juste titre : une cause d'acquisition, soit originaire, soit dérivée, qui n'est qu'apparente.

La tradition n'est pas par elle-même un juste titre, il faut qu'elle soit faite *ex justa causa*, c'est-à-dire en vue d'un but qui mette hors de doute, de la part de celui qui livre une chose, l'intention d'en transférer la propriété, en même temps qu'il en transfère la possession, et qu'il autorise ainsi celui qui la reçoit à la posséder comme propriétaire (1). L'intention d'aliéner est la seule condition vraiment essentielle pour que la tradition soit un juste titre. Peu importe d'ailleurs qu'elle n'ait qu'une cause purement imaginaire : pas plus pour constituer un juste titre que pour être translative de propriété, la tradition ne doit nécessairement avoir une juste cause réelle.

Nous trouvons une application de cette doctrine dans les deux textes suivant de Pomponius : *Ipsa traditio ex causa quam veram esse existimo, sufficit ad efficiendum, ut id, quod mihi traditum est, pro meo possideam; et ita Nera-*

____

(1) M. Pellat. Traité de la propriété.

tius scripsit: idque verum puto (1). — *Quod legatum non sit,
ab herede tamen perperam traditum sit, placet, a legatario
usucapi, quia pro suo possidet* (2). — Pomponius n'admet-
trait pas aussi facilement qu'on pût usucaper, s'il était
nécessaire, pour qu'il y eût juste titre , que la tradition
eût une cause réelle. Observons, toutefois, que l'usucapion
ne sera possible, qu'autant que celui qui aura reçu la chose,
aura cru qu'elle lui était réellement due. Julien exige
même que cette croyance ne repose pas sur une erreur
grossière (3).

Paul n'est pas moins explicite que Pomponius : *Si existimans debere tibi tradam, ita demum usucapio sequitur, si
et tu putes;* mais il ajoute : *aliud si putem me ex causa ven-
diti teneri et ideo tradam;* et voici la raison qu'il donne de
cette exception : *diversitatis causa in illo est, quod in cæteris
causis solutionis tempus inspicitur... In emptione autem et
contractus tempus inspicitur et quod solvitur.* Puis il continue :
*nec potest pro emptore usucapere, qui non emit, nec pro soluto,
sicut in cæteris contractibus* (4). — Que celui qui n'a pas
réellement acheté n'usucape pas *pro emptore,* rien de
plus naturel ; mais qu'il ne puisse pas non plus usucaper
pro soluto, comme dans le cas où une chose a été payée,
qui n'était pas due, cela s'explique difficilement (5). Quoi

(1) Loi 3, *in fine*, D., *pro suo*, liv. 41, tit. 10.
(2) Loi 1, § 2, D., *cod. tit.*
(3) Loi 7, § 2, D., *pro empt.*, liv. 41, tit. 1.
(4) Loi 48, D., *de usurp. et usucap.*, liv. 41, tit. 3. — Loi 2, pr.,
D., *pro empt.*
(5) Probablement la loi des XII tables à propos de l'usucapion,
comme plus tard l'édit du préteur à propos de la Publicienne, men-
tionnait spécialement la vente à côté de la tradition faite *ex justa
causa.* Les jurisconsultes auront été ainsi amenés à considérer la
vente comme un juste titre, dont l'existence était par conséquent

                                                   8

qu'il en soit, ce qui ressort avec évidence du texte de Paul c'est que la tradition faite en exécution d'un contrat purement imaginaire, autre que la vente, n'en est pas moins un juste titre. — Mais alors comment Paul a-t-il pu dire ailleurs : *Pro donato is usucapit, cui donationis causa res tradita est; nec sufficit opinari sed et donatum esse oportet* (1)? Peut-être est-ce seulement cette usucapion spéciale *pro donato*, qui est impossible dans le cas, où il n'y a pas eu réellement donation, et non pas l'usucapion *pro soluto*? Bien loin d'être en désaccord, les deux textes de Paul seraient en parfaite harmonie.

Mais il faut bien le reconnaître, la doctrine que nous venons d'exposer, comme nous paraissant la plus conforme aux principes, se trouve contrariée par plusieurs textes. D'après Ulpien : *Celsus libro 34 errare eos ait, qui existimarent, cujus rei quisque bona fide adeptus sit possessionem, pro suo usucapere eum posse; nihil referre, emerit, necne, donatum sit, necne, si modo emptum, vel donatum sibi existimaverit: quia neque pro legato, neque pro donato, neque pro dote usucapio valeat, si nulla donatio, nulla dos, nullum legatum sit* (2). — Les instituts de Justinien font la même confusion entre le juste titre de l'usucapion et la cause de la tradition : *Error autem falsæ causæ usucapionem*

nécessaire à l'usucapion, au lieu de la considérer seulement comme une cause de la tradition, sans prendre garde que très-probablement dans la loi des XII tables il s'agissait de la mancipation qui est un mode d'acquérir, et non pas du contrat de vente, qui crée simplement des obligations. Dans tous les cas, ce que dit Paul se comprend très-bien, s'il s'agit de la mancipation, mais appliqué au contrat de vente, devient inexplicable. (M. Demangeat, Cours élémentaire de droit romain, tome I, p. 559 et 560).

(1) Loi 1, pr., D., *pro donato*, liv. 41, tit. 6.

(2) Loi 27, D., *de usurp. et usuc.*, liv. 41, tit. 3.

*non parit : velati si quis,... eum ei donatum non fuerit, quasi
ex donatione possideat* (1). — Ces textes sont en opposition
évidente avec ceux de Pomponius et de Paul, en vain
tenterait-on une conciliation impossible (2).

Le juste titre est nécessaire à l'usucapion (3). Cette
règle, à l'origine, était absolue, et ne souffrait aucune exception. Dans la pensée du législateur romain, tout possesseur pouvait s'assurer de l'existence du juste titre : s'il
ne le faisait pas, il était en faute, et son erreur n'était pas
excusable. Le plus souvent, sans doute, il en sera réellement ainsi, parce qu'en général le possesseur aura erré
sur son propre fait, en croyant à l'existence d'un juste
titre, qui ordinairement impliquera de sa part une inter-
vention directe et personnelle. Mais il peut aussi arriver,
nous allons le voir, que le possesseur, qui croit avoir un
juste titre, se soit trompé sur le fait d'autrui, et, dans ce
cas, il n'est plus exact de dire que l'erreur du possesseur
est impardonnable : *quia in alieni facti ignorantia tolerabilis
error est* (4). Aussi finit-on par admettre, après bien des
hésitations et à titre d'exception, que, dans certains cas, le
possesseur pourrait usucaper avec un simple titre putatif.

*Quod vulgo traditum est, eum, qui existimat se quid emisse,
nec emerit, non posse pro emptore usucapere : hactenus verum
esse ait, si nullam justam causam ejus erroris emptor habeat ;
nam si forte servus vel procurator, cui emendam rem man-*

(1) Just. Inst., liv. 2, tit. 6, § 11.

(2) A moins qu'on ne veuille essayer de soutenir que dans ces
deux derniers textes, il s'agit du cas où la tradition elle-même n'a
pas eu lieu, le juste titre faisant alors évidemment défaut, celui
qui possède ne peut pas usucaper.

(3) Loi 2, D., *pro legato*, liv. 41, tit. 8. — Loi 1, Cod., liv. 7,
tit. 33.

(4) Loi 5, § 1, liv. 41, tit. 10.

dasset, persuaserit ei se emisse atque ita tradiderit : mayis esse, ut usucapio sequatur (1). J'ai chargé un mandataire de m'acheter une certaine chose ; quelque temps après, ce mandataire me persuade qu'il l'a achetée et m'en livre la possession : bien qu'en réalité il n'y ait pas eu vente, néanmoins j'usucaperai. Il en sera de même, si je possède une chose en vertu d'un legs, qui se trouve révoqué par un codicille, dont j'ignore l'existence (2) ; ou bien encore, si je la tiens d'un fou, que j'ai cru sain d'esprit (3), d'un impubère, que j'ai cru pubère (4) : dans tous ces cas, il n'y a pas de juste titre, et cependant l'usucapion sera possible.

Le juste titre ne se présume pas, c'est au possesseur à en faire la preuve (5). La même règle s'applique à l'erreur dans les cas exceptionnels, où elle peut tenir lieu de juste titre.

De la bonne foi. — Quelques auteurs ont soutenu que cette condition était la seule qui fût exigée ; que le juste titre n'en était qu'un accessoire, qu'un élément ; qu'en général pour être justifiée la bonne foi devait reposer sur un juste titre (6), mais qu'il n'y avait pas là une nécessité absolue. Telle n'est pas cependant la théorie romaine, du moins ce n'est pas sous cet aspect qu'elle se présente à nous. La distinction entre le juste titre et la bonne foi se

(1) Loi 11, D., *pro empt.*, liv. 41, tit. 4.
(2) Loi 9, D., *pro legat.*, liv. 41, tit. 8.
(3) Loi 7, § 2, D., *de public. in rem act.*, liv. 6, tit. 2.
(4) Loi 2, § 15, D., *pro empt.*, liv. 41, tit. 3.
(5) Loi 13, § 2, D., liv. 6, tit. 2.
(6) Plusieurs textes, à propos du possesseur qui n'a pas de juste titre, disent, en effet, qu'il ne paraît pas être de bonne foi. — Loi 27, D., liv. 18, tit. 1. — Loi 13, § 2, D., liv. 6, tit. 2.

rencontre dans un grand nombre de textes ; on la trouve notamment consacrée, en termes formels, dans la loi suivante de Paul : *Separata est causa possessionis et usucapionis ; nam vere dicitur quis emisse sed mala fide : quemadmodum qui sciens alienam rem emit, pro emptore possidet, licet usu non capiat* (1). Il est donc préférable de considérer le juste titre, comme une condition indépendante et distincte de la bonne foi. La question offre d'ailleurs peu d'intérêt pratique : tous les auteurs, en effet, sont d'accord sur ce point, que celui qui invoque l'usucapion doit prouver la *justa causa* ; et diffèrent seulement en ce que, suivant les uns, la preuve de la *justa causa* n'aurait d'autre but que d'arriver à celle de la bonne foi, tandis que, d'après les autres, la bonne foi étant présumée, la preuve de la *justa causa* serait exigée pour elle-même et sans égard à la bonne foi (2).

Dans les cas exceptionnels, où le titre putatif remplace le juste titre réel, il convient encore, au point de vue de la preuve, de ne pas le confondre avec la bonne foi : à la différence de celle-ci, qui se présume toujours, le titre putatif ne se présume jamais, et c'est au possesseur à en fournir la preuve. Nous ne ferons donc pas consister la bonne foi dans l'opinion du possesseur, qui croit être devenu propriétaire (3) ; cette définition serait trop générale et comprendrait l'erreur sur le juste titre, qu'il importe de distinguer au point de vue de la preuve ; nous la restreindrons à l'erreur sur les conditions, indépendantes du juste titre, nécessaires pour qu'il y ait transla-

(1) Loi 2. § 1, D., *pro empt.*, liv. 41, tit. 4. — Just. Inst., liv. 2, tit 6, pr.

(2) M. Bonjean. Traité des actions, tom. II p. 143.

(3) Lois 3. § 1. et 18. D., *de usurp. et usucap.*, liv. 41, tit. 3.

tion de propriété. Ces conditions sont que la chose soit *res nullius*, s'il s'agit d'un mode d'acquérir originaire; ou, s'il s'agit d'un mode d'acquérir dérivé, qu'il émane du véritable propriétaire, ou plus généralement d'une personne ayant pouvoir d'aliéner. Si une seule de ces conditions fait défaut, la propriété ne sera pas transférée, et le possesseur sera présumé de bonne foi jusqu'à preuve contraire. La bonne foi, qui se présume, est donc la croyance où est le possesseur que celui de qui il tient la chose avait le droit de l'aliéner, ou que la chose dont il s'est emparé n'avait pas de maître (1).

Le possesseur ne peut usucaper que dans les limites de sa possession de bonne foi. Si donc j'achète d'un non-propriétaire une chose que je crois lui appartenir pour une part déterminée, je ne pourrai usucaper que cette part, que je possède de bonne foi. Mais l'application de cette règle devenait impossible, quand la part possédée de bonne foi était indéterminée; il fallait nécessairement, dans ce cas, étendre l'usucapion à la chose tout entière, ou ne pas l'appliquer du tout. Cette dernière solution fut adoptée: *Emptor fundi partem ejus alienam non esse ignoraverat. — Responsum est, nihil eum ex eo fundo longa possessione capturum. Quod ita verum esse existimo, si, quæ pars aliena esset in eo fundo, emptor ignoraverat. Quod si certum locum esse sciret, reliquas partes longa possessione capi posse, non dubito* (2). — Pomponius donnait la même décision: *si ex decem servis, quos emerim, aliquos putem alienos, et qui sint,*

____

(1) Gaius. Com. II, § 43. — Loi 109, D., *de verb. signif.*, liv. 50, tit. 16. — Loi 14, D., liv. 41, tit. 4. — Loi 7, § 5, D., cod. tit. — Loi 12, D., liv. 41, tit. 3.

(2) Javolenus. Loi 4, D., liv. 41, tit. 4.

sciam ; reliquos usucapiam. Quod si ignorem qui sint alieni, neminem usucapere possum (1).

A quelle époque doit avoir existé la bonne foi du possesseur? En principe, il suffit qu'elle ait existé au commencement de la possession. Il n'est pas nécessaire qu'elle ait persisté pendant toute la durée de l'usucapion : *Mala fides superveniens non impedit usucapionem* (2). — Cette règle, dont l'équité peut être contestée, souffrait une exception assurément très-rationnelle; elle ne s'appliquait pas au possesseur à titre gratuit; du moins c'était l'opinion de quelques jurisconsultes, qui exigeaient pour l'usucapion *pro donato* que la bonne foi eût duré pendant tout le temps de la possession. Justinien fit disparaître cette règle spéciale à l'usucapion *pro donato* : (*Usucapio*) *non interrumpatur ex posteriore forsitan alienæ rei scientia, licet ex titulo lucrativo ea cœpta est* (3).

Il n'était pas non plus nécessaire que la bonne foi eût existé au moment du contrat, en exécution duquel la tradition avait été faite. Je stipule de vous une chose, que je sais ne pas vous appartenir; si, à l'époque où vous me la livrez, je crois que vous en êtes devenu propriétaire, je l'usucaperai : *Si ex testamento vel ex stipulatu res debita nobis tradatur : ejus temporis existimationem nostram intuendam, quo traditur : quia concessum est stipulari rem, etiam quæ promissoris non sit* (4). — Toutefois, il n'en était pas ainsi, lorsque la cause de la tradition était une vente; l'acheteur devait avoir été de bonne foi, non-seulement à l'époque de la tradition, mais aussi lors du contrat : *al*

(1) Loi 6, 1, D., cod. tit.
(2) Paul. Loi 4, § 18, et Papinien, loi 44, § 2, D., liv. 41, tit. 3.
(3) Loi uniq., au Cod. *de transf. usucap.*, liv. 7, tit. 31.
(4) Loi 15, § 3, D., liv. 41, tit. 3.

in emptione et illud tempus inspicitur quo contrahitur : igitur et bona fide emisse debet et possessionem bona fide adeptus esse (1). Cette singularité se rattache à la rédaction de l'édit prétorien sur l'action publicienne. Cet édit, comme probablement aussi les lois sur l'usucapion, faisait une mention spéciale de la *bonæ fidei emptio*, indépendamment de la mention générale de la *traditio ex justa causa*. Pour satisfaire à la lettre de l'édit, on dut exiger la bonne foi de l'acheteur au jour même du contrat, ce qui n'empêcha pas, par application de la règle générale, de l'exiger aussi au jour de la tradition (2). Mais, comment expliquer cette mention de l'édit : *qui bona fide emit?* Il faut, a-t-on dit, la considérer comme accidentelle plutôt que comme réfléchie (3). M. Demangeat y voit la reproduction, maladroitement appliquée au contrat de vente, de ce que, très-probablement, la loi des XII Tables décidait pour la mancipation : il était, en effet, tout naturel d'exiger la bonne foi au jour de la mancipation, car c'était à ce moment que la propriété de la chose aurait été transférée, si le mancipant avait été propriétaire ; mais ce motif n'existe plus pour la vente, puisqu'elle n'engendre que des obligations, et peut avoir pour objet la chose d'autrui. — La bonne foi de l'acheteur doit aussi exister au moment de la tradition. Les Proculéiens l'avaient contesté, en s'appuyant sur les termes de l'édit,

(1) Loi 2, pr., D., liv. 41, tit. 1.

(2) M. Pellat. — Voici d'après Pothier la raison de cette anomalie : « Et ratio est, quia repugnare videtur bonæ fidei ut quis emat « rem alienam at non pariter bonæ fidei repugnat, ut quis stipu- « letur rem alienam : quum possit promissor illam redimere; et, « si redimere non possit æstimationem præstare. » Pothier, ad tit. IV, lib. XLI.

(3) M. Accarias.

qui exigeaient seulement qu'on eût acheté de bonne foi ; mais l'opinion contraire des Sabiniens finit par prévaloir (1).

Une possession n'est utile à l'usucapion que si elle a été commencée de bonne foi, de là cette conséquence : *Qui bona fide alienum fundum emit, et possessionem ejus amisit, deinde eo tempore adprehendisset, quo scit rem alienam esse : non capiet longo tempore ; quia initium secundæ possessionis vitia non carebit. Nec dissimilis (2) est ei, qui emptionis quidem tempore putat fundum vendentis esse, sed, cum traditur, scit alienum esse. Cum enim semel amissa fuerit possessio, initium rursus reciperatæ possessionis spectari oportet ; quare si eo tempore redhibeatur homo, quo emptor scit alienum esse, usucapio non contingit (3).* Ainsi dans le cas, où j'ai perdu la possession d'une chose, si plus tard je viens à la recouvrer, je ne pourrai l'usucaper qu'autant que j'aurai été de bonne foi au commencement de cette seconde et nouvelle possession. — Quelquefois, ce-

(1) Ulpien. Loi 10, pr., et Paul, loi 18, D., liv. 41, tit. 3. — Loi 7, § 17, D., liv. 6, tit. 2.

(2) Le manuscrit de la Florentine porte : *nec similis.* Cujas, après avoir repoussé cette version dans son commentaire sur la loi 14, § 2, *de usurp. et usucap.* (tom. IV, p. 381), finit par l'adopter dans son commentaire sur la loi 7, § 4, *pro empt.*, (tom. VI, p. 318). — Pothier maintient également les mots : *nec similis,* et les justifie en disant qu'à l'époque de Julien il suffisait que l'acheteur eût été de bonne foi au moment de la vente pour pouvoir usucaper, et que l'opinion contraire des Sabiniens, qui voulaient que la bonne foi existât aussi au moment de la tradition, n'avait pas encore prévalu. Mais cette explication n'est pas admissible et mettrait Julien en contradiction avec lui-même, car il est constant que ce jurisconsulte s'était rallié à la doctrine des Sabiniens (loi 7, § 17, D., liv. 6, tit. 2).

(3) Julien. Loi 7, § 4, D., liv. 41, tit. 4. — Paul. Loi 15, § 2, liv. 41, tit. 3.

pendant, dit Papinien, la bonne foi ne sera pas exigée au commencement de la possession. Le possesseur d'une esclave, par exemple, pourra en usucaper le part, bien qu'il ne soit pas de bonne foi à l'époque de la naissance, pourvu seulement qu'il l'ait été au commencement de la possession de la mère (1). S'il s'agissait d'une esclave volée, la règle était différente ; il fallait que l'enfant eût été conçu et enfanté chez le possesseur, et que la bonne foi de celui-ci existât encore à l'époque de la naissance (2). Pomponius voulait même que la bonne foi eût persisté pendant tout le temps requis pour l'usucapion, et, dans le cas où elle aurait cessé, que le possesseur eût fait tout ce qui était en son pouvoir pour faire connaître au propriétaire qu'il possédait (3).

(1) Loi 44, § 2, D., liv. 41, tit. 3.

(2) Julien. Loi 33, pr., et Paul, loi 4, § 18, D., cod. tit. — Ulpien. Loi 18, § 5, D., liv. 47, tit. 2.

(3) Autrement, ajoute Pomponius, l'usucapion ne serait pas possible : *tum enim clam possedisse videberis ; neque idem et pro suo, et clam possidere potest* (loi 4, pr., D., *pro suo*). Cette opinion était isolée, c'est la connaissance qu'on a au moment où l'on prend possession, et non celle qui survient pendant le cours de cette possession, qui imprime à la possession le caractère de clandestinité (loi 40, § 2, *de adq. vel amitt. poss.*). Pomponius le reconnaissait lui-même : *clam nanciscitur possessionem, qui futuram controversiam metuens, ignorante eo quem metuit, furtive in possessionem ingreditur* (loi 6, pr., D., cod. tit.), — ...« Quelques auteurs pensent que « Pomponius, dans la loi 4 *pro suo*, a eu en vue spécialement l'usu- « capion *pro suo*, dans le sens étroit, c'est-à-dire l'usucapion qui ne « procède pas en vertu d'une cause pourvue d'un nom spécial, *ex* « *causa emptionis, donationis*, mais en vertu d'une cause qui n'a « pas un nom spécial. Dans ce cas seulement, la connaissance « postérieure fesait disparaître le titre *pro suo* et rendait la pos- « session clandestine. Mais il paraît plus vraisemblable, » dit M. Pellat, « que Pomponius a employé l'expression *pro suo possi-* « *dere* dans le sens large, qui désigne la possession de celui qui

Des délais requis pour l'usucapion et la prescription de long temps. — Dans l'ancien droit, l'usucapion s'accomplissait par une possession d'un an pour les meubles, et de deux ans pour les immeubles, et la prescription par une possession de dix ou vingt ans, suivant que le possesseur et le propriétaire étaient ou non domiciliés dans la même province. — Justinien fondit en une seule les deux institutions, fixa pour les meubles un délai de trois ans, et pour les immeubles maintint les délais de l'ancienne prescription. — Le temps ne se calcule pas *a momento ad momentum* ; le dernier jour est réputé accompli dès qu'il est commencé (1).

La possession doit être continue. Si elle est interrompue, le temps, qui s'est écoulé jusqu'au jour de l'interruption, ne compte plus pour l'usucapion. — Il n'y a qu'une cause d'interruption de l'usucapion, la cessation de la possession, soit que le possesseur ait cessé de posséder par sa volonté, soit que le propriétaire ou même un tiers se soit emparé de la possession (2). La litiscontes-

« croit être devenu propriétaire, soit que la cause, qu'il invoque, « ait ou non un nom spécial. » D'autant plus que « d'après une « règle générale posée par Julien l'usucapion du part procédait en « vertu de la même cause qu'aurait procédé l'usucapion de la mère, « si elle avait été possible. » (Loi 11, § 4, D., liv. 6, tit. 2.— M. Pellat, op. cit.)— Je serais néanmoins assez porté à limiter la décision de Pomponius au cas spécial prévu dans la loi 4 *pro suo :* Ulpien nous dit en effet que, suivant Pomponius, la mauvaise foi, qui est survenue dans le cours de la possession, n'empêche pas l'acheteur d'exercer l'action publicienne (loi 7, § 11, D., *de public. in rem act.*). N'est-il pas probable que Pomponius décidait la même chose pour l'usucapion ?

(1) Loi 6 et 7, D., liv. 41, tit. 3. — Loi 15, pr., D., *de divers. tempor. præscrip.,* liv. 44, tit. 3.

(2) Loi 5, D., liv. 41, tit. 3.

tation, la sentence même du juge n'interrompait pas l'usucapion (1). Quant à l'ancienne prescription, elle était interrompue non-seulement par la perte de la possession, mais aussi par la litiscontestation. Cette prescription, en effet, était une sorte d'exception, qui devait être invoquée, et, par conséquent, exister déjà au moment où le préteur délivrait la formule (2).

Dans l'ancien droit l'usucapion n'était jamais suspendue (3). Elle courait même contre ceux qui ne pouvaient agir; mais le préteur venait à leur secours en rescindant l'usucapion (4). La prescription, au contraire, ne courait pas contre les pupilles, les mineurs, les militaires pendant le temps de la guerre, ni, en général, contre ceux qui ne pouvaient pas faire valoir leurs droits. — Dans le droit de Justinien, l'usucapion est suspendue au profit des mineurs (5).

(1) Loi 2, § 21, D., liv. 41, tit. 4.

(2 Lois 7 et 10, Cod., liv. 7, tit. 33. — Paul. Sent., liv. V, tit. 2, § 4, — Il est certain que Justinien établit un mode d'interruption civile. Lorsque celui qui possédait était absent, ou, pour une autre cause, ne pouvait pas être actionné, le propriétaire n'avait qu'à faire une protestation au greffe, *adire præsidem provinciæ vel libellum ei porrigere*, pour interrompre l'usucapion. Mais faut-il généraliser et dire par extension que la demande en revendication est toujours une cause d'interruption? La question est fort douteuse. Dans la novelle 119, chap. 7, Justinien semble avoir admis que la litiscontestation interrompait la prescription.

(3) Paul. Loi 31, § 1, D., liv. 41, tit. 3. — Il est probable que ce texte s'appliquait aux meubles et aux immeubles.

(4) *Hujus edicti causam nemo non justissimam esse confitebitur : læsum enim jus, per id tempus quo quis Reipublicæ operam dabat vel adverso casu laborabat, corrigitur; nec non adversus eos succurritur, ne obsit vel prosit quod evenit* (loi 1, pr., D., *ex quibus caus. maj.*, liv. 4, tit. 6.

(5) Loi 3, Cod., liv. 7, tit. 39. — Loi 5, Cod., liv. 2, tit. 41. — Lois 3, 4 et 8, Cod., liv. 7, tit. 35.

Il n'est pas nécessaire que la même personne ait possédé pendant tout le temps requis pour l'usucapion. Le successeur à titre universel ou à titre particulier peut joindre à sa possession celle de son auteur (1). Mais, des règles différentes s'appliquent au successeur universel et au successeur particulier. L'héritier, qui succède à la possession du défunt, n'a pas une possession nouvelle; il ne fait que continuer une possession déjà existante; or, comme c'est au commencement de la possession qu'on examine la bonne foi, il en résulte que la mauvaise foi du défunt nuira à l'héritier, lors même que celui-ci serait personnellement de bonne foi (2), et réciproquement, que la possession utilement commencée par le défunt continuera à profiter à l'héritier, malgré sa mauvaise foi personnelle (3), comme elle aurait, du reste, continué à profiter au défunt même après la cessation de sa bonne foi (4). — Au contraire, le successeur à titre particulier a une possession nouvelle, qui doit avoir toutes les qualités requises pour l'usucapion (5); à cette condition seulement, le successeur à titre particulier pourra profiter de la possession de son auteur, si, toutefois, elle a été utilement commencée (6).

(1) Just. Inst., liv. 2, tit. 6, §§ 12 et 13. — Paul. Loi 76, § 1, D., liv. 18. tit. 1.

(2) Papinien. Loi 11, D., liv. 44. tit. 3. — Loi 3, Cod., liv. 7, tit. 32.

(3) Papinien. Loi 43, D., liv. 41, tit. 3. — Paul. Loi 2, § 19. D., liv. 41, tit. 4.

(4) Ulpien. Loi 156, § 2, D., liv. 50, tit. 17.

(5) Paul. Loi 2, § 17, D., *pro empt.*, liv. 41, tit. 1. — Loi 37, D., liv. 19, tit. 1. — Loi 3, Cod., liv. 4, tit. 38.

(6) Ulpien. Loi 13, §§ 10, 11 et 13, D., *de adq. vel amitt. possess.*, liv. 41, tit. 2.

ACTION PUBLICIENNE. —Le possesseur qui, dans le cours de l'usucapion, venait à perdre la possession, n'avait le plus souvent aucun moyen de la recouvrer (1). Un préteur, Quintus Publicius, vint à son secours, et établit en sa faveur une action honoraire, au moyen de laquelle il put réclamer la chose, comme s'il l'avait déjà usucapée (2). Cette action compétait à tous ceux qui étaient en train d'usucaper, tant à celui qui avait la chose *in bonis*, qu'à celui qui n'en avait que la possession de bonne foi (3). Cette dernière application est la seule qui sub-

(1) Lorsque la possession lui avait été enlevée par violence, le possesseur avait pour la recouvrer l'interdit *utrubi* ou *unde vi*, selon qu'il s'agissait de meubles ou d'immeubles.

(2) Gaius. Com. IV, § 36, — Just. Inst., liv. 4, tit. 6, § 4.

(3) Cela ressort avec évidence du texte de Gaius (Com. IV, § 36 : *datur autem hæc actio ei qui ex justa causa traditam sibi rem nondum usucepit, eamque amissa possessione petit...*, et de la formule qu'il donne de l'action publicienne, dont l'*intentio* s'adapte parfaitement aux deux cas : *judex esto, si quem hominem Aulus Agerius emit, et is ei traditus est, anno possedisset, tum si eum hominem, de quo agitur, ejus ex jure quiritium esse oporteret...* — Cependant plusieurs auteurs pensent que l'action publicienne ne s'appliquait qu'au possesseur de bonne foi, et qu'il existait une autre action réelle pour celui qui avait la chose *in bonis*. Cette action, d'après les uns, était une *actio in rem fictitia*, c'est-à-dire l'action en revendication donnée *utiliter* au moyen d'une fiction, autre que celle d'une usucapion accomplie, qui variait suivant les cas : par exemple, une *res mancipi* avait-elle été livrée par simple tradition, on supposait qu'il y avait eu mancipation, de même qu'on supposait la qualité d'héritier au *bonorum possessor*. Mais bien que cette dernière fiction fût admise, aucun texte ne nous autorise à en introduire une semblable pour la *mancipatio* ou l'*in jure cessio*. — Suivant d'autres auteurs, celui qui avait une chose *in bonis* pouvait, sans le secours d'aucune fiction, intenter une véritable revendication par la formule pétitoire; seulement dans l'*intentio* de la formule il disait: *res mea est*, au lieu de dire, comme celui qui avait le *dominium* : *res mea est ex jure quiritium*. Mais il y a là une inexac-

siste encore dans le droit de Justinien, et dont nous ayons à nous occuper ici.

Toutes les conditions requises pour usucaper, sauf la durée de la possession, sont exigées pour l'action publicienne; ainsi, il faut la possession, n'eût-elle existé qu'un moment, la bonne foi et le juste titre.

Les règles, qui ont été données, à propos de l'usucapion, sur la bonne foi et le juste titre, sont ici les mêmes; nous n'y reviendrons pas : contentons-nous de signaler deux difficultés qu'a soulevées leur application.

titude : celui qui avait une chose simplement *in bonis*, ne pouvait employer ni l'une ni l'autre de ces affirmations : l'expression *meum, tuum, suum, nostrum esse*, qu'elle soit ou non accompagnée de la qualification *ex jure quiritium*, désigne toujours le *dominium* : jamais, ce que les Romains appellent *habere in bonis* (Gaius, Com. IV, § 34. — Ulpien, Loi 6, § 2, D., *de confessis*. — Paul. Loi 6, D , *de rei vind.*). Bien que Gaius dise : *formula hæc est qua actor intendit rem suam esse*, sans ajouter *ex jure quiritium*, la formule pétitoire n'en reste pas moins exclusivement réservée à celui qui a le *dominium*.—Celui qui avait la chose *in bonis*, n'avait donc pas d'autre action que la Publicienne. Le texte de l'édit, rapporté par Ulpien, tel qu'il se trouve au Digeste, ne parle, il est vrai, que du simple possesseur : *si quis id, quod traditur ex justa causa non a domino et nondum usucaptum petet, judicium dabo* (loi 1, pr., D., *de act. in rem public.*); et l'on a prétendu en tirer un argument contre la doctrine que nous exposons; mais ce texte a été très-probablement remanié par les commissaires de Justinien. Ainsi, il est à peu près certain que les mots *non a domino* ont été ajoutés : Ulpien, en effet, qui commente tous les termes de l'édit, les passe sous silence. Il y a plus ; d'après Ulpien : *Prætor ait, qui bona fide emit* (loi 7, § 11, D., cod. tit.); or, nous ne trouvons aucune trace de ces mots dans le texte de l'édit; c'est donc qu'ils en ont été retranchés. Voici, d'après M. Pellat, quels devaient être les termes de l'édit : « Si quis id quod bona fide emit, vel id quod traditur ex justa « causa et nondum usucaptum, petet, judicium dabo. » Ainsi rétabli, l'édit devient général et son application n'est plus restreinte au simple possesseur de bonne foi.

La mauvaise foi qui survient au cours de la possession n'empêche pas l'usucapion, s'oppose-t-elle à l'action publicienne? Nous ne le pensons pas : Ulpien dit expressément que la bonne foi n'est prise en considération qu'au moment de l'achat (1), et qu'il n'y a pas à s'enquérir si elle a ou non persisté dans la suite. Ainsi, par exemple, l'héritier d'un acheteur de bonne foi, qui succède à sa possession, pourra exercer l'action publicienne, bien qu'il soit personnellement de mauvaise foi (2). — Quelques interprètes ont cependant cru découvrir les traces d'une doctrine contraire dans deux textes que nous devons examiner :

Le premier est ainsi conçu : *Julianus lib. 7 digestorum scripsit : traditionem rei emptæ oportere bona fide fieri : ideoque si sciens alienam possessionem adprehendit, publiciana eum experiri non posse : quia usucapere non poterit. Nec quisquam putet, hoc nos existimare, sufficere initio traditionis ignorasse rem alienam uti quis possit publiciana experiri : sed oportere et tunc bona fide emptorem esse* (3). Rapportant le mot *tunc* au mot *experiri*, qui précède, on a dit qu'Ulpien exigeait que l'acheteur fût encore de bonne foi au moment d'intenter l'action publicienne. Mais ce jurisconsulte n'enseignait-il pas, dans les §§ 12 et 14 de la même loi, la doctrine opposée? Dès lors, comment supposer que dans un même passage de ses écrits, il se soit mis en contradiction aussi flagrante avec lui-même? L'explication qu'on nous propose est donc inadmissible. D'ailleurs, notre texte en reçoit une autre beaucoup plus naturelle : « Julien avait écrit que la bonne foi devait

(1) Consommé par la tradition.
(2) Loi 7, §§ 12 et 14, D., *de public. in rem act.*, liv. 6. tit. 2.
(3) Loi 7, § 17, D., eod. tit.

« exister chez l'acheteur au moment où la tradition lui
« est faite ; autrement, entrant en possession avec la
« connaissance que la chose est à autrui, il n'aurait pas
« l'action publicienne, puisqu'il ne pourrait pas usucaper.
« Ulpien, en approuvant cette décision de Julien, cher-
« che à prévenir un malentendu : on ne doit pas, observe-
« t-il, entendre ce que nous disons, en ce sens qu'il
« suffit, pour exercer l'action publicienne, d'avoir été de
« bonne foi lors de la tradition, mais, en ce sens, qu'il
« faut avoir été acheteur de bonne foi, *même alors* (*et
« tunc*) » (1), c'est-à-dire au moment de la tradition. — On
arriverait au même résultat en rapportant le mot *tunc* à
l'époque du contrat, mais alors la construction gramma-
ticale serait un peu trop elliptique.

Le second texte n'est pas plus favorable que le premier
à l'opinion que nous repoussons : *Interdum tamen, licet
furtiva mater distracta non sit, sed donata ignoranti mihi, et
apud me conceperit et peperit, competit mihi in partu Publiciana, ut Julianus ait : si modo eo tempore, quo experiar, furtivam matrem ignorem* (2). Le possesseur qui, lors de la tradition, a ignoré que l'esclave à lui donnée était volée, peut
demander, par l'action Publicienne, l'enfant que celle-ci
a conçu et mis au monde chez lui, pourvu, ajoute Ulpien,
qu'au moment où il agit, il soit encore de bonne foi. C'est
qu'en effet, a-t-on dit, la bonne foi est toujours nécessaire
au moment où s'exerce l'action publicienne. Nous ne saurions accepter cette explication, qui mettrait encore Ulpien en contradiction avec lui-même. Il s'agit dans notre
texte d'une esclave donnée, par conséquent, d'un part

(1) M. Pellat.
(2) Ulpien. Loi 11, §3, D., liv. 6, tit. 2.
    Arthaud.   9

possédé *pro donato* : cette circonstance explique suffisamment le sens et la portée de cette restriction : *Si modo eo, quo experiar, furtivam matrem ignorem*, qui, remarquons-le bien, ne se trouve pas formulée dans le paragraphe précédent de la même loi : *Partus ancillæ furtivæ, qui apud bonæ fidei emptorem conceptus est, per hanc actionem petendus est*, pour le cas où l'esclave a été achetée. Ulpien a voulu simplement faire ici une application de la doctrine, soutenue par quelques jurisconsultes, suivant laquelle, pour usucaper *pro donato*, il fallait une bonne foi continue : le possesseur, qui a cessé d'être de bonne foi, n'a plus l'action Publicienne parce que, possédant *pro donato*, il ne peut plus usucaper. La décision de notre texte n'a pas d'autre motif.

Le possesseur qui est devenu de mauvaise foi au moment où il recouvre la possession par l'action publicienne, peut-il usucaper? La possession a été interrompue puisque le possesseur a cessé de posséder, et la nouvelle possession se trouve vicieuse, puisqu'elle a été commencée de mauvaise foi; il semble donc que l'usucapion doive être désormais impossible. Néanmoins, malgré le silence des textes à cet égard, il est plus naturel de penser que celui qui était rentré en possession par l'action Publicienne, continuait d'usucaper comme s'il n'avait jamais cessé de posséder ; il serait, en effet, bizarre qu'il en fût autrement, et que l'action Publicienne, qui repose sur la fiction d'une usucapion accomplie, ne pût aboutir qu'à mettre le possesseur dans une situation, où il lui serait impossible d'usucaper.

Pour l'action Publicienne, comme pour l'usucapion, le titre putatif peut tenir lieu de juste titre réel. Voici deux textes qui, sur ce point, paraissent en désaccord :

D'après Ulpien, *Marcellus lib. 17 digest, scribit : eum qui a furioso, ignorans eum furere emit, posse usucapere : ergo et Publicianam habebit* (1). Au contraire, le jurisconsulte Paul nous dit : *Si a furioso, quem putem sanæ mentis, emero : constitit usucapere utilitatis causa me posse, quamvis nulla esset emptio; et ideo neque de evictione actio nascitur mihi, nec Publiciana competit, nec accessio possessionis* (2). — On a proposé plusieurs explications conciliatoires. La mieux fondée et la plus en faveur est la suivante : « Ulpien accorde l'action Publicienne à l'acheteur; Paul « ne la lui refuse pas en général : il dit seulement qu'il « ne pourra l'intenter efficacement contre son vendeur ». Et en effet, la vente étant nulle, l'acheteur ne pourra pas invoquer la réplique *rei venditæ et traditæ* pour repousser l'exception *justi dominii*, qui lui sera opposée de la part du propriétaire vendeur; de même qu'il ne pourra pas actionner son vendeur en garantie pour cause d'éviction, ni joindre la possession de celui-ci à la sienne propre. — Cette explication, à la rigueur, pourrait être contestée : le jurisconsulte Paul refuse directement à l'acheteur l'action Publicienne : *Nec publiciana (actio) competit*; il ne dit pas seulement, comme on le prétend, que l'action Publicienne se trouve paralysée entre les mains de l'acheteur par une exception qui la rend inefficace. Au surplus, rien n'indique dans le texte que le fou soit propriétaire de la chose vendue, ni qu'il puisse par conséquent opposer à l'action Publicienne l'exception *justi dominii*; Paul, au contraire, ne prévoit-il pas également le cas où le fou a vendu la chose d'autrui, lorsqu'il suppose la possibilité

(1) Loi 7, § 2, D., liv. 6, tit. 2.
(2) Loi 2, § 16, D., *pro empt.*, liv. 11. tit. 1.

d'une éviction : *neque de evictione actio nascitur;* Et relativement à l'*accessio temporis*, quelle nécessité de dire expressément qu'elle n'aura pas lieu, si vraiment il ne s'agit que du cas où le fou est le propriétaire, et où l'usucapion s'accomplit contre lui ? A-t-il jamais été admis, en effet, qu'on pût joindre à sa propre possession la possession de celui contre qui on usucape ? — Il vaut donc peut-être mieux considérer Ulpien et Paul, comme étant en opposition formelle, « et donner la préférence à l'opinion plus logique et plus favorable d'Ulpien » (1).

L'action Publicienne peut être intentée contre tout possesseur, même contre le véritable propriétaire, qui n'échappera à la condamnation qu'à la condition de faire insérer dans formule l'exception *justi dominii* (2). Cette exception ne sera même pas toujours efficacement opposée. Elle pourra, en effet, dans certains cas, être paralysée par une réplique, s'il existe, relativement à la chose, entre le propriétaire défendeur à l'action Publicienne et le demandeur une relation d'auteur à successeur, ou bien encore si, à défaut de cette relation, le défendeur, qui invoque l'exception *justi dominii*, se trouve avoir acquis la propriété de la même personne, qui avait déjà antérieurement livré au demandeur la possession de la chose (3). — Supposons que le défendeur à l'action Publicienne soit lui-même *in causa usucapiendi* : Qui l'emportera ? Il faut distinguer si le défendeur et le demandeur ont reçu la chose de la même personne non propriétaire, ou de deux personnes différentes également

(1) M. Pellat.
(2) Paul. Loi 16, et Nératius, loi 17, D., liv. 6, tit. 2.
(3) Ulpien. Loi 1, § 32, *de doli mali et met. except.*, liv. 44, tit. 4. — Hermogénien. Loi 3, D., *de except. rei vend. et trad.*, liv. 21, tit. 3.

non propriétaires. Dans le premier cas, la préférence sera donnée à celui qui aura été mis en possession le premier ; dans le second cas, elle sera donnée au possesseur actuel (1).

Nous avons dit que l'action Publicienne repose sur une fiction d'usucapion accomplie. Elle ne pouvait donc s'appliquer en principe qu'aux choses susceptibles d'être usucapées. Cependant on finit par l'étendre *ob utilitatem publicam* à d'autres biens, aux fonds, provinciaux, à l'*ager vectigalis*, au *jus superficiei* (2), aux servitudes (3).

ACQUISITION DES FRUITS. — En principe, tous les produits (4) d'une chose appartiennent au propriétaire, le possesseur n'y a aucun droit. Cette règle souffrait une exception : le possesseur de bonne foi acquérait les fruits, comme s'il était propriétaire de la chose. Cette exception ne s'étendait pas aux autres produits ; les considérations qui l'ont fait admettre se rattachent donc au caractère propre des fruits. Les fruits se renouvellent périodiquement et constituent ce qu'on appelle des revenus, tout bon administrateur règle sur eux sa dépense annuelle. En

(1) Ulpien. Loi 9, § 4, D., *de public. in rem act.*, liv. 6, tit. 2.
(2) Paul. Loi 12, §§ 2 et 3, D., liv. 6, tit. 2.
(3) Loi 11, § 1, D., liv. 6, tit. 2. — Loi 10, D., liv. 8, tit. 5.
(4) On entend par produits d'une chose, tout ce que cette chose crée, fait sortir d'elle-même, en conservant tous les éléments de son existence — Lorsque les produits sont périodiques et conformes à la destination de la chose, on les appelle des fruits : tels sont le travail des esclaves, les arbres d'une forêt, que le propriétaire a mise en coupes réglées (loi 30, D., liv. 50, tit. 16. — Vatic., Fragm., 270), le croît des animaux (lois 68 et 70, D., liv. 7, tit. 1. — Loi 37, D., liv. 2, tit. 1). Le part des esclaves, au contraire, n'est pas considéré comme un fruit : *quia non temere ancillæ ejus rei causa comparantur ut pariant* (loi 37, D., liv. 5, tit. 3).

général, a-t-on dit. le possesseur, en fixant sa dépense annuelle, aura pris en considération les fruits de la chose qu'il croyait lui appartenir : l'obliger à les restituer serait souvent lui causer un préjudice considérable. Plutôt que d'exposer le possesseur de bonne foi à une perte quelconque, on a mieux aimé lui abandonner tous les fruits, quand même il dût en résulter pour lui un enrichissement. Quant au propriétaire, dont le droit est ainsi sacrifié, tant pis pour lui s'il est privé des fruits de sa chose, c'est à lui même qu'il doit s'en prendre : sa négligence n'est elle pas au nombre des causes premières de l'erreur, où a été le possesseur? N'est-il pas dès lors équitable qu'il en subisse les conséquences.

Le possesseur qui est devenu de mauvaise foi au cours de sa possession continue d'usucaper : conserve-t-il aussi ses droits sur les fruits encore adhérant au sol? Julien l'admettait : *Bonæ fidei emptor sccit, et antequam fructus perciperet cognovit fundum alienum esse. An perceptione fructus suos faciat quæritur? Respondi, bonæ fidei emptor quod ad percipiendos fructus, intelligi debet, quamdiu evictus fundus non fuerit : nam et servus alienus, quem bona fide emero, tam diu mihi ex re mea, vel ex operis suis, adquiret, quamdiu a me evictus non fuerit* (1). Mais Paul était d'un avis contraire : *Si eo tempore, quo mihi res traditur, putem vendentis esse, deinde cognovero alienam esse : quia perseverat per longum tempus capio, an fructus meos faciam? Pomponius, verendum ne non sit bonæ fidei possessor capiat : hoc enim ad jus, id est, capionem; illud ad factum pertinere, ut si quis bona aut mala fide possideat* (2). Cette dernière opi-

(1) Loi 25, § 2, D., *de usuris et fructibus*, liv. 22, tit. 1.
(2) Loi 18, § 1, D., *de adq. rer. dom.*, liv. 41, tit. 1.

nion paraît avoir prévalu. Le possesseur acquiert les fruits tant que dure sa bonne foi, il cesse de les acquérir du jour où il a su qu'il n'était pas propriétaire : (*Qui bona fide alicui servit) tamdiu autem adquirit, quamdiu bona fide servit; cæterum si cœperit scire, esse eum alienum vel liberum : Videamus, an ei adquirit? Quæstio in eo est, utrum initium spectamus, an singula momenta! et magis est, ut singula momenta spectemus* (1).

Nous venons de voir qu'on peut être *in causa usucapiendi*, sans pour cela acquérir les fruits. A l'inverse, il peut arriver qu'on acquière les fruits d'une chose qu'on ne peut pas usucaper : *Nec interest ea res, quam bona fide emi longo tempore capi possit, necne : veluti si pupilli sit, aut si possessa, aut præsidi contra legem repetundarum donata, ab eoque abalienata sit bonæ fidei emptori..... is qui non potest capere propter rei vitium, fructus suos facit* (2). Ainsi, je possède de bonne foi une brebis, qui a été volée : bien qu'elle soit entachée d'un vice, qui m'empêche de l'usucaper, j'en acquerrai les fruits, tels que la laine, le lait, les agneaux. Ulpien voulait, pour que le possesseur devînt propriétaire des agneaux, que ces derniers eussent été conçus chez le possesseur de bonne foi (3); mais d'après Paul, dont l'opinion avait prévalu, cette condition n'était pas nécessaire, pas plus qu'il n'était nécessaire que le lait ait été secrété, ni que la laine ait commencé à pousser chez le possesseur de bonne foi (4), pour que celui-ci en devienne propriétaire par la perception.

(1) Loi 23, § 1, D., cod. tit.
(2) Loi 18, pr. et § 1, D., cod. tit. — Fragm. Vatic., § 1.
(3) Loi 18, §§ 5 et 6, D., *de furt.*, liv. 47, tit. 2.
(4) Loi 18, § 2. D., *de adq. rer. dom.* — Loi 1, § 10. D., *de usurp. et usucap.*, liv. 41, tit. 3.

Le possesseur de bonne foi peut-il prétendre à tous les fruits, à ceux que la chose produit spontanément comme à ceux qui sont dus au travail de l'homme? Paul les lui donne tous : *Bonæ fidei emptor, non dubie, percipiendo fructus etiam ex aliena re, suos interim facit non tantum eos qui diligentia et opera ejus pervenerunt, sed omnes : quia quod ad fructus attinet, loco domini pene est* (1); Pomponius lui accorde seulement ceux qui exigent des soins de culture : *Fructus percipiendo uxor vel vir ex re donata, suos facit : illos tamen, quos suis operis adquisierit, veluti serendo : nam si pomum decerpserit, vel ex sylva cædit, non fit ejus : sicuti nec cujuslibet bonæ fidei possessoris : quia non ex facto ejus is fructus nascitur* (2). L'opinion de Paul avait certainement prévalu parmi les jurisconsultes : plusieurs textes au Digeste assimilent, en effet, le possesseur de bonne foi au propriétaire pour l'acquisition des fruits; une pareille assimilation n'eût assurément jamais été faite, si le possesseur n'avait eu droit qu'aux fruits industriels. Justinien, il est vrai, en déclarant aux Instilutes (3) que les fruits appartiennent au possesseur *pro cultura et cura*, paraît lui attribuer seulement ceux qui proviennent de son travail. Telle n'est pourtant pas, pensons-nous, la doctrine de Justinien : si les fruits étaient réellement acquis au possesseur à raison des frais de culture, qu'il leur a donnés, tous les fruits industriels, consommés ou

(1) Loi 48, pr., D., *de adq. rer. dom.*, liv. 41, tit. 1.

(2) Loi 45, D., *de usur.*, liv. 22, tit. 1. — On a prétendu que la décision de ce texte était spéciale au cas où le possesseur n'avait pas de juste titre. Mais la fin du texte montre que Pomponius a voulu au contraire en étendre l'application à tous les possesseurs de bonne foi.

(3 Just. Inst., liv. 2, tit. 1, § 35.

non, devraient lui appartenir irrévocablement ; or, ce n'est pas ce que décide Justinien : il n'abandonne au possesseur que les fruits, qu'il a consommés de bonne foi, et l'oblige à restituer au propriétaire tous ceux qui existent encore en nature au moment de la revendication. Cette distinction entre les fruits consommés et ceux qui ne le sont pas, n'autorise-t-elle pas à dire que, dans le droit de Justinien, le possesseur de bonne foi n'acquérait pas les fruits *pro cultura et cura*, comme l'ont écrit les rédacteurs des Institutes, et que, dès lors, il pouvait prétendre à tous les fruits, tant naturels qu'industriels ?

A quel moment le possesseur de bonne foi acquiert-il les fruits ? — Dès que, séparés du sol (1), ils deviennent l'objet d'un droit de propriété distinct, ils appartiennent au possesseur : celui-ci en devient propriétaire avant même de les avoir perçus : *Etiam priusquam percipiat,* dit Paul. *Statim ubi a solo separati sunt bonæ fidei emptoris fiunt* (2). C'était également la doctrine enseignée par Julien : L'usufruitier, dit il, n'acquiert les fruits qu'en les percevant ; ceux qui ont été séparés du fonds, sans son ordre, ne lui appartiennent pas ; le possesseur de bonne foi, au contraire, est assimilé à l'emphytéote, comme lui, il se trouve propriétaire des fruits, dès qu'ils n'adhèrent plus au sol : *(fructus) cum fructuarii quidem non fiant, antequam ab eo percipiantur ; ad bonæ fidei autem possessorem pertineant, quoquo modo a solo separati fuerint : sicut ejus qui rectigalem fundum habet fructus fiunt simul atque solo separati sunt* (3). — Il a sur

(1) Loi 44, D., *de rei vind.*, liv. 6, tit. 1.
(2) Loi 48, pr., D., liv. 11, tit. 1.
(3) Julien. Loi 25. § 1. D., liv. 22. tit. 1. ·· Paul. Loi 13. D., liv. 7, tit. 4.

eux, dit encore Julien, les mêmes droits qu'un propriétaire : *in percipiendis fructibus, id juris habet quod dominis
tributum est* (1).

Le possesseur de bonne foi, devenu propriétaire des
fruits, est-il obligé de les restituer? Il faut distinguer si
ces fruits ont été ou non consommés : *Si postea dominus
supervenerit, et fundum ... cet, de fructibus ab eo consump-
tis agere non potest* (2). Le possesseur, libre de toute obligation relativement aux fruits consommés, est tenu de
restituer ceux qui existent encore en nature au moment
de la revendication. Cette règle se trouve expressément
formulée dans le rescrit suivant des empereurs Dioclétien et Maximien : *Certum est malæ fidei possessoris omnes fructus solere, cum ipsa re præstare, bonæ fidei vero
exstantes post autem litis contestationem universos* (3). Mais
existait-elle déjà à l'époque classique? Quelques commentateurs l'ont prétendu, et ont pour eux l'autorité de
plusieurs textes, tels du moins que le Digeste nous les a
conservés. Néanmoins, l'opinion contraire nous paraît
mieux fondée. Nous venons de voir le possesseur de
bonne foi assimilé, pour l'acquisition des fruits, au propriétaire, à l'emphytéote; il a, dit Julien, plus de droit
que l'usufruitier; jamais les jurisconsultes n'eussent
parlé de la sorte, s'il y avait eu obligation pour le possesseur de bonne foi de restituer ceux des fruits, perçus
avant la litiscontestation, qu'il n'avait pas consommés.

<hr>

(1) Loi 22, § 1, D., liv. 22, tit. 1. — Les mots : *perception, séparation du sol,* sont employés indistinctement dans les textes. Toutefois le mot *perception* n'y figure que comme expression moins
exacte, mais exprimant ce qui se passe le plus ordinairement.

(2, Just. Inst., liv. 2, tit. 1, § 35.

3) Loi 2, Cod., *de petit. hered.,* liv. 3, tit. 31.

— Il est certain qu'à l'époque de la jurisprudence classique, celui qui possédait de bonne foi un esclave, acquérait tout ce qui provenait du travail de cet esclave : on ne voit nulle part qu'il ait jamais été tenu de restituer au propriétaire, quoique ce fût, de ce qu'il avait ainsi gagné, n'est-il pas invraisemblable qu'on ait appliqué une règle différente aux autres fruits? Quels en auraient pu être, en effet, les motifs? — Papinien décide que, dans le cas où le possesseur de bonne foi aura fait des dépenses utiles sur la chose, il pourra les recouvrer au moyen de l'exception de dol, pourvu qu'il n'en soit pas déjà dédommagé par les fruits, qu'il a perçus avant la litiscontestation (1); c'est donc que, dans la pensée du jurisconsulte, le possesseur acquérait définitivement les fruits par la perception, et n'avait jamais à les restituer, qu'ils aient été ou non consommés (2). — L'opinion, que nous défendons, trouve un nouvel appui dans la constitution suivante des empereurs Septime Sévère et Antonin Caracalla : *Si post motam controversiam, menecratis bonorum partem dimidiam, musæus ab herede scripto quæstionis illatæ non ignarus comparavit; tam ipse, quasi malæ fidei possessor, quam heredes ejus fructus restituere coguntur. Si vero venditionem lite antiquiorem esse liquido probetur, ex eo die fructus restituantur, ex quo lis in judicium deducta est. Fructibus enim augetur hereditas, cum ab eo possidetur, a quo peti potest. Emptor autem, qui proprio titulo possessionis munitus est, etiam singularum rerum jure convenitur* (3). « N'est-il pas évident », fait observer M. Pellat, « que

(1) Loi 48, D., *de rei vind.*, liv. 6, tit. 1.
(2) V. M. Pellat, op. cit., 2ᵉ édit., Com. sur la loi 48 au Digest. *de rei vind.*, p. 304 et suiv., et Com. sur la loi 65, p. 357 et suiv.
(3) Loi 2, Cod., *de petit. hered.*, liv. 3, tit. 31.

« si, au temps de Septime Sévère et d'Antonin Caracalla,
« le possesseur de bonne foi, actionné en revendication,
« avait été obligé de restituer ceux des fruits, perçus
« avant la litiscontestation, qui existent encore, on ne
« se serait pas contenté de dire qu'il restitue les fruits
« perçus depuis la litiscontestation, et qu'on ne l'aurait
« pas mis en opposition, sous le rapport de cette restitu-
« tion, avec le possesseur de bonne foi actionné en péti-
« tion d'hérédité, lequel restitue, avec le capital hérédi-
« taire, les fruits capitalisés, mais seulement jusqu'à
« concurrence de ce dont il s'est enrichi? La position du
« possesseur de bonne foi, dans les deux actions, eût été
« alors presque identique et non opposée »(1). — Quant
aux textes invoqués par les partisans de l'opinion contraire, ils ont été très-probablement remaniés; pour
quelques-uns, la chose est même évidente : Ainsi, dans la
loi 48 pr., *de adq. rer. dom.*, de Paul : *bonæ fidei emptor…
fructus… suos interim facit;* très-certainement le mot *interim* a été ajouté, car il était tout à fait contraire à l'idée
que les jurisconsultes romains se faisaient de la propriété, que le possesseur devint propriétaire des fruits
par *interim.* De même dans la loi suivante : *Lana ovium
furticarum… quoniam in fructu est, nec usucapi debet, sed
statim emptoris fit. Idem in agnis dicendum, si consumpti sint*
(2), ces mots : *si consumpti sint,* ont été très-certainement ajoutés, et même ici l'addition a été assez maladroitement faite : d'une part, en effet, elle se rapporte
seulement aux agneaux, tandis que, dans la pensée de
l'interpolateur, elle devait s'appliquer aussi à la laine;

(1) M. Pellat. Op. cit., p. 303.
(2) Loi 1, § 19, D., *de usurp.*, liv. 41, tit. 3.

d'autre part, elle prête à Paul une assertion dont les termes se contredisent : savoir que les agneaux appartiennent au possesseur de bonne foi, aussitôt qu'ils sont nés, s'ils sont consommés.

C'est donc seulement dans la législation du Bas-empire qu'apparaît pour la première fois la distinction entre les fruits consommés et ceux qui ne le sont pas. Le sénatus-consulte Juventien avait établi que le possesseur de bonne foi, actionné en pétition d'hérédité, était tenu des fruits jusqu'à concurrence de son enrichissement : *In bonæ fidei possessore hi (fructus) tantum veniunt in restitutione, quasi augmenta hereditatis, per quos locupletior factus est* (1) ; on a voulu appliquer la même règle au possesseur de bonne foi, actionné en revendication, en lui abandonnant les fruits déjà consommés, et en l'obligeant à restituer les fruits existant encore à l'époque de la litis-contestation. Mais évidemment le but qu'on se proposait n'a pas été atteint : c'est enrichir le possesseur que de lui abandonner tous les fruits qu'il a consommés, même ceux dont il a l'équivalent entre les mains ; comme, à l'inverse, c'est l'appauvrir que de l'obliger à restituer tous les fruits, qui existent encore en nature, même ceux dont, par avance, il a dépensé la valeur.

Le possesseur de bonne foi, dans le droit de Justinien, devient toujours propriétaire des fruits par la perception, seulement son droit se trouve résolu si, avant qu'ils aient été consommés, le propriétaire revendique sa chose. Peut-être serait-il plus exact de dire que le possesseur acquiert les fruits sous l'obligation d'en transférer la propriété au revendiquant, s'ils existent encore en nature au moment de la litiscontestation.

(1) Loi 10, § 1, D., *de hered. petit.*, liv. 5, tit. 3.

Nous venons de voir les droits du possesseur de bonne foi sur les fruits perçus avant la litiscontestation. Le possesseur de mauvaise foi n'en a aucun ; il est obligé de restituer non-seulement tous les fruits, qu'il a perçus, mais encore ceux qu'il a négligé de percevoir. A l'origine, c'était seulement les fruits perçus avant la litiscontestation que le possesseur était tenu de restituer, il n'y avait pas entre lui et le propriétaire un rapport d'obligation, qui l'astreignît à être soigneux et diligent. Le sénatus-consulte Juventien avait ordonné que, dans la pétition d'hérédité, le possesseur de mauvaise foi serait traité comme ayant été, dès le commencement de sa possession, dans un rapport obligatoire avec l'héritier, et qu'il devrait répondre de son dol passé et de sa faute(1) ; on en conclut qu'il devait payer les fruits, qu'il avait négligé de percevoir (2). Cette règle fut étendue de la pétition d'hérédité à la revendication (3).

Après la litiscontestation, le possesseur de bonne foi est assimilé au possesseur de mauvaise foi (4) : comme lui, il est obligé de rendre au propriétaire tous les fruits

(1) Loi 25, §§ 2 et 7, D., *de hered. petit.*, liv. 5, tit. 3.

(2) Loi 25, §§ 4 et 9, cod. tit.

(3) Paul. Loi 27, § 3, D., *de rei vind.*, liv. 6, tit. 1. — Des constitutions impériales augmentèrent encore cette rigueur en appliquant la restitution au double des fruits, que le possesseur de mauvaise foi aurait perçus ou négligé de percevoir avant la litiscontestation. Mais sous Justinien ce doublement de l'estimation est supprimé : la restitution des fruits a toujours lieu au simple.

(4) Toutefois cette assimilation n'était pas complète : le possesseur de mauvaise foi était mis en demeure par la revendication du propriétaire ; le possesseur de bonne foi au contraire ne l'était pas : *qui sine dolo malo ad justitium provocat non videtur morante facere*. De là cette conséquence que le possesseur de bonne foi n'était jamais responsable des cas fortuits, tandis que le possesseur de

qu'il a perçus (1) ou négligé de percevoir (2). Que faut-il entendre par *fructus percipiendi?* Ce sont tous ceux qu'il a négligé non-seulement de récolter, mais encore de faire produire à la chose par des soins de culture (3). S'agit-il ici des fruits que le possesseur aurait pu lui-même percevoir, ou de ceux que le demandeur aurait perçus, si la possession de la chose lui avait été restituée? Un grand nombre de textes sont tour à tour favorables à chacun de ces modes d'appréciation : M. de Savigny pense qu'il faut comparer la conduite qu'a tenue le possesseur à celle qu'on aurait eu lieu d'attendre d'un *diligens pater-familias*, d'un homme soigneux (4). M. Pellat admet cette règle : « cependant », ajoute-il, « il peut se présenter des « cas où le demandeur, par sa position particulière, aurait « pu retirer un revenu plus considérable que le défendeur « n'aurait été à porté de le faire, quand même il aurait « usé de toute la diligence dont il est capable, il paraît « juste alors d'indemniser le demandeur de tous les avan- « tages, qu'il aurait pu retirer de sa chose, s'il l'avait eue « à sa disposition à partir du jour où il l'a réclamée en « justice. » Mais il faut pour cela supposer le possesseur de

mauvaise foi les avait à sa charge à partir de la litiscontestation.— Loi 40, *de harrrd. petit.*

(1) Par exception le possesseur d'un esclave peut garder ce que cet esclave a acquis *ex re possessoris* même après la litiscontesta-tion. — Loi 20, D., *de rei vindic.*

(2) Le possesseur même de bonne foi, actionné en revendication, devait restituer le double des fruits, qu'il avait perçus ou négligé de percevoir depuis la litiscontestation : *ex die accepti judicii dupli fructus computantur*, dit Paul sans distinguer entre les possesseurs de bonne et de mauvaise foi. — Paul. Sent., liv. 8, tit. 0, § 2.

(3) Loi 31, § 3, D., liv. 5, tit. 3. — Loi 33, D., liv. 6, tit. 1.

(4) Paul. Sent., liv. 1, tit. 13, A, § 0.

mauvaise foi ; s'il était de bonne foi, on ne pourrait pas lui reprocher d'avoir résisté à la demande du propriétaire, ni, par conséquent, le rendre responsable du retard qu'il a mis à restituer la chose.

Nous avons vu que le possesseur de bonne foi acquérait les fruits. Demandons-nous, en terminant sur ce point, s'il est nécessaire que le possesseur ait un juste titre et que sa bonne foi ne repose pas sur une erreur de droit. — Les textes supposent ordinairement l'existence d'un juste titre sans cependant paraître, comme pour l'usucapion, en faire une condition indispensable. Quant à l'excusabilité de la bonne foi et à la distinction, qui s'y rattache, entre l'erreur de droit et l'erreur de fait, ils n'en parlent pas. Peut-être, cependant, qu'à l'origine, ces deux conditions étaient exigées ; dans tous les cas, elles durent très-certainement cesser de l'être lorsqu'on eut assimilé le possesseur actionné en revendication au possesseur actionné en pétition d'hérédité : *Illorum autem fructuum quos culpa sua possessor non perceperit, in utraque actione (id est, hereditatis petitione et vindicatione), eadem ratio pene habetur, si praedo fuerit ; si vero bona fide possessor fuerit, non habetur ratio consumptorum neque non perceptorum* (1). Le praedo est le possesseur qui sait n'avoir aucun droit à la possession : *Scire ad se non pertinere, utrum is tantummodo videtur, qui factum scit, an et is qui in jure erravit ? Putavit enim recte factum testamentum, cum inutile erat ; vel, cum eum alius praecederet adgnatus sibi potius deferri ? et non puto hunc esse praedonem, qui dolo caret, quamvis in jure erret* (2). Celui, qui a erré même en droit, n'est jamais considéré comme *praedo* ; il est possesseur de bonne foi et,

(1) Just. Inst. ; *de off. jud.*, liv. 1, tit. 17, § 2.
(2) Loi 25, § 6, D., *de hered. petit.*, liv. 5, tit. 3.

à ce titre, ne doit aucun compte des fruits qu'il a consommés.

DES INDEMNITÉS DUES AU POSSESSEUR. — Le possesseur de bonne foi a fait, avant la litiscontestation, des dépenses sur la chose : si le propriétaire, qui revendique sa chose, ne veut pas les lui rembourser, il pourra, au moyen de l'exception de dol, obtenir du juge de ne pas restituer la chose avant qu'il lui soit tenu compte de ses dépenses, ou de n'être condamné à l'estimation de la chose que déduction faite de leur montant (1). — Cette règle ne souffre aucune restriction, quant aux dépenses nécessaires : c'est à elles que le propriétaire doit la conservation de sa chose ; il est juste qu'il les supporte intégralement. Mais à l'égard des impenses utiles, de celles qui n'ont pas servi à conserver la chose, mais à l'améliorer, la règle se modifie : le propriétaire pourra, à son choix, payer au possesseur ou les dépenses, ou la plus-value, qu'elles auront donnée à la chose. En remboursant au possesseur sa dépense inférieure à la plus-value, il s'enrichit, mais sans l'appauvrir ; en lui payant la plus-value inférieure à la dépense, il l'appauvrit, mais ne s'enrichit pas : dans l'un et l'autre cas, il est exempt de dol. Quelquefois même, le propriétaire sera dispensé de tout remboursement : s'il est pauvre et hors d'état de payer les dépenses utiles sans vendre la chose, qu'il tient à conserver pour des raisons de souvenir et d'affection, l'équité veut qu'on ne lui impose pas ce sacrifice et que les dépenses restent à la charge du possesseur. Tout ce que pourra faire

____

(1) Paul. Loi 27, § 5, D., *de rei vind.*, liv. 6, tit. 1. — Gaius. Loi 7, § 12, D., liv. 41, tit. 1. — Gaius. Com., II, §§ 76 à 77. — Just. Instit., liv. 2, tit. 1, §§ 30 et 33.

dans ce cas le possesseur, ce sera d'enlever ses matériaux en rétablissant les choses dans leur état antérieur. Encore faudra-t-il qu'il y ait un intérêt sérieux et n'agisse pas par esprit de chicane. Si donc le propriétaire offrait de lui payer la valeur des matériaux, le possesseur ne serait pas autorisé à les enlever, car il n'y aurait plus d'intérêt Il en serait de même si les travaux étaient de telle nature que le possesseur ne dût retirer aucun profit de leur enlèvement (1). —Les dépenses voluptuaires ne donnent droit à aucune indemnité, à moins qu'elles ne tirent des circonstances un caractère d'utilité (2) : le possesseur pourra seulement enlever ses matériaux *sine detrimento ipsius rei.*

Le possesseur de bonne foi n'avait que l'exception de dol pour se faire rembourser les dépenses, qu'il avait faites. Lorsque donc il avait cessé de posséder, s'il ne pouvait rentrer en possession par les interdits ou l'action Publicienne (3), il n'avait plus aucun moyen de se faire indemniser et ne pouvait que revendiquer les matériaux après leur séparation du sol (4). On ne lui accordait ni la *condictio indebiti*, parce qu'en restituant la chose au pro-

---

(1) Celsus. Loi 38, D., liv. 6, tit. 1. — Lois 28, 29, 30, eod. tit.

(2) Paul. Loi 10, D., *de imp. in res dot. fact.*, liv. 25, tit. 1.

(3) Dans le cas où l'action Publicienne était intentée contre le propriétaire, si celui-ci opposait l'*exceptio justi dominii*, le possesseur avait la *replicatio doli* pour se faire indemniser de ses dépenses.

(4) Papinien. Loi 48, D., liv. 6, tit. 1. — Paul. Loi 44, D., liv. 44, tit. 1. — S'il s'agit de plantations, les arbres deviennent la chose du propriétaire du sol, et continuent à lui appartenir quand bien même, plus tard, ils seraient arrachés. Le possesseur ne pourra donc pas les revendiquer par une action directe, mais il aura une action utile, *actio in rem fictitia.*

priétaire il n'avait pas fait un paiement (1) ; ni l'action *negotiorum gestorum*, parce qu'en faisant des dépenses sur la chose, le possesseur avait eu l'intention de gérer ses propres affaires, et non pas celles du propriétaire (2).

Le possesseur de mauvaise foi, qui avait fait des dépenses sur la chose, était réputé avoir eu l'intention de gratifier le propriétaire, d'où la conséquence qu'il n'avait en principe aucun droit à une indemnité, et ne pouvait jamais, ni par voie d'action, ni par voie d'exception, retirer les matériaux qu'il avait employés à des constructions (3). Cette règle dut très-certainement cesser de s'appliquer aux dépenses nécessaires, du jour où le possesseur de mauvaise foi, déclaré responsable non-seulement de son dol, mais aussi de sa simple faute, fut obligé d'entretenir et de conserver la chose : l'accomplissement de cette obligation ne pouvait évidemment pas rester équitablement à la charge du possesseur ; on accorda donc à ce dernier l'exception de dol pour se faire indemniser par le propriétaire. — Quant aux dépenses utiles et voluptuaires, le possesseur de mauvaise foi ne pouvait en exiger le remboursement (4). Mais on finit par admettre que le possesseur, à moins qu'il ne s'agît de constructions élevées *animo donandi*, serait autorisé

(1) Loi 33, D., *de cond. indeb.*, liv. 12, tit. 6.

(2) Toutefois Africain paraît accorder au possesseur de bonne foi une *actio negotiorum gestorum utilis*. — Loi 19, D., *de negot. gest.*, liv. 3, tit. 5.

(3) Loi 7, § 12, D., liv. 41, tit. 1. — Loi 1, Cod., Greg., *de rei vind.* — Just. Inst., liv. 2, tit. 1, § 30.

(4) Paul accorde au possesseur même de mauvaise foi, actionné en pétition d'hérédité, le droit de faire rembourser ses dépenses jusqu'à concurrence de la plus-value, qu'elles ont données à l'hérédité (loi 38, D., *de hered. petit.*). Il serait assurément très-équitable

à les enlever, s'il possédait encore (1), et, dans le cas où il aurait déjà cessé de posséder, pourrait, une fois les constructions détruites, en revendiquer les décombres (2).

De la responsabilité du possesseur. — Le possesseur de mauvaise foi répond de son dol et de sa faute pour le temps antérieur à la litiscontestation (3) : il sait que la chose ne lui appartient pas ; il doit se tenir prêt à la restituer et veiller à son entretien et à sa conservation. De là, cette règle que le possesseur de mauvaise foi qui, par son dol ou par sa faute, a cessé de posséder reste tenu de la revendication, comme s'il possédait encore : *Is qui ante litem contestatam dolo desiit rem possidere, tenetur in rem actione* (4). Le possesseur, qui a ainsi cessé de posséder la chose, peut l'avoir aliénée, perdue ou laissé périr ; il peut aussi l'avoir transformée en une chose nouvelle et en être

d'étendre cette règle au possesseur actionné en revendication ; mais la question fait doute.

(1) Ulpien. Loi 37, D., *de rei vind.*, liv. 6, tit. 1. — Gordien. Loi 5, Cod., eod. tit. — Loi 2, Cod., Greg., eod. tit.

(2) Caracalla. Loi 2, Cod., eod. tit.

(3) Loi 45, D., *de rei vind.*, liv. 6, tit. 1.

(4) Loi 27, § 3, D., *de rei vind.*, liv. 6, tit. 1. — Un édit du préteur avait déclaré que le possesseur qui, prévoyant un procès en revendication, avait aliéné la chose, qui devait en être l'objet, *judicii mutandi causa*, afin de se soustraire à l'action réelle et d'opposer au revendiquant un autre adversaire, serait tenu d'une action *in factum* et devrait indemniser le revendiquant du tort qu'il lui aurait causé par ce changement d'adversaire. — Un sénatus-consulte décida d'une manière générale que ceux qui s'étant emparés des biens héréditaires, qu'ils savaient ne pas leur appartenir, auraient cessé de les posséder, même avant la litiscontestation, seraient condamnés comme s'ils possédaient encore : il fut dès lors admis que le dol passé (*dolus præteritus*), et aussi la faute seraient compris dans la pétition d'hérédité (loi 25, § 2 et loi 10, § 2, D.,

devenu propriétaire (1), ou bien encore, sans l'avoir transformée et tout en continuant à la posséder matériellement, lui avoir enlevé son individualité qui la rendait susceptible d'un droit de propriété distinct, en l'incorporant, comme accessoire, à une autre chose meuble ou immeuble (2). Dans tous ces cas, si le possesseur est de mauvaise foi, on donnera contre lui, outre les actions pénales, dont il peut être tenu, l'action *ad exhibendum* ou l'action en revendication (3). Si, ainsi actionné, le possesseur de mauvaise foi ne peut pas, ce qui arrivera le plus souvent, représenter la chose et la restituer, il sera condamné à en payer l'estimation. Cette estimation sera faite par le demandeur sous la foi du serment, ou par le juge, suivant que le possesseur aura été coupable de dol ou d'une simple faute (4). — Le possesseur de mauvaise foi n'est pas seulement responsable d'avoir

de *hered. petit.*). Cette règle fut étendue à la revendication. — M. Pellat.

(1) Les Sabiniens attribuaient la chose nouvelle au propriétaire de la matière, considérant que cette matière survivait à sa transformation ; les Proculiens, au contraire, l'attribuaient au spécificateur : d'après eux, l'individualité d'une chose résidait dans sa forme : transformer une chose, c'était la détruire et en créer une nouvelle. — Justinien adopta un système éclectique déjà admis par Paul (lois 24 et 26, pr., D., *de adq. rer. dom.*) : la chose nouvelle appartiendra au propriétaire de la matière, ou au spécificateur, suivant qu'elle sera, ou non, susceptible d'être ramenée à sa forme antérieure.

(2) Loi 7, §§ 1 et 2, D., *ad exhib.*, liv. 10, tit. 4.

(3) Loi 6, D., cod. tit. — Loi 1, § 2, D., *de tig. junct.*, liv. 47, tit. 3. — Liv. 23, § 6, D., *de rei vind.*, liv. 6. tit. 1. — Ces actions n'aboutissaient jamais à la démolition des constructions : *quia lex duodecim tabularum solvi vetaret* (loi 1, pr., D., *de tig. junct.*).

(4) Lois 47, 63, 59, D., *de rei vind.*, liv. 6, tit. 1.

cessé de posséder ; il l'est aussi des dégradations, qui proviennent de son fait ou de sa négligence : si donc la chose a été détériorée, il devra indemniser le propriétaire de la diminution de valeur qu'elle aura subie.

Le possesseur de bonne foi, pour le temps antérieur à la litiscontestation, n'est jamais responsable de sa faute, il ne répond que de son dol (1), c'est-à-dire de ces actes qui exposeraient le propriétaire lui-même non pas à une réparation civile, puisqu'il ne ferait tort pécuniairement qu'à lui-même, mais à une punition ou du moins à la réprobation de l'opinion publique (2). Si aucun de ces actes ne lui est reprochable, le possesseur de bonne foi ne devra pas d'indemnité à raison des détériorations de la chose, et s'il a cessé de posséder, il ne sera tenu en principe, ni de l'action *ad exhibendum*, ni de la revendication. Mais il ne faut pas qu'il s'enrichisse aux dépens du propriétaire : de là des exceptions à notre règle et plusieurs dispositions favorables au propriétaire, qui a été dépouillé de sa chose. — Supposons que le possesseur de bonne foi, qui a cessé de posséder, ait uni la chose à la sienne propre : cette incorporation, ayant évidemment profité au possesseur, le propriétaire pourra

(1) Loi 45. D., eod. tit.

(2) M. Pellat. — On a proposé une autre explication qui n'est pas satisfaisante parce qu'elle établit au point de vue de la responsabilité une différence, que repoussent les textes (loi 25, § 5, D., *de hered. petit.*), entre le possesseur qui a été de mauvaise foi dès l'origine et celui qui l'est devenu au cours de la possession : il s'agit, a-t-on dit, du dol que le possesseur de bonne foi a commis depuis la connaissance par lui acquise avant la litiscontestation, que la chose est à autrui : cette connaissance suffit pour rendre le possesseur responsable de son dol, mais non pour lui imposer l'obligation d'entretenir et de conserver la chose.

exercer une action contre lui : s'il est possible, par une séparation matérielle, de rendre à la chose incorporée son individualité, il aura l'action *ad exhibendum*, à l'effet d'obtenir la séparation et la représentation de la chose, puis de la revendiquer; si cette séparation n'est pas possible, on accordera au propriétaire une action *in factum* (1). S'il s'agit de matériaux qu'un possesseur de bonne foi a employés à élever des constructions sur son propre fonds, bien que matériellement ils puissent en être séparés, le propriétaire des matériaux n'aura cependant pas l'action *ad exhibendum*, mais une simple action *in factum*, par laquelle il obtiendra seulement la plus-value, que le constructeur de bonne foi aura donnée à sa chose. Dans le cas où les matériaux avaient été volés, le propriétaire avait contre le constructeur de bonne foi une action spéciale *de ligno juncto*, à l'aide de laquelle il se faisait payer le double de leur valeur (2). — Dans l'hypothèse où le

(1) Loi 23, § 5, D., *ad exhib.*, liv. 10, tit. 4. — Loi 6, eod. tit.

(2) Loi 1, pr. D., *de lig. junct.*, liv. 47, tit. 3. — On a soutenu que la distinction entre le *tignum furtivum* et le *tignum non furtivum* n'avait été introduite que par une jurisprudence postérieure à la loi des XII tables, et on s'est fondé sur le texte suivant : *de eo, quod uxoris in ædificium viri ita conjunctum est, ut detractum alicujus usus esse possit, dicendum est agi posse, quia nulla actio est ex lege duodecim tabularum : quamvis decemviros non sit credibile de his sensisse, quorum voluntate res eorum in alienum ædificium conjunctæ essent* (loi 63, D., *de donat. int. vir. et ux.*, liv. 24, tit. 1). Mais l'argument qu'on prétend tirer de ce texte s'évanouit, si d'accord avec la Vulgate et la Norique, on transpose les mots *quia* et *quamvis*.

L'action *de ligno juncto* est mixte, elle exclut l'exercice de la revendication, si, plus tard, les constructions étant renversées, les matériaux recouvrent leur individualité : le constructeur de bonne foi qui, sur l'action *de ligno juncto*, a été condamné à payer le double de la valeur des matériaux, est considéré comme les ayant

possesseur s'est approprié la chose, en la transformant par son travail, le propriétaire, dont le droit se trouve ainsi éteint, a contre le spécificateur de bonne foi une action *in factum* dans la mesure, bien entendu, du profit que celui-ci a retiré de la chose. — Enfin, si nous supposons que le possesseur de bonne foi a vendu la chose, le propriétaire pourra, en ratifiant la vente, lui réclamer par l'action *negotiorum gestorum* le prix qu'il aura touché. Cette action sera surtout utile, si, la chose ayant péri ou ayant été usucapée, la revendication en est devenue impossible contre l'acheteur (1).

Après la litiscontestation, le possesseur de mauvaise foi est en demeure ; sa résistance à une prétention, qu'il sait être fondée, est coupable et ne doit préjudicier en rien au demandeur. Il est donc responsable non-seulement des pertes et détériorations, qui proviennent de son fait ou de sa négligence, mais encore de celles, purement acciden-telles, dont le demandeur aurait été en position de se garantir, si la chose lui avait été restituée en temps conve-

achetés (Just. Inst., liv. 2, tit. 1, § 29). Ulpien cependant paraît enseigner la doctrine contraire : *sed si proponas ligni furtivi nomine juncti actum : deliberari poterit, an extrinsecus sit rei vindicatio? et esse non dubito.* Peut-être, dit M. Accarias, Ulpien a-t-il entendu parler de l'*actio furti* qui est une action exclusivement pénale ; si c'est de l'action *de tigno juncto*, il faut décider que le propriétaire, qui aura déjà intenté cette action, devra, pour triompher dans sa re-vendication, restituer la moitié de la somme reçue en vertu de la première condamnation (loi 9, § 1, D., *de furt.*). — On a aussi dit : l'action *de tigno juncto* est mixte lorsqu'elle est intentée contre un constructeur de bonne foi ; intentée contre un constructeur de mauvaise foi, elle devient exclusivement pénale : le § 29 des Insti-tutes s'occuperait de la première hypothèse ; Ulpien, de la seconde.

(1) Africain. Loi 49, D., *de negot. gest.*, liv. 3, tit. 5. — Alexandre. Loi 3, Cod., *de rei vind.*, liv. 3, tit. 32.

nable (1), — Quant au possesseur de bonne foi, il peut avoir de justes motifs de résistance à soumettre au juge ; le retard qu'il met à restituer la chose, ne saurait lui être reproché : aussi n'est-il pas considéré en demeure, tant que le juge n'a pas déclaré que le demandeur était propriétaire et ordonné, en conséquence, la restitution de la chose, à moins cependant que ce possesseur n'ait dû au simple exposé de la demande reconnaître qu'il se faisait illusion sur son droit : *Qui sine dolo malo ad judicium provocat non videtur moram facere* (2). Averti par la demande qu'il peut avoir à rendre la chose au demandeur, le possesseur de bonne foi devra la conserver et lui donner ses soins ; il répond donc non-seulement de son dol, mais aussi de sa faute (3). Sous ce rapport seulement il est assimilé au possesseur de mauvaise foi, et on a pu dire : *Post litem contestatam omnes incipiunt malæ fidei possessores esse* (4) ; mais il ne faut pas pousser plus loin l'assimilation : le possesseur de bonne foi, à la différence du possesseur de mauvaise foi, n'a pas à sa charge, même après la litis-contestation, les risques de la chose, et n'est pas obligé d'indemniser le demandeur des pertes et détériorations que la chose a subies au cours du procès : *Nec enim debet possessor aut mortalitatem præstare, aut propter metum hujus periculi temere indefensum jus suum relinquere.* (5).

(1) Lois 15 § 3 et 17, § 1, D., *de rei vind.*, liv. 6, tit. 1. — Loi 12, 4, D., *ad exhib.*, liv. 10, tit. 4.

(2) Loi 63, D., *de reg. jur.*, liv. 50, tit. 17.

(3) Lois 21, 22 et 36, § 1, D., *de rei vind.*, liv. 6, tit. 1.

(4) Lois 20, § 11, et 25, § 7, D., *de hered. petit.*, liv. 5, tit. 3.

(5) Loi 40, D., *de hered. petit.*, liv. 5, tit. 3. — Loi 21, D., *de rei vind.*, liv. 6, tit. 1.

SECTION II. — De la possession d'une hérédité.

L'hérédité est l'ensemble du patrimoine d'une personne décédée; elle est une chose incorporelle, distincte des biens héréditaires, qui, par conséquent, échappe à toute possession. Néanmoins, on s'était habitué à considérer le possesseur des choses héréditaires, comme possédant l'hérédité elle-même, et on avait admis, à l'origine, que celui qui s'était emparé, même de mauvaise foi, des biens d'une succession vacante, et les avait possédés pendant un an, devenait héritier et, à ce titre, propriétaire, créancier et débiteur, de tout ce dont le défunt était lui-même propriétaire, créancier et débiteur. On avait voulu, nous dit Gaius, en permettant une usucapion aussi improbe, assurer un double intérêt : l'intérêt des créanciers qui, à défaut d'héritier, ne savaient comment se faire payer; un intérêt religieux, car le culte domestique du défunt, dont le maintien importait à la cité elle-même, restait interrompu tant que sa personne n'avait pas de continuateur légal (1). — Ces deux motifs perdirent bientôt toute leur force : le préteur, en effet, autorisa les créanciers à vendre le patrimoine de leur débiteur, mort sans héritier (2); et de bonne heure, les traditions religieuses s'en allant, les *sacra privata* tombèrent en désuétude. Dès lors, cette étrange usucapion aurait dû logiquement disparaître; elle ne fit cependant que se transformer. Désormais, au lieu de conférer au possesseur la qualité d'héritier, elle lui donna seulement la

(1) Gaius. Com., II, § 55.
(2) Com., III, § 78.

propriété des choses corporelles héréditaires, sur lesquelles sa possession avait porté. — Tout en changeant d'effet, l'usucapion lucrative resta soumise aux mêmes principes : elle s'accomplit toujours par le laps d'un an, même à l'égard des immeubles, et au profit du possesseur même de mauvaise foi (1).

Un sénatus-consulte rendu sous Adrien vint décider que cette usucapion ne pourrait jamais être invoquée utilement contre le véritable héritier, et qu'elle devrait toujours être rescindée en sa faveur : *sed hoc tempore*, dit Gaius, *etiam (usucapio) non est lucrativa; nam ex auctoritate Hadriani senatusconsultum factum est, ut tales usucapiones revocarentur; et ideo potest heres, ab eo qui rem usucepit hereditatem petendo, perinde eam rem consequi, atque si usucapta non esset* (2). — On a soutenu, en s'appuyant sur les §§ 56 et 57 du Com. II de Gaius, que la qualification de *lucrativa* s'appliquait exclusivement à l'usucapion *improba*, accomplie de mauvaise foi, que dès lors le sénatus-consulte, qui vise expressément l'usucapion lucrative, n'atteignait en aucune façon celle qui s'était accomplie au profit du possesseur de bonne foi, laquelle continuait à être utilement opposable à l'héritier lui-même. Le Digeste et le Code, ajoute t-on, contiennent un titre spécial *pro herede*; ce titre, évidemment, ne doit pas se référer au seul cas, prévu par Pomponius dans la loi 3, où c'est l'héritier qui usucape une chose qu'il croit appartenir à l'hérédité. On invoque également la loi 33, § 1 *de usurp. et usucap.* où on lit : *amplius si justam causam habuerit cristimandi, se heredem vel bonorum posses-*

(1) Com., II, § 54.
(2) Com., II, § 57.

sorem domino extitisse fundum pro herede possidebit. Celui qui, ayant de justes motifs de se croire héritier, se sera emparé d'un fonds héréditaire, le possédera *pro herede* et pourra l'usucaper à ce titre : telle du moins paraît être la pensée de Julien. — Néanmoins, l'opinion contraire nous semble préférable : nous pensons que le possesseur actionné en pétition d'hérédité, eût-il été de bonne foi, ne pouvait jamais se prévaloir de l'usucapion contre l'héritier pour retenir quoi que ce fût de l'hérédité. En effet, comme nous allons le voir, le sénatus-consulte Juventien, rendu sous Adrien, qui, très-probablement, n'est autre que le sénatus-consulte dont parle Gaius dans le § 57 de son commentaire II, avait conduit à appliquer, même à l'égard du possesseur de bonne foi, cette règle que tout lucre doit être enlevé à celui qui a possédé sans droit une hérédité (1). N'est-on pas, en conséquence, fondé à dire que le possesseur de bonne foi ne pouvait pas retenir les choses héréditaires, qu'il avait usucapées? Plusieurs textes ne viennent-ils pas d'ailleurs fortifier cette opinion? La loi 1 au Digeste, *quorum bonorum*, nous fait connaître la formule de l'interdit *quorum bonorum :* il résulte de ses termes, que cet interdit était donné contre le possesseur de bonne foi, qui avait usucapé. On peut également citer les lois 4 au Code *in quibus causis*, etc..., et 7, *de petit. hered.*, qui refusent au possesseur (et il s'agit évidemment d'un possesseur de bonne foi) le droit d'opposer la *præscriptio longi temporis* à la pétition d'hérédité intentée contre lui. Quant aux arguments invoqués à l'appui du système, que nous repoussons, on peut y répondre. Dans les §§ 56 et 57 de son commentaire II,

(1) Loi 28, D., *de hered. petit.*, liv. 5, tit. 3.

Gaius se proposait uniquement de mettre en relief la bizarrerie, que présentait dans l'ancien droit l'usucapion *pro herede*, offerte même au possesseur de mauvaise foi ; c'est en ce point surtout qu'apparaissait le caractère de *lucrativa*, qui lui était assigné ; mais ce caractère ne lui faisait pas défaut à l'égard de celui qui s'imaginait être héritier. Quant à la loi 33, § 1, *de usurp. et usucap.*, elle a été empruntée à Julien qui l'écrivait sans doute avant l'émission du sénatus-consulte d'Adrien, et qui n'avait en vue, comme le prouve l'ensemble du fragment, que d'indiquer des applications de la règle : *nemo sibi causam possessionis mutare potest*, à une époque où elle n'avait pas encore perdu son importance. — Quant aux titres du Digeste et du Code, relatifs à l'usucapion *pro herede*, il est impossible d'y trouver aucun texte qui établisse que l'usucapion pouvait soustraire à la pétition d'hérédité le possesseur de bonne foi. Les fragments du Digeste, particulièrement la loi 2, *pro herede*, contiennent quelques vestiges de l'ancienne usucapion lucrative ; et ceux du Code, comme on l'a fait observer, semblent choisis plutôt de façon à écarter cette usucapion, qu'à la légitimer (1).

L'usucapion *pro herede*, avons-nous dit, s'accomplissait même au profit du possesseur de mauvaise foi ; le sénatus-consulte rendu sous Adrien, dont nous venons de parler, n'apporta aucun changement à cet égard. Il décida simplement que cette usucapion ne pourrait pas être opposée à l'héritier ; mais, à partir de Marc-Aurèle, qui établit le *crimen expilatæ* contre quiconque s'emparerait sans droit et sciemment des choses héréditaires, l'usucapion *pro herede* dut nécessairement cesser de s'appliquer au pos-

(1) M. Machelard. Traité des interdits.

sesseur de mauvaise foi ; peut-être fut-elle encore maintenue au profit du possesseur de bonne foi.

C'est au point de vue des restitutions, dont est tenu le possesseur actionné en pétition d'hérédité, et des indemnités qui peuvent lui être dues à raison des dépenses qu'il a faites pour l'hérédité, qu'il importe surtout de distinguer si le possesseur a été de bonne ou de mauvaise foi. L'intérêt pratique de cette distinction se trouve réglé par un sénatus-consulte, rendu sous Adrien, appelé Juventien, du nom du consul Juventius, qui le présenta et l'appuya devant le Sénat (1).

Le possesseur de mauvaise foi, qu'il l'ait été dès l'origine, ou le soit devenu au cours de sa possession (2), est comptable du jour où a commencé sa mauvaise foi, non-seulement de ce qu'il a pris en réalité, mais encore de ce qu'il a négligé de prendre, ou de ce qu'il a perdu par sa faute ou par son dol (3) ; on le rend responsable même des cas fortuits postérieurs à la litiscontestation (4). — Au contraire, le possesseur de bonne foi, sauf le cas de dol, n'est aucunement responsable de sa mauvaise gestion pour tout le temps antérieur à la litiscontestation, et ne doit compte que du profit qu'il a retiré de l'hérédité : *lucrum ex eo, quod propter hereditatem acceperit facere non debet* (5). La restitution de l'hérédité ne doit lui causer aucun préjudice. Après la litiscontestation, le possesseur de bonne foi devient, comme le pos-

(1) Loi 20, § 6, D., *de hered. petit.*, liv. 5, tit. 3.
(2) Loi 25, § 5, D., cod. tit.
(3) Loi 25, §§ 2 et 8, D., cod. tit.
(4) Loi 40, D., cod. tit.
(5) Loi 55, *de hered. petit.*, liv. 5, tit. 3.

sesseur de mauvaise foi, responsable de son dol et de sa faute ; mais, les cas fortuits ne sont pas à sa charge. Il ne faut donc pas entendre dans un sens trop absolu le texte déjà cité : *post litem contestatam, omnes incipiunt malæ fidei possessores esse* (1).

A quelle époque devra-t-on se placer pour apprécier s'il y a eu enrichissement du possesseur? Sera-ce à une époque quelconque, ou bien au contraire au moment de la litiscontestation ou de la sentence? La question faisait doute. Paul nous dit qu'il était préférable de s'attacher à l'époque de la sentence : *quo tempore locupletior esse debeat bonæ fidei possessor dubitatur? Sed magis est rei judicatæ tempus spectandum esse* (2). Mais, bien entendu, dans le calcul, on devra faire entrer tout ce dont le possesseur, par suite de sa mauvaise gestion postérieure à la litiscontestation, aura diminué son enrichissement ou même simplement négligé de l'accroître.

La bonne foi du possesseur pourra reposer sur une erreur de droit. Il s'agit pour le possesseur d'éviter une perte, et non de réaliser un gain ; il suffit qu'il soit exempt de dol : *et non puto hunc esse prædonem, qui dolo caret, quamvis in jure esset* (3).

Parcourons rapidement les principales applications de la distinction que nous venons de faire entre les possesseurs de bonne et de mauvaise foi.

Les fruits et les produits des biens héréditaires augmentent l'hérédité ; ils sont eux-mêmes des choses héréditaires et sont soumis aux mêmes règles que celles-ci. Le

(1) Loi 25, § 7, D., eod. tit.
(2) Loi 36, § 4, D., eod. tit.
(3) Loi 25, § 6, D., eod. tit.

possesseur actionné en pétition d'hérédité, s'il est de mauvaise foi, doit compte de tous les fruits, qu'il en ait ou non profité, non-seulement de ceux qu'il a effectivement perçus, mais aussi de ceux qu'il a négligé de percevoir ; s'il est de bonne foi, il ne sera tenu de restituer que les fruits qu'il aura perçus, et jusqu'à concurrence seulement du gain qu'il en aura retiré : *Prædo fructus suos non facit, sed augent hereditatem : ideoque eorum quoque fructus præstabit. In bonæ fidei autem possessore, hi tantum veniunt in restitutione, quasi augmenta hereditatis, per quos locupletior factus est* (1). A partir de la litiscontestation, le possesseur de bonne foi devient, comme le possesseur de mauvaise foi, responsable de tous les fruits, qu'il a perçus ou négligé de percevoir ; mais sa responsabilité ne s'étend pas aux fruits des choses qui ont péri par cas fortuit ; le possesseur de mauvaise foi seul est obligé d'en tenir compte à l'héritier.

La règle que nous venons d'indiquer s'applique sans difficulté aux intérêts des créances héréditaires ; mais, doit-on l'étendre aux intérêts des sommes d'argent ? La question fait doute. Le possesseur, dit-on, qui fait le placement des sommes héréditaires, agit à ses risques et périls : il court les chances de l'insolvabilité de l'emprunteur : n'est-il pas juste, comme compensation, qu'il garde les intérêts ? D'ailleurs, ajoute-on, ces intérêts, à la différence des autres fruits, ne font pas partie de l'hérédité, on ne peut pas dire d'eux : *augent hereditatem ;* ils proviennent, en effet, de valeurs qui, par l'aliénation qui en a été faite, ont cessé d'appartenir à l'hérédité, et y ont été remplacées par une créance née au profit de l'héritier contre le possesseur. — D'autres auteurs, partant du

---

(1) Loi 10, § 1, D., eod. tit.

même principe, sont allés moins loin, et ont décidé que le possesseur serait seulement comptable des intérêts des sommes employées à son usage personnel (1). — Ces deux opinions se fondent sur la loi 67, § 1 *pro suo* : l'associé qui a prêté une somme sociale en devra, ou non, les intérêts qu'il aura perçus, suivant que le prêt aura été fait au nom de la société, ou bien, au contraire, en son nom personnel : *nam si suo nomine, quoniam sortis periculum ad eum pertinuerit, usuras ipsum retinere oportet.* La même idée se retrouve dans la loi 10, § 8, *mandati* : une personne a placé à intérêt une somme d'argent, qu'elle avait reçu mandat de prêter sans intérêt : *Labeo scribit restituere eum oportere, etiamsi hoc mandaverim, ut gratuitam pecuniam daret : quamvis, si periculo suo crediderit, cessaret (inquit Labeo) in usuris actio mandati.*

Cette idée que les intérêts doivent aller là où sont les risques est loin d'être absolue, et rien n'indique qu'on ait entendu en faire une application rigoureuse au cas qui nous occupe en ce moment ; plusieurs textes semblent établir le contraire. Ainsi, la loi 1. § 1 au Code *de petit. hered.* dit expressément qu'à partir de la litiscontestation, le possesseur de bonne foi, qui a vendu des choses héréditaires, doit compte des intérêts du prix ; de même, ne résulte-t-il pas *a contrario* de la loi 51, § 1 au Digeste, *de hered. petit.*, qu'à partir de la litiscontestation le possesseur doit les intérêts des fruits qu'il a perçus avant cette époque.

Voici la doctrine à laquelle nous croyons devoir nous arrêter. Il faut distinguer si le possesseur a déjà recouvré en entier le capital des sommes héréditaires, qu'il a prê-

____

(1) Loi 10, § 3, D., *mandati*, liv. 17, tit. 1.

tées, ou s'il lui est encore dû : dans le premier cas, le possesseur n'ayant plus de risques à courir devra, suivant qu'il aura été de mauvaise ou de bonne foi, restituer en totalité ou seulement jusqu'à concurrence de son enrichissement, avec le capital, les intérêts qu'il aura touchés. Dans le second cas, au contraire, le possesseur restant exposé à toutes les chances d'insolvabilité de l'emprunteur, la règle qu'on devra lui appliquer sera différente : si le possesseur est de mauvaise foi, l'héritier demandeur pourra exiger de lui tous les intérêts qu'il aura perçus, mais à la condition de prendre à sa charge les risques, en acceptant l'opération tout entière, et en ratifiant le prêt consenti par le possesseur; autrement, il ne pourra prétendre qu'au capital : *Julianus scribit actorem eligere debere, utrum sortem tantum jam et usuras velit cum periculo nominum agnoscere.* Si le possesseur est de bonne foi, il aura le choix entre restituer le capital et les intérêts déjà touchés, ou céder à l'héritier sa créance avec tous les risques qu'elle comporte, en y ajoutant, bien entendu, les intérêts déjà perçus, s'il s'en est enrichi : *Atquin secundum hoc non observabimus, quod Senatus voluit, bonæ fidei possessorem teneri, quatenus locupletior sit : quid enim, si pecuniam eligat actor, quæ servari non potest? Dicendum itaque est in bonæ fidei possessore, hæc tantummodo eum præstare debere : id est, vel sortem et usuras ejus, si et eas percepit, vel nomina cum eorum cessione in id facienda, quod ex his adhuc deberetur : periculo scilicet petitoris* (1).

Nous avons supposé jusqu'ici que le possesseur avait placé les sommes héréditaires : qu'arrivera-t-il si, au lieu de les faire valoir, il les a laissées improductives, ou de-

____

(1) Loi 30, D., *de hered. petiti.*, liv. 8, tit. 3.

vra-t-il les intérêts? évidemment non, s'il est de bonne foi; mais que décider s'il est de mauvaise foi? *Papinianus libro III quæstionum si possessor hereditatis pecuniam inventam in hereditate non attingat, negat eum omnino in usuras condemnandum* (1). Papinien, a-t-on dit, suppose une somme d'argent que le défunt gardait, comme fonds de réserve, en prévision de certaines éventualités : le possesseur, qui n'a pas touché à cette somme, n'en doit pas les intérêts ; on ne saurait, en effet, lui reprocher d'avoir laissé dormir ce capital, puisqu'il n'a fait que continuer le mode d'administration du défunt. Mais la solution serait différente, s'il s'agissait d'une somme que le défunt destinait à un placement productif: le possesseur serait coupable de ne l'avoir pas fait valoir, et en devrait les intérêts. — Toutefois, le motif que donne Papinien de sa décision, dans la loi 62 au Digeste, *de rei vindicatione*, ne fait aucune allusion à cette distinction : c'est, dit-il, parce que le possesseur, qui prête les sommes héréditaires, le fait à ses risques et périls, qu'on n'exige pas de lui qu'il paye les intérêts des sommes qu'il a trouvées dans l'hérédité, lorsqu'il n'en a pas disposé. Or ce motif peut évidemment s'appliquer à toutes les sommes héréditaires, quelles qu'aient été leurs destinations du vivant du défunt; j'admettrais donc assez volontiers que le possesseur ne sera, dans aucun cas, obligé de payer les intérêts des sommes héréditaires, qu'il n'aura pas employées. — Quant aux prix des choses héréditaires, qui ont été vendues, le possesseur, s'il est de mauvaise foi, en doit les intérêts à partir de la vente; s'il est de bonne foi, à partir seulement de la litiscontestation (2).

(1) Loi 20, § 14, D., cod, tit.

(2) Loi 20, §§ 11 et 16, *in fine*, D., *de hered. petit.*, liv. 5, tit. 3. — Loi 1, § 1, Cod., cod. tit.

Le possesseur de mauvaise foi doit compte à l'héritier de toutes les valeurs héréditaires qu'il a dépensées, qu'il en ait, ou non, tiré profit ; le possesseur de bonne foi, au contraire, n'en est tenu que jusqu'à concurrence de son enrichissement. Supposons, par exemple, que le possesseur, se croyant héritier, ait vécu avec plus de luxe et de confortable sur les biens de la succession ; il ne s'est enrichi et, par conséquent, ne devra récompense, que dans la mesure de la somme, qu'à défaut des biens héréditaires, il eût été obligé de prélever sur son propre patrimoine (1) pour subvenir à ses dépenses annuelles ordinaires.

L'héritier apparent a payé volontairement, avant la litiscontestation, les dettes de la succession. Ces dettes ne sont pas éteintes *ipso jure*, et le créancier conserve toujours son action contre le véritable héritier. Par quel moyen l'héritier apparent pourra-t-il se faire indemniser ? S'il est de bonne foi, il aura la *condictio indebiti* ; mais cette action peut se trouver inefficace, à raison de l'insolvabilité des créanciers héréditaires ; aussi a-t-on décidé, afin de soustraire le possesseur à toute chance de perte, qu'il pourra retenir sur l'hérédité le montant des dettes, qu'il aura acquittées de ses propres deniers, à la seule condition de céder à l'héritier véritable ses actions contre les créanciers. Si l'héritier apparent est de mauvaise foi, il n'aura pas la *condictio indebiti* ; mais il pourra imputer sur les biens héréditaires la somme qu'il aura déboursée pour acquitter les dettes de la succession, moyennant caution de défendre le véritable héritier contre toute action des créanciers héréditaires (2).

(1) Loi 25, § 16, D., cod. tit.
(2) Loi 31, pr., D., cod. tit.

Supposons maintenant une dette héréditaire purement imaginaire, l'héritier apparent qui l'aura payée par erreur, aura certainement la *condictio indebiti*, qu'il ait été de bonne ou de mauvaise foi. S'il est de bonne foi, ne pourra-t-il pas aussi, en cédant son action à l'héritier, imputer, comme au cas précédent, sur les biens héréditaires ce qu'il aura indûment payé? Deux textes paraissent se contredire sur ce point. La loi 20, § 18, au Digeste, *de hered. petit.*, établit une sorte de forfait: ce que le possesseur aura reçu indûment n'entrera pas dans la pétition d'hérédité; à l'inverse, il ne pourra pas imputer sur l'hérédité ce qu'il aura indûment payé. — Dans la loi 17 du même titre, nous voyons, au contraire, que l'héritier testamentaire apparent, qui a acquitté les legs contenus dans le testament, sans exiger caution pour la restitution de ces legs, au cas où il serait évincé de l'hérédité, pourra, afin d'éviter tout préjudice résultant de l'insolvabilité des légataires, retenir le montant des legs qu'il aura payés, à charge de céder au véritable héritier les actions, que, lui possesseur, a contre ces légataires, actions que le véritable héritier exercera à ses risques et périls. — Plusieurs explications conciliatoires de ces deux textes ont été proposées : l'héritier apparent, a-t-on dit, pourra ou non prélever sur l'hérédité ce qu'il aura payé indûment, suivant qu'il aura agi au nom de l'hérédité ou en son nom personnel. La loi 17 se réfère à la première hypothèse; la loi 20, § 18, à la seconde. — Cette explication est loin d'être satisfaisante : elle repose sur une distinction, que nous ne rencontrons pas dans les textes. Nous donnerons la préférence à l'interprétation suivante : dans la loi 20. § 18, l'héritier apparent, qui a payé l'indû, se trouve avoir agi sous l'influence directe d'une erreur distincte et indépendante de son erreur sur sa qualité d'héritier; tandis qu'au contraire, dans la loi 17, c'est une seule et même erreur, erreur sur la validité d'un testament, qui fait que le possesseur s'est cru héritier, et obligé d'acquitter les legs : *ob id quod ex testamento heredem se esse putaret, legatorum nomine de suo solvit.* Dans cette dernière hypothèse, l'héritier apparent se trouve avoir souffert directement de son erreur sur sa qualité d'héritier, c'est pourquoi il pourra, par application du sénatus-consulte Juventien, s'indemniser en prélevant sur les biens héréditaires ce qu'il aura indûment payé. Cette faveur lui est, au contraire, refusée dans le cas de la loi 20, § 18, où le préjudice souffert cesse d'être la conséquence directe et nécessaire de la croyance erronée, où a été le possesseur de la succession, qu'il était réellement héritier.

Le possesseur de mauvaise foi d'une hérédité a cessé de la posséder par dol ou par faute, il restera néanmoins tenu de la pétition d'hérédité, et sera condamné comme s'il possédait encore (1). — Dans le cas où l'hérédité aura été possédée de mauvaise foi, successivement par plusieurs personnes, l'héritier véritable pourra agir séparément contre chacune d'elles et obtenir, autant de fois, la valeur estimative de l'hérédité : *Et si per multos ambulaverit possessio, omnes tenebuntur* (2). Mais, il ne faut pas qu'il s'adresse d'abord au possesseur actuel de l'hérédité, s'il veut conserver une action contre les précédents possesseurs (3). Si le possesseur de mauvaise foi, tout en

(1) Loi 13, §§ 2 et 11 et loi 25, § 10, D., *de hered. petit.,* liv. 5, tit. 3.
(2) Loi 25, § 8, D., *de hered. petit.,* liv. 5, tit. 3.
(3) Loi 95, § 9, D., *de solut. et liberat.,* liv. 46, tit. 3. — Loi 13, § 14, D., *de hered. petit.,* liv. 5, tit. 3.

continuant à posséder l'hérédité, a vendu une ou plusieurs choses héréditaires, il est obligé de les rendre en nature avec les fruits, ou le prix qu'il en a obtenu, capital et intérêts, au choix de l'héritier, à moins cependant que la vente n'ait été faite dans l'intérêt de l'hérédité elle-même, par exemple, pour subvenir à des réparations nécessaires, payer des dettes héréditaires ou les frais funéraires, car, en pareils cas, le possesseur ne se trouve plus tenu que du juste prix (1). — Si le possesseur de l'hérédité, obligé de restituer en nature les choses qu'il a vendues, ne peut pas se les procurer, il sera condamné à payer le montant de leur estimation, que fixera le demandeur lui-même sous la foi du serment : *Et si quidem res apud emptorem exstent, nec deperditæ, nec deminutæ sunt, sine dubio ipsas res debet præstare malæ fidei possessor : aut si recipere eas ab emptore nullo modo possit, tantum, quantum in litem esset juratum.* Mais, si la chose a péri ou diminué de valeur, le possesseur en devra seulement le juste prix : *Verum pretium debet præstari : quia, si petitor rem consecutus esset, distraxisset et verum pretium rei non perderet* (2). Il s'agit ici d'une perte arrivée par cas fortuit, autrement le possesseur en serait responsable et devrait payer, non pas seulement le juste prix de la chose, mais sa valeur estimée par le demandeur sous la foi du serment. — Il faut aussi supposer que cette perte par cas fortuit est postérieure à la litiscontestation, car c'est seulement à partir de cette époque, que le possesseur de mauvaise foi devient responsable des cas fortuits. Si la chose avait péri avant la litiscontestation, le posses-

(1) Loi 20, §§ 2 et 12, et loi 53, D., *de hered. petit.*, liv. 5, tit. 3,
(2) Loi 20, § 21, D., eod. tit.

seur de mauvaise foi ne serait tenu que de restituer le prix qu'il aurait touché, et non pas le *verum pretium*, le prix que le demandeur aurait pu obtenir de la chose, si, lui ayant été restituée en temps utile, il l'avait vendue.

Supposons maintenant un possesseur de bonne foi : nous rencontrons encore ici l'application de cette règle, qu'il ne doit ni s'enrichir, ni éprouver aucune perte à l'occasion de l'hérédité. Après avoir dit que les possesseurs de mauvaise foi, qui ont cessé de posséder avant la litiscontestation, doivent être condamnés, comme s'ils possédaient encore, le sénatus-consulte Juventien ajoute : *Eos autem, qui justas causas habuissent, quare bona ad se pertinere existimassent, usque eo duntaxat quo locupletiores ex ea re facti essent* (1). Si donc le possesseur de bonne foi, qui a cessé de posséder l'hérédité, ne s'est pas enrichi, si, par exemple, il l'a donnée ou bien encore vendue à un prix insignifiant, ou qu'il a dissipé, il ne pourra pas être poursuivi efficacement par la pétition d'hérédité. — Si au contraire le possesseur de bonne foi avait vendu l'hérédité, ou individuellement des choses héréditaires, à un prix raisonnable, il devrait, sur la pétition d'hérédité, le restituer à l'héritier jusqu'à concurrence du profit qu'il en aurait retiré. Dans le cas où il n'aurait pas encore touché le prix, il devrait en faire l'avance à l'héritier, ou lui céder ses actions contre l'acheteur : *Bonæ fidei possessor, si vendiderit res hereditarias, sive exegit pretium, sive non, quia habet actionem, sufficiet eum præstare. Sed, ubi habet actionem, sufficiet eum actiones præstare* (2).

Quand bien même les choses vendues auraient péri ou

___

(1) Lois 20, § 6, et 23, § 11, D., *de hered. petit.*, liv. 5. tit. 3.
(2) Loi 20. § 17, D., eod. tit.

diminué de valeur entre les mains de l'acheteur, le possesseur de bonne foi n'en resterait pas moins tenu de faire ces restitutions dont nous venons de parler (1); car il ne doit pas s'enrichir à l'occasion de l'hérédité (2). — Après la litiscontestation, le possesseur de bonne foi est assimilé, nous l'avons dit plus haut, au possesseur de mauvaise foi : s'il a cessé de posséder l'hérédité tout entière, ou seulement une ou plusieurs choses héréditaires, il sera condamné comme s'il possédait encore.

Quel sera le sort des aliénations consenties par l'héritier apparent? Si celui-ci a fourni une satisdation *pro omni quantitate hereditatis, vel rerum ejus restitutione,* les aliénations, qu'il aura consenties avant la litiscontestation, devront très-certainement être maintenues; il en sera de même des ventes qu'à défaut de satisdation, il aura faites avec l'autorisation du préteur, dans l'intérêt de l'hérédité : *Ne in totum deminutio impedita, in aliquo etiam utilitates alias impediat* (3). Mais, en dehors de ces cas particuliers, que devrons-nous décider? Le véritable héritier pourra-t-il revendiquer les choses héréditaires entre les mains des tiers acquéreurs? Le possesseur de l'hérédité n'a pas pu, en aliénant les choses héréditaires, faire acquérir sur elles un droit de propriété qu'il n'avait pas lui-même : en principe donc, le véritable héritier aura une action contre les tiers acquéreurs. Ceux-ci, ne possédant ni *pro possessore,* ni *pro herede,* ce ne sera pas la pétition d'hérédité, mais la revendication, qui sera donnée contre eux (4). Cette revendication sera toujours

(1) Ead. lege, § 21.
(2) Loi 23, § 1. D., eod. tit.
(3) Loi 8, D., eod. tit.
(4) Lois 2 et 7, Cod., eod. tit. — Loi 1, Cod., *in quib. caus. cess. long. temp. præs.,* liv. 7, tit. 31.

possible si l'héritier apparent est de mauvaise foi, que
le tiers évincé ait ou non contre lui un recours en garantie; mais, s'il est de bonne foi, la règle est différente;
nous la trouvons indiquée dans le texte suivant d'Ulpien,
qui forme la loi 25, § 17, au Digeste *de hered. petit.* :
Item si rem distraxit bonæ fidei possessor, nec pretio factus
sit locupletior, an singulas res, si nondum usucaptæ sint,
vindicare petitor ab emptore possit? et si vindicet, an exce-
ptione non repellatur, quod præjudicium hereditati non fiat
inter actorem, et eum, qui venumdedit : quia non videtur
venire in petitionem hereditatis pretium earum : quanquam
victi emptores reversuri sunt ad eum, qui distraxit? Et puto,
posse res vindicari, nisi emptores regressum ad bonæ fidei
possessorem habent. Un possesseur de bonne foi d'une hérédité a vendu les choses héréditaires et en a dissipé le
prix sans en tirer aucun profit : Ulpien se demande si
l'héritier pourra les revendiquer contre les tiers acheteurs, et si ceux-ci ne pourront pas le repousser par
l'exception *quod præjudicium.....* et le renvoyer ainsi à se
pourvoir, pour la question d'hérédité, devant le tribunal
des centumvirs contre l'héritier apparent, vendeur. Est-
ce que les acheteurs, bien qu'ils aient, en cas d'éviction,
un recours en garantie contre leur vendeur, et, dès lors,
un intérêt évident à faire juger préalablement, à l'encontre
de celui-ci, la question d'hérédité, ne pourront pas opposer au véritable héritier l'exception *quod præjudicium....,*
par ce motif que l'héritier apparent, ne possédant plus,
il est impossible d'intenter contre lui la pétition d'hérédité? Et le jurisconsulte répond que l'héritier pourra
revendiquer les biens héréditaires entre les mains des
acheteurs, à moins qu'évincés, ceux-ci n'aient un recours
en garantie contre leur vendeur; car, en pareil cas, la re-

vendication réfléchirait contre l'héritier apparent, qui, obligé d'indemniser l'acheteur évincé, se trouverait ainsi, malgré sa bonne foi, souffrir une perte à l'occasion de l'hérédité, ce qui est contraire au sénatus-consulte Juventien. Si l'héritier apparent, qui a cessé de posséder, était prêt à défendre à la pétition d'hérédité, comme s'il possédait encore, les acheteurs actionnés en revendication par le véritable héritier, pourront lui opposer l'exception *quod præjudicium...*, et le renvoyer à se pourvoir en pétition de l'hérédité contre l'héritier apparent. — L'héritier ne pourrait pas non plus, continue Ulpien, revendiquer les choses héréditaires, si le prix lui en avait déjà été restitué, pas plus qu'il ne pourrait poursuivre le débiteur de la succession qui aurait payé sa dette à l'héritier apparent, si le montant lui en était parvenu. — Ainsi donc, la règle paraît être celle-ci : l'héritier peut en principe faire révoquer les aliénations consenties par l'héritier apparent, à moins qu'il ne les ait lui-même ratifiées ; par exception, il ne le pourrait pas dans le cas où l'héritier apparent serait de bonne foi : 1° si la pétition d'hérédité étant devenue impossible, la revendication intentée contre les acquéreurs de biens héréditaires devaient réfléchir contre l'héritier apparent, qui a cessé de posséder de bonne foi, et ne s'est pas enrichi ; 2° si l'héritier apparent est prêt à défendre à la pétition d'hérédité, comme s'il possédait encore ; 3° si l'héritier véritable, qui se présente pour revendiquer les biens héréditaires, a déjà obtenu de l'héritier apparent, vendeur, la restitution du prix que celui-ci a retiré de leur aliénation.

Si l'hérédité tout entière a été vendue à une même personne, l'héritier pourra-t-il, afin d'éviter la multiplicité des actions en revendication, intenter contre l'acheteur une pétition d'hérédité? Sans doute, dit Ulpien, l'héritier continue à avoir la pétition d'hérédité directe contre celui qui a vendu l'hérédité; mais, supposé que celui-ci soit mort sans laisser d'héritier à qui on puisse s'adresser, ou bien encore, qu'étant de bonne foi, il ait vendu l'hérédité à vil prix, la pétition d'hérédité directe contre l'héritier apparent, vendeur, devient impossible ou inefficace, c'est pourquoi Gaius Cassius pense qu'il faudra donner à l'héritier une pétition d'hérédité utile contre l'acheteur : *Quid, si quis hereditatem emerit : an utilis in eum petitio hereditatis deberet dari, ne singulis judiciis vexaretur? Venditorem enim teneri certum est. Sed finge non exstare venditorem, vel modico vendidisse, et bonæ fidei possessorem fuisse : an porrigi manus ad emptorem debeant? Et putat Gaius Cassius dandam utilem actionem* (1). — La pétition d'hérédité utile, qui est accordée ici, ne fait que remplacer les actions en revendication que l'héritier pourrait intenter contre l'acheteur des biens héréditaires; elle n'est donc possible que dans les cas où ces actions seraient elles-mêmes admises.

Nous avons dit que, d'après la loi 25, § 17, au Digeste, *de hered. petit.*, l'héritier véritable ne pourrait, dans le cas où l'héritier apparent de bonne foi aurait vendu les biens héréditaires, les revendiquer contre les tiers acheteurs, qu'autant que ceux-ci n'auraient aucun recours en garantie à exercer contre leur vendeur : cette condition était-elle nécessaire pour qu'il pût intenter la pétition d'hérédité utile? Nous le pensons. La loi 13, § 4, qui accorde la pétition d'hérédité utile contre l'acheteur de l'hérédité, n'exige pas, il est vrai, cette condition, mais on ré-

---

(1) Loi 13, § 4, D., *de hered. petit.*, liv. 5, tit. 3.

pond que, dans cette loi, Ulpien ne s'est nullement proposé de déterminer à quelles conditions pourrait s'exercer la pétition d'hérédité utile, — il a réglé ce point, pour la pétition d'hérédité, comme pour la revendication, dans la loi 25, § 17, au Digeste, *de hered. petit...*, — mais seulement de poser cette règle, qu'en cas de vente d'une hérédité, l'héritier pourra, au lieu de revendiquer séparément les biens héréditaires, se les faire tous restituer en bloc au moyen d'une seule et même action, la pétition d'hérédité utile.

Toutefois, cette interprétation conciliatoire de nos deux textes a été contestée. La loi 13, § 4, a-t-on dit, suppose expressément qu'un possesseur de bonne foi d'une hérédité l'a vendue à vil prix, et décide que, dans ce cas, l'héritier aura contre l'acheteur une pétition d'hérédité utile, sans distinguer suivant que celui-ci, évincé, aura ou non un recours en garantie contre son vendeur. Cette interprétation de la loi 13, § 4, met celle-ci en opposition flagrante avec les termes de la loi 25, § 17 : *Et puto, posse res vindicari, nisi emptores regressum ad bonæ fidei possessorem habent;* aussi, a-t-on proposé de corriger ce dernier texte et d'y remplacer *nisi* par *etsi.* Toute antinomie disparaît alors : que les acheteurs des biens héréditaires aient ou non un recours en garantie contre leur vendeur, l'héritier apparent, l'héritier véritable pourra toujours, suivant les cas, intenter contre eux la revendication ou la pétition d'hérédité utile.

Deux objections peuvent être faites à ce système d'explication : la première, qui est péremptoire, c'est qu'il s'appuie sur une modification de la loi 25, § 17, que rien ne justifie; la seconde, c'est qu'il ne tient aucun compte de la règle du sénatus-consulte Juventien, puisqu'il expose à une perte le possesseur de bonne foi d'une hérédité. A cette seconde objection on répond : sans doute, le Sénat a voulu que, lorsque le possesseur de bonne foi d'une hérédité était actionné comme héritier, il ne fût pas tenu de payer au-delà de ce dont il s'était enrichi ; mais, lorsque les acquéreurs exercent leur recours contre lui, ce n'est pas comme héritier, c'est comme vendeur qu'il se trouve atteint ; ce n'est pas par l'action en pétition d'hérédité qu'on le recherche, c'est par l'action *ex empto*. On ne blesse donc en aucune manière le sénatus-consulte, qui ne parle pas de ce cas, et qui n'a voulu, ni pu vouloir que celui qui a vendu ne soit pas soumis à un recours en garantie. — Cette réponse ne nous satisfait pas : la volonté évidente du Sénat a été que l'erreur du possesseur qui, se croyant héritier, s'est emparé des biens héréditaires, ne fût pour lui ni une cause de gain, ni une cause de perte ; on ne comprend pas, dès lors, que le véritable héritier, qui ne peut pas lui nuire directement par la pétition d'hérédité, le puisse indirectement par une action intentée contre des tiers, qui réfléchirait contre lui.

Supposons maintenant que l'héritier apparent ait fait des dépenses sur les biens de la succession, pourra-t-il s'en faire indemniser ? La règle, en ce qui concerne les dépenses nécessaires et utiles, se trouve formulée par Paul dans le texte suivant : *Plane in cæteris necessariis, et utilibus impensis posse separari : ut bonæ fidei quidem possessores has quoque imputent : prædo autem de se queri debeat, qui sciens in rem alienam impendit. Sed benignius est, in hujus quoque persona haberi rationem impensarum : non enim debet petitor ex aliena jactura lucrum facere : et idipsum officio judicis continebitur : nam nec exceptio doli mali*

*desideratur. Plane potest in eo differentia esse, ut bonæ fidei
quidem possessor omnimodo impensas deducat, licet res non
extet, in quam fecit; sicut tutor vel curator consequuntur :
prædo autem non aliter, quam si res melior sit* (1). — Ainsi
donc, le possesseur de bonne foi, pourra s'indemniser sur
les biens héréditaires de toutes les dépenses nécessaires,
ou même simplement utiles, qu'il aura faites pour l'hérédité; le possesseur de mauvaise foi, au contraire, ne le
pourra qu'autant que ces dépenses auront profité à l'héritier et dans cette mesure seulement : par exemple, le
possesseur a fait des dépenses sur une chose héréditaire
et cette chose a ensuite péri; ou bien encore, il a donné
des soins de culture à un champ dépendant de la succession, et ce champ n'a pas produit de récolte : pourra-t-il
déduire de l'hérédité, qu'il a à restituer, le montant de ces
dépenses? Oui, s'il est de bonne foi, car, il ne doit éprouver aucune perte à l'occasion de l'hérédité; non, s'il est
de mauvaise foi, car les dépenses, dont il s'agit, n'ont pas
enrichi l'hérédité. — S'il s'agit de dépenses voluptuaires,
Gaius nous dit que le possesseur de bonne foi de l'hérédité pourra seulement enlever ses matériaux, *sine
detrimento ipsius rei*; et refuse même ce droit au possesseur de mauvaise : *Nam prædoni probe dicetur, non de-
buisse in alienam rem supervacuos impensas facere* (2). Mais,
très-probablement, cette disposition rigoureuse ne tarda
pas à être abandonnée : le possesseur de bonne foi put se
payer sur la succession de ses dépenses même voluptuaires; et le possesseur de mauvaise foi, enlever ses matériaux.

(1) Lois 38, § 5, 37 et 38, D., cod. tit
(2) Loi 39, § 1, D., cod. tit.

DROIT FRANÇAIS

Nous adopterons dans l'exposé, qui va suivre, un ordre analogue à celui que nous avons adopté pour le droit romain. Nous rechercherons d'abord les conditions que doit remplir la bonne foi pour produire des effets, et ensuite quels sont ces effets.

PREMIÈRE PARTIE

DES CONDITIONS QUI SONT EXIGÉES

DE LA BONNE FOI

Nous placerons sous cette rubrique toutes les conditions, que doit par elle-même remplir la bonne foi pour produire les effets, que la loi y attache. Nous examinerons donc successivement : 1° Les qualités que doit présenter la bonne foi ; 2° S'il est toujours nécessaire et suffisant que la bonne foi se rencontre chez celui qui est appelé à en bénéficier ; 3° A quel moment elle doit exister ; 4° Comment elle se prouve. D'où la division de notre première partie en 4 chapitres.

CHAPITRE PREMIER.

DES QUALITÉS QUE DOIT AVOIR LA BONNE FOI.

La loi, avons-nous dit, ne s'occupe de la bonne foi que lorsqu'il y a eu violation d'une de ses dispositions. Or, en pareil cas, tant vaut l'erreur de celui qui agit, tant vaut sa bonne foi au point de vue des effets, qu'elle peut produire. Demandons-nous donc quelle doit être l'erreur pour que la loi en tienne compte : la bonne foi n'aura d'effets qu'autant qu'elle s'appuiera sur une erreur capable de les produire.

Nous avons vu qu'à Rome on distinguait suivant que l'erreur portait sur un simple fait ou au contraire sur une règle de droit. L'erreur avait dans le premier cas certains effets, qu'on ne rencontrait plus dans le second. Cette distinction passa dans notre ancienne jurisprudence : existe-t-elle encore dans notre droit moderne ? nous n'en trouvons l'application expresse que dans deux cas, où nous voyons refuser à l'erreur de droit un effet accordé à l'erreur de fait. Le premier est celui de l'art. 1356 : *l'aveu*, dit cet article, *ne pourrait être révoqué sous prétexte d'une erreur de droit* ; l'autre est celui de l'art. 2052 aux termes duquel *les transactions ne peuvent être attaquées pour cause d'erreur de droit*. Faut-il étendre à d'autres cas la distinction entre l'erreur de droit et l'erreur de fait, et poser cette règle générale, qu'en principe l'erreur de droit ne peut avoir aucun effet ?

A l'appui de cette opinion, on invoque la fameuse maxime : *nemo censetur ignorare jus*. C'est un principe d'ordre public qu'une loi est réputée connue de tous et obligatoire, même pour ceux qui de fait se trouvent en ignorer les dispositions, du jour où, promulguée, elle a été régulièrement publiée ; on ne pouvait sans y déroger et sans ébranler l'autorité des lois admettre qu'on pût, en alléguant qu'on les a ignorées, se soustraire à leur application. On ajoute que presque toujours celui qui aura erré en droit, aura quelque négligence à se reprocher : il devait se renseigner, prendre les informations nécessaires auprès d'hommes compétents capables de l'éclairer ; il est en faute de ne l'avoir pas fait, et doit en subir toutes les conséquences. — Enfin on invoque le droit romain et notre ancienne jurisprudence, qui, en principe, ne tenaient pas compte de l'erreur de droit : la même règle doit être admise encore aujourd'hui ; rien n'indique que les rédacteurs du code aient entendu s'en écarter, bien au contraire, puisqu'ils l'appliquent dans les art. 1356 et 2052.

Sans aller jusqu'à prétendre qu'il n'y a plus aujourd'hui aucune espèce d'intérêt à distinguer l'erreur de droit et l'erreur de fait, nous croyons cependant pouvoir affirmer, avec un grand nombre d'auteurs, que cette distinction a perdu dans notre droit son ancienne importance et que sauf bien entendu, les cas des art. 1356 et 2052, c'est seulement au point de vue de la preuve, qu'elle peut, en fait, offrir encore quelque utilité.

La maxime : *nemo censetur ignorare jus*, qu'on nous objecte, est prise dans un sens beaucoup trop absolu, et n'a pas la portée qu'on prétend lui donner. Elle n'a été imaginée que comme une fin de non-recevoir à opposer à ceux qui viendraient prétexter l'ignorance de la loi pour se dispenser d'y obéir, et ne signifie nullement que jamais en aucun cas, l'erreur de droit ne pourra être utilement invoquée. Ainsi, il est incontestable que celui qui aura erré en droit, sera toujours autorisé à s'en prévaloir, lorsqu'il s'agira pour lui, soit de repousser une accusation de fraude, soit d'empêcher un tiers de s'enrichir sans cause à ses dépens. Il ne saurait y avoir de doute à cet égard. Celui, par exemple, qui se sera emparé de la chose d'autrui, croyant en être propriétaire, qu'il ait erré en droit ou en fait, pourra toujours invoquer son erreur pour établir qu'il n'y a eu de sa part aucune fraude et par conséquent aucun vol. — De même aussi, celui qui, par erreur, aura payé une chose qu'il ne devait pas, pourra toujours la répéter, quand bien même il se trouverait avoir erré en droit. Ce sont là des solutions que tout le monde admet. — Mais nous allons plus loin, et, suivant nous, l'erreur de droit devra produire tous les effets de l'erreur de fait, même ceux qui viendraient déroger à quelque règle du droit commun. C'est, dit-on, méconnaître le principe que nul ne peut, pour se soustraire à la loi, alléguer qu'il en a ignoré les dispositions. Il n'en est rien cependant : dans la mesure où nous venons au secours de celui qui a erré en droit, nous ne faisons, en définitive, que lui appliquer le bénéfice des dispositions spéciales, par lesquelles le législateur, après avoir formulé des règles générales, vient ensuite, dans des cas particuliers, y déroger lui-même en termes généraux, en faveur de ceux qui les ont violées par erreur : « celui qui se prévaut de l'erreur de droit, disent « MM. Aubry et Rau (1), le fait bien moins pour se sous« traire à la disposition de la loi, qu'il allègue n'avoir pas « connue, que pour se faire relever, en vertu d'une autre

____

(1) Introd. au cours de Cod. civ., § 28, not. 7.

« disposition légale directement applicable à la contesta-
« tion, des conséquences de sa propre volonté, qui n'a été
« déterminée que par cette erreur ».

Le second motif, qu'on met en avant pour refuser à
l'erreur de droit des effets civils, est la faute de celui qui
s'est laissé aller à une telle erreur. Nous aurons à examiner plus loin la question de savoir si, en général, la faute,
chez celui qui a erré, est vraiment une raison suffisante pour
le priver du secours de la loi; contentons-nous seulement
de constater ici que très souvent aucune négligence ne
sera imputable à celui qui aura erré en droit, pour en
conclure qu'on ne peut pas, en principe, refuser des effets
civils à l'erreur de droit sous prétexte qu'elle implique une
faute. Que reproche-t-on à celui qui a erré en droit?
D'avoir agi en étourdi, sans prendre conseil de personnes
capables de l'éclairer? Mais, consulter! cela suppose un
doute dans l'esprit de celui qui consulte. Or ne peut-il pas
se faire, que celui qui erre en droit soit tellement convaincu de ne pas se tromper, qu'il ne soupçonne même pas
qu'il puisse commettre une erreur: comment, en pareil cas,
lui viendrait-il à la pensée d'aller se renseigner auprès
d'hommes compétents? S'il est vrai que pour certains actes,
les plus importants, il est d'usage de consulter toujours
avant que d'agir; pour la plupart au contraire, n'est-il pas
constant qu'il en est autrement? Dans bien des cas, on
aurait donc tort de reprocher à celui qui a erré en droit
d'avoir agi, sans consulter. — Mais là surtout où l'erreur
de droit apparaît exempte de faute, c'est lorsque la personne qui y est tombée avait cependant eu soin de prendre des informations et de se renseigner: supposons par
exemple, que le jurisconsulte, à qui elle s'est adressée,
ayant erré lui-même, l'ait entraînée dans son erreur, ou

bien encore qu'il lui ait donné sur un point de droit controversé une solution, que ne ratifie pas ensuite le juge : comment, en pareil cas, pourrait-on dire qu'elle est en faute d'avoir erré? L'erreur de droit n'implique donc pas toujours une faute, et dès lors tombe le 2° argument qu'on invoque pour ne pas reconnaître à cette erreur des effets civils.

Enfin un troisième argument, qu'on nous oppose, est tiré du droit romain. Le code, dit-on, n'a pas abrogé la doctrine romaine sur la distinction de l'erreur de droit et de l'erreur de fait. — Mais les romains, eux-mêmes, étaient loin d'appliquer d'une façon absolue cette distinction. Les textes nous montrent au contraire un très grand nombre de cas où l'erreur de droit, soit par suite de circonstances toute particulières, qui venaient l'excuser, soit en considération de la qualité des personnes, qui l'invoquaient, soit enfin à raison de la nature du secours demandé, se trouvait complètement assimilée à l'erreur de fait et en avait tous les effets ; en sorte qu'on pourrait presque dire qu'à Rome la règle, suivant laquelle tout effet civil devait être en principe refusé à l'erreur de droit, souffrait, en fait, autant d'exceptions qu'elle recevait d'applications. — Si donc, comme on essaye de le soutenir, les rédacteurs du code avaient réellement entendu maintenir dans notre droit la distinction romaine entre l'erreur de droit et l'erreur de fait, ce serait tout un ensemble de règles que par le seul fait de leur silence, ils se trouveraient avoir consacrées. Or il n'est pas possible d'admettre que telle ait été réellement la pensée de notre législateur moderne.

Nous venons de répondre aux trois principaux arguments qu'on fait valoir pour refuser à l'erreur de droit les effets qu'on accorde à l'erreur de fait. Il nous reste maintenant à indiquer, en quelques mots, les considérations qui nous font rejeter, en principe, la distinction qu'on voudrait introduire entre ces deux espèces d'erreurs.

Et d'abord elle nous parait absolument contraire à l'équité. On vient au secours de celui qui a erré, soit parce que son erreur a vicié son consentement, soit parce qu'elle lui a enlevé la responsabilité de son acte ; or que l'erreur porte sur un fait ou sur une règle de droit, n'est-il pas évident que, dans les deux cas, le résultat est tout à fait le même, au point de vue de l'influence qu'elle exerce sur l'esprit de celui qui agit sous son empire ; il n'y a donc aucune raison de distinguer entre eux. Dira-t-on que celui qui a erré en droit est moins digne de faveur, que s'il avait erré en fait, mais cette affirmation, présentée en ces termes absolus, aurait besoin d'être justifiée: n'avons-nous pas vu qu'au contraire tels cas pouvaient se présenter, où une erreur de droit se trouverait tout aussi excusable que la plupart des erreurs de fait, auxquelles pourtant on n'hésite pas à reconnaître des effets civils ?

La distinction entre l'erreur de droit et l'erreur de fait n'est pas seulement condamnée par l'équité, elle est encore repoussée par le texte même de la loi. Dans tous les cas où la loi s'occupe de l'erreur pour en déterminer les effets, elle parle de l'erreur en général, sans que, dans les termes qu'elle emploie, on puisse jamais surprendre la moindre allusion à une distinction quelconque. Il n'y a d'exception que dans les art. 1356 et 2052, où nous voyons que l'aveu ne peut être révoqué, ni la transaction attaquée pour cause d'erreur de droit. Mais, bien loin de nous être opposables, ces deux articles apportent, au contraire, à l'appui de l'opinion que nous soutenons, un puissant argument. Leurs dispositions en effet, eussent évidemment été inutiles si le législateur n'était parti de l'idée, que l'erreur de droit produit en général, quant aux actes juridiques qui en ont été le résultat, les mêmes effets que l'erreur de fait. Si dans les cas particuliers où l'erreur de droit a paru devoir rester sans effet, la loi a pris soin de le déclarer par des dispositions expresses, c'est apparemment que, dans sa pensée, la règle générale n'était pas qu'il en fût ainsi (1).

Ajoutons, en terminant, qu'on doit être d'autant moins porté à ne voir dans les articles 1356 et 2052 que des applications particulières d'un principe général, que les dispositions de ces articles se justifient par des considérations spéciales aux cas qui s'y trouvent prévus. — L'aveu ne peut être rétracté sous prétexte d'une erreur de droit. Du moment, en effet, que le fait que vous avouez est exact, qu'importe que vous ayez ou non connu les conséquences juridiques qu'il entrainait avec lui? Quelles qu'elles soient, c'est justice que vous les subissiez; vous auriez tort de chercher à vous y soustraire. — Quant à la transaction, le motif qui fait qu'elle ne peut jamais être révoquée pour cause d'erreur de droit n'est pas moins spécial. Et en effet, les parties, qui transigent, ne sont pas assurées d'être pleinement fondées en droit; très souvent l'une d'elles, celle au profit de qui le jugement aurait été prononcé, si une transaction n'était pas venue interrompre le procès, aura erré en droit; si plus tard, s'apercevant que son droit était bien fondé, elle était admise à prétendre que la transaction doit être révoquée pour cause d'erreur, la transaction ne remplirait plus son but, qui

____

(1) MM. Aubry et Rau. Introd. au cours de Cod. civ., § 28, note 3. — Marcadé. T. V, sur l'art. 1377.

est de mettre fin à une contestation; ce ne serait qu'un répit jusqu'au jour où l'une des parties, devenant sûre de son droit, ferait annuler la transaction, et porterait de nouveau en justice le procès, qui n'aurait été que suspendu par la transaction, mais non définitivement terminé.

Ainsi donc à l'exception de ces deux cas particuliers, l'erreur de droit et l'erreur de fait doivent en principe avoir dans notre droit absolument les mêmes effets. C'est seulement au point de vue de la preuve que nous les distinguerons. Le juge en général devra se montrer beaucoup plus difficile pour l'admission d'une erreur de droit, que pour l'admission d'une simple erreur de fait. « A « raison même de la présomption légale de publi- « cité attachée à la publication de la loi, celui qui se « prévaut de l'erreur de droit est tenu d'en établir clai- « rement l'existence. Par le même motif, les tribunaux ne « doivent qu'avec une grande réserve accueillir une pa- « reille allégation » (1).

Nous avons vu qu'à Rome, sous la distinction de l'erreur de droit et de l'erreur de fait, s'en cachait une autre beaucoup plus rationnelle : on distinguait suivant que l'erreur était ou non excusable : en général l'erreur excusable était la seule qui produisit des effets : celui qui avait erré par sa faute, parce qu'il avait été négligent, ne pouvait pas se prévaloir de son erreur et était privé du secours de la loi. La même distinction doit-elle être faite dans notre droit? La question ne fait pas de doute, lorsque celui qui a erré veut échapper aux consé- quences, que la loi attache à la fraude, ou bien em-

(1) Aubry et Rau. Introd. au cours de Cod. civ. français. § 28.

pêcher un tiers de s'enrichir sans cause à ses dépens : en pareil cas, il pourra toujours invoquer utilement son erreur, quand bien même elle lui serait imputable à faute.

Mais en est-il de même dans les autres cas, où la loi par une faveur toute spéciale, vient au secours de celui qui a erré? Nous le pensons et nous croyons qu'ici encore la faute de celui qui a erré ne doit pas, en principe, le priver du bénéfice des dispositions exceptionnelles, que la loi a édictées en faveur de l'erreur. Sans doute toutes les erreurs sont loin de mériter une égale faveur, et nous comprendrions très-bien qu'à ce point de vue des distinctions eussent été faites dans la loi ; mais elles ne s'y trouvent nulle part, et nous ne nous reconnaissons pas le droit de les y introduire. Nous devons, au contraire, nous en abstenir avec d'autant plus de soin, qu'il serait très dangereux de s'engager dans une telle voie, où nous ne rencontrerions pour nous guider aucune règle certaine. Parmi les partisans de l'opinion contraire, il n'en est pas un seul qui aille jusqu'à prétendre qu'une faute quelconque, tant légère soit-elle, doive dans tous les cas priver celui qui a erré du secours de la loi ; tous, au contraire, admettent qu'il y a toujours une appréciation à faire de la faute, et que, suivant les cas, cette appréciation doit être plus ou moins sévère. A quel degré de gravité la faute commencerait-elle à devenir un obstacle aux effets de l'erreur? Mais ce degré varierait nécessairement : quel devrait-il être dans chaque cas particulier? Telles sont les questions nombreuses et complexes, qu'il y aurait à résoudre dans le système que nous repoussons. Or c'est précisément pour éviter ces questions, dont, le plus souvent la solution se fût trouvée empreinte du plus fâcheux arbitraire, que la loi, en venant au secours de celui qui a

erré, n'a fait et n'a voulu faire aucune distinction. Elle a
eu soin de déterminer expressément dans quels cas et à
quelles conditions l'erreur pourrait produire des effets
civils; si elle n'a pas exigé que l'erreur fut excusable,
c'est qu'elle a jugé que cette condition n'était pas nécessaire, et qu'à ses yeux la faute n'était pas un motif suffisant
pour priver de tout secours celui qui a erré. — Observons toutefois que s'il arrivait que, l'erreur impliquât
de la part de celui qui l'invoque une faute lourde, une
négligence par trop grossière, le juge pourrait parfaitement se refuser à en tenir compte; mais alors, remarquons
le bien, ce serait moins pour la faute en elle-même qu'à
raison de cette présomption, qui en résulterait, que l'erreur alléguée n'a pas réellement existé, ou tout au moins
qu'elle a été volontaire, celui qui a agi sous son empire
ayant préféré rester dans l'erreur, afin de pouvoir s'en
prévaloir, si un jour son acte venait à être attaqué comme
contraire au droit.

Ainsi, en résumé, toute erreur, qu'elle porte sur un
fait ou sur une erreur de droit, qu'elle soit ou non imputable à faute à celui qui a erré, dès lorsqu'elle sera bien
établie et prouvée, sera susceptible de produire des
effets. C'est seulement au point de vue de la preuve qu'il
peut y avoir quelque intérêt à distinguer entre les erreurs.

La bonne foi, comme l'erreur qu'elle suppose, n'est
donc soumise, pour produire des effets, à aucune condition particulière.

CHAPITRE II

C'est une règle de sens commun et d'équité, que nous ne pouvons en principe bénéficier que de notre propre bonne foi; celle d'autrui ne devant pas plus nous profiter, que sa mauvaise foi nous nuire. Il y a cependant des exceptions à cette règle.

Une première exception se présente, au cas de mariage putatif. Lorsque l'un des époux a été de mauvaise foi, cet époux est néanmoins admis dans une certaine mesure à bénéficier indirectement de la bonne foi de son conjoint. Ses enfants, issus de l'union, lui succèdent, comme s'ils étaient légitimes, et il peut, dans les limites de la quotité disponible ordinaire, faire en leur faveur des libéralités entre vifs ou testamentaires. Il ne pouvait en être autrement, sans que l'époux de bonne foi souffrît indirectement dans la personne de ses enfants, de la mauvaise foi de son conjoint; or la loi ne l'a pas voulu, et a préféré que ce fût l'époux de mauvaise foi qui profitât de la bonne foi de son conjoint.

Les autres exceptions à notre règle se trouvent dans quelques-unes des solutions, que nous allons donner sur la question suivante, qu'il convient de traiter ici : lorsqu'une personne agit au nom et pour le compte d'autrui, sa bonne foi profitera-t-elle à ce dernier? sa mauvaise foi lui nuira-t-elle?

Pour étudier cette question, examinons successivement les cas où l'acte a été fait 1° par un mandataire représentant une personne réelle; 2° par un tuteur ou tout autre administrateur légal ou judiciaire de biens d'incapables; 3° par l'administrateur des biens d'une personne morale; 4°, par un gérant d'affaires.

1° CAS OÙ L'ACTE A ÉTÉ FAIT PAR UN MANDATAIRE CONVENTIONNEL, REPRÉSENTANT UNE PERSONNE RÉELLE

Nous supposons ici un mandataire ayant agi au nom et pour le compte de son mandant. En pareil cas, tous les effets juridiques de l'acte se sont réalisés directement en la personne du mandant. Pour déterminer quels sont ces effets, doit-on avoir égard à la bonne foi du mandant ou bien à celle du mandataire, ou bien encore à la bonne foi de l'un et de l'autre? Il faut distinguer, suivant que le mandant connaissait ou non, dans son individualité, l'acte au moment où il a été fait.

Le mandant a-t-il connu *in specie* l'acte accompli en son nom par son mandataire, c'est uniquement sa bonne ou sa mauvaise foi qu'il faut prendre en considération; il n'y a absolument aucun compte à tenir de la bonne ou de la mauvaise foi du mandataire. Rien n'est assurément plus conforme à l'équité : celui qui a eu connaissance de l'acte, fait en son nom par son mandataire, a voulu individuellement cet acte tout aussi bien que si lui-même l'avait directement exécuté. Il est donc tout naturel que, pour en déterminer les conséquences légales à son égard, on s'attache exclusivement à sa bonne ou à sa mauvaise foi personnelle. Suivant qu'il aura su ou ignoré que l'acte était contraire au droit, il méritera d'être traité avec toute la rigueur ou toute l'indulgence de la loi, absolument au même titre que s'il s'en était rendu personnellement l'auteur.

Le mandant, au contraire, a-t-il ignoré l'acte accompli par son mandataire? Dans ce cas, évidemment, il n'a pu être ni de bonne ni de mauvaise foi. La bonne foi du mandataire lui profitera-t-elle? Sa mauvaise foi lui nuira-t-elle?— Et d'abord, nous croyons que le mandant devra toujours souffrir de la mauvaise foi de son mandataire dans les actes où il aura été représenté par ce dernier. Cette règle n'a rien que de très équitable: il est juste, en effet, que le mandant, qui a commis la grave imprudence de donner sa confiance à un homme qui ne la méritait pas, et qui en a abusé pour faire un acte réprouvé par la loi, en soit déclaré responsable et en subisse toutes les suites; c'est un principe analogue à celui de l'art. 1384 du Code civil, dont nous faisons ici l'application. Bien entendu, le mandant, condamné à raison de la mauvaise foi de son mandataire, aura toujours un recours en indemnité contre ce dernier — Quant à la bonne foi du mandataire devra-t-elle, par contre, profiter au mandant? Sans doute, elle lui sera utile en ce sens qu'elle aura cet effet négatif de le soustraire aux condamnations, auxquelles pourrait l'exposer le dol du mandataire. Mais lui sera-t-elle en outre, utile pour faire réaliser en sa personne les effets propres de la bonne foi? Nous ne le pensons pas: celui-là seul peut bénéficier de ces effets qui a été personnellement de bonne foi; on ne saurait l'être par procuration. C'était la règle à Rome et dans notre ancienne jurisprudence: le mandant ne pouvait commencer à usucaper ou à prescrire par 10 à 20 ans l'immeuble acquis *a non domino* par son mandataire, que du jour où, ayant appris l'acquisition, il devenait personnellement de bonne foi.

Voici, à titre d'exemples, quelques cas d'application des règles que nous venons de formuler:

Prenons d'abord l'hypothèse où le mandant a connu l'acte fait par son mandataire et supposons qu'il s'agisse d'un mandat ayant pour objet un acte individuellement déterminé, — J'ai donné mandat à un ami de vendre le fonds A qui ne m'appartenait pas. La vente ayant eu lieu, voici qu'au bout d'un certain temps de jouissance paisible l'acheteur est actionné en revendication par le véritable propriétaire, qui l'évince du fonds. Il se retourne aussitôt contre moi par l'action en garantie et me demande, outre la restitution du prix, des dommages-intérêts. Pour déterminer dans quelle mesure je serai tenu de l'indemniser du préjudice à lui causé par l'éviction, il faudra, conformément à la règle que nous énoncions tout à l'heure, s'attacher exclusivement à la bonne ou à la mauvaise foi du mandant, et ne tenir aucun compte de l'opinion qu'a pu avoir le mandataire sur la validité de la vente, à laquelle il prêtait son concours. Suivant que le mandant aura su ou ignoré que le fonds qu'il faisait vendre, appartenait à autrui, l'obligation dont il se trouvera tenu vis-à-vis de l'acheteur évincé, pourra être plus ou moins étendue (art. 1634 et 1635 Cod. civ.). — Me croyant créancier d'un cheval, qui, en réalité, ne m'est point dû, je charge Paul de se le faire livrer et de le vendre ensuite. Paul exécute son mandat, reçoit livraison du cheval, et, quelques jours après, le vend. Par le payement, qui m'en a été fait entre les mains de mon mandataire, j'en suis devenu débiteur et me trouve obligé de le restituer, mais une fois la vente réalisée, mon obligation se transforme à raison de ma bonne foi, je ne suis plus tenu que du prix que j'en ai retiré. Si j'avais été de mauvaise foi, ce ne serait plus du prix, mais de la valeur réelle du cheval que je resterais tenu après la vente. Ici, comme dans le cas précédent, il est absolument indifférent, au point de vue des solutions que nous proposons, que le mandataire ait agi de bonne ou de mauvaise foi. — Citons encore l'exemple suivant : Je donne mandat à Paul d'acheter de Pierre le fonds A. Paul l'achète et en prend possession en mon nom. Bien que je ne connaisse pas le moment précis de cette acquisition, je deviens néanmoins immédiatement propriétaire ou simple possesseur, selon que le fonds appartenait ou non à Pierre, le vendeur. Dans ce dernier cas, par quel laps de temps pourrai-je prescrire la propriété ? Par 10 à 20 ans, si j'ai été de bonne foi ; si non, par 30 ans. Ici encore la bonne foi de mon mandataire ne devra me profiter d'aucune façon, ni sa mauvaise foi me nuire.

Passons maintenant à la seconde hypothèse, au cas où le mandant n'a pas connu individuellement l'acte fait en son nom par son mandataire. Il faut pour cela supposer un mandat ayant pour objet une opération déterminée seulement quant au genre, comme par exemple le mandat d'acheter un cheval ou bien encore d'administrer un patrimoine. — J'ai donné mandat à Paul d'acheter en mon nom et pour mon propre compte plusieurs hectares de terre en Algérie. Paul exécute mes ordres, mais il se trouve que les terres, par lui achetées, n'appartenaient pas au vendeur, et que le véritable propriétaire les revendique contre moi : aurai-je une action en dommages-intérêts contre le vendeur ? Oui ou non, suivant que mon mandataire aura été ou non exempt de dol, lors de la vente. J'ai chargé une personne de gérer mes biens et notamment de poursuivre le recouvrement de mes créances. Cette personne agissant comme mandataire, touche, à titre de paiement, une somme d'argent, qui ne m'est pas réellement due. Me voilà tenu de restituer cette somme. L'étendue de mon obligation variera suivant que mon mandataire aura été de bonne ou de mauvaise foi en recevant le payement : dans le premier cas, je serai tenu de rendre seulement le capital; dans le second, le capital et les intérêts du jour du payement. — Autre exemple : Le mandataire, à qui j'ai confié l'administration de mes biens a acheté pour l'exploitation de mes terres une paire de bœufs d'une personne, qui n'en était pas propriétaire. quand bien même mon mandataire aurait agi de bonne foi, sa bonne foi ne me servira pas pour me rendre immédiatement propriétaire : je ne le deviendrai, par application de l'art. 2279 du Code civil, que du jour où j'aurai connaissance de l'acquisition, si à ce moment je me trouve personnellement de bonne foi.

2° CAS OU L'ACTE A ÉTÉ FAIT PAR UN TUTEUR OU TOUT AUTRE ADMINISTRATEUR DE BIENS D'INCAPABLES

Le tuteur et les autres administrateurs dont il est ici question pensent, se déterminent et agissent au lieu et place de la personne qu'ils représentent, tout comme le mandataire qui, chargé de l'administration d'un patrimoine, fait des actes de gestion hors de la présence de son mandant qui les ignore. La question que nous avons à examiner ici est la suivante : l'incapable au nom de qui

un acte se trouve fait, endosse-t-il, avec toutes leurs conséquences civiles, la bonne et la mauvaise foi de celui
qui l'a représenté?

1° Celui qui représente un incapable lui acquiert par les
actes qu'il fait en son nom tous les droits que celui-ci
acquerrait si, étant capable, il agissait directement par
lui-même.

Supposons un de ces droits pour la naissance desquels
la bonne foi est nécessaire, l'incapable no pourra
l'acquérir par son représentant, qu'autant que celui-ci
aura été de bonne foi. Ici la bonne foi du représentant
profite à l'incapable et sa mauvaise foi lui nuit.—Voici, à
titre d'exemples, quelques applications de cette règle. Aux
termes de l'art. 1599 la vente de la chose d'autrui est nulle
et donne lieu à des dommages-intérêts au profit de l'a-
cheteur qui a été de bonne foi. Je suppose que celui qui
a acheté la chose d'autrui ait agi comme tuteur, ce n'est
qu'autant qu'il aura été de bonne foi, que son pupille
aura droit à des dommages-intérêts. — Autre exemple.
Pour prescrire par 10 à 20 ans, il faut être de bonne foi :
voici un tuteur qui, en cette qualité, achète un fonds
d'une personne qui n'en est pas propriétaire, et en prend
possession au nom de son pupille; celui-ci en devient aussitôt possesseur, pourra-t-il le prescrire par 10 à 20 ans?
Oui, pourvu que son tuteur ait été de bonne foi. — De
même pour la prescription instantanée des meubles : elle
est acquise au pupille par la bonne foi de son tuteur. —
Il faut en dire autant des fruits: le pupille les fera siens,
si son tuteur les a perçus de bonne foi.

2° L'incapable, en second lieu, est obligé par les actes
que fait en son nom celui qui le représente. Le sera-t-il

par le dol qu'aurait commis ce dernier? Il faut distinguer:

Le dol s'est-il produit dans un contrat, l'incapable en sera tenu, comme si lui-même en était l'auteur. Ici, en effet, l'obligation qui résulte du dol est au fond une obligation contractuelle; elle a sa source dans le contrat qui a eu lieu, contrat dans lequel chacune des parties s'est engagée à indemniser l'autre du dommage que, par son dol, elle pourrait lui causer. L'incapable doit donc être tenu de cette obligation, comme de toutes celles qui naissent des contrats, où il été représenté. Exemple : aux termes de l'art. 1645, celui qui a vendu une chose, qu'il savait atteinte de vices rédhibitoires, peut, outre la restitution du prix qu'il en a reçu, être condamné à tous dommages et intérêts envers l'acheteur. Eh bien ! supposons qu'un tuteur, agissant en cette qualité, ait, de mauvaise foi, fait une pareille vente au nom de son pupille, celui-ci, sans aucun doute, sera tenu de dommages-intérêts vis-à-vis de l'acheteur, comme si, ayant figuré en personne dans la vente, il avait été de mauvaise foi.

Le dol est-il au contraire étranger à tout contrat, l'obligation d'en réparer les suites ne peut-elle se rattacher à aucune convention, l'incapable n'en sera pas tenu. Il n'est, en effet, aucunement responsable des délits de son représentant et ne doit compte que du profit qu'il en a retiré. Un tuteur prend, au nom de son pupille, possession d'un immeuble, qu'il sait ne pas lui appartenir, et y commet des dégradations. Plus tard le pupille est actionné en revendication par le véritable propriétaire qui l'évince : devra-t-il des dommages-intérêts pour les dégradations commises par son tuteur? Nous ne le pensons pas : nous croyons qu'il sera quitte vis-à-vis du propriétaire en remboursant à ce dernier tout ce dont il se sera enrichi à ses dépens. Telle est la décision que donne, dans un cas analogue, la loi 1 in fine *de adm. et per. tut.* au Digeste, et que Pothier, qui la reproduit, n'hésite pas à consacrer : « L'équité, dit-il, ne permettant pas que le « pupille essuie des condamnations pour le dol et la « faute de son tuteur dont il est innocent » (1).

Sous le régime de la communauté, les époux sont co-propriétaires des biens mis en commun, mais le mari en a seul l'administration. Ses pouvoirs sont même plus étendus que ceux d'un administrateur ordinaire : il peut, en effet, à quelques exceptions près, disposer des biens de la communauté, tout aussi librement que s'il en était le seul maître. Supposons qu'il ait fait quelqu'acte qui soit contraire au droit, nous devrons sans hésiter avoir égard à sa bonne ou à sa mauvaise foi, pour en déterminer les conséquences civiles par rapport à la communauté. La femme commune en biens profitera de la bonne foi du mari, comme aussi elle souffrira de la mauvaise foi de ce dernier. Si cependant, ayant concouru à l'acte, elle avait été personnellement de mauvaise foi, en étant responsable, elle ne pourrait plus, croyons-nous, se prévaloir de la bonne foi du mari pour en bénéficier.

3° CAS OU L'ACTE A ÉTÉ FAIT PAR LE REPRÉSENTANT D'UNE PERSONNE MORALE.

Les personnes morales sont une création de la loi et n'ont qu'une existence purement fictive ; elles pensent, se déterminent et agissent par les personnes réelles qui

(1) Pothier. Traité de la propr., n° 413.

les représentent. Souffriront-elles de la mauvaise foi de ces derniers? Bénéficieront-elles de leur bonne foi?

Supposons une personne civile, une société, une corporation. Sans aucun doute, la mauvaise foi de son représentant devra lui nuire. Il convient, en effet, d'appliquer ici la règle que nous avons donnée plus haut, suivant laquelle tout mandant est responsable du dol de son mandataire : c'est la société, la corporation, qui par ses membres a choisi son représentant, si son choix n'a pas été heureux, si elle se trouve avoir placé sa confiance en une personne qui n'en était pas digne, n'est-il pas juste qu'elle en subisse les conséquences? Aussi n'hésitons-nous pas à décider que, toutes les fois que le gérant d'une société, en agissant pour le compte de celle-ci, aura de mauvaise foi causé à autrui un dommage, la société sera obligée de le réparer. Ainsi, je suppose que l'administrateur d'une société achète au nom de celle-ci un immeuble, qu'il sait ne pas appartenir au vendeur et y commette des dégradations, la société sera responsable et devra en indemniser le véritable propriétaire. Nous avons vu qu'en pareil cas l'incapable n'était pas tenu des dégradations commises par son représentant, mais c'est parce que, n'ayant pas lui-même choisi son représentant, il ne saurait équitablement être rendu responsable des délits, que celui-ci commet dans sa gestion. A plus forte raison, doit-on décider qu'une société ne pourra jamais prescrire par 10 à 20 ans la propriété d'un fonds, que son gérant aurait acquis de mauvaise foi.

Demandons-nous maintenant si la société ou la corporation, être moral, profitera toujours de la bonne foi de son gérant? L'affirmation n'est pas douteuse, si aucun des membres de la société ou de la corporation n'a eu

connaissance de l'acte fait par le gérant. La société bénéficiera alors de la bonne foi de son gérant : personne ne
le conteste. — Mais que décider, si un ou plusieurs associés, ayant eu connaissance de l'acte fait par le gérant
de la société, ont été de mauvaise foi? leur mauvaise foi
ne nuira-t-elle pas à la société? ne tiendra-t-elle pas en
échec la bonne foi du gérant? Prenons une espèce :
Un immeuble est acheté au nom et pour le compte
d'une société à une personne, qui n'en est pas propriétaire;
si l'associé acheteur est de bonne foi, la société pourra-t-elle
en prescrire la propriété par 10 à 20 ans, même au cas où
un des associés, ayant eu connaissance de l'acquisition, a
su que l'immeuble n'appartenait pas au vendeur? Telle
est la question qu'il nous faut examiner ici. M. Troplong est pour la négative : « La société, » dit-il, « ne
« possède que par ses membres et si l'un de ceux qui en
« font partie est de mauvaise foi, comment sa possession
« pourra-t-elle profiter à l'être moral, qui n'est quelque
« chose que par son concours, qui n'agit que par son ac-
« tion? Les associés possèdent les uns pour les autres.
« L'associé de mauvaise foi est donc nécessairement
« représenté dans les actes de la société, il y a sa part
« de coopération, il est censé présent partout, il y apporte
« donc le vice, qui est en lui, et les actes possessoires,
« faits soit par lui-même, soit en son nom, sont impré-
« gnés de mauvaise foi. Ils infectent donc la posses-
« sion sociale, qui est un tout composé des possessions
« partielles » (1). Quant à nous, nous pensons qu'il faut
distinguer suivant que l'associé de mauvaise foi a ou non
reçu de ses coassociés le mandat de représenter la so-

(1) Troplong. Prescrip., n° 884.

ciété. S'il a reçu ce pouvoir, nous croyons, avec M. Troplong, que sa mauvaise foi devra nuire à la société tout entière et l'empêcher de prescrire par 10 à 20 ans, en viciant sa possession. La société, en effet, possède par ceux des associés qui la représentent; si donc l'un de ceux-ci se trouve de mauvaise foi, la société doit en souffrir, comme le mandant souffre de la mauvaise foi de son mandataire.

Mais la solution ne doit plus être la même lorsque l'associé, qui a été de mauvaise foi, n'avait aucune qualité pour représenter la société. Il faut décider, en pareil cas, que la mauvaise foi de l'associé ne pourra jamais nuire à la société qu'il ne représente pas. Dans l'opinion contraire, on dit que ce sont les associés eux-mêmes, et non la société, qui possèdent, qu'ils possèdent, les uns pour les autres, que tous, dès lors, doivent être de bonne foi pour que la prescription par 10 à 20 ans soit possible. Mais cette idée, d'après laquelle les associés possèdent les uns pour les autres, nous paraît inexacte. Il n'y a, en effet, aux yeux de la loi, qu'un seul possesseur, la société, être moral, qui possède par ceux-là seulement qui ont pouvoir de la représenter. C'est à partir seulement de sa dissolution, que les associés deviennent personnellement possesseurs, jusque-là, ils ne possèdent pas plus le fonds social qu'ils n'en sont copropriétaires, ils ont simplement droit aux bénéfices, que réalise la société (art. 529, Cod. civ.). Objecte-t-on que la personnalité civile reconnue aux sociétés n'est qu'une fiction, et que c'est en abuser que de vouloir l'appliquer au fait de la possession ? Nous répondons que, du moment que la loi reconnaît à une société la personnalité civile et ne fait aucune distinction, il faut en accepter toutes les conséquences. La société, être moral, acquiert, par les personnes qui la représentent, tous les droits, qu'on peut acquérir par mandataire : pourquoi ne pourrait-elle pas aussi acquérir, de la même façon, la possession d'un bien avec tous les avantages juridiques que comporte cette possession ? On ne considère pas les co-associés comme co-propriétaires du fonds social, l'art. 529 s'y oppose formellement ; pourquoi donc les considérer comme co-possesseurs ? L'associé qui ne possède pas pour lui-même ne possède pas davantage pour la société, puisque, nous le supposons, il n'a reçu aucun mandat à cet effet, dès lors quelle possession sa mauvaise foi pourrait-elle vicier ? Ce n'est pas la sienne puisque, nous le répétons, il n'en a pas, le gérant ayant acquis pour la société et non pour les associés ; ce n'est pas non plus celle de la société, puisque celle-ci ne possède pas par lui, mais par celui qui a fait l'acquisition en son nom. La société ne doit donc avoir rien à souffrir de la mauvaise foi de l'associé, qui ne la représente pas.

Appliquons la distinction que nous venons de faire. Prenons d'abord une société en nom collectif : chacun des associés la représentant pour le tout, elle ne pourra prescrire par 10 à 20 ans la propriété d'un bien acquis en son nom, qu'autant que tous les associés auront été de bonne foi ou tout au moins exempts de mauvaise foi, lors de l'acquisition. — Supposons maintenant une société telle, qu'il n'y ait que quelques-uns seulement de ses membres qui puissent la représenter, une société anonyme par exemple. Elle pourra toujours prescrire par 10 à 20 ans, si les actionnaires, qui ont qualité pour la représenter sont tous de bonne foi, sans qu'il y ait à se préoccuper si, parmi les autres actionnaires, il en est quelques-uns qui se trouvent de mauvaise foi.

La règle que nous venons de donner, pour le cas où la personne morale est une société, doit s'appliquer également au cas où il s'agit de toute autre personne morale, telle que l'Etat, les communes, etc… Ces personnes-là profitent de la bonne foi de leurs préposés, quand bien même quelques-uns de leurs membres seraient de mauvaise foi.

Terminons par une dernière observation. La doctrine de M. Troplong, si elle était appliquée sans distinction, conduirait à des conséquences vraiment inadmissibles : Ainsi, la mauvaise foi d'un seul actionnaire suffirait, à elle seule, pour empêcher tout une grande compagnie de finance ou d'industrie de prescrire par 10 à 20 ans l'immeuble acquis de bo   foi par son gérant. — De même encore, il suffirait qu'un membre quelconque d'une commune ait été de mauvaise foi, pour que celle-ci ne pût plus bénéficier de la bonne foi de son représentant et prescrire par 10 à 20 ans l'immeuble acquis par lui.

4° CAS OÙ L'ACTE ÉMANE D'UN GÉRANT D'AFFAIRES.

Il y a gestion d'affaires, toutes les fois que quelqu'un administre l'affaire d'autrui sans en avoir reçu mandat. La personne qui agit ainsi, pour le compte d'une autre, peut le faire soit en son propre nom, soit au nom du maître dont elle gère l'affaire. Dans le premier cas, tous les effets juridiques de l'acte se réalisent d'abord en la personne du gérant; puis, en vertu du quasi-contrat qui naît de la gestion, voici ce qui arrive : D'un côté, le gérant cède au maître tous les droits qu'il a acquis pour lui; de l'autre, le maître s'engage à rembourser au gérant les dépenses qu'il a faites et à l'indemniser des obligations, qu'il a contractées dans l'intérêt de la gestion et qui restent à sa charge. Dans le second cas, au contraire, le gérant, n'agissant plus en son nom personnel, mais bien au nom du maître, ni n'acquiert pour lui-même, ni ne s'oblige vis-à-vis des tiers qui contractent avec lui; le maître, dont l'affaire se trouve ainsi gérée, devient directement propriétaire, créancier et débiteur; bien entendu il faut pour cela que l'acte de gestion soit ensuite ratifié, ou tout au moins qu'il ait été utile au moment où il a été fait.

Lorsqu'un gérant, au cours de sa gestion se trouve avoir commis quelqu'acte contraire au droit, sa bonne foi profitera-t-elle? sa mauvaisse nuira-t-elle au maître de l'affaire gérée?

Et d'abord, le maître sera-t-il tenu à raison de la mauvaise foi de son gérant? — Nous répondrons par la même distinction que nous avons faite plus haut, lorsque nous nous sommes demandé si l'incapable se trouvait obligé par le dol de son représentant. — S'agit-il d'un délit commis par le gérant en dehors de tout contrat, le maître n'en sera aucunement tenu et devra simplement compte du profit qu'il aurait retiré du fait délictueux. Comment, en effet, le déclarer responsable? Où serait la cause de sa responsabilité? On la chercherait en vain il n'a pas, comme le mandant, choisi lui-même la personne' qui s'est ingérée dans ses affaires, et ne pouvait être tenu de surveiller une gestion qu'il ignorait. Prenons une espèce : je suppose qu'en mon absence un de mes amis ait, en mon nom, acheté un bien des mains d'une personne, qu'il savait n'être pas propriétaire, et qu'il y eit ensuite commis des dégradations. A mon retour, j'apprends l'acquisition faite en mon nom et je la ratifie. Si plus tard le véritable propriétaire vient revendiquer la chose entre mes mains, serai-je tenu, vis-à-vis de lui, de dommages-intérêts pour les dégradations que mon gérant a, de mauvaise foi, commises sur l'immeuble? Incontestablement non, je n'en serai pas tenu. Tout ce que je dois, c'est ne pas m'enrichir à ses dépens. — S'agit-il, au contraire, d'un contrat dans lequel le gérant se trouve avoir manqué à la bonne foi, nous croyons qu'en pareil cas le maître de l'affaire, au nom de qui ce contrat a été passé et qui l'a ratifié, se trouvera tenu à raison de la mauvaise foi de son gérant. Nous mettons cette obligation à sa charge, parce que nous la considérons comme une véritable obligation contractuelle : le gérant, peut-on dire, s'est engagé en contractant, avant tout, à être exempt de dol, c'est là une convention tacite, qui se rencontre dans tous les contrats. Dès l'instant que cet engagement se trouve violé, il y a lieu à des dommages-intérêts, et le maître de l'affaire doit en être tenu comme de toutes les obligations qui naissent des contrats passés en son nom et qu'il a ratifiés.

Demandons-nous maintenant si la bonne ou la mauvaise foi du gérant doit avoir quelque influence, au point de vue de l'acquisition des droits par le maître de l'affaire gérée. L'opinion unanimement admise, je crois, est qu'elle n'en exerce aucune, et que les maîtres de l'affaire ne doit ni profiter de la bonne foi, ni souffrir de la mauvaise foi de son gérant. Toutes les fois donc que la bonne foi se trouvera requise pour l'acquisition d'un droit, ce sera chez le maître, et chez le maître seul, qu'elle devra nécessairement se rencontrer; la personne du gérant no doit pas ici être prise en considération, il n'y a pas à en tenir compte.

Prenons un exemple : Pour prescrire par 10 à 20 ans la propriété d'un immeuble, il faut le posséder et être de bonne foi. Je suppose qu'en mon absence un ami ait acheté pour moi d'un non-propriétaire un immeuble, et se le soit fait livrer : à partir de quelle époque commencerai-je à en prescrire la propriété, et à quelles conditions?

Tout d'abord à quelle époque deviendrai-je possesseur? Assurément, je le serai du jour où, ayant connu l'acquisition faite en mon nom, je l'aurai ratifiée. Mais ne devrai-je pas, en outre, être réputé l'avoir été du jour même de l'acquisition? Les textes du droit romain ne nous présentent aucune solution; ils se bornent seulement à dire que le maître ne devient possesseur qu'autant qu'il ratifie l'acquisition faite par son gérant. Mais, cette ratification accomplie, aura-t-elle un effet rétroactif? Devra-t-on considérer le maître comme ayant possédé dès l'instant de l'acquisition? Encore une fois, les textes restent muets sur ce point. Pourtant Pothier enseigne qu'à Rome la question était tranchée dans le sens de la négative; et c'est dans le même sens qu'à son tour il se prononce :

« Lorsque, dit-il, un de mes amis, sans avoir charge de
« moi, fait pour moi l'emplette d'une chose qu'il sait de-
« voir me faire plaisir, et la reçoit pour moi et en mon
« nom, je n'en acquiers par lui la possession que depuis
« que j'ai eu avis de cette emplette qu'il a faite pour moi,
« et que je l'ai approuvée; car je n'ai pu avoir plus tôt
« la volonté d'en acquérir la possession »(1). Aujourd'hui

(1) Pothier. Traité de la possession, n° 52.

que faut-il décider? L'opinion généralement admise est que le maître qui ratifie l'acquisition faite par son gérant, devient rétroactivement possesseur à la date même de l'acquisition (1). C'est en effet, à ce parti que nous croyons devoir nous rallier de préférence. La volonté que je manifeste, par la ratification, de m'approprier les choses que mon gérant a acquises en mon nom, rétroagit bien quant à l'acquisition de la propriété, cela est incontestable, pourquoi en serait-il autrement quant à l'acquisition de la simple possession? je deviens rétroactivement propriétaire par la ratification que je donne aux acquisitions faites par mon gérant, et je ne pourrais pas devenir de la même façon possesseur? Cette fiction qu'on applique au droit de propriété, pourquoi ne pas l'étendre aussi à tous les avantages juridiques, qui peuvent découler de la possession? pourquoi le maître ne serait-il pas réputé avoir voulu par son gérant posséder du jour même de l'acquisition, comme il est réputé avoir voulu de la même façon, devenir dès cet instant, propriétaire? J'avoue ne pas saisir quel motif il peut y avoir de distinguer. Ainsi donc, je suis rétroactivement possesseur de l'immeuble acquis par mon gérant, du jour où celui-ci en est entré en possession. — Mais à partir de quelle époque ma possession deviendra-t-elle utile à la prescription de dix à vingt ans? En droit romain et dans notre ancien droit, la question ne faisait aucun doute: le maître ne commençait à usucaper et à prescrire que du jour où, ayant eu connaissance de l'acquisition faite en son nom, il l'avait ratifiée.

La même règle doit encore s'appliquer aujourd'hui, du

(2) Troplong, Prescr., n° 261.

moins tel est l'avis unanime des auteurs. Le maître qui, par l'effet de la rétroactivité de la ratification, est considéré comme ayant possédé du jour de l'acquisition, ne peut cependant pas être réputé avoir été de bonne foi dès cette époque ; la fiction de la rétroactivité ne saurait aller jusque-là. C'est seulement lorsqu'il aura appris et ratifié l'acquisition faite par lui qu'il pourra être véritablement de bonne foi, et, dès lors, commencer à prescrire par dix à vingt ans. — Si le maître ne peut pas prescrire à compter du jour où son gérant a pris possession de l'immeuble, c'est uniquement, avons-nous dit, parce qu'il n'a pas pu être de bonne foi pendant tout le temps qu'il a ignoré l'acquisition faite en son nom. La bonne foi du maître est donc absolument indispensable pour qu'il puisse prescrire par dix à vingt ans. Il n'en n'est pas de même de celle du gérant : celui-ci peut très-bien avoir été de mauvaise foi, le maître n'en prescrira pas moins par 10 à 20 ans.

Si au lieu d'un immeuble c'était un meuble qui avait été acheté *a non domino* par le gérant, nous ferions encore l'application de ces mêmes principes que nous venons d'appliquer à la prescription des immeubles. Le maître ne pouvant être de bonne foi que du jour où il a connaissance de l'acquisition faite en son nom, et veut se l'approprier, c'est seulement à ce moment, s'il est de bonne foi, qu'il deviendra propriétaire par la prescription instantanée de l'art. 2279. Ici, comme dans le cas précédent, la bonne foi du gérant ne supplée pas à celle du maître, il est nécessaire que celui-ci soit personnellement de bonne foi : peu importe, d'ailleurs, que le gérant ne l'ait pas été, le maître n'aura aucunement à en souffrir.

Le maître ne pouvant être ni de bonne ni de mauvaise

foi, par l'intermédiaire de son gérant, il en résulte que, d'une part, il ne pourra jamais faire siens les fruits que son gérant aura perçus pour lui sur le fonds d'autrui; que d'autre part, il ne devra jamais être tenu de les restituer que jusqu'à concurrence du profit qu'il en aura retiré. Il en sera ainsi, que le gérant ait été de bonne ou de mauvaise foi, il n'y a, à cet égard, aucune distinction à faire.

CHAPITRE III

A QUEL MOMENT LA BONNE FOI DOIT-ELLE EXISTER?

En principe, pour que la bonne foi puisse être utilement invoquée, il faut et il suffit qu'elle ait existé au moment même où s'est accompli l'acte irrégulier qu'elle vient excuser. La chose paraît si naturelle qu'elle a à peine besoin d'être mentionnée. Lorsqu'en effet, je me trouve avoir violé la loi, qu'importe le jugement que j'ai pu porter, l'opinion que j'ai pu avoir sur mon acte, soit avant, soit depuis son exécution? Si au moment où je l'ai accompli j'ai su qu'il était contraire au droit, je suis coupable de l'avoir commis et mérite les rigueurs de la loi; si au contraire, je l'ai ignoré, je suis innocent et dois être traité avec indulgence.

Mais il peut arriver que l'acte qui a violé le droit se rattache à un état de chose irrégulier précédemment établi, en découle et en soit comme la suite. Cela peut se présenter dans plusieurs cas. Dans un de ces cas, il suffit que la bonne foi ait existé à l'origine de la situation irrégulière, qui a donné lieu à l'acte; dans les autres cas, il faut en outre qu'elle ait existé jusqu'au moment où s'est accompli l'acte pour lequel on l'invoque. Ce sont là des dérogations au principe que nous venons d'énoncer.

Pour plus de clarté donnons quelques exemples d'applications : 1° De la règle; 2° des dérogations qui y sont apportées.

1° *Applications de la règle.* — Je suppose que j'aie acheté un meuble d'une personne qui n'en était pas propriétaire, j'ai fait là un acte qui est contraire au droit : eh bien ! si lors de cette emplette, j'ai été de bonne foi, je serai aussitôt devenu propriétaire, par application de l'art. 2279, et sans qu'il y ait à se préoccuper le moins du monde, si, au moment où j'ai projeté mon acquisition, j'étais ou non de bonne foi.

Supposons maintenant que j'aie acquis un immeuble d'un non-propriétaire, je n'en suis pas devenu propriétaire, mais suivant qu'au moment de mon acquisition, j'aurai été de bonne ou de mauvaise foi, je pourrai ou non en prescrire la propriété par dix à vingt ans. — Que la bonne foi soit requise à l'époque de l'acquisition, rien de plus équitable assurément : celui qui prend possession d'un bien qu'il sait ne pas lui appartenir, commet un délit, et ne mérite en aucune façon, quand bien même dans la suite, sa mauvaise foi viendrait à cesser, le bénéfice de la prescription de faveur. Mais ce qu'on justifie plus difficilement, c'est qu'il suffise que la bonne foi ait existé au commencement de la possession. Il semble, en effet, que la mauvaise foi, qui survient au cours de la possession, emporte avec elle assez de défaveur pour faire obstacle à la prescription de dix à vingt ans, quand bien même celle-ci serait déjà commencée. Cependant le législateur en a jugé autrement : à ses yeux celui qui se met en possession d'un bien, croyant en être propriétaire, acquiert aussitôt, par la faveur que mérite sa bonne foi, un droit à prescrire par dix à vingt ans, qui ne peut plus lui être enlevé par cette circonstance que, dans la suite, il deviendrait de mauvaise foi. Il n'a pas voulu assimiler celui qui est entré de mauvaise foi en possession d'un bien, à celui qui y étant déjà n'a fait que s'y maintenir. Sans doute, l'un et l'autre sont coupables, mais à des degrés bien différents. N'est-il pas, en effet, beaucoup plus grave de s'emparer d'une chose, à laquelle on sait n'avoir aucun droit, que de la retenir après l'avoir reçue de bonne foi ? — Si le possesseur ne devient pas aussitôt propriétaire des immeubles, qu'il acquiert de bonne foi, comme cela a lieu pour les meubles ; s'il faut de plus qu'il ait possédé pendant un certain temps, et que sa possession revête certains caractères, que nous indiquerons plus loin, c'est bien moins pour qu'il acquiert par là de nouveaux titres à la faveur de la loi, — il n'en a pas besoin, — que parce qu'il a paru équitable de laisser au propriétaire, qui ne saurait être tenu, vis-à-vis des immeubles, à cette garde vigilante et constante que réclament les meubles, un certain délai pour faire valoir ses droits, afin qu'il ne se trouve pas dépouillé de sa chose contre toute justice, avant que par sa négligence, que fera présumer sa longue inaction, il n'ait mérité d'en être exproprié dans l'intérêt du possesseur.

Dans les deux exemples que nous venons de citer, la bonne foi n'est bien requise, conformément à notre règle, qu'au moment même où s'accomplit l'acte contraire au droit, qu'il s'agit d'excuser.

2° *Dérogations à la règle.* — Elles se produisent lorsque l'acte, qui est contraire au droit, se rattache à une situation irrégulière précédemment établie. Voici d'abord un cas où la bonne foi devra exister non-seulement au moment de l'acte pour l'excusabilité duquel elle est invoquée, mais encore dès l'origine de la situation irrégulière dont cet acte est la suite : Nous verrons plus loin que celui qui possède la chose d'autrui ne doit compte au propriétaire ni des fruits, qu'il a perçus, ni des détériorations, qu'il a pu commettre de bonne foi : Eh bien ! il n'en est ainsi qu'autant qu'il a été de bonne foi dès l'origine de sa possession, et depuis n'a pas cessé de l'être un seul instant. Ici la mauvaise foi du possesseur, bien qu'antérieure à la perception des fruits et aux dégradations, lui nuit donc et lui enlève le bénéfice de sa bonne foi actuelle. C'est là une application de la règle, que nous avons déjà rencontrée, et sur laquelle nous aurons encore plus d'une fois à revenir, à savoir que personne ne peut se libérer par son propre fait. Le jour où le possesseur a été de mauvaise foi, qu'il l'ait été au commencement de la possession ou qu'il le soit devenu depuis, il a contracté, par la connaissance qu'il a eue que la chose, à lui livrée, ne lui appartenait pas, l'obligation de la rendre à son véritable maître et d'indemniser celui-ci de tout le dommage que pourra lui causer sa possession injustement conservée. Or, une fois que cette obligation a pris naissance, son existence et son étendue ne sauraient dépendre de la bonne ou de la mauvaise foi de celui qui en est tenu (art. 1147 et 1245 Cod. civ.) : qu'il devienne ou non de bonne foi, le possesseur doit rester tenu des mêmes obligations : il doit entretenir la chose et la restituer au propriétaire avec ses accessoires. Si donc, il perçoit les fruits, commet des dégradations quand bien même, à ce moment, il serait de bonne foi, il n'en doit pas moins compte au propriétaire, à raison de sa mauvaise foi antérieure.

Il nous reste à parler du cas où la bonne foi n'est pas requise au moment de l'acte, mais seulement à l'origine de la situation, dont il est la continuation. Ce cas est celui du mariage putatif. Lorsque des époux ont contracté de bonne foi un mariage, qui est ensuite déclaré nul, la loi, venant à leur secours, attache à leur union, jusqu'au jour où la nullité en est judiciairement prononcée, tous les effets d'un mariage valable. Ici, la bonne foi n'est requise qu'au moment de la célébration du mariage. Si à cette époque les époux ont été de bonne foi, quand bien même ils cesseraient ensuite de l'être, ils n'en continueront pas moins à bénéficier du secours de la loi, tant qu'un jugement ne sera pas intervenu, les condamnant à se séparer. C'est là assurément une bien grande faveur que la loi accorde aux époux, qui, ayant contracté une union qu'ils croyaient légitime, n'ont pas eu le courage de se séparer aussitôt qu'ils ont découvert leur erreur.

CHAPITRE IV

COMMENT SE PROUVE LA BONNE FOI?

Dieu seul pénètre et voit au fond des consciences. La bonne et la mauvaise foi, étant des faits internes, échappent par là même à la connaissance des hommes, qui ne peuvent jamais que les présumer. Dans quel cas la bonne foi devra-t-elle être présumée? Dans quels cas, au contraire, la mauvaise foi? La règle est que la bonne foi se présume toujours. Cette présomption a un double fondement : elle repose tout à la fois, d'une part sur cette honnêteté qui, grâce à Dieu, se rencontre encore chez la plupart des hommes et les fait se soumettre d'ordinaire aux lois de leur pays, d'autre part sur la sanction pénale ou civile, qui s'attache à toute disposition légale et concourt dans une certaine mesure à en assurer le respect : comment, en effet, supposer les hommes, en général, assez pervers pour, de propos délibéré, enfreindre des lois qu'ils ont le devoir d'observer, et surtout assez peu soucieux de leur propre intérêt pour s'exposer volontairement aux conséquences préjudiciables que toute violation de la loi entraîne avec elle? — Toutefois la présomption, dont il est ici question, est loin d'être absolue : tous les jours, en effet, ne voyons-nous pas violer en pleine connaissance de cause les lois les plus fondamentales, celles qui s'imposent avec le plus de force et d'autorité à la conscience humaine, et qui se trouvent en même temps sanctionnées par les peines les plus sévères? Aussi admet-elle la preuve contraire.

La bonne foi cesse d'être présumée, lorsque l'erreur invoquée est une erreur de droit, ou une erreur de fait par trop grossière. L'une et l'autre de ces erreurs sont en effet, *a priori*, invraisemblables : La première, à raison de la maxime : *nemo censetur jus ignorare*, dont nous avons parlé plus haut; la seconde, comme dénuée de tout fondement. Mais il peut arriver que les circonstances particulières, qui ont entouré ces erreurs, les expliquent et les rendent plausibles, la présomption de bonne foi réapparaît alors avec toute sa force.

Tant que la bonne foi est présumée, celui qui l'invoque n'a aucune preuve à fournir; c'est à celui qui la conteste, à démontrer qu'elle n'a pas réellement existé. Mais dès qu'on se trouve dans un des cas, où la bonne foi ne peut plus se présumer, la charge de la preuve se déplace aussitôt : ce n'est plus à celui qui conteste la bonne foi à prouver qu'elle n'a pas existé; c'est à celui qui l'invoque et veut en bénéficier, à faire tomber la présomption de mauvaise foi, qui s'élève contre lui.

Lorsqu'il s'agit de prouver la bonne ou la mauvaise foi, tous les moyens de preuve peuvent être employés pour déterminer la conviction du juge.

DES EFFETS DE LA BONNE FOI

EN MATIÈRE CIVILE.

Nous venons d'étudier les conditions, que doit remplir la bonne foi pour produire des effets civils. Nous avons maintenant à examiner quels sont ces effets et les conditions particulières, auxquelles ils se trouvent soumis.

Nous suivrons dans cet exposé un ordre analogue à celui que nous avons déjà suivi en droit romain. Nous étudierons les effets de la bonne foi : 1° en matière de mariage ; 2° en matière d'obligations ; 3° en matière de possession.

CHAPITRE PREMIER

En principe le mariage nul, n'ayant aucune existence légale, demeure sans effet. Il en est de même du mariage simplement annulable : une fois annulé, tous les effets qu'il a pu produire jusqu'à ce moment : légitimité des enfants et des époux, puissance paternelle, régime des biens, etc...., tout cela cesse pour l'avenir et se trouve rétroactivement effacé pour le passé.

Les articles 201 et 202 du Code civil, apportent à cette règle une exception.

Art. 201. — *Le mariage qui a été déclaré nul, produit néanmoins les effets civils, tant à l'égard des époux qu'à l'égard des enfants, lorsqu'il a été contracté de bonne foi.*

Art. 202. — *Si la bonne foi n'existe que de la part de l'un des deux époux, le mariage ne produit les effets civils qu'en faveur de cet époux et des enfants issus du mariage.*

Ainsi, un mariage a été déclaré nul : il produira néanmoins, si les époux ou l'un d'eux l'ont contracté de bonne foi, tous les effets civils d'un mariage valablement contracté, tant à l'égard des enfants qu'à l'égard des époux ou de l'époux de bonne foi, absolument comme si, régulièrement formé à l'origine, il se trouvait dissous par le jugement qui en prononce la nullité.

Le mariage dont il est question dans les art. 201 et 202, s'appelle communément : *mariage putatif, matrimo-*

nium putativum, disaient les anciens docteurs, c'est-à-dire mariage réputé valable dans la pensée des parties ou de l'une d'elles, qui ignoraient la cause de nullité.

L'institution du mariage putatif a son origine dans le droit canonique. Le droit romain ne nous présente rien d'analogue : en principe et en dehors du cas tout particulier de l'*erroris causæ probatio*, la bonne foi en matière de mariage avait simplement pour effet de soustraire l'époux, chez qui elle se rencontrait, aux pénalités telles, que la confiscation de la dot et des libéralités entre époux, qui étaient prononcées contre ceux qui avaient contracté certaines unions prohibées par la loi. C'est seulement dans une décrétale du pape Innocent III, qu'apparaît, pour la première fois, formulé en règle générale, le principe équitable du mariage putatif. Ce principe fut reçu par notre ancienne jurisprudence, et les rédacteurs du Code civil le consacrèrent expressément dans les articles 201 et 202.

Il est facile de justifier la faveur dont jouissent les époux de bonne foi : elle est parfaitement d'accord avec les idées reçues de la saine raison. Que s'est, en effet, proposé le législateur en refusant les effets civils aux mariages contractés en dehors des règles qu'il a établies? punir ces unions illicites afin de les prévenir. Or, cela n'est possible qu'à l'encontre des époux qui ont agi de mauvaise foi. Si les époux ont été de bonne foi, ils ne sont pas coupables, c'est à leur insu qu'ils ont violé la loi, leur volonté était de la respecter ; ils ont cru et voulu contracter un mariage valable, fonder une famille légitime, ne serait-il pas dès lors souverainement injuste de les punir en traitant leur union comme un concubinage et comme bâtards, les enfants qui en sont nés? Une telle rigueur ne serait-

elle pas d'ailleurs inutile? La menace d'une peine peut
bien agir sur ceux qui ont conscience de l'infraction
qu'ils commettent; mais ceux qui sont de bonne foi, ne
se doutant pas que ce qu'ils font n'est pas permis, comment pourraient-ils être arrêtés par la crainte d'une sanction légale qu'ils ne croient pas encourir? La loi a donc
bien fait de venir au secours des époux de bonne foi et de
se montrer indulgente là où la sévérité n'eût abouti à rien.
« L'Eglise et l'Etat, » disait d'Aguesseau (1), « tiennent
« compte à ceux qui contractent un mariage de l'inten-
« tion qu'ils avaient de donner des enfants légitimes à la
« République. Ils ont formé un engagement public et
« solennel; ils ont suivi l'ordre prescrit par la loi pour
« laisser une postérité légitime. Un empêchement secret,
« un événement imprévu trompe leur prévoyance, on ne
« laisse pas de récompenser en eux le vœu, l'apparence,
« le nom du mariage, et l'on regarde moins ce que les
« enfants sont, que ce que les pères avaient voulu qu'ils
« fussent. » — Du reste, remarquons bien que la faveur
de la loi ne va pas jusqu'à valider un mariage nul, et
qu'aussitôt que celui-ci aura été déclaré tel, les époux
devront se séparer.

L'étude du mariage putatif se résume aux deux questions suivantes : 1° Quand y a-t-il mariage putatif?
2° Quels en sont les effets? Examinons-les successivement.

1° *Quand y a-t-il mariage putatif?*

Aux termes de l'art. 201, *le mariage qui a été déclaré nul
produit néanmoins des effets civils... lorsqu'il a été contracté*

(1) 47ᵉ plaidoyer, p. 379.

de bonne foi. Il s'agit de bien préciser le sens et la portée de cet article.

Le mariage qui a été déclaré nul... De quels mariages est-il ici question? Les auteurs sont partagés : suivant M. Merlin, Zachariæ et ses savants commentateurs: MM. Aubry et Rau, les mariages simplement annulables sont les seuls que vise notre article : les mariages radicalement nuls n'ayant aucune existence légale, quelque complète, quelque excusable que soit la bonne foi des parties, restent absolument privés des effets civils. MM. Marcadé et Demolombe pensent, au contraire, qu'il n'y a pas lieu de faire cette distinction, et que l'art. 201 comprend, dans la généralité de ses termes, tout aussi bien les mariages nuls *ab initio* que les mariages simplement annulables.

C'est à cette dernière opinion que nous croyons devoir nous rallier de préférence. Elle nous paraît, tout à la fois, plus conforme et à l'esprit et au texte de la loi. En venant au secours de l'époux qui, par erreur, a contracté une union irrégulière qu'il croyait légitime, le législateur a voulu récompenser cet époux du désir qu'il a eu de contracter un mariage légitime, et le soustraire, autant que possible, aux conséquences préjudiciables d'un état de choses, qu'il n'est pas responsable d'avoir créé, puisqu'il a agi sous l'empire d'une erreur. La règle des articles 201 et 202 est donc une disposition d'humanité, de pitié pour le malheur, d'excuse pour l'erreur. Or quel motif le législateur aurait-il eu de se montrer moins favorable pour la bonne foi de l'époux qui a contracté un mariage radicalement nul, que pour la bonne foi de celui qui a contracté un mariage simplement annulable? L'erreur sur l'existence du mariage n'est-elle pas, au même titre que l'erreur sur sa validité, une cause d'indulgence? Où serait la raison de distinguer? Serait-ce que les vices, qui rendent le mariage inexistant au point de vue légal, à la différence de ceux qui le rendent simplement annulable, reposent en général sur des faits faciles à connaître, et que l'époux n'a pas pu ignorer, sans qu'il y ait eu de sa part négligence impardonnable? Sans doute le plus souvent il en sera ainsi; mais il peut aussi en être autrement : telles circonstances peuvent en effet se présenter, où l'époux, qui aura contracté de bonne foi un mariage absolument nul, l'aura fait sous l'empire d'une erreur invincible qui viendra l'excuser : en pareil cas, pourquoi lui refuser le secours des art. 201 et 202? n'en est-il pas digne à tous égards?

Assurément, il n'a pas pu être dans la pensée du législateur de consacrer une distinction aussi arbitraire. Les travaux préparatoires du Code et les termes de l'art 201 protestent contre une pareille interprétation.

Si en effet nous consultons les travaux préparatoires du Code, nous y voyons que, dans la discussion au conseil d'Etat, MM. Réal et Tronchet déclarèrent expressément que celui qui aurait contracté mariage avec un mort civilement pourrait, s'il avait agi de bonne foi, bénéficier de la disposition de l'art. 201 (1). Or il n'était pas alors douteux qu'un tel mariage ne fût radicalement nul, absolument inexistant au point de vue légal; c'est donc qu'on admettait que les mariages nuls *ab initio* rentraient dans l'application de l'art. 201, qu'ils pouvaient être putatifs, et, en cette qualité, produire les effets civils.

Et maintenant si prenant le texte même de l'art 201

____

(1) Locré. Législation de la France, tom. IV, p. 370.

nous en examinons les termes, nous les trouvons, non moins favorables à l'opinion que nous défendons. *Le mariage qui a été déclaré nul...* cette expression n'est-elle pas aussi large que possible, et ne comprend-elle pas dans sa généralité tout aussi bien les mariages nuls *ab initio* que ceux qui, simplement annulables à l'origine, ne sont annulés que plus tard, à la suite d'un jugement? Je dirais même qu'entendue dans son sens propre, elle convient bien mieux aux mariages de la première catégorie qu'à ceux de la seconde : on déclare nul un mariage qui l'est déjà ; quant à celui qui est simplement annulable on ne peut jamais que l'annuler. Si le législateur n'avait entendu parler que des mariages nuls de cette seconde espèce, il l'eut fait en d'autres termes, par exemple, il eut dit : *le mariage qui a été annulé...* ou bien encore : *le mariage dont la nullité a été prononcée.*

Le texte ajoute : *produit néanmoins les effets civils... lorsqu'il a été contracté de bonne foi.* Ici encore se révèle la volonté qu'a eu le législateur de ne faire aucune distinction entre les mariages nuls. Si, en effet, il ne s'agissait dans notre article que des mariages annulés par jugement, l'expression : *produit,* ne serait pas exacte. Les mariages simplement annulables ont une existence légale et produisent par eux-mêmes et par leur propre force tous les effets civils, tant qu'ils ne sont pas annulés ; la bonne foi ne leur donne donc pas, à proprement parler, les effets civils, elle ne fait que leur conserver ceux qu'ils ont déjà produits avant leur annulation.

Ainsi, nous le voyons, l'art. 201, tel qu'il est rédigé, bien loin d'exclure de son application les mariages nuls *ab initio* semble les viser plus particulièrement. Voici en quels termes il serait conçu si, comme on le prétend, il ne s'adressait qu'aux mariages annulés par justice : *Le mariage qui a été annulé, conserve néanmoins les effets civils qu'il a produits avant son annulation lorsqu'il a été contracté de bonne foi.*

Concluons donc et décidons que les mariages nuls *ab initio* peuvent être putatifs et, à ce titre, avoir des effets civils tout comme les mariages simplement annulables; on nous fait cependant deux objections:

La première se peut formuler ainsi : *primus oportet esse quam operari*, avant de produire aucun effet, il faut d'abord exister; or, dit-on, le mariage nul *ab initio*, lors même qu'il a été contracté de bonne foi, n'a et n'a jamais eu aucune existence légale, c'est le néant; il ne peut donc et n'a jamais rien pu produire. — La réponse est facile : Sans doute un mariage nul, eût-il été contracté avec la meilleure foi du monde, n'a jamais, aux yeux de la loi, existé comme mariage; aussi n'est-ce pas en cette qualité que nous lui attribuons des effets civils, nous disons seulement que cette union, qui, nous nous empressons de le reconnaître, n'est pas et ne deviendra jamais un mariage, a paru, à raison de la bonne foi des parties, qui l'ont contractée par erreur, tellement favorable que le législateur a cru devoir par un motif d'équité, la prendre en considération, lui reconnaître une existence légale et y attacher, les effets civils d'un mariage véritable. Que peut-on objecter à cela? La loi n'est-elle pas toute-puissante, et, lorsqu'un but lui paraît équitable, ne peut-elle pas pour l'atteindre créer telle fiction qu'il lui plaît?

La seconde objection qu'on nous oppose est tirée de la place que les articles 201 et 202 occupent dans le Code. Ces articles, dit-on, font partie du chapitre IV du titre du mariage, qui a pour rubrique: *Des demandes en nullité de mariage;* ils viennent à la suite d'une série d'articles qui règlent dans quels cas, à quelles conditions et par quelles personnes ces demandes en nullité peuvent être intentées, tout porte donc à croire qu'ils se réfèrent exclusivement à ces mariages annulés sur demande conformément aux articles qui précèdent. — Cet argument est loin d'être concluant. Le chapitre IV, en effet, ne concerne pas seulement l'annulation des mariages, comme semble l'annoncer sa rubrique beaucoup trop étroite; il traite aus-i, dans les art. 194 à 199, de la preuve de la célébration du mariage, ce qui implique évidemment qu'il vise tout à la fois, et les cas où le mariage est attaqué comme n'ayant pas été valablement contracté, et les cas où il est attaqué comme absolument inexistant. Du moment qu'il est question, dans le chapitre IV, non-seulement des mariages simplement annulés, mais encore de ces mariages nuls *ab initio*, pourquoi ne pas admettre aussi que les art. 201 et 202 s'adressent indistinctement aux uns et aux autres.

Nous venons de voir quels mariages peuvent être putatifs : ce sont non-seulement les mariages simplement annulables, mais encore, les mariages nuls *ab initio*. Demandons-nous maintenant à quelles conditions ces mariages seront putatifs et auront des effets civils.

Le droit canonique en exigeait trois : la bonne foi des parties ou de l'une d'elles, la solennité dans l'acte et enfin une juste cause d'erreur. Hertius les indique expressément dans la définition qu'il donne du mariage putatif : « Matrimonium putativum est quod bona fide et solemniter « saltem opinione conjugis unius justa, contractum inter « personas jungi velitas consistit ». Ces trois conditions passèrent du droit canonique dans notre ancien droit. Nous les trouvons longuement commentées par les auteurs du nouveau Denisart, qui reproduisent la définition d'Her-

tius (1). Pothier les consacre dans le passage suivant :
«Le cas auquel un mariage, quoique nul, a des effets
« civils», dit-il, « c'est lorsque les parties, qui l'ont
« contracté étaient dans la bonne foi et avaient une juste
« cause d'erreur d'un empêchement, qui le rendait nul ».
La solennité dans l'acte n'est pas, il est vrai, mentionné
d'une façon bien expresse, mais elle résulte implicitement
de ceci que le mariage nul, auquel Pothier attache des
effets civils, est un mariage nul par suite d'un empêchement, c'est-à-dire pour vice de fond et non pour vice de
forme.

Merlin enseigne, de son côté, que «pour que la bonne
« foi rende légitimes les enfants issus d'un mariage putatif,
« il faut que ce mariage ait été contracté avec toutes les
« formes et les solennités prescrites par les lois », et il
rapporte dans ce sens un arrêt rendu par le grand conseil
de Malines, le 28 février 1711, par lequel la cour jugea
que, pour déclarer légitime un enfant d'un mariage nul, la
bonne foi de l'un ou de l'autre des époux ne suffisait point,
mais qu'au-dessus devait concourir que le mariage fût
célébré *in facie Ecclesiæ* (2).

Aujourd'hui que devons-nous décider, sous l'empire du
Code? les articles 201 et 202 ne mentionnent expressément
qu'une seule condition : la bonne foi des époux ou de l'un
d'eux ; faut-il y ajouter, comme dans l'ancien droit, la
solennité dans l'acte et une juste cause d'erreur?

Et d'abord la solennité dans l'acte est-elle nécessaire?
Les auteurs sont loin d'être d'accord et bien des systèmes
ont été proposés. Suivant MM. Merlin, Delvincourt et

(1) Nouveau Denisart, tom. II, Bonne foi des contractants, § II.
(2) Répert. jurisp., V° Légitimité, sect. 1, § 1.

Toullier, pour être légalement établie et donner lieu à l'application des art. 201 et 202, la bonne foi doit nécessairement reposer sur une célébration du mariage parfaitement régulière en la forme : telle était, dit-on, la règle dans l'ancien droit et rien n'indique que le Code ait entendu s'en écarter. Ainsi, dans ce premier système, ce n'est qu'autant que toutes les formes et solennités prescrites ont été scrupuleusement observées ; que les publications de l'art. 63 ont été faites, et que le mariage a été contracté devant l'officier de l'état civil compétent, conformément aux art. 75 et 165, que les époux sont recevables à invoquer leur bonne foi ; à défaut de cette célébration régulière en la forme, ils sont présumés de mauvaise foi, sans pouvoir être admis à faire la preuve contraire. — MM. Vazeille et Demante ne vont pas aussi loin et font une distinction. D'après eux, il n'y a que les vices de forme, de nature à empêcher la validité d'un mariage d'ailleurs légitime, qui fassent nécessairement obstacle à l'établissement du mariage putatif (1); quant à ceux qui, par eux-mêmes sont insuffisants pour déterminer la nullité du mariage, par exemple le défaut de publications, ils sont simplement propres à faire naître la présomption que les contractants n'étaient pas de bonne foi, présomption qui peut toujours être combattue par la preuve contraire. — M. Demolombe exige seulement pour qu'il y ait mariage putatif, que ces formes aient été observées, sans lesquelles il n'y aurait pas même l'apparence d'un mariage. — Aucune de ces opinions ne nous parait devoir être adoptée. Nous pensons, avec M. Marcadé, qu'il

(1) Toutefois M. Demante admet par exception que le mariage annulé pour cause d'incompétence de l'officier d'état civil peut être putatif.

faut s'en tenir aux termes des art. 201 et 202 ; et ne pas chercher à les dépasser. Ces articles n'exigent, pour qu'un mariage soit putatif, qu'une seule condition, la bonne foi des parties qui l'ont contracté, ou de l'une d'elles; nous n'en exigerons pas d'autres. C'est à tort qu'on prétend faire de l'accomplissement des formes, qui entourent le mariage, un élément nécessaire à la bonne foi, rien dans la loi n'y autorise ; et nous pouvons ajouter : rien dans les faits. Sans doute, les formes du mariage étant généralement connues ou du moins faciles à connaître, leur absence fera le plus souvent présumer la mauvaise foi des contractants; surtout s'il s'agit de ces formes destinées à donner au mariage de la publicité. Il y a tout lieu de penser, en pareil cas, que les époux les ont négligées à dessein et par calcul; qu'ils connaissaient les empêchements à leur mariage, et que, voulant passer outre à sa célébration, ils l'ont tenue secrète dans la crainte que des oppositions ne vinssent y faire obstacle. Mais ce n'est là qu'une simple présomption, qui doit tomber devant la preuve contraire. Même en l'absence des formes les plus essentielles, il peut très bien se faire que le mariage ait été contracté de bonne foi : très souvent, en effet, l'inobservation des formes aura été, de la part de l'un des époux, une manœuvre pour tromper son conjoint, en lui laissant ignorer l'empêchement qui existait à son mariage, et l'amener ainsi à contracter à son insu une union prohibée par la loi. Ne serait-il pas souverainement injuste de priver du bénéfice des art. 201 et 202 l'époux, qui a été victime d'une pareille supercherie? Assurément aucune situation n'est plus digne d'intérêt que la sienne.

Est-il nécessaire, en second lieu, pour qu'un mariage nul soit putatif, que l'erreur des époux, qui l'ont contracté ait une juste cause, en d'autres termes, qu'elle soit excusable? Cette condition n'étant requise nulle part dans la loi, nous ne l'exigerons pas. Nous appliquerons ici la théorie que nous avons exposée plus haut, d'après laquelle la bonne foi n'a pas, en général, besoin d'être excusable, pour produire les effets que la loi y attache. Ainsi, du moment qu'il sera constant que les époux, qui ont contracté un mariage nul, ont bien réellement agi sous l'empire de l'erreur, le juge devra toujours, quelque ait été leur erreur, leur appliquer le bénéfice des art. 201 et 202.

A plus forte raison en devra-t il être de même si les époux ont erré en droit. Sans doute l'erreur de droit ne devra pas être admise de primo abord, car nul n'est censé ignorer la loi; elle est en elle-même invraisemblable et a besoin pour être acceptée d'être expliquée et justifiée par les circonstances qui l'ont accompagnée; mais une fois qu'on est parvenu à la prouver et à l'établir, rien ne peut s'opposer à ce qu'elle produise les mêmes effets que l'erreur de fait. N'insistons pas davantage sur un point, que nous avons déjà examiné dans la première partie de ce travail.

Ainsi donc la bonne foi des époux ou de l'un d'eux reste la seule condition qui soit vraiment exigée pour qu'un mariage nul produise les effets civils.

Ces effets devront-ils cesser avec la bonne foi des époux? La question est controversée.

Suivant M. Toullier, les époux doivent se séparer sitôt qu'ils s'aperçoivent que leur mariage n'a pas été contracté valablement : à partir de ce moment ils sont coupables, s'ils continuent à vivre ensemble et ne peuvent plus à l'avenir prétendre aux effets civils.

MM. Delvincourt et Taulier font une distinction. La nullité du mariage est-elle susceptible d'être couverte, les époux qui restent unis ne commettent aucune faute, malgré qu'ils ne soient plus de bonne foi. L'espérance, où ils sont, de voir un jour leur union validée les excuse pleinement; aussi, tant qu'un jugement ne sera pas intervenu, les condamnant à se séparer, les art. 201 et 202 leur demeurent applicables. De même s'il s'agit d'une de ces nullités laissées à l'appréciation du juge : nullités pour défaut de publicité, pour incompétence de l'officier d'état civil, pour vice de consentement de l'une des parties. Dans tous les cas, les époux, bien qu'ils aient cessé d'être de bonne foi, sont excusables s'ils restent unis, et continuent à bénéficier de la disposition de l'art. 201. Tant que leur mariage n'a pas été déclaré nul, ils peuvent espérer qu'il ne le sera jamais et que le juge, appelé à connaître des faits, se prononcera en faveur de sa validité. Au contraire, la nullité du mariage n'est-elle pas de nature à pouvoir être effacée, et les faits, desquels elle résulte, l'impliquent-ils nécessairement, quelle que soit la façon dont on les envisage, comme par exemple en cas d'inceste ou de bigamie, les époux informés du vice de leur mariage doivent aussitôt se séparer; leur union, si elle persistait, deviendrait criminelle et n'aurait plus les effets civils.

Nous pensons, quant à nous, que ces deux premiers systèmes doivent être également repoussés. D'accord avec la plupart des auteurs, nous croyons que, sans aucune distinction, il faut décider que le mariage putatif continue à produire des effets civils, même après que les époux ont cessé d'être de bonne foi, tant que la nullité n'en a pas été déclarée en justice.

Les termes de l'art. 201 sont formels à cet égard : *Le mariage*, dit-il, *qui a été déclaré nul, produit néanmoins les effets civils*, LORSQU'IL A ÉTÉ CONTRACTÉ DE BONNE FOI. La bonne foi n'est exigée qu'au moment de la célébration du mariage. Assurément cette disposition est loin d'être à l'abri de toute critique ; on peut lui adresser ce grave reproche qu'elle encourage les époux, qui ont cessé d'être de bonne foi, à demeurer dans une union qu'ils savent irrégulière ; je crois néanmoins qu'elle peut se justifier. Sans doute les époux, qui ont cessé d'être de bonne foi et qui restent unis, sont coupables, mais ne le sont-ils pas à un degré beaucoup moindre que si, dès l'origine, ils avaient été de mauvaise foi, dès lors ne méritent-ils pas qu'on les traite avec moins de rigueur ? La communauté d'intérêt qui s'est établie entre eux, l'affection réciproque qui les unit, la répugnance qu'ils éprouvent à révéler au public qu'ils n'étaient pas légitimement mariés et que leur union n'était qu'un concubinage, tout agit sur eux et les pousse à ne point se séparer : ne sont-ils pas dès lors très-excusables de demeurer unis ? On comprend donc parfaitement que la loi, usant d'indulgence à leur égard, maintienne, en contemplation de la bonne foi où ils se sont trouvés à l'origine, tous les effets civils à leur union continuée de mauvaise foi.

Une fois le mariage putatif déclaré nul, les époux doivent se séparer, s'ils continuent à vivre ensemble, la loi ne les excuse plus, et leur union cesse de produire à l'avenir les effets civils.

Nous savons quand il y a mariage putatif, il nous reste maintenant à voir quels en sont les effets.

2°. *Des effets du mariage putatif.*

Le mariage putatif produit tous les effets d'un mariage véritable, tant à l'égard des époux ou de l'épouse de bonne foi qu'à l'égard des enfants.

Quant aux enfants. — Les enfants qui sont issus d'un mariage putatif sont légitimes absolument comme s'ils étaient nés d'un légitime mariage, ils entrent dans la famille de leurs père et mère, et y ont tous les droits, qui s'attachent à la qualité d'enfant légitime. Peu importe que les deux époux, ou l'un d'eux seulement, aient été de bonne foi : les droits des enfants restent les mêmes dans les deux cas : ainsi l'un des époux est-il de mauvaise foi, ils lui succèdent comme à l'époux de bonne foi, et à ses parents, comme aux parents de ce dernier.

La réciprocité est la règle en matière de succession. On a pour héritiers présomptifs tous ceux dont on est soi-même l'héritier présomptif. Par exception, l'époux de mauvaise foi, étant coupable, ne jouira pas de cette réciprocité : ses enfants lui succèderont comme enfants légitimes, et il ne pourra pas leur succéder comme père ou mère légitime. Cette exception se limite à sa personne et ne doit pas être étendue à ses parents. Ceux-ci étant innocents de sa mauvaise foi, succèdent aux enfants, comme ces derniers leur succèdent.

Nous venons de dire que l'enfant né d'un mariage putatif a tous les droits d'enfant légitime, même vis-à-vis de l'époux de mauvaise foi, s'il y en a un. Il en résulte que cet époux, bien que ne jouissant pas, à raison de sa mauvaise foi, des droits de père et mère légitime, est cependant mieux traité qu'un père ou qu'une mère naturelle ordinaire : il voit son enfant lui succéder comme légitime et peut disposer en sa faveur, par donation entre-vifs ou par testament, de tous les biens, dont il pourrait disposer au profit d'un enfant légitime.

Pourquoi la loi, en cas de mauvaise foi de l'un des époux, n'a-t-elle pas considéré les enfants comme légitimes seulement à l'égard de l'époux de bonne foi ? La légitimité, a-t-on dit, est un état absolu qui existe *erga omnes* ou n'existe pas du tout : un enfant ne peut être réputé légitime, vis-à-vis de l'un des époux, sans l'être également vis-à-vis de l'autre (1).

Mais c'est là une erreur. Tels cas, en effet, peuvent se présenter où, par suite de décisions judiciaires, se contredisant l'une l'autre, le même enfant, réputé légitime à l'égard de certaines personnes, ne le sera plus à l'égard de certaines autres. Voici un enfant dont la légitimité a été contestée à différentes reprises, ne peut-il pas arriver qu'ayant réussi dans un des procès et échoué dans les autres, cet enfant soit tout à la fois réputé légitime à l'égard de quelques-uns de ses adversaires, et naturel à l'égard des autres ? La légitimité n'est donc pas comme on le prétend un état absolu, et le législateur aurait parfaitement pu, en cas de mariage putatif, considérer les enfants comme légitimes dans leurs rapports avec l'époux de bonne foi, et comme naturels dans leurs rapports avec l'époux de mauvaise foi. Si la loi en a disposé autrement, si elle a voulu que les enfants fussent traités comme légitimes, même à l'égard de l'époux de mauvaise foi, c'est

(1) Portalis. Exposé des motifs du tit. V, liv. I, du Code civil, du Mariage.

uniquement dans l'intérêt qu'elle leur porte, qu'il faut en chercher la véritable cause.

Toutes les règles concernant la preuve de la filiation légitime s'appliquent au cas de mariage putatif, comme au cas de mariage valablement contracté. L'enfant né trois cents jours après la dissolution du légitime mariage de sa mère est réputé : 1° avoir été conçu avant cette dissolution ; 2° avoir pour père le mari de sa mère. Les mêmes présomptions pourront être invoquées par l'enfant né moins de trois cents jours après l'annulation du mariage putatif de la mère ; il sera réputé : 1° avoir été conçu avant l'annulation ; 2° avoir pour père le mari putatif de sa mère.

Le mariage putatif, qui donne naissance à des enfants légitimes, peut-il légitimer les enfants naturels que les époux auraient eu d'un commerce antérieur? S'il s'agit d'enfants adultérins ou incestueux, la négative n'est pas douteuse : le mariage putatif ne saurait avoir plus d'effets qu'un mariage valable; or, celui-ci ne légitime pas les enfants adultérins ou incestueux (art. 331), donc le mariage putatif ne le peut pas non plus. Il en serait ainsi quand bien même les père et mère, à l'époque de la conception de ces enfants, auraient ignoré qu'ils étaient parents au degré prohibé, ou bien que l'un d'eux était engagé dans les liens d'un mariage encore existant. Bien qu'ils aient erré sur la gravité de l'acte, dont ils se rendaient coupables, qu'ils aient cru ne commettre qu'un simple concubinage, alors que c'était un inceste ou un adultère, ils ne peuvent jamais alléguer leur erreur comme excuse pour se soustraire aux conséquences de leur acte.

Mais que décider pour les enfants naturels simples?

Un mariage putatif peut-il les légitimer? La question est controversée. Voyons d'abord dans quel cas elle se présentera. Un enfant est né de deux personnes, qui, à l'époque de sa conception, pouvaient se marier valablement entre elles : il est naturel simple. Peu de temps après, le père épouse une autre femme que la mère, puis, sans attendre que ce premier mariage ait été dissous, en contracte un second avec la mère de l'enfant, qui, le croyant libre de tout lien, l'épouse de parfaite bonne foi. Ce second mariage est putatif : pourra-t-il légitimer l'enfant naturel né du commerce antérieur des époux? Telle est la question que nous avons à discuter.

La loi, dit-on dans un premier système, attribue les effets d'un mariage valable à l'intention de procréer dans ses nœuds des enfants légitimes. Ce sont les suites de l'erreur excusable que la loi considère et non pas les fruits de la conjonction illicite qui a précédé. Le législateur n'a eu qu'un but en venant au secours de l'époux qui, de bonne foi, a contracté un mariage nul, empêcher que, par suite de son erreur, cet époux se trouve dans une condition pire ; il n'a nullement entendu le restituer contre les conséquences d'une situation irrégulière antérieurement établie. La naissance des enfants naturels est le résultat d'une faute, qui ne peut être réparée que par le mariage régulier des père et mère ; en refusant cette efficacité au mariage putatif, on ne fait après tout que maintenir les époux dans la situation qu'ils avaient déjà avant leur mariage, et qu'ils sont responsables d'avoir créée. A ces considérations qui, il faut bien le reconnaître, ne manquent pas d'une certaine force, on ajoute un argument de texte : l'art. 202, dit-on, ne parle que *des enfants issus du mariage ;* c'est donc que les autres, ceux qui sont nés avant le mariage, n'ont aucun droit aux effets civils et ne peuvent être légitimés.

Néanmoins, nous sommes convaincu que cette première opinion doit être rejetée. La règle concernant les effets du mariage putatif se trouve formulée dans l'art. 201 ; or, cet article ne fait absolument aucune distinction entre les enfants issus du mariage et ceux qui sont nés d'un commerce antérieur : à tous il accorde indistinctement le bénéfice des effets civils : *Le mariage qui a été déclaré nul, produit néanmoins les effets civils, tant à l'égard des époux qu'à* L'ÉGARD DES ENFANTS, *lorsqu'il a été contracté de bonne foi.* Le mariage putatif ne doit donc pas seulement donner naissance à des enfants légitimes, il doit, en outre, comme le mariage valablement contracté, légitimer les enfants naturels, que les époux auraient eus d'un commerce antérieur. Il est vrai que dans l'art. 202 il n'est question que des enfants issus du enfants; mais cet article n'a nullement pour objet de déterminer à l'égard de quelles personnes le mariage putatif produit les effets civils, ce point-là étant déjà réglé par l'art. 201. L'article 202 s'occupe uniquement du cas où la bonne foi n'existe que de la part de l'un des époux, et n'a qu'un but : exclure, en pareille hypothèse, du bénéfice des effets civils l'époux de mauvaise foi; c'est donc vainement qu'on essaye d'en tirer argument contre nous. Ne rencontrons-nous pas d'ailleurs dans le Code bon nombre de textes, qui ne mentionnent expressément que *les enfants issus du mariage*, et qui cependant, de l'avis de tout le monde, s'appliquent aussi aux enfants antérieurement nés d'une union illicite? Pourquoi n'en serait-il pas de même de l'art. 202? — Quant aux considérations qu'on fait valoir pour établir la parfaite convenance du système que nous combattons, on peut très-bien y répondre par d'autres considérations qui, elles aussi, ont leur valeur. La loi, peut-on dire, a voulu, dans l'art. 201, que les époux, qui par erreur contractent un mariage nul, ne soient pas privés des effets qu'ils en attendent; or, parmi les effets que les époux espèrent de leur mariage, celui auquel ils attachent le plus grand prix, est peut-être la légitimation d'un enfant naturel, peut-être même est-ce le seul avantage qu'ils comptent en retirer : ne serait-ce pas bien dur de le leur refuser?

Mais, objecte-t-on, les époux vont se trouver, par la légitimation de leur enfant, dans une situation meilleure que celle où ils étaient avant leur mariage : de père et mère naturels qu'ils étaient alors, ils vont devenir père et mère légitimes: un tel résultat n'est-il pas contraire à la pensée de la loi? Nullement. Le législateur, qui attache les effets civils au mariage putatif, les maintient même au cas où la situation, qu'avaient les époux avant leur mariage, s'en trouve améliorée. Nous allons voir dans un instant que l'époux de bonne foi garde les libéralités, que lui a faites son conjoint, c'est donc qu'il peut bénéficier de son mariage putatif et en sortir avec une situation meilleure. — Notons d'ailleurs que, dans bien des cas, refuser à l'époux de bonne foi la légitimation de ses enfants naturels, ce serait le mettre dans une condition pire : ne peut-il pas arriver, en effet, que les époux, qui, s'ils n'avaient pas erré, auraient pu, à l'époque où ils ont contracté mariage, légitimer leurs enfants, ne le puissent plus au moment où leur mariage se trouve annulé?— Pour tous ces motifs, nous décidons sans hésiter que le

mariage putatif a pour effet de légitimer les enfants naturels.

Quant aux époux. — A. — Lorsque les époux sont tous
deux de bonne foi, le mariage produit à leur égard tous
les effets civils, soit dans leurs rapports avec leurs enfants, soit dans leurs rapports entr'eux, soit enfin dans
leurs rapports avec les tiers.

Dans leurs rapports avec leurs enfants, les époux putatifs sont traités comme des père et mère légitimes, ils
en ont tous les droits et sont tenus d'en remplir toutes les
obligations. Ainsi ils ont la puissance paternelle avec
tous ses attributs, le droit de jouissance légale sur les
biens de leurs enfants mineurs de dix-huit ans.

Dans leurs rapports entr'eux, les époux sont réputés
avoir été légitimement mariés. Tout se règle, quant à leurs
biens, comme si leur mariage avait été valablement contracté : Y a-t-il eu un contrat, toutes les conventions,
qui y ont été insérées, toutes les libéralités que les époux
s'y sont faites doivent être maintenues. N'y a-t-il pas eu
de contrat, c'est alors le régime de communauté qui est
réputé avoir existé, et les biens des époux doivent se
liquider conformément aux règles de ce régime.

Les donations que les époux se sont faites dans leur
contrat de mariage, nous venons de le dire, doivent être
maintenues, mais bien entendu pour n'être réalisées qu'à
l'époque et sous les conditions, où elles l'auraient été, si le
mariage avait été valable. Ainsi, par exemple, supposons
que les époux putatifs se soient faits, par contrat de mariage, donation mutuelle de tous leurs biens à venir :
cette donation étant subordonnée, pour chacun des
époux, au prédécès de l'autre, ne pourra évidemment pas

se réaliser au moment même de l'annulation du mariage putatif, mais seulement lorsque l'un des époux sera mort,

Les donations, que les époux se seront faites pendant le mariage, pourront être révoquées. Les motifs, qui ont fait admettre la révocabilité des donations faites entr'époux véritables, doivent aussi la faire admettre entr'époux putatifs.

L'époux survivant succède-t-il à son conjoint précédé, dans le cas où celui-ci ne laisse ni enfant naturel ni parent au degré successible, conformément à l'art. 767 ? Oui assurément, puisqu'il a, nous l'avons dit, les mêmes droits qu'un époux légitime. Mais il faut pour cela supposer qu'au moment où s'ouvre la succession le mariage n'est pas encore annulé ; s'il l'était déjà, l'époux putatif n'aurait aucun droit sur la succession de son conjoint prédécédé. L'art. 767, en effet, n'accordant le droit de succession qu'au conjoint *non divorcé*, semble bien exiger que le lien du mariage ait subsisté jusqu'à la mort du *de cujus*. La disposition de cet article, observons-le, repose sur une interprétation de volonté : on présume que l'époux, qui décède sans enfant naturel, ni parent au degré successible, préfère laisser ses biens à son conjoint plutôt qu'à l'État ; or cette présomption n'est plus fondée, en cas de mariage putatif, lorsque, à l'époque où est mort l'époux, tout lien avec son conjoint avait déjà cessé d'exister par l'effet d'un jugement les condamnant à se séparer.

Dans leurs rapports avec les tiers, les époux putatifs sont encore réputés valablement mariés. Toutes les règles concernant l'incapacité de la femme mariée et celles qui gouvernent le régime des biens, doivent être appliquées. Ainsi le tiers, qui aura contracté avec la femme, non autorisée de son mari ou de justice, ne pourra, pour faire valoir cet acte, alléguer la nullité du mariage. De même, si les époux se sont mariés sous le régime dotal, les tiers, qui auraient contracté avec eux, ne pourront pas se soustraire aux conséquences de ce régime, en excipant de la nullité du mariage.

Toutes les donations, qui auraient été faites par contrat de mariage aux époux ou à l'un deux, devront être maintenues. Les tiers, qui les auront consenties, ne seront jamais admis à les rétracter sous prétexte que le mariage se trouve nul.

Enfin, la survenance d'un enfant aux époux putatifs aura pour effet, cet enfant étant réputé légitime, de révoquer de plein droit les libéralités, que ceux-ci auraient faites à des tiers.

B. — Si l'un des époux est de mauvaise foi, le mariage putatif ne produira pas à son égard les effets civils. (art. 202, Cod. civ.)

Relativement aux enfants, l'époux de bonne foi seul a les droits de père ou de mère légitime. Cet époux est-il le père, il a tant qu'il vit la puissance paternelle, le droit de jouissance légale. A sa mort, la mère lui succède bien, comme mère naturelle (art. 383 Cod. civ.), dans l'exercice des droits de correction et d'éducation ; mais, étant de mauvaise foi, elle n'a pas la jouissance légale qui est réservée aux parents légitimes à l'exclusion des père et mère naturels. Est-ce à l'inverse la mère qui est de bonne foi, et le père de mauvaise foi : celui-ci, comme père naturel, a bien encore, tant qu'il vit, le droit de correction et d'éducation ; mais le droit de jouissance légale n'appartient à personne. En effet, ne peut l'avoir, ni le père puisqu'il n'est pas légitime, ni la mère car il s'agit ici d'un attribut inséparable de la puissance paternelle.

Mais si le père meurt avant que l'enfant n'ait dix-huit ans accomplis, la mère acquérant l'exercice de la puissance paternelle, rien ne s'oppose plus à ce que le droit de puissance légale vienne s'y ajouter.

Dans ses rapports avec son conjoint de mauvaise foi, l'époux de bonne foi peut, à son choix, faire ou non produire à son mariage les effets civils, réclamer l'exécution des conventions matrimoniales, ou, au contraire, les faire annuler; si le régime adopté est celui de la communauté, demander que les biens communs soient partagés d'après les règles ordinaires des sociétés, ou bien d'après celles de la communauté. Bien entendu, il ne pourra pas diviser son option, c'est-à-dire prendre dans les conventions matrimoniales les dispositions qui lui sont favorables et repousser les autres. Nous ne parlons ici que de ces dispositions ayant un caractère synallagmatique. Si les époux s'étaient faits, par contrat de mariage, des donations réciproques, comme ces donations sont indépendantes, c'est-à-dire ne sont pas causes les unes des autres, nous croyons que l'époux de bonne foi, tout en reprenant les biens par lui donnés à son conjoint de mauvaise foi, pourra très bien retenir ceux qu'il aura reçus de ce dernier. Nous appliquons ici, par analogie, la disposition des art. 299 et 300.

Supposons les époux mariés sous le régime de communauté, et le mari seul de bonne foi, s'il opte pour que tout se règle conformément à ce régime, la femme, quoique de mauvaise foi, pourra, si elle le désire, renoncer à la communauté ou bien ne l'accepter que sous bénéfice d'inventaire. Ainsi le veut l'équité: le mari, pendant toute son administration, ayant eu sur les biens communs les mêmes pouvoirs qu'en cas de mariage, il est juste que la femme jouisse de la même protection.

Il peut se faire qu'un homme, après avoir épousé une première femme, en épouse une seconde avant la dissolution de son premier mariage. Si la seconde femme est de bonne foi, il aura deux femmes, pouvant prétendre toutes deux aux droits d'épouse légitime: la première, puisque son mariage est valable; la seconde, parce qu'elle a été de bonne foi.

Supposons qu'avant l'annulation de son second mariage cet homme vienne à mourir sans laisser de parents au degré successible ni d'enfant naturel : quels seront sur sa succession les droits de sa femme légitime et de sa femme putative ? L'une et l'autre, se trouvant appelées à la totalité de la succession, devront se la partager : *concursu partes fiunt* ; chacune d'elles en prendra la moitié.

Deux communautés de biens peuvent avoir coexisté par suite de ces deux mariages successifs: comment devra-t-on les liquider et les partager? Plusieurs combinaisons ont été proposées. Voici la règle à laquelle nous croyons devoir nous arrêter: nous l'empruntons à MM. Aubry et Rau. Aucune des deux femmes ne doit s'enrichir aux dépens de l'autre. Les droits de la première femme sont à régler comme s'il n'existait pas de second mariage, et qu'il ne se fût formé entre le mari et la seconde femme qu'une société ordinaire. Elle pourra donc réclamer la moitié de la communauté, telle qu'elle existera au jour de sa dissolution, sous déduction toutefois des reprises de la seconde femme et d'une part proportionnelle aux apports de celle-ci dans les acquêts faits depuis le second mariage. Quant à la seconde femme, elle prendra la moitié de la communauté, telle qu'elle existera au jour de l'annulation ou de la dissolution de son mariage, sous déduction cependant des droits de la première femme, fictivement liquidés au jour de la célébration de ce mariage, et d'une part proportionnelle à ces droits dans les acquêts faits depuis cette époque.

Nous avons supposé le mari de mauvaise foi, si c'était la seconde femme, elle n'aurait pas le choix entre les effets de la communauté et la liquidation d'une société ordinaire, elle ne pourrait recourir qu'à ce dernier moyen et reprendre ses apports avec une part proportionnelle des bénéfices.

L'époux de bonne foi peut seul se prévaloir de son mariage à l'égard des tiers, lui seul, par exemple, pourra invoquer contre eux l'incapacité de la femme pour faire annuler l'acte, que celle-ci aurait consenti sans l'autorisation du mari ou de justice.

Si des donations ont été faites aux époux par des tiers dans le contrat de mariage, sans aucun doute, elles devront être maintenues en faveur de l'époux de bonne foi, qu'il s'agisse d'une donation de biens présents, de biens à venir, ou d'une donation de biens présents et à venir. Mais que décider à l'égard de l'époux de mauvaise foi? S'il s'agit d'une donation de biens à venir, la solution ne nous paraît pas douteuse. Les donations de ce genre ne s'adressent pas seulement à l'époux; mais, dans le cas où celui-ci viendrait à prédécéder, elles s'adressent aussi subsidiairement aux enfants et descendants à naître du mariage. Faites à l'époux de mauvaise foi, elles sont nulles à l'égard de ce dernier, comme le mariage qui y a donné lieu, et ne doivent pas lui profiter. Mais il doit en être autrement à l'égard des enfants : ceux-ci étant admis à

bénéficier de tous les effets civils du mariage, nous
maintiendrons en leur faveur les donations de biens à
venir faites à l'époux de mauvaise foi ; ils pourront les
recueillir, non-seulement en cas de prédécès de leur auteur, conformément à l'art. 1082 du Code civil, mais
encore du vivant même de celui-ci et à son exclusion. —
La question devient des plus délicates, si on se place
dans l'hypothèse de biens présents ? Ici, à la différence du cas précédent, il n'y a qu'un seul donataire,
l'époux, à qui s'adresse la libéralité ; les enfants ne le
sont plus, il semble donc que, si cet époux donataire est
de mauvaise foi, la donation, qui lui a été faite, doit tomber avec le mariage, en contemplation duquel elle est intervenue. En effet, personne ne se trouve capable de re-
recueillir cette donation, ni l'époux donataire, puisqu'il est
de mauvaise foi ; ni ses enfants, puisqu'ils n'y sont pas
appelés. Ce n'est pourtant pas à cette solution que nous
nous arrêterons, nous croyons qu'en cas de mariage putatif les donations de biens présents doivent être maintenues, même au profit de l'époux de mauvaise foi. Aux
termes de l'art. 959 du Code civil, les donations en faveur
du mariage ne sont pas révocables pour cause d'ingratitude : on justifie cette disposition en disant que ces
donations, bien que faites spécialement à l'un des époux,
s'adressent au mariage dans son ensemble : ne pouvons-
nous pas aussi faire valoir la même considération pour
maintenir, en cas de mariage putatif, les libéralités consenties par des tiers à l'époux de mauvaise foi dans le
contrat de mariage. La mauvaise foi de l'époux donataire, pas plus que son ingratitude vis-à-vis du donateur,
ne doit nuire, même indirectement, à l'autre conjoint et
aux enfants nés du mariage. L'époux de mauvaise foi,

Arthaud.　　　　　　　　　　　　　　　　　　16

dit-on, dans l'opinion contraire, ne doit pas tirer profit de son acte coupable : mais n'en bénéficie-t-il pas indirectement lorsqu'il voit ses enfants lui succéder comme légitimes ? La loi n'a pas voulu punir l'époux de mauvaise foi au préjudice des enfants issus du mariage putatif ; or, en retirant à l'époux de mauvaise foi les donations, que lui ont faites les tiers par contrat de mariage, c'est évidemment aux dépens de ses enfants qu'on le frappe, car on diminue d'autant sa succession, que ceux-ci sont appelés à recueillir un jour à titre d'enfants légitimes.

Supposons maintenant qu'un des époux ait fait une donation à un tiers. Cette donation serait-elle révoquée par la survenance d'un enfant qui naîtrait du mariage putatif ? Sans aucun doute elle le sera, si l'époux donateur est de bonne foi ; mais *quid*, s'il est de mauvaise foi ? Ici encore les avis sont partagés. Nous croyons, quant à nous, que la donation faite par l'époux de mauvaise foi sera révoquée de plein droit, s'il naît un enfant du mariage putatif. L'art. 960 prononce la révocation de la donation pour le cas où un enfant légitime survient au donateur, qui n'en avait pas à l'époque de la donation ; or, n'est-ce pas précisément le cas dans notre espèce ? L'enfant qui naît d'un mariage putatif n'est-il pas assimilé de tout point à un enfant légitime ? ne l'est-il pas, même dans ses rapports avec l'époux de mauvaise foi ? Pourquoi donc sa naissance n'aurait-elle pas pour effet de faire tomber les donations, que cet époux a antérieurement consenties à des tiers. L'époux de mauvaise foi, il est vrai, n'a pas les droits de père ou de mère légitime sur son enfant, mais à l'inverse son enfant, au contraire, a sur lui et sur ses biens les mêmes droits que s'il était légitime. Or, ces droits ne sont-ils pas le principal, je dirais même l'unique fondement de la révocation des donations pour cause de survenance d'enfant légitime, que nous trouvons consacrée dans notre art. 960? La loi présume que si, au moment de la donation, le donateur avait eu l'enfant légitime, qui lui est né depuis, il aurait conservé, pour les lui transmettre un jour dans sa succession, les biens dont il disposait au profit d'un étranger, et, dans l'intérêt de l'enfant qui doit un jour succéder au donateur, elle brise la donation et fait rentrer dans son patrimoine les biens par lui donnés : que la donation ait été faite par l'époux de bonne ou de mauvaise foi, l'intérêt qu'a l'enfant issu du mariage putatif, à ce qu'elle soit révoquée, est absosolument le même.

CHAPITRE II

DES EFFETS DE LA BONNE FOI EN MATIÈRE D'OBLIGATIONS.

La bonne foi produit des effets au point de vue de la naissance, de l'étendue et de l'extinction des obligations. Nous allons parcourir les principaux cas, où se rencontrent ces effets de la bonne foi.

1° *Des effets de la bonne foi dans les contrats.*

Dans notre droit, à la différence de ce qui existait en droit romain, tous les contrats sont de bonne foi, c'est-à-dire que les parties, qui contractent ensemble, s'engagent, par là même, à être exemptes de dol dans leurs rapports réciproques, de telle sorte que, si l'une d'elles cause de mauvaise foi un dommage à l'autre, elle en est responsable et est tenue de le réparer en vertu du contrat lui-même. On comprend donc très-bien que les parties, suivant qu'elles ont été de mauvaise ou de bonne foi en contractant, se trouvent tenues d'obligations plus ou moins étendues.

Voici quelques exemples du rôle que joue la bonne foi dans les contrats. Supposons une vente de la chose d'autrui : le vendeur est tenu de l'obligation de garantie ; il devra en cas d'éviction indemniser l'acheteur de bonne foi de tout le dommage que celui-ci éprouvera. Eh bien, l'étendue de son obligation ne sera pas la même, qu'il ait été de bonne ou de mauvaise foi : a-t-il été de bonne foi, c'est-à-dire, a-t-il ignoré, au moment de la vente, que la chose ne lui appartenait pas : le vendeur ne sera tenu d'indemniser l'acheteur évincé des dépenses que celui-ci aura faites, que dans la mesure où elles auront servi à la conservation ou à l'amélioration de la chose (Art. 1638, Cod. civ.). Le vendeur, au contraire, a-t-il été de mauvaise foi, a-t-il su que la chose qu'il vendait ne lui appartenait pas : il sera obligé d'indemniser l'acheteur évincé de toutes les dépenses, même voluptuaires ou d'agrément, que celui-ci aura déboursées (Art. 1635, Cod. civ.). — De même, si nous supposons la vente d'une chose atteinte de vices rédhibitoires, l'obligation du vendeur se trouvera plus ou moins étendue, suivant qu'il aura ou non connu les vices de la chose qu'il vendait. Les a-t-il connus, il sera, outre la restitution du prix, tenu de tous dommages-intérêts envers l'acheteur. (Art. 1645, Cod. civ.) Les a-t-il, au contraire, ignorés, il sera simplement obligé de rembourser à l'acquéreur le prix qu'il en aura reçu, et les frais occasionnés par la vente (Art. 1646, Cod. civ.).

Nous n'insistons pas davantage sur ce premier effet de la bonne foi en matière d'obligations ; son étude n'offre d'ailleurs aucun intérêt particulier.

2° *Des effets de la bonne foi dans le cas où un débiteur a fait des actes préjudiciables à ses créanciers.*

En principe, les créanciers sont tenus de respecter les actes de leur débiteur ; ce n'est qu'autant que ces actes ont été faits en fraude de leurs droits qu'ils peuvent les attaquer. Telle était la règle admise en droit romain ; elle fut suivie dans notre ancienne jurisprudence et adoptée par les rédacteurs du Code, qui la consacrèrent dans l'art. 1167.

Aux termes de cet article, les créanciers *peuvent aussi, en leur nom personnel, attaquer les actes faits par leur débiteur en fraude de leurs droits.* De quels actes est-il ici question ? Plusieurs auteurs, entre autres MM. Zachariæ et Demolombe, soutiennent que l'art. 1167, par la généralité de ses termes, s'applique indistinctement à tous les actes par lesquels le débiteur a diminué ou simplement négligé d'augmenter son patrimoine. — Nous ne partageons point cette opinion : suivant nous, l'action révocatoire de l'art. 1167 ne peut jamais être donnée que contre ces actes, par lesquels le débiteur a diminué son patrimoine : c'était la règle en droit romain et dans notre ancienne jurisprudence ; rien n'indique que les rédacteurs du Code aient entendu s'en écarter (1).

Pour qu'il y ait lieu à l'action révocatoire de l'art. 1167,

(1) Marcadé. Art. 1167, n° 3. — Mourlon. Répét. écrit., tom. 2, p. 528. — Colmet de Santerre. Tom. V, n° 82 *bis.* III.

Il faut que le débiteur se soit par son acte rendu insolvable, ou, s'il l'était déjà, ait augmenté son insolvabilité, et qu'en outre il en ait eu conscience, c'est-à-dire qu'il y ait eu fraude de sa part. Un certain nombre d'auteurs distinguent cependant, suivant qu'il s'agit d'un acte à titre onéreux ou d'un acte à titre gratuit. D'après MM. Duranton, Zachariæ, Aubry et Rau, ce n'est qu'autant que l'acte est à titre onéreux, que la fraude du débiteur est nécessaire; si l'acte est à titre gratuit, le simple préjudice suffit. A l'appui de cette opinion, on invoque les articles 622, 788, 1053 et 2225 : ces articles supposent qu'un débiteur a renoncé à certains droits au préjudice de ses créanciers, et permettent à ceux-ci d'attaquer ces renonciations. Ici, dit-on, le simple préjudice suffit, parce qu'il s'agit d'actes qui sont à titre gratuit. — MM. Demante et Colmet de Santerre font une distinction entre les donations proprement dites et les simples renonciations : S'agit-il d'une donation, c'est la règle générale de l'article 1167 qui devra s'appliquer : l'acte ne pourra être attaqué par les créanciers, qu'autant qu'il y aura eu fraude de la part du débiteur; s'agit-il d'une simple renonciation, il faudra appliquer la règle des art. 622, 788, etc...: du moment que cette renonciation aura causé un préjudice aux créanciers, ceux-ci pourront l'attaquer, même en l'absence de toute fraude du débiteur. — Nous repoussons, quant à nous, toutes ces distinctions qui sont contraires au droit romain et à notre ancien droit (1),

(1) Ricard, Des donations, sect. III, nᵒˢ 747-749. — Lebrun. Des succ., liv. III, chap. VIII, sect. II, nᵒ 27. — Basnage. Sur l'art. 279 de la Cout. de Normandie. — Pothier, Cout. d'Orléans, tit. 15, nᵒ 67; Succ., chap. 3, art. 1, § 2, al. 5; des oblig., nᵒ 153; de la com., nᵒ 533.

Ce sont seulement les actes faits en fraude de leurs droits que les créanciers peuvent attaquer. L'art. 1167, qui formule cette règle, ne fait aucune distinction. Si, dans les art. 622, 788 et 1053, qui visent des cas de renonciation à certains droits, il n'est question que du préjudice, c'est que les rédacteurs du Code n'ont pas voulu trancher incidemment, à propos de ces articles, une question, qu'ils devaient examiner plus loin, à un point de vue général, et résoudre dans l'art. 1167. Il est vrai que les art. 622 et 788, dans leur rédaction primitive, portaient le mot *fraude*, et que ce fut sur la demande du tribunal de cassation que le mot *préjudice* y fut substitué ; mais le tribunal de cassation demandait également l'addition d'un article, qui aurait disposé expressément que l'action Paulienne serait toujours admise contre la renonciation faite par le débiteur à un titre lucratif; or cette addition ne fut pas introduite ; dès lors, a-t-on le droit de conclure qu'en substituant le mot *préjudice* au mot *fraude*, les rédacteurs du Code ont entendu modifier, en ce qui concerne ces actes, la théorie de l'action Paulienne ? Ce mot *préjudice* ne contient-il pas implicitement l'idée de fraude, et la question n'était-elle pas, par l'emploi de cette expression, réservée tout entière pour l'art. 1167 ? L'art. 1464 n'apporte-t-il pas d'ailleurs la preuve évidente que le législateur n'a nullement entendu, comme on le prétend, soumettre les renonciations à une règle particulière, autre que celle de l'art. 1167 ? Cet article suppose un cas de renonciation tout à fait analogue à celui dont il s'agit dans l'art. 788; voici ce qu'il décide : *les créanciers de la femme peuvent attaquer la renonciation qui aurait été faite par elle ou par ses héritiers en fraude de leurs créances.* N'est-ce pas l'application pure et simple à un cas particulier du principe général posé en [l'art. 1167 (1)?

Il n'est pas indifférent, au point de vue de l'action révocatoire de l'art. 1167, de savoir si le tiers, qui a contracté avec le débiteur, a été de bonne ou de mauvaise foi, si c'est ou non à son insu qu'il s'est trouvé associé à la fraude de ce dernier.

A-t-il été de mauvaise foi, l'action Paulienne pourra toujours être intentée contre lui, que l'acte, qui lui a été consenti, soit à titre gratuit ou à titre onéreux. Complice de la fraude du débiteur, il en est responsable et est tenu de tout le dommage, qui en est résulté pour les créanciers fraudés. Ainsi il devra compte à ces derniers de tout ce qu'il aura reçu du débiteur *fraudator*, des fruits ou intérêts qu'il aura perçus, de ceux qu'il aura négligé de percevoir; il devra compte également des dégradations qu'il aura commises sur la chose, même de celles provenant d'un cas fortuit, si la chose n'en eût pas été atteinte entre les mains du débiteur. Il peut en outre, le cas échéant, être condamné à des dommages-intérêts par application de l'art. 1382. S'il a vendu la chose, il en devra soit la valeur, soit le prix qu'il en aura obtenu, suivant que l'une se trouvera supérieure ou inférieure à l'autre.

Le tiers, en contractant avec le débiteur, a-t-il, au contraire, été de bonne foi, pour savoir si l'action Paulienne peut être donnée contre lui et dans quelle mesure, il faut distinguer suivant que l'acte est à titre gratuit ou à titre onéreux ; si l'acte est à titre onéreux, comme d'une part le tiers n'a pas réalisé un bénéfice, qu'en résistant

(1) Toullier. Tom. III, n° 348. — Proudhon. Tom. V, n° 2353-2359. — Grenier. Des donations, tom. I, n° 93. — Marcadé. Art. 1167, n° 11. — Larombière. Tom. I, art. 1167, n° 11. — Demolombe, n° 194 et 195.

aux créanciers fraudés, il ne combat pas *de lucro cap-*
tando, mais *de damno vitando*; comme, d'autre part, il n'a
commis aucune fraude, puisqu'il a contracté de bonne
foi; comme enfin il a l'avantage d'être en possession, on le préférera aux créanciers, et on ne donnera pas contre lui l'action révocatoire de l'art. 1167.
— Si, au contraire, l'acte est à titre gratuit, le tiers, à
qui cet acte aura été consenti, sera tenu de l'action
Paulienne, mais seulement jusqu'à concurrence du
profit qu'il aura retiré. Ainsi on ne pourra lui réclamer aucune indemnité pour les dégradations qu'il
aura commises de bonne foi sur la chose à lui donnée, et,
s'il a vendu cette chose, il ne sera tenu de rendre aux
créanciers que le prix qu'il aura reçu.

Supposons qu'un débiteur ait aliéné un de ses immeubles en fraude des droits de ses créanciers, et plaçons-
nous dans l'hypothèse, où l'action révocatoire est possible
contre le tiers acquéreur : cette action pourra-t-elle être
intentée contre le sous-acquéreur, en cas de sous-aliéna-
tion de l'immeuble? M. Zachariæ est pour l'affirmative.
Personne ne peut transmettre plus de droits qu'il n'en a;
le bien était grevé de l'action révocatoire entre les
mains du premier acquéreur; c'est grevé de cette charge
qu'il doit passer entre les mains du second acquéreur.
Nous n'hésiterions pas à nous rallier à cette opinion,
s'il était vrai que l'action révocatoire de l'art. 1167 fut
une action en nullité ou en rescision proprement dite;
mais elle ne l'est pas; elle n'a point pour résultat, comme
les actions de ce genre, d'opérer la révocation du titre
du premier acquéreur, ou du moins ne l'opère-t-elle que
d'une manière relative, dans l'intérêt des créanciers qui
l'exercent et en le laissant subsister dans les rapports res-

pectifs des parties contractantes ; on ne peut donc pas appliquer ici la maxime : *Resoluto jure dantis, resolvitur jus accipientis.* L'action révocatoire est donnée contre ceux qui ont profité de la fraude du débiteur, ou bien contre ceux qui, sans en profiter, s'en sont rendus complices ; sa cause est dans l'enrichissement des tiers, qui ont contracté avec le débiteur, ou leur participation volontaire à la fraude ; elle a donc un caractère personnel, que ne présente pas en général l'action rescisoire. La révocation de l'acte frauduleux ne doit atteindre que ceux qui s'en sont enrichis, ou qui s'y sont associés sciemment. Il ne suffit donc pas que l'action révocatoire puisse être intentée contre le premier acquéreur pour que par là même le sous-acquéreur doive nécessairement en être tenu ; il faut, pour celui-ci, faire les mêmes distinctions que pour le premier : examiner s'il a été de bonne ou de mauvaise foi, c'est-à-dire, s'il a ou non ignoré qu'il se portait sous-acquéreur d'un bien à l'occasion duquel son auteur était tenu de l'action révocatoire ; et, dans le cas où il se trouverait de bonne foi, s'il s'est ou non enrichi, s'il est acquéreur à titre gratuit ou à titre onéreux. Le sous-acquéreur de bonne foi n'est tenu de l'action Paulienne qu'autant qu'il a acquis le bien à titre gratuit et dans la mesure seulement du profit qu'il en a retiré ; le sous-acquéreur de mauvaise foi en est au contraire toujours tenu, qu'il ait acquis le bien à titre gratuit ou à titre onéreux, et il en est tenu dans la mesure du préjudice que son acte a causé aux créanciers fraudés.

Remarquons bien que, dans le cas où les créanciers se trouvent désarmés contre le second acquéreur, il leur reste encore la ressource de s'adresser au premier. Celui-ci, en effet, malgré l'aliénation, qu'il a consentie, de la chose, reste néanmoins tenu de l'action Paulienne, dont il n'a pu se libérer par son propre fait ; seulement son obligation de restituer la chose ne pouvant plus, par suite de l'aliénation, s'exécuter en nature, devra se résoudre en dommages-intérêts. Si le premier acquéreur, de bonne foi à l'époque de son acquisition, l'était encore au moment où il a aliéné la chose, il ne serait tenu que du prix qu'il en aurait reçu.

Ce que nous venons de dire, touchant les sous-acquéreurs, comporte une exception en matière de faillite. L'art. 446 du Code de commerce déclarant *nuls et sans effet*, relativement à la masse des créanciers, les *actes translatifs de propriétés mobilières ou immobilières à titre gratuit*, faites par le débiteur depuis l'époque déterminée par le tribunal, comme étant celle de la cessation de ses paiements, et dans les dix jours qui ont précédé cette époque, il s'ensuit que les sous-acquéreurs à titre onéreux ne pourraient pas, malgré leur bonne foi, conjurer l'effet de cette nullité radicale, qui détruit le titre même de leur auteur, il faudrait leur appliquer la maxime : *Resoluto jure dantis, resolcitur jus accipientis.* Quant aux actes à titre onéreux, comme l'art. 447 du Code de commerce dispose seulement qu'ils pourront être annulés, si de la part des tiers qui ont traité avec le débiteur, ils ont eu lieu avec connaissance de la cessation de ses paiements, M. Demolombe est d'avis qu'ils demeurent sous l'empire du principe général, et que par suite, la nullité n'en devrait pas être prononcée contre le second acquéreur à titre onéreux, s'il était de bonne foi, lors même qu'elle aurait pu être prononcée contre le premier acquéreur à cause de sa mauvaise foi (1).

Les effets de la bonne foi que nous venons de parcourir se justifient d'eux-mêmes; ils ne sont que l'application des règles du droit commun. Les tiers, qui sont tenus de l'action paulienne, le sont soit à raison de leur participation à la fraude du débiteur, soit à raison du profit qu'ils en ont retiré; dès lors que les tiers ont été exempts de toute fraude, ils ne peuvent plus être tenus qu'à raison et dans la mesure de leur enrichissement.

3° Des effets de la bonne foi au cas où un mandataire a continué d'exercer ses pouvoirs après la cessation de son mandat.

En principe, le mandataire ne peut plus, après la cessation du mandant, obliger par ses actes le mandant, soit vis-à-vis de lui, soit vis-à-vis des tiers avec lesquels il a contracté comme mandataire.

Les articles 2008 et 2009 apportent à cette règle une double exception : 1° en faveur du mandataire qui, dans l'ignorance où il était que son mandat avait pris fin, a continué à en exercer les pouvoirs; 2° en faveur des tiers qui, ignorant la cessation du mandat, ont contracté de bonne foi avec l'ex-mandataire.

Aux termes de l'art. 2008, *si le mandataire ignore la mort du mandant ou l'une des autres causes qui font cesser le mandat, ce qu'il a fait dans cette ignorance est valide.* Ainsi, dans les rapports entre le mandant et le mandataire, le man-

(1) Duranton. Tom. X, n° 583. — Larombière. Tom. I, art. 1167, n. 17.

dat, qui a cessé d'exister, est réputé durer encore, tant que le mandataire n'a pas eu connaissance de sa cessation. Le mandant se trouvera obligé envers le mandataire, à raison de tous les actes que celui-ci aura faits de bonne foi depuis la cessation du mandat, absolument comme si ce mandat eût existé encore à l'époque où ces actes ont été accomplis.

On peut rattacher cet effet de la bonne foi à cette règle de l'art. 2000 : *Le mandant doit indemniser le mandataire des pertes que celui-ci a essuyées à l'occasion de la gestion, sans imprudence qui lui soit imputable.* Les actes, que le mandataire a continué d'accomplir après la cessation de son mandat, sont en quelque sorte la suite inévitable du mandat qu'il a accepté. Il ne pouvait pas à chaque instant de sa gestion s'enquérir si ses pouvoirs duraient encore, si quelque cause n'était pas venue y mettre fin à son insu. Le mandant, qui doit indemniser le mandataire de toutes les pertes que celui-ci a éprouvées à l'occasion du mandat, doit donc comprendre parmi ces pertes celles qui résultent de la gestion indûment continuée.

Dès que le mandataire a connaissance de la révocation de son mandat, les actes qu'il fait ensuite ne sont plus valides. Peu importe la façon dont cette connaissance lui sera parvenue. Si la révocation provient d'un fait personnel au mandataire, il la connaîtra évidemment du jour où elle se sera produite. Quant à la révocation, qui lui sera étrangère, le mandant devra s'empresser de la notifier; mais cette notification n'est pas nécessaire, et, s'il est établi que le mandataire a appris accidentellement et par voie indirecte la révocation du mandat, elle lui sera opposable, et tous les actes, qu'il aura faits depuis, seront à ses risques et périls.

Ce n'est pas seulement au profit du mandataire de bonne foi, que les actes faits depuis la cessation du mandat sont réputés valides; ils le sont encore au profit des tiers qui ont contracté de bonne foi. L'art. 2009 le dit expressément : *Les engagements du mandataire*, contractés depuis la cessation du mandat, *sont exécutés à l'égard des tiers qui sont de bonne foi*. Cette disposition exceptionnelle, introduite en faveur des tiers de bonne foi, se justifie facilement : ou bien les tiers ont contracté avec un mandataire de bonne foi, qui ignorait comme eux la cessation du mandat, et alors le mandant étant en faute de n'avoir pas fait connaître à son mandataire la cessation du mandat, est responsable, non-seulement vis-à-vis du mandataire, mais encore vis-à-vis des tiers avec lesquels celui-ci a contracté; ou bien le mandataire connaissait la cessation du mandat au moment où il a contracté avec les tiers qui l'ignoraient, et dans ce cas les tiers ne doivent pas souffrir de l'infidélité du mandataire : le mandant est en faute d'avoir mal placé sa confiance, il est juste qu'il en subisse les conséquences. « Le mandant, « disait M. Berlier, doit s'imputer d'avoir dès le principe « mal placé sa confiance, et des tiers de bonne foi ne « sauraient être victimes de cette première faute qui leur « est étrangère. Le mandant est donc en ce cas valable- « ment engagé envers eux, sauf son recours contre le « mandataire (1). »

Les tiers seront de mauvaise foi, et dès lors ne pourront plus bénéficier de la disposition de faveur de l'art. 2009, si en contractant ils ont eu connaissance de la

____

(1) Exposé des motifs de la loi sur le mandat, Fenet., tom. 14, p. 589.

cessation du mandat. Il est toujours facile au mandant de faire connaître au mandataire la révocation du mandat, il n'a qu'à la lui notifier. Mais comment devra-t-il s'y prendre pour avertir les tiers? La notification faite au mandataire est, pour ces derniers, *res inter alios acta*; elle ne peut pas leur être opposée. Outre cette notification, le mandant fera donc bien, s'il doute de la fidélité de son mandataire, de lui retirer des mains la procuration qu'il lui aura remise : les tiers, s'ils sont prudents, exigeront avant de contracter que le mandataire leur montre ses pouvoirs, et, comme celui-ci, n'ayant plus à sa disposition la procuration, sera dans l'impossibilité de satisfaire à leur réclamation, ils se trouveront, par suite de son refus, informés de la cessation du mandat. Si les tiers ont négligé de prendre la précaution, que nous venons de dire, et ont contracté de confiance, sans exiger du mandataire aucune production de pièces, qui constatent ses pouvoirs, tant pis pour eux s'ils ont été trompés; ils devront supporter les conséquences de la grave imprudence qu'ils auront commise, et l'art. 2009 ne leur sera pas applicable. Toutefois le retrait de la procuration ne suffira pas toujours pour informer les tiers et les constituer en faute; il y a là une question de fait laissée à l'appréciation du juge. Supposons, par exemple, un mandat, ayant pour objet tout un ensemble d'actes, une administration impliquant des opérations journalières : évidemment les tiers ne peuvent pas, chaque fois qu'ils se mettent en rapport avec le mandataire, se faire exhiber de nouveau sa procuration; si donc, après la cessation d'un tel mandat, des tiers contractent de bonne foi avec le mandataire, ils pourront, bien que le mandant ait retiré sa procuration, bénéficier de l'art. 2009.

Du cas où le mandat a cessé tout-à-fait, nous pouvons rapprocher celui où le mandat se trouve révoqué partiellement, par suite d'instructions nouvelles, qui sont venues en modifier la teneur. Si, en pareille hypothèse, le mandataire agit conformément à son mandat primitif, sans tenir compte des changements, qui y ont été apportés, il commet un excès de pouvoirs, et les engagements, qu'il contracte, ne lient plus le mandant, qu'il cesse de représenter (art. 1998, Cod. civ.). Toutefois ici, comme au cas de cessation complète du mandat, l'art. 2009 recevra son application : si en contractant avec le mandataire les tiers ont été de bonne foi, c'est-à-dire n'ont pas eu connaissance des restrictions apportées au mandat primitif, leur acte sera valide et obligera le mandant vis-à-vis d'eux.

Les art. 2008 et 2009 visent seulement le cas où des actes ont été faits après la cessation d'un mandat régulièrement donné. Comme la règle qu'ils consacrent est une disposition toute de faveur et d'exception, qui doit par conséquent s'interpréter *stricto jure*, nous nous refuserons à en étendre l'application au cas où il s'agirait d'actes faits en exécution d'un mandat nul dans son principe ; en dépit de la bonne foi du mandataire et des tiers qui les auront accomplis, ces actes demeureront sans effet à l'égard du mandant.

Le mandataire ne représente son mandant qu'autant qu'il agit dans les limites des pouvoirs qu'il en a reçus ; s'il les dépasse, c'est, dans la mesure où il le fait, comme s'il agissait sans aucun mandat, les tiers, qui contractent avec lui, ne peuvent prétexter leur bonne foi pour obliger le mandant vis-à-vis d'eux.

Le mandataire qui agit au nom et pour le compte du

mandant oblige celui-ci, mais ne s'oblige pas lui-même. Toutefois il est garant, vis-à-vis des tiers, de l'existence du mandat et de l'étendue de ses pouvoirs. Les tiers qui auront contracté de bonne foi avec le mandataire, et qui, dans le cas de nullité du mandat ou d'excès de pouvoirs, nous venons de le dire, n'ont pas d'action contre le mandant, pourront donc agir en garantie contre le mandataire.

Les effets que les art. 2008 et 2009 attachent à la bonne foi du mandataire et des tiers, qui contractent avec lui après la cessation du mandat, dérogent au droit commun. La règle est que les effets du mandat doivent cesser avec lui; ici, par une faveur toute spéciale, on les fait lui survivre, dans l'intérêt du mandataire et des tiers qui agissent de bonne foi.

4° Des effets de la bonne foi, au cas où un créancier a consommé les choses qu'il a reçues en paiement d'un non-propriétaire, ou d'une personne incapable d'aliéner.

Aux termes de l'art. 1238, *pour payer valablement il faut être propriétaire de la chose donnée en paiement et capable d'aliéner.* Cet article a évidemment en vue un paiement translatif de propriété, car pour restituer la simple détention d'une chose, comme le ferait un dépositaire pour la chose déposée entre ses mains, un commodataire pour la chose qui lui a été prêtée à usage, restitutions qui constituent de véritables paiements, dans le sens large du mot, il n'est pas le moins du monde nécessaire d'être capable d'aliéner, puisqu'il ne s'agit pas de faire une aliénation, d'opérer une translation de propriété; ni d'être propriétaire, puisque d'ordinaire on ne le sera pas en pareil cas. L'art. 1238 ne s'occupe donc nullement des obligations de corps certains : ces obligations, à la différence de ce qui avait lieu en droit romain et dans notre ancien droit, sont par elles-mêmes et indépendamment de toute tradition translatives de propriété (art. 1138, Code civ.), et le paiement, qui en est fait, n'a pas pour résultat de rendre le créancier propriétaire de la chose à lui payée, puisqu'il l'est déjà, mais simplement de le mettre en possession.

Pour rencontrer l'hypothèse de l'art. 1238, il faut supposer une obligation de genre, celle par exemple de donner un cheval, tant d'hectares de terrain dans telle contrée, une certaine quantité de blé, de vin de telle qualité. C'est pour un paiement de cette nature, paiement qui doit en effet être translatif de propriété, que notre article exige, comme condition de validité, que celui qui l'effectue soit propriétaire et capable d'aliéner.

Peu importe que le paiement dont il s'agit ici soit fait par le débiteur ou par un tiers : les deux conditions que l'art. 1238 exige pour la validité du paiement sont nécessaires dans l'un et l'autre cas.

Supposons qu'un débiteur, tenu d'une dette de genre, ait payé une chose qui ne lui appartenait pas : aux termes de l'art. 1238, ce paiement n'est pas valable : qui pourra en demander la nullité? Sans aucun doute le créancier, car le débiteur n'étant pas propriétaire de la chose donnée en paiement, et n'ayant pu par conséquent en transférer la propriété, n'a pas rempli vis-à-vis de lui son obligation, qui était de le rendre propriétaire; mais le pourra-t-il toujours, même au cas où, lors du paiement, il aurait eu connaissance que la chose n'appartenait pas à son débiteur? Nous ne le pensons pas. Le créancier qui

accepte en paiement de sa créance une chose dont il sait
que le débiteur n'est pas propriétaire, renonce par là
même au droit de demander un nouveau paiement, tant
que du moins il ne se trouvera pas évincé du premier. —
Que décider relativement au débiteur? pourra-t-il, lui
aussi, dans le cas qui nous occupe en ce moment,
demander la nullité du paiement? La question divise les
auteurs; toutefois l'opinion généralement admise est que
ce droit doit lui être reconnu. L'intérêt que peut avoir le
débiteur à reprendre la chose qu'il a injustement payée
est évident : il peut en effet désirer la restituer au propriétaire, tant pour obéir à sa conscience qui lui en
impose l'obligation, que pour éviter les dommages-
intérêts, souvent considérables, auxquels il pourrait se
voir condamné à défaut de cette restitution. Pendant trente
ans, le créancier est admis à attaquer le paiement qui
lui a été fait de la chose d'autrui : ne serait-ce pas
détruire l'égalité, qui doit toujours régner entre créancier
et débiteur, que de refuser de reconnaître ce même droit
au débiteur? D'ailleurs, il nous paraît tout à fait hors de
doute que l'art. 1238 le lui accorde. Que dit en effet le
deuxième alinéa de cet article? *Néanmoins le paiement
d'une somme en argent ou autre chose qui se consomme par
l'usage, ne peut être répété contre le créancier qui l'a consommée de bonne foi, quoique le paiement en ait été fait par
celui qui n'en était pas propriétaire.....* C'est donc que ce
paiement pourrait être répété, si la chose payée existait
encore en nature, ou bien si le créancier l'avait consommée
de mauvaise foi! Or qui peut répéter un paiement, sinon
celui-là même qui l'a effectué? On ne peut pas dire que
le propriétaire, qui revendique sa chose entre les mains
du créancier, répète un paiement, puisque ce n'est pas

lui, mais un tiers qui a payé. Le second alinéa de l'art. 1238, met sur la même ligne le cas où le paiement a été fait par un incapable, et celui où il a été fait par un non-propriétaire; or dans la première hypothèse, il est certain que le droit de répétition appartient au débiteur incapable; n'est-il pas dès lors tout naturel de supposer que dans la seconde, alors qu'il s'agit d'un débiteur non-propriétaire, c'est encore à lui que le législateur a entendu accorder le droit de répétition. On nous oppose la maxime: *quem de evictione tenet actio eumdem agentem repellit exceptio.* Le débiteur, dit-on, ne peut pas répéter un paiement de la validité duquel il se trouve garant. Nous répondrons qu'il n'y a pas ici une obligation de garantie, comme celle qui résulte de la vente. Lorsque le créancier se trouve évincé par le véritable propriétaire, il n'acquiert pas une nouvelle créance par suite de l'éviction qu'il subit, c'est l'ancienne qu'il conserve et qu'il exercera contre son débiteur, cette créance en effet, n'a pas été éteinte, puisque le paiement, qui en a été fait, n'est pas valable. Notons que le débiteur qui voudra reprendre la chose qu'il aura injustement payée au créancier, devra la remplacer par une autre de même qualité, nature et valeur; c'est à cette condition seulement qu'il pourra exercer le droit de répétition que nous venons de lui reconnaître. Il y a cependant un cas où le débiteur, ayant donné en paiement la chose d'autrui, ne pouvait pas la répéter, c'est celui où en faisant ce paiement il aurait été de mauvaise foi, c'est-à-dire aurait su que la chose ne lui appartenait pas; il serait en effet mal fondé, en pareil cas, à venir réclamer contre une situation, qu'il se serait volontairement créée.

Passons maintenant à la seconde hypothèse de notre article, au cas où c'est un débiteur, incapable d'aliéner, qui a fait le paiement. Il faut appliquer ici toutes les règles concernant les nullités pour incapacité : ces nullités ne sont que relatives et ne peuvent jamais être invoquées que par l'incapable, au profit de qui elles ont été établies : le paiement sera nul, mais seulement d'une nullité relative; le débiteur incapable, qui l'aura effectué, pourra seul l'attaquer; le créancier n'aura pas ce droit et ne pourra pas, comme dans le cas précédent, exiger un nouveau paiement. Ici, remarquons-le bien, il s'agit d'une question de validité de paiement et non d'obligation : on suppose un incapable payant une dette valablement contractée; si on se plaçait dans l'hypothèse d'une obligation, telle que l'incapable eût pu opposer, soit une cause de nullité, soit une cause de rescision, ou tout autre moyen de résistance, ce qu'il s'agirait alors d'apprécier, ce ne serait point la validité du paiement, mais la validité de l'obligation, et l'art. 1238 cesserait d'être applicable. Le principe sur lequel repose l'article 1238 est que l'incapable ne peut pas se léser par un paiement : la nullité du paiement ne pourra donc pas être demandée, lorsque l'incapable n'aura payé que ce qu'il devait (art. 1305).

Nous venons d'indiquer sommairement de quelles obligations et de quels paiements il était question dans l'art. 1238. Nous avons dit qu'il s'agissait dans cet article d'obligation de genre et de paiements translatifs de propriété. Pour faire valablement de tels paiements, il faut être propriétaire et capable d'aliéner; si l'une de ces conditions fait défaut, le paiement n'est pas valable : a-t-il été fait par une personne qui n'était pas propriétaire, la nullité pourra en être demandée, et par cette personne qui pourra répéter la chose qu'elle aura payée, et par le créancier, qui pourra exiger un nouveau paiement; a-t-il été fait par une personne qui n'était pas capable d'aliéner, comme il n'est atteint que d'une nullité relative, il ne pourra jamais être attaqué que par l'incapable même qui l'aura consenti.

Nous ne nous arrêterons pas sur les diverses circonstances, qui peuvent venir modifier l'application des règles, que nous venons d'indiquer: valider le paiement, enlever au créancier le droit de l'attaquer et au débiteur le droit de le répéter. Nous n'avons à nous occuper ici que du cas où la chose a été consommée de bonne foi par le créancier. Après avoir dans son premier alinéa posé la règle que, *pour payer valablement, il faut être propriétaire de la chose donnée en paiement et capable de l'aliéner*, l'art. 1238 ajoute: *néanmoins le paiement d'une somme en argent ou autre chose qui se consomme par l'usage, ne peut être répété contre le créancier qui l'a consommé de bonne foi, quoique le paiement en ait été fait par celui qui n'en était pas propriétaire ou qui n'était pas capable de l'aliéner.*

Il y aura consommation toutes les fois que les choses reçues en paiement ne pourront pas être restituées identiquement les mêmes, soit qu'elles n'existent plus en nature, soit qu'elles ne puissent plus être distinguées des choses de même espèce, auxquelles elles se trouvent mêlées, soit enfin qu'elles aient été aliénées.

La consommation, si elle a eu lieu de bonne foi, valide le paiement fait par un non-propriétaire, ou par une personne qui n'était pas capable d'aliéner.

Prenons d'abord le cas où le paiement a été fait par un non-propriétaire, rien de plus naturel que le créancier ne puisse plus en demander la nullité après avoir consommé la chose payée. Et, en effet, du moment qu'il a retiré de cette chose, par la consommation qu'il en a faite, la même utilité que si elle lui avait été régulièrement payée, il serait mal fondé à venir réclamer un nouveau paiement. Il en sera ainsi que le créancier ait été de bonne ou de bonne foi en consommant la chose. Si la chose payée avait péri par cas fortuit entre les mains du créancier, celui-ci n'en continuerait pas moins à pouvoir réclamer un second paiement, bien qu'il se trouve dans l'impossibilité de restituer le premier : d'une part, en effet, il reste créancier puisque le paiement, qui lui a été fait, étant nul, n'a pas pu éteindre sa créance ; d'autre part, il se trouve libéré de l'obligation de rendre au débiteur la chose qu'il en a reçu à titre de paiement, puisque c'est sans son fait que cette chose a péri.

A l'égard du débiteur, la consommation de la chose payée n'a pour effet de valider le paiement qu'autant qu'elle a eu lieu de bonne foi. Celui qui a payé une chose dont il n'était pas propriétaire, ne pourra plus la répéter, si le créancier l'a consommée de bonne foi, croyant à la validité du paiement : tant pis pour le débiteur, s'il en éprouve quelque dommage, il n'aura contre son créancier aucune action pour se faire indemniser : c'est lui qui a créé la situation, dont il se trouve souffrir ; il est juste que ce soit lui, plutôt que le créancier, qui en subisse les conséquences. — Si le créancier avait été de mauvaise foi en consommant la chose, il serait responsable vis-à-vis de son débiteur, et devrait l'indemniser de tout le préjudice, qu'il lui aurait causé par la consommation de la chose.

Si maintenant nous supposons le paiement fait par un incapable, nous retrouvons l'application du même principe. L'incapable ne peut plus répéter la chose qu'il a payée, du jour où le créancier l'a consommée de bonne foi. On comprend très-bien qu'il en soit ainsi, lorsque la consommation de la chose n'a procuré au créancier aucun enrichissement: rien de plus naturel que le législateur n'ait pas voulu, en pareil cas, pour venir au secours du débiteur incapable, obliger le créancier de bonne foi à une restitution, qui puisse en quoi que ce soit l'appauvrir. Mais comment justifier la disposition de la loi, lorsque le créancier s'est enrichi en consommant la chose qu'il a reçue en paiement? Où est la raison de sacrifier ici l'intérêt de l'incapable à l'enrichissement du créancier? Un mineur est débiteur d'un cheval *in genere*, il en paie un qui vaut 1,500 francs, alors qu'il aurait pu se contenter d'en offrir un de 1,000 francs, son créancier accepte le cheval de 1,500 et le vend à ce prix, c'est un bénéfice de 500 francs qu'il réalise : est-il vraiment juridique de refuser en pareil cas au mineur une action en répétition contre son créancier pour se faire rembourser tout ce dont celui-ci s'est enrichi à ses dépens? Il me paraît bien difficile de le soutenir. M. Mourlon toutefois a essayé d'expliquer la disposition finale de notre article relative au paiement fait par une personne incapable d'aliéner, en disant que peut-être était-ce seulement la revendication, que le législateur avait entendu exclure en cas de consommation de la chose par le créancier : *extinctæ res vindicari non possunt*, en sorte qu'il resterait encore à l'incapable, après la consommation de la chose, une action personnelle pour se faire indemniser par le créancier de tout le préjudice, que lui aurait causé cette consommation. Cette explication, quelque ingénieuse qu'elle puisse être, ne nous satisfait pas. L'art 1238, qui ne fait d'ailleurs que reproduire une règle très-ancienne qui existait déjà en droit romain, ne s'occupe absolument que d'une seule action, l'action en répétition ; c'est à tort qu'on voudrait y voir une disposition spéciale à la revendication : il faut le prendre tel qu'il est, tout en reconnaissant cependant que, dans une législation bien faite, on eût accordé à l'incapable une action personnelle pour obtenir du créancier la restitution du gain qu'il a fait aux dépens du débiteur incapable.

Si le créancier a aliéné la chose que lui a payée son débiteur incapable, celui-ci pourra la revendiquer entre les mains du tiers acquéreur, conformément aux règles du droit commun. L'art. 1238 n'y fait aucun obstacle ; tout ce que dit cet article, c'est uniquement que le débiteur incapable ne pourra plus réclamer au créancier les choses qu'il lui aura payées, lorsque celui-ci les aura consommées de bonne foi. Quant à la revendication que le débiteur incapable intente contre les tiers acquéreurs, après avoir fait annuler le paiement, elle reste sous l'empire des règles générales qui régissent cette action.

Nous venons de voir la disposition de l'art. 1238 et l'effet de la bonne foi qui s'y rattache. Avant de quitter cet article, demandons-nous quels seront, au cas de paiement de la chose d'autrui, les droits du véritable propriétaire. Nous avons dit que l'art. 1238 ne s'occupait que de régler les rapports entre la personne qui a effectué le paiement et le créancier qui l'a reçu. Les rapports entre le tiers propriétaire de la chose et le créancier, qui l'a touchée à titre de paiement, doivent se régler d'après les principes du droit commun en matière de revendication : le tiers propriétaire pourra toujours revendiquer sa chose entre les mains du créancier, à moins que celui-ci n'en ait prescrit la propriété. Supposons que le créancier ait

reçu en paiement un meuble appartenant à autrui, si à
ce moment il était de bonne foi, il en est aussitôt devenu
propriétaire, par application de la règle de l'art. 2279, et
la revendication ne sera plus possible contre lui. Ici s'é-
lève une difficulté, sur laquelle nous devons nous arrêter
un instant. S'il était vrai, dit-on, que le créancier, qui a
reçu de bonne foi la chose d'autrui en paiement de ce
qui lui était dû, ne pût pas être évincé par le véritable
propriétaire, il ne devrait pas être recevable à critiquer
et à faire annuler le paiement; car, étant devenu propriétaire de la chose, il n'y aurait plus aucun intérêt. Le
créancier ne pouvant plus attaquer le paiement, le débiteur, qui l'a effectué, ne le pourrait pas non plus, car on ne
lui reconnaissait ce droit que par une sorte de réciprocité.
Or cette dernière conséquence, à laquelle on serait for-
cément conduit, si on appliquait ici, comme nous l'avons
fait, la règle de l'art. 2279, se trouve formellement con-
tredite par la disposition de l'art. 1238 : aux termes de
cet article, en effet, le débiteur qui a payé une chose qui
ne lui appartient pas peut toujours la répéter, nous l'avons
établi plus haut; il n'y a qu'un cas, où ce droit lui soit refusé, c'est lorsque le créancier a consommé la chose de
bonne foi; sauf ce cas particulier, le débiteur ayant toujours le droit de demander la nullité du paiement, le
créancier, lui aussi, doit avoir le même droit; et du moment
qu'il est admis à attaquer le paiement qui lui a été fait, c'est
apparemment que ce paiement ne l'a pas rendu propriétaire. On est ainsi conduit, de déductions en déductions,
à soutenir que l'art. 2279 ne doit pas s'appliquer ici, et
que, par exception à la règle de cet article, celui qui
reçoit, à titre de paiement et de bonne foi la chose d'autrui, n'en devient pas immédiatement propriétaire. Cette

solution est-elle exacte? est-il vrai que la règle de l'article 2279 soit modifiée par l'art. 1238? Pour mettre d'accord ces deux articles, M. Demolombe distingue suivant qu'il s'agit d'une obligation de corps certain et déterminé ou bien d'une obligation de genre. Le premier cas est celui de l'art. 2279; le second, celui de l'art. 1238. Lorsque l'objet de l'obligation est un meuble certain et déterminé, c'est ce meuble *in specie* que le créancier a voulu acquérir, et il serait déçu, si le tiers propriétaire de ce meuble venait le lui enlever; on comprend dès lors très-bien que dans ce cas le créancier étant de bonne foi on ait refusé le droit de revendiquer la chose au propriétaire qui, après tout, est en faute d'avoir laissé cette chose sortir de ses mains. Lorsqu'au contraire l'obligation a pour objet seulement un meuble indéterminé, le stipulant n'a pas eu en vue tel meuble plutôt que tel autre, il n'éprouvera donc aucun mécompte à se voir retirer par le propriétaire la chose qu'il a reçue, puisqu'un autre meuble de la même nature, qualité et valeur lui sera donné à la place; on conçoit donc très-bien dans ce cas, qui est celui prévu par l'art. 1238, que le législateur ait fait prévaloir le droit du propriétaire. Il est imposible, ajoute encore M. Demolombe à l'appui de son système, que le législateur ait pu refuser au propriétaire un droit qu'il accorde au débiteur, qui est bien plus en faute que le propriétaire, puisque c'est lui-même qui a remis en paiement la chose au créancier.

Nous repoussons la distinction proposée par M. Demolombe. L'art. 2279 est conçu en des termes aussi généraux que possible et doit s'appliquer dans tous les cas, qu'il s'agisse d'une obligation de corps certain et déterminé, ou d'une obligation de genre. D'ailleurs il n'est nullement besoin de recourir à cette distinction pour mettre l'art. 2279 d'accord avec l'art. 1238. Ces deux articles, s'appliquant l'un et l'autre à des matières séparées et tout à fait distinctes, aucun conflit ne peut s'élever entre eux. L'art. 2279, nous l'avons déjà dit, s'occupe uniquement des rapports entre le propriétaire d'une chose et celui qui l'a acquise d'un tiers n'ayant pas le pouvoir d'en disposer; l'art. 1238, des rapports entre le débiteur qui a payé une chose, qui ne lui appartenait pas ou qu'il n'était pas capable d'aliéner, et le créancier, qui a reçu cette chose. L'argument par lequel on est parvenu à mettre ces deux articles en opposition, repose sur une affirmation erronée : on dit que le créancier à qui la chose d'autrui a été payée et qui l'a reçue de bonne foi, ne pourrait plus attaquer le paiement, en demander la nullité si réellement, comme nous le prétendons, il lui était possible de se soustraire à la revendication du propriétaire en invoquant la disposition de l'art. 2279; nous le contestons, il peut très-bien se faire qu'il répugne au créancier de se servir de l'art. 2279 pour retenir, aux dépens du véritable propriétaire, la chose qui lui a été injustement payée; et en pareil cas on comprend parfaitement que le débiteur n'ait pas le droit de venir l'y contraindre, en se refusant à lui fournir le nouveau paiement qu'il réclame : ce serait mal remplir les engagements qu'il a contractés vis-à-vis de lui. Le créancier pouvant faire annuler le paiement, il est juste que de son côté le débiteur ait aussi le même droit; il pourra donc reprendre la chose, qu'il aura payée, n'en étant pas propriétaire. Si le créancier avait déjà fait usage de l'art. 2279 pour repousser la revendication du propriétaire, il ne pourrait plus, croyons-nous, demander la nullité du paiement, mais le débiteur conserverait encore ce droit, car il n'a pas pu en être dépouillé par le seul fait du créancier.

Ainsi donc, si l'on admet, comme c'est notre avis, que celui qui a payé une chose qui ne lui appartenait pas, peut la rejeter, aucun conflit n'est possible entre les articles 1238 et 2279 ; l'art. 2279 concerne le droit de revendication; l'art. 1238, le droit de répétition accordé à celui qui a fait le paiement.

Mais si, au contraire, on admet que ce droit de répétition, dont parle l'art. 1238, n'est autre, dans le cas d'un paiement fait par un non-propriétaire, que le droit de revendication qui appartient au tiers propriétaire, le conflit s'élève alors entre l'art. 1238 et l'art. 2279 : l'art. 2279 disant que l'action en revendication n'est pas possible contre celui qui a reçu de bonne foi et avec juste titre la chose d'autrui ; l'art 1238, que l'action en répétition (en revendication) est possible tant que la chose qui en est l'objet n'a pas été consommée de bonne foi. La contradiction est des plus flagrantes entre ces deux articles. Voici toutefois l'explication qu'on a proposée pour les concilier : l'art. 1238, a-t-on dit, a en vue le cas où c'est une chose perdue ou volée, qui a été payée par le débiteur non propriétaire : le tiers propriétaire, aux termes du deuxième alinéa de l'art. 2279, peut, dans ce cas particulier, revendiquer sa chose pendant trois ans à compter du jour de la perte ou du vol de la chose; cette revendication, aux termes du deuxième alinéa de l'art 1238, ne sera plus possible contre le créancier qui aura consommé la chose de bonne foi. Nous n'insistons pas davantage sur ce point, ayant écarté plus haut le système qui donne lieu au conflit dont il s'agit.

5° Des effets de la bonne foi, au cas où le débiteur paie entre les mains du simple possesseur de la créance.

Aux termes de l'art. 1239 du Code civil, pour être valable, *le paiement doit être fait au créancier ou à quelqu'un ayant pouvoir de lui, ou qui soit autorisé par justice ou par la loi à recevoir pour lui. Le paiement fait à celui qui n'aurait pas pouvoir de recevoir pour le créancier est valable, si celui-ci le ratifie, ou s'il en a profité.* Voilà la règle. L'art. 1240 y apporte une exception : *Le paiement fait de bonne foi à celui qui est en possession de la créance est valable, encore que le possesseur en soit par la suite évincé.*

Ainsi un paiement a été fait à une personne autre que le créancier et qui n'est pas son représentant, bien que le créancier ne l'ait pas ratifié, qu'il n'en ait pas profité, qu'il n'ait pas succédé à la personne qui l'a reçu, il n'en sera pas moins valable, s'il a été fait de bonne foi au possesseur de la créance, et libérera le débiteur, absolument comme s'il avait été effectué entre les mains du créancier lui-même. Le créancier, en pareil cas, n'a qu'un droit, celui de s'adresser au possesseur de là créance pour se faire restituer le prix qu'il a irrégulièrement touché.

L'effet de la bonne foi consiste ici à valider un paiement qui, d'après les principes ordinaires du droit, devrait être tenu pour nul ; et ce résultat est assurément très-équitable : « L'équité veut, disait M. Bigot-Préameneu « dans son exposé des motifs, que le paiement soit va-« lable, lorsqu'ayant été fait de bonne foi par le débiteur « à celui qui était en possession de la créance, ce débi-« teur avait un juste sujet de le regarder comme le

« véritable créancier » (1). En effet, d'une part, le débiteur est irréprochable, car il a payé à une personne qui, représentant la créance, la personnifiait, à celui, dit M. Demolombe, qui pourrait exiger le paiement, et qui même peut-être l'a exigé ; d'autre part, le créancier très-souvent ne sera pas exempt de tout reproche, c'est en négligeant d'exercer son droit, qu'il aura le plus souvent laissé se produire cette situation, qui serait un piége pour le débiteur, si on ne lui venait pas en aide. Ajoutons encore, avec M. Demolombe, à l'appui de la disposition exceptionnelle de notre art. 1240, cette autre considération que la libération est favorable : le paiement est, de tous les actes, celui auquel il importe le plus, peut-être, de donner de la sécurité, de la solidité, car c'est un acte nécessaire.

C'est à la bonne foi qu'est attachée la disposition exceptionnellement favorable de l'art. 1240. Celui-là seul pourra invoquer le bénéfice de cette disposition, qui, en payant, aura cru se libérer entre les mains du véritable créancier, et il ne suffit pas d'une croyance quelconque, il faut qu'elle ait été inspirée par ce fait que la personne sans droit, qui a reçu le paiement, était possesseur de la créance, cette dernière condition est expressément requise par l'art. 1240. C'est le paiement fait de bonne foi à celui qui est en possession de la créance que, par faveur, la loi déclare valable.

Que faut-il entendre par le possesseur d'une créance ? Est-ce celui qui détient l'acte qui constate la créance ? Assurément non : la détention du titre établissant l'existence d'une créance, est un pur fait matériel qui ne donne

(1) Locré. Legisl., tom. XII, p. 300, n° 118.

pas au débiteur l'apparence du droit, d'autant plus que ce titre portera d'ordinaire le nom du créancier. Le possesseur de la créance est celui qui joue le rôle de créancier, qui est le créancier apparent, putatif, qui a, en quelque sorte, « la possession d'état de créancier, » M. Marcadé exprime la même idée : « Être en possession d'une créance, dit-il, « ce n'est pas détenir l'acte écrit qui fait preuve de cette « créance, c'est jouir paisiblement de la qualité de créan- « cier. »

Voici quelques exemples de cas où il y aura possession de créance, et où, par conséquent, l'art. 1240 pourra s'appliquer.

L'héritier apparent du créancier décédé, qui, plus tard, a été exclu de la succession par un héritier plus proche, a été, jusqu'à ce moment, créancier apparent, posses-seur de la créance du *de cujus*, comme il l'était de l'hé-rédité, et si le débiteur a payé de bonne foi entre ses mains, c'est-à-dire le prenant pour le véritable héritier de son créancier, il se trouvera complétement libéré (1).

M. Joubert, dans son rapport au Tribunat (2), cite cet autre exemple, le cas où une succession est recueillie et possédée publiquement par une personne en vertu d'un testament, qui se trouve nul ou révoqué. Le paiement d'une dette héréditaire, fait à une telle personne, libérera le débiteur s'il est fait de bonne foi.

Sera encore possesseur d'une créance, celui qui en sera cessionnaire : si plus tard la cession se trouve annulée,

____

(1) Cet exemple nous est donné par M. Bigot-Préameneu ; nous le trouvons dans son exposé des motifs, à la suite du passage que nous avons rapporté plus haut.

(2 Locré. Legisl., tom. XII, p. 463, n° 12.

rescindée ou résolue, le paiement qui aura été fait au cessionnaire, aura été valable et restera libératoire.

Nous avons dit que la simple détention matérielle du titre, constatant la créance, ne constituait pas une possession proprement dite de la créance elle-même, qui est un droit incorporel, et ne peut, par conséquent, être l'objet d'une détention matérielle. Toutefois, une exception doit être faite pour les titres au porteur : ici la créance se matérialise dans le titre qui la constate, en sorte que posséder un titre de cette nature, c'est posséder la créance elle-même.

Pour que le paiement fait au possesseur de la créance soit valable, il est tout à fait indifférent que ce dernier ait été de bonne ou de mauvaise foi en le recevant, la bonne foi n'est requise que chez celui qui paie.

On s'est demandé si, dans le cas de cession d'une créance, l'acte de cession étant reconnu faux, le tiers, qui en était porteur, devrait être considéré comme ayant été en possession de la créance, et si le paiement, qui aurait été fait entre ses mains, libérerait le débiteur vis-à-vis du véritable créancier. M. Demolombe ne le pense pas : Il en est ici, dit-il, comme au cas d'un paiement fait au porteur d'un faux mandat. Le paiement fait de bonne foi au mandataire du créancier après la révocation du mandat, libère le débiteur ; mais celui qui est fait à un faux mandataire laisse subsister la dette. M. Colmet de Santerre enseigne la même opinion : Il faut, dit-il, faire tomber en pareil cas les conséquences du crime sur le débiteur, qui en a été immédiatement atteint, plutôt que sur le créancier, qui pourrait alléguer qu'il aurait découvert le faux, si l'acte lui avait été présenté. C'est aussi dans ce sens que se prononcent MM. Aubry et Rau, toutefois ils font une réserve pour le cas où des circonstances particulières viendraient motiver une solution différente.

M. Duranton soutient l'opinion contraire : d'après lui, le paiement fait de bonne foi au faux cessionnaire de la créance, libère pleinement le débiteur. On invoque à l'appui de ce système, la disposition même de l'art. 1240 : cet article n'exige qu'une seule condition pour la validité du paiement, fait de bonne foi à une autre personne que le créancier, qu'il ait été fait au possesseur de la créance ; or, celui qui est cessionnaire d'une créance en vertu d'un faux acte de cession, la possède tout aussi bien que celui qui, s'emparant d'une hérédité à laquelle il n'a pas droit, possède les créances de cette hérédité ; il doit donc être considéré comme étant en possession de la créance, dont il ne présente au débiteur qu'un faux acte de cession, et si le débiteur, trompé par les apparences, paie entre les mains de ce faux cessionnaire, il sera bien et dûment libéré.

Quant à nous, nous nous rallierons de préférence à la première opinion, en y apportant toutefois un tempérament. Nous distinguerons suivant que le faux cessionnaire de la créance se présentera, comme cessionnaire, non-seulement au débiteur, dont il veut extorquer le paiement, mais aussi au créancier, des droits duquel il se dit cessionnaire, ou bien seulement au débiteur et à l'insu du créancier. Dans le premier cas, le paiement, que fera de bonne foi le débiteur entre les mains du faux cessionnaire, sera valable; il ne le sera pas dans la seconde hypothèse. Cette distinction est très-équitable. Voici une personne qui se prétend cessionnaire d'une créance, en vertu d'un faux acte de cession, le créancier n'en est nullement informé; s'il le savait, il lui serait aisé de prouver le faux. Le faussaire qui a grand soin de lui cacher ce qui se passe, s'adresse au débiteur, qui, après examen du faux acte de cession, lequel lui paraît tout à fait irréprochable, paie de bonne foi entre ses mains le montant de la créance. Nous disons que le débiteur ne sera pas libéré par ce paiement, bien qu'en le faisant il ait été de bonne foi, et que le créancier pourra exiger de lui un nouveau paiement. En effet, rien n'est plus juste assurément : d'une part, en effet, le créancier n'a absolument aucune faute à se reprocher, et ne saurait être responsable, dans une mesure quelconque, du faux par lequel un tiers est parvenu à tromper le débiteur, en se faisant passer pour cessionnaire de la créance ; d'autre part, le débiteur pouvait prendre des informations auprès du créancier, lequel se serait empressé de lui signaler la fraude : s'il n'est pas toujours en faute, on peut néanmoins dire qu'il avait à sa disposition un moyen de s'éclairer que n'avait pas le créancier. La situation de ce dernier est donc beaucoup plus digne d'intérêt que celle du débiteur, et on comprend très-bien que l'art. 1240 ne s'applique pas en pareille hypothèse. De plus, peut-on dire, le débiteur s'est trouvé en relation directe avec le faussaire, tandis que le créancier ne savait même pas ce qui se passait. Le crime de faux était dirigé plus encore contre le débiteur, qui a été trompé, que contre le créancier dont le faussaire s'est tenu soigneusement à l'écart. N'est-il pas dès lors tout naturel de laisser supporter les conséquences du faux au débiteur qui a été directement atteint, plutôt que de les rejeter sur le créancier, alors que, nous l'avons vu, il n'y a aucune bonne raison pour les mettre à la charge de ce dernier. Dans l'hypothèse, au contraire, où le véri-

table créancier a eu connaissance de la prétention du
faux cessionnaire, et, trompé par les apparences, l'a cru
justifiée, la situation est tout autre, et nous sommes
d'avis qu'en pareil cas le débiteur, qui paie de bonne foi
entre les mains de ce faux cessionnaire, se trouve libéré.
Comment cette seconde hypothèse pourra-t-elle se rencontrer ? Il faut supposer que le créancier, de qui le faux
cessionnaire prétend tenir ses droits, est décédé, et que
les héritiers ou autres successeurs, qui sont devenus créanciers en son lieu et place, ont été trompés comme le débiteur, et ont cru que l'acte de cession qui leur était
présenté était sincère et émanait réellement de leur auteur, le *de cujus*. Ici le créancier a, en quelque façon, autorisé par son silence le débiteur à se libérer entre les
mains du faux cessionnaire : comment serait-il fondé à
venir exiger de lui un second paiement ? C'est lui tout le
premier qui a erré, son erreur a entraîné celle du débiteur ; c'est parce qu'il ne contestait pas le titre du faux
cessionnaire, que le débiteur a cru pouvoir payer valablement entre les mains de ce dernier, n'est-il pas juste
qu'il en subisse les conséquences ? Notons qu'ici le crime
de faux est dirigé directement contre sa personne : c'est
un motif de plus pour laisser à sa charge exclusive le
dommage, qui en résulte pour lui.

Pour toutes ces raisons, nous n'hésitons pas à appliquer à ce dernier cas l'art. 1240. Cet article, nous le répétons, exige seulement pour la validité du paiement qu'il
ait été fait de bonne foi au *possesseur de la créance ;* or,
le faux cessionnaire d'une créance n'en est-il pas tout
aussi bien possesseur, que le légataire universel d'un
testament révoqué est possesseur des créances héréditaires ? Pas plus dans un cas que dans l'autre un juste

titre n'est nécessaire pour constituer la possession d'état de créancier. Le paiement d'une créance héréditaire, fait de bonne foi au légataire dont le titre se trouve révoqué, est valable et libère le débiteur, il faut en dire autant du paiement fait au faux cessionnaire d'une créance.

Le paiement fait de bonne foi au possesseur de la créance libère le débiteur, qu'il ait été effectué par anticipation ou à l'échéance du terme. Il y a une exception pour les lettres de change et les billets à ordre, le débiteur, qui les paierait avant l'échéance, serait responsable de la validité du paiement (art. 144 et 187 du Code de commerce).

L'art. 1240 s'applique-t-il au cas où le paiement a été fait par un tiers, qui n'y avait pas un intérêt personnel? M. Demolombe est pour l'affirmative; suivant lui, l'art. 1240 doit s'appliquer, soit que le paiement ait été fait par le débiteur, son coobligé ou sa caution, soit qu'il ait été opéré par un tiers non intéressé, agissant au nom et en l'acquit du débiteur, ou même en son nom propre avec ou sans subrogation. Nous nous rallions pleinement à cette opinion : L'art. 1240 parle du paiement en général; or, aux termes de l'art. 1236, le paiement peut être fait non-seulement par le débiteur, mais encore par toute personne, qu'elle y ait ou non intérêt; donc le paiement, bien que fait par une personne n'y ayant aucun intérêt, n'en doit pas moins rentrer dans les termes de l'art. 1240 et libérer le débiteur, s'il a été effectué de bonne foi. La loi a voulu que l'apparence du droit tînt lieu du droit lui-même, en ce qui concerne le paiement, et que le paiement, qui aurait pu être valablement fait au créancier véritable, soit valablement fait au créancier apparent. Mais, objecte-t-on, le tiers qui intervient pour payer la dette d'autrui, lorsqu'il n'y est pas obligé, fait un acte libre et ne doit pas jouir de la même faveur que le débiteur, qui, lui au contraire, fait, en payant, un acte nécessaire? Cette observation a sans doute sa valeur, mais ne saurait prévaloir contre le texte de l'art. 1240 qui, nous le répétons, ne fait aucune distinction entre les paiements. On peut supposer qu'au moment où le tiers est intervenu pour payer, le débiteur était déjà sous le coup d'une saisie : est-ce qu'en pareil cas, le débiteur ne peut pas être, en quelque sorte, considéré comme ayant payé par l'intermédiaire de ce tiers, qui est intervenu pour empêcher que le créancier donnât suite à la saisie en le désintéressant?

Remarquons, en finissant, que, dans l'art. 1240 comme dans tout le reste du paragraphe, dont il dépend, il ne s'agit que du paiement pris dans le sens étroit du mot; il ne faut donc pas en étendre l'application à la remise totale ou partielle, qu'aurait consentie le possesseur de la créance au débiteur de bonne foi. Cette remise ne doit pas être opposable au véritable créancier. Outre cette raison que l'art. 1240, consacrant une disposition exceptionnelle, ne doit pas être appliqué à d'autres cas que celui en vue duquel il a été édicté, on peut dire qu'il n'y a plus les mêmes motifs pour appliquer à la remise de la dette, la disposition très-équitable, quand il s'agit d'un paiement, de notre art. 1240 : le débiteur s'enrichirait aux dépens de son créancier si, pour ne pas le payer, il pouvait lui opposer la remise, que lui a faite le possesseur de la créance; il se trouverait, au contraire, en perte, s'il était obligé, après avoir payé une première fois sa dette entre les mains du possesseur de la créance, de l'acquitter une seconde fois au créancier. Les deux situations sont donc bien différentes, et l'on comprend parfaitement qu'elles ne soient par soumises aux mêmes règles : dans le premier cas, le débiteur combat pour réaliser un gain, et dès lors est infiniment moins digne d'intérêt, que dans le second, où il combat pour éviter une perte.

La règle de l'art. 1240, étant une disposition toute de faveur et d'exception, doit être interprétée *stricto jure*. Nous ne l'étendrons donc pas au cas où une novation serait intervenue entre le possesseur de la créance et le débiteur. Celui-ci, bien qu'il ait contracté de bonne foi, *animo novandi*, une nouvelle obligation vis-à-vis du possesseur de la créance, ne sera pas libéré de la première. Ici le débiteur ne sera pas en perte, car la seconde obligation, qu'il a contractée, se trouve nulle, faute de cause. Mais supposons qu'il l'ait déjà acquittée; lorsqu'il vient à s'apercevoir de son erreur : que décider en pareille hypothèse? Nous sommes d'avis qu'il faut le traiter, comme s'il avait payé directement la première créance, et le considérer comme définitivement libéré. C'est là une sorte de dation en paiement, que le débiteur se trouve avoir fait au possesseur de la créance, et l'art. 1240 doit s'y appliquer comme au paiement lui-même.

6° *Des effets de la bonne foi en cas de paiement de l'indu.*

Celui qui reçoit une chose, qui ne lui est pas due, s'oblige à la restituer. D'une part, en effet, il n'en devient pas propriétaire, puisqu'elle lui a été livrée sans juste cause; d'autre part, il ne pourrait la garder sans s'enrichir injustement aux dépens de celui de qui il la tient.

L'action par laquelle celui qui a payé une chose qu'il ne devait pas, peut la répéter, a un double caractère, elle est tout à la fois réelle et personnelle, on peut l'exercer, et comme propriétaire et comme créancier. Toutefois, si la chose payée consiste en une somme d'argent ou en quelqu'une de ces choses, qui se remplacent aisément les unes par les autres, l'action en répétition perd son caractère mixte, que nous venons de constater, et n'est plus qu'une action personnelle. Ce ne sont plus, en effet, les choses mêmes qui ont été payées, qui sont répétées, mais des choses de même quantité, qualité et valeur; celui qui les réclame ne se présente plus comme propriétaire, mais comme simple créancier.

Quelle est l'étendue de l'obligation qui incombe à celui qui a reçu l'indu?

Voici, abstraction faite de sa bonne et de sa mauvaise foi, quelle devrait être l'étendue de son obligation. Est-ce une somme d'argent ou quelque autre chose fongible qui a été payée, l'*accipiens* devrait toujours la restituer intégralement, qu'il en ait ou non profité, non pas les mêmes écus, la même chose qu'il a touchée, mais une somme égale, une chose de même espèce, car il s'agit ici d'une dette de genre. Quant aux intérêts du capital, comme en principe ils ne courent pas de plein droit, il n'en serait pas tenu. — Est-ce, au contraire, une chose individuellement déterminée qui a été payée, l'*accipiens* serait tenu de la rendre avec tous ses accessoires et les fruits qu'il a perçus. Si la chose avait péri par son fait, il en serait responsable, car nul ne peut se libérer par son propre fait.

Mais ces règles se trouvent modifiées par suite de la

bonne ou de la mauvaise foi de l'*accipiens* : L'obligation de ce dernier sera plus ou moins étendue, suivant qu'il aura su ou ignoré qu'il n'avait aucun droit à la chose qui lui était donnée en paiement.

L'*accipiens* de mauvaise foi commet un délit, qui l'oblige à réparer tout le dommage qui en résulte pour le *solvens*. Si c'est une somme d'argent qu'il a touchée, il devra la restituer avec les intérêts ; si c'est une chose certaine et déterminée, il sera responsable de sa perte, même par cas fortuit, à moins que la chose n'eût également péri entre les mains du *solvens* ; il devra restituer avec elle les fruits qu'il aura perçus et ceux qu'il aura négligé de percevoir.

L'*accipiens* de bonne foi ne sera jamais tenu que jusqu'à concurrence de son enrichissement. Si une somme d'argent lui a été payée, il sera réputé s'être enrichi d'autant, et, en conséquence, devra la restituer intégralement, mais ne devra aucun compte des intérêts. Si c'est une chose individuellement déterminée, qui lui a été livrée, il ne sera tenu de la rendre que dans l'état où elle se trouvera au moment de la répétition : si elle a été détruite en totalité ou en partie, fût-ce même par le fait de l'*accipiens* de bonne foi, celui-ci n'en sera aucunement responsable, et ne devra point de dommages-intérêts. — Il ne sera pas tenu de restituer les fruits qu'il aura perçus, car il est réputé ne s'en être pas enrichi.

La faveur dont jouit l'*accipiens* de bonne foi se justifie aisément. Si quelqu'un doit se trouver en perte, par suite du paiement de l'indu, n'est-ce pas plutôt celui qui a eu l'imprudence de faire ce paiement, que celui qui s'est simplement contenté de le recevoir croyant y avoir droit.

Nous allons d'abord étudier les obligations dont est tenu l'*accipiens*, suivant qu'il a été de bonne ou de mauvaise foi, tant en ce qui concerne la restitution du capital ou de la chose indûment payée, qu'en ce qui touche la restitution des intérêts ou des fruits. Nous verrons ensuite quels sont ses droits relativement aux dépenses qu'il aura faites sur la chose.

OBLIGATIONS DE L'ACCIPIENS. — Le paiement de l'indu peut être le paiement d'une dette purement imaginaire, ou bien le paiement d'une dette réelle fait par le débiteur à une autre personne que le véritable créancier, ou bien encore le paiement d'une dette réelle fait au véritable créancier par une personne qui se croit à tort débitrice. Les deux premiers cas sont prévus par l'art. 1376; le troisième par l'art. 1377. Aux termes de cet article: *Lorsqu'une personne qui, par erreur, se croyait débitrice, a acquitté une dette, elle a le droit de répétition contre le créancier.* C'est bien là notre troisième cas de paiement de l'indu. L'article continue : *Néanmoins ce droit cesse dans le cas où le créancier a supprimé son titre par suite du paiement, sauf le recours de celui qui a payé contre le véritable débiteur.* Ainsi lorsqu'un créancier, ayant reçu de bonne foi le paiement de ce qui lui était dû, d'une personne qui n'était pas débitrice et qui a payé par erreur aura supprimé son titre de créance, il sera à l'abri de toute action en répétition de la part du *solvens*, il ne faut pas en effet qu'il souffre en quoi que ce soit du paiement qui lui a été fait et qu'il a cru pouvoir très-régulièrement accepter. « Si le créancier étant dans la « bonne foi », dit le rapport au Tribunat, « avait par « suite du paiement supprimé le titre de sa créance, alors

« il, ne pourrait sans injustice être rendu victime, c'est à
« celui qui l'a mal à propos payé à s'imputer l'anéantisse-
« ment du titre ; lui seul est responsable des suites »(1). Bien
entendu celui qui aura ainsi payé la dette d'autrui, croyant
payer la sienne propre, aura un recours contre le débiteur
dont il aura, à son insu, acquitté la dette, et le créancier
devra alors tout faire pour lui faciliter l'exercice de ce
recours. — Ce que l'art. 1377 dit du cas où le créancier a
supprimé son titre par suite du paiement, qu'il a reçu de
bonne foi, doit s'étendre également à tous les cas où le droit
de répétition, exercé contre le créancier, placerait celui-ci
dans une situation pire que celle où il était avant le paiement. Ainsi celui qui, se croyant débiteur, a payé la
dette d'autrui, ne pourrait plus agir en répétition, si le
créancier, qui a touché le paiement de sa créance, avait
donné mainlevée des hypothèques, du gage, du caution-
nement qui la garantissait, ou bien encore si, depuis le
paiement qu'il a reçu du tiers non débiteur, sa créance
avait été prescrite (2). — Nous voyons là une application
de ce principe que la répétition de l'indu ne doit jamais
nuire à celui qui l'a reçu et retenu de bonne foi.

Si celui qui a reçu l'indu est de bonne foi, il n'est jamais
tenu de le restituer, avons-nous dit, que dans la mesure
où il s'en trouve enrichi au moment où il apprend qu'il
est obligé de rendre ; s'il est de mauvaise foi, il est au
contraire tenu non-seulement de restituer ce qu'il a indûment reçu, mais encore d'indemniser celui qui a payé,
de tout le dommage qu'il lui a causé.

De là cette première conséquence que l'*accipiens* de

(1) Fenet. Tom. 13, p. 473.
(2) Laromblère. Traité des oblig., tom. V, p. 617.

bonne foi ne devra restituer ce qu'il aura reçu indûment qu'autant qu'il l'aura encore entre les mains ou qu'il s'en sera enrichi; tandis qu'au contraire l'*accipiens* de mauvaise foi devra toujours le restituer intégralement, qu'il l'ait ou non encore en sa possession, qu'il en ait ou non profité. Pour appliquer cette règle, il faut ici rappeler la distinction que font les auteurs suivant que les choses données en paiement peuvent être considérées, au point de vue de la restitution qui en est due, comme choses fongibles, auquel cas l'obligation de restituer est une obligation de genre, ou bien au contraire qu'elles doivent être considérées comme individuellement déterminées, auquel cas l'obligation de restituer est une obligation de corps certain, ayant pour objet les choses mêmes qui ont été payées.

Si ce sont des choses fongibles qui ont été payées, celui qui les a indûment reçues est réputé s'être enrichi d'autant, sans qu'il soit admis à faire la preuve contraire, et doit par conséquent les restituer par équivalent, qu'il ait été de bonne ou de mauvaise foi.

Si, au contraire, les choses qui ont été payées indûment sont des choses certaines et déterminées, qui doivent être restituées individuellement les mêmes, il y a le plus grand intérêt à distinguer si l'*accipiens*, qui en est tenu, est de bonne ou de mauvaise foi. — Supposons que la chose indûment payée ait été détruite en tout ou en partie : si c'est par le fait de l'*accipiens*, les principes voudraient, qu'abstraction faite de sa bonne ou de sa mauvaise foi, celui-ci fût toujours condamné à des dommages-intérêts, attendu que nul ne peut se libérer par son propre fait. Or voici ce que décide, à cet égard, l'art. 1379 : *Si la chose indûment reçue est un immeuble ou un meuble corporel, celui qui l'a reçue s'oblige à la restituer en nature, si elle existe, ou sa valeur, si elle est périe ou détériorée par sa faute; il est même garant de sa perte par cas fortuit, s'il l'a reçue de mauvaise foi.* Ainsi l'art. 1379 distingue suivant que celui à qui la chose indue a été payée, l'a reçue de bonne ou de mauvaise foi : si en la recevant il a été de bonne foi, il n'est, en cas de perte ou de détérioration de cette chose, tenu que de sa faute; s'il a été de mauvaise foi, il répond non-seulement de sa faute, mais encore des cas fortuits. — Si la chose payée a péri ou a été détériorée, celui qui l'a reçue de bonne foi, nous dit l'art. 1379, est responsable lorsque c'est par sa faute que la perte ou la détérioration a eu lieu : mais comment celui qui détruit de bonne foi la chose qu'il a reçue en paiement peut-il se trouver en faute, puisqu'il ne sait pas qu'il en est débiteur? Nous croyons que l'art. 1379 a eu en vue le cas où l'*accipiens*, de bonne foi en recevant la chose, a cessé de l'être lorsqu'il l'a détruite ou détériorée : l'*accipiens* ici est évidemment en faute, quoique de bonne foi à l'origine, et doit par conséquent des dommages-intérêts. Mais si l'*accipiens* se trouvait encore de bonne foi au moment où la chose a péri ou a été détériorée, il n'en serait aucunement responsable, quand bien même la perte ou la détérioration proviendrait de son fait, et ne devrait compte que du profit qu'il en aurait retiré. Telle est du moins la règle que nous paraît contenir implicitement l'art. 1379; nous sommes d'autant plus porté à l'admettre qu'il s'agit ici d'une règle éminemment équitable, que consacraient déjà le droit romain et notre ancien droit (1).

(1) Pothier. Nos 170 et 171. — Delvincourt. Tom. III, p. 682. — Toullier. Tom. XI. nos 91 et 102. — Marcadé. Sur l'art. 1379. —

Celui qui a reçu de bonne foi une chose qui ne lui était pas due, n'est en aucun cas responsable de la perte ou des détériorations de la chose; il ne le devient que du jour où a cessé sa bonne foi, et qu'autant que cette perte ou ces détériorations proviennent de son dol ou de sa faute. Si maintenant nous supposons que celui à qui la chose a été indûment payée, l'a reçue de mauvaise foi, l'art. 1379 décide qu'il est même garant de sa perte par cas fortuit. Sa mauvaise foi, qui a existé dès l'origine, le constitue en demeure du jour de son entrée en possession. Or, lorsqu'un débiteur est en demeure, il est, aux termes de l'art. 1302, tenu même des cas fortuits. Toutefois nous ne mettrions pas la perte de la chose à la charge de l'*accipiens* de mauvaise foi, si elle fût également arrivée chez le *solvens*. Il n'y a que le voleur qui soit en pareille hypothèse tenu des cas fortuits, et l'*accipiens* de mauvaise foi ne saurait lui être assimilé.

Remarquons bien ici la différence que l'art. 1379, tel que nous l'avons interprété, établit entre l'*accipiens* qui a été de mauvaise foi dès l'origine et celui qui l'est seulement devenu dans la suite : le premier se trouve constitué en demeure par le seul fait de sa mauvaise foi initiale, et répond même des cas fortuits; le second au contraire, même après qu'il est devenu de mauvaise foi, n'est pas en demeure et n'est tenu que de sa faute. Il est facile de justifier cette différence : celui qui reçoit une chose, sachant qu'elle ne lui est pas due, est infiniment plus coupable que celui qui la retient après l'avoir reçue

Aubry et Rau. 3ᵉ édit., tom. III, p. 534. — Larombière. Traité des obligations, tom. V, p. 660. — Mourlon. Tom. II, p. 867.

de bonne foi, et cru, pendant longtemps peut-être, en être devenu le légitime maître; il ne faut donc pas s'étonner qu'il soit tenu d'une obligation plus rigoureuse que ce dernier.

Du cas où la chose a été détériorée ou détruite par cas fortuit, il convient de rapprocher celui où, par suite d'une aliénation, la chose n'est plus en la possession de l'*accipiens*. Pour déterminer quelle sera dans cette dernière hypothèse l'obligation de l'*accipiens*, il faut distinguer suivant qu'en aliénant il a été de bonne ou de mauvaise foi: l'*accipiens* a-t-il été de bonne foi, il ne sera tenu que de restituer le prix de l'aliénation; a-t-il au contraire été de mauvaise foi, il devra restituer le prix de l'aliénation ou la valeur même de la chose, suivant que l'un ou l'autre sera supérieur. Telle est la règle que consacre l'art. 1380. C'est toujours, nous le voyons, l'application de ce même principe, à savoir que l'*accipiens* de bonne foi n'est jamais tenu que de son enrichissement, tandis que l'*accipiens* de mauvaise foi doit en outre la réparation de tout le préjudice, qu'il a causé au *solvens*.

Que décider, si celui qui a reçu une chose qui ne lui était pas due, en a fait une libéralité? S'il a agi de mauvaise foi, il sera tenu de payer au *solvens* la valeur de la chose, comme tout à l'heure, au cas de vente à un prix inférieur; si, au contraire, il a agi de bonne foi, ne s'étant pas enrichi, il se trouvera complètement libéré par la donation qu'il aura faite de la chose. Bien entendu, s'il avait stipulé quelques avantages, comme condition de sa libéralité, il en devrait compte au *solvens*.

Dans le cas d'une aliénation, moyennant un prix, si le prix n'a pas encore été payé l'*accipiens* de bonne foi, tenu de l'action en répétition, sera quitte en abandonnant au *solvens* la créance qu'il a contre l'acquéreur ; si le prix a déjà été payé, l'*accipiens* est présumé s'en être enrichi et doit le restituer en entier.

Supposons qu'au lieu d'une vente, c'est un échange qui a été fait de la chose indûment payée : l'*accipiens*, s'il est de bonne foi, ne sera tenu que de la nouvelle chose, qu'il aura acquise en échange ; s'il est de mauvaise foi, le *solvens* pourra, s'il le préfère, lui réclamer la valeur de la chose qu'il lui aura remise en paiement.

Celui qui reçoit une chose qui ne lui est pas due, nous l'avons déjà dit, n'en devient pas propriétaire. Je suppose que l'*accipiens* ait vendu la chose qui lui a été donnée en paiement, et que l'acheteur n'en ait acquis la propriété, ni par la prescription, ni par application de la règle : *en fait de meubles, la possession* vaut titre ; le *solvens* pourrait-il revendiquer sa chose entre les mains de ce dernier ? l'affirmative n'est pas douteuse, si l'*accipiens* a été de mauvaise foi en aliénant. Mais que décider, s'il a été de bonne foi ? La revendication dans ce cas sera-t-elle encore possible ? La question est vivement débattue.

Suivant MM. Delvincourt et Toullier, une fois que la chose se trouve aliénée le *solvens* n'a plus sur elle aucune espèce de droit, tout ce qu'il peut exiger aux termes de l'art. 1380, c'est qu'on lui restitue le prix de la vente. La pensée de la loi est interprétée en ce sens que l'*accipiens*, qui se croit propriétaire, peut valablement disposer de la chose et en transférer la propriété : « sa bonne foi », « disait M. Bertrand de Grenille « dans son rapport au

« Tribunat, le fait justement considérer comme légitime
« propriétaire de la chose, d'où naît la conséquence qu'il
« avait le droit d'en disposer de la manière qu'il a jugée
« la plus convenable à ses intérêts » (1). Cette théorie,
qui était vraie en droit romain, ne l'est plus dans notre
droit : aujourd'hui c'est un principe certain que le
paiement fait sans cause n'est pas translatif de propriété, les paroles du rapporteur au Tribunat n'ont
pas en elles-mêmes assez d'autorité pour y faire déroger. — L'art. 1380, dit-on, retire implicitement au *solvens* toute action pour recouvrer sa chose contre les tiers
acquéreurs. Mais cette allégation n'est nullement fondée.
L'art. 1380 ne s'occupe que des rapports entre celui qui
a payé une chose, qu'il ne devait pas, et celui qui l'a
reçue, il a seulement pour but de déterminer ce que
devient, après l'aliénation de la chose, l'obligation de l'*accipiens* de bonne foi. Quant aux rapports entre le *solvens*
et le tiers acquéreur, l'art. 1380 n'y touche pas ; ils doivent se régler d'après les principes du droit commun :
l'*accipiens* n'était pas propriétaire de la chose qu'il a
vendue, il n'a donc pas pu en transférer la propriété ;
après comme avant la vente, le *solvens* reste propriétaire
de la chose et doit pouvoir la revendiquer.

M. Colmet de Santerre permet en principe au *solvens*
de revendiquer sa chose entre les mains du tiers acquéreur, à moins cependant que son action ne doive réfléchir, par un recours en garantie, contre l'*accipiens* de
bonne foi. La loi ne veut pas que l'*accipiens* souffre un
préjudice quelconque à l'occasion de la chose qui lui a
été indûment payée ; s'il vend cette chose, dit l'art. 1380,

(1) Fenet. Tom. XIII, p. 473 et 474.

Arthaud.   19

il ne sera tenu que du prix qu'il en aura retiré. Le *solvens* qui ne peut pas nuire à *l'accipiens* de bonne foi en agissant directement contre lui ne doit pas le pouvoir davantage en revendiquant sa chose entre les mains du tiers acquéreur. L'action en revendication doit donc être refusée au *solvens* toutes les fois qu'elle réfléchirait contre *l'accipiens* de bonne foi.

M. Larombière ne fait aucune distinction et accorde dans tous les cas au *solvens* l'action en revendication contre le tiers acquéreur. Tout ce qui résulte de l'art. 1380 c'est que le *solvens*, en cas d'aliénation de la chose indûment payée, ne pourra jamais rien réclamer à *l'accipiens* de bonne foi au delà du prix qu'il aura obtenu de la vente; c'est à tort qu'on prétend en conclure qu'il ne pourra pas davantage revendiquer son bien entre les mains du tiers acquéreur. L'art. 1380 ne règle que les rapports entre le *solvens* et *l'accipiens* de bonne foi et laisse sous l'empire du droit commun les rapports entre le *solvens* et le tiers acquéreur. Sans doute *l'accipiens* ne peut souffrir aucun dommage, résultant directement de son obligation de restituer la chose indûment payée; mais rien ne s'oppose à ce qu'il en éprouve un par suite de l'obligation de garantie, qu'il a contractée en aliénant la chose.

Quant à nous, nous pensons avec MM. Duranton, Marcadé, Aubry et Rau, Mourlon, que celui qui a payé indûment la chose pourra toujours la revendiquer entre les mains du tiers acquéreur, à la condition toutefois d'indemniser *l'accipiens*, qui l'a vendue de bonne foi, de toutes les condamnations, que celui-ci se trouverait essuyer à la suite de l'éviction du tiers. Nous respectons ainsi, tout à la fois, et le droit du *solvens* qui est de reprendre sa chose, puisqu'il en est resté propriétaire, et la disposition de l'art. 1380, qui veut que l'*accipiens* n'éprouve aucune perte à l'occasion du paiement indu, qu'il a reçu de bonne foi. — Mais, dit-on, l'art. 1380 ne soustrait l'*accipiens* de bonne foi qu'au dommage direct résultant de l'obligation de restituer ; la perte que celui-ci éprouve par suite du recours en garantie du tiers évincé, est un dommage indirect, dont il ne s'occupe pas. Nous répondrons que le législateur dans l'art 1380 déroge, en faveur de l'*accipiens* de bonne foi, à cette règle de droit commun que nul ne peut se libérer par son propre fait, et que par là il témoigne suffisamment sa volonté de ne laisser souffrir en rien l'*accipiens* de bonne foi. Il n'y a aucune bonne raison de distinguer, comme on le fait, entre le dommage direct et le dommage indirect : pas plus par la revendication contre le tiers acquéreur, que par la répétition contre l'*accipiens* de bonne foi, le *solvens* ne doit pouvoir nuire à ce dernier.

L'intérêt qu'il y a à distinguer si l'*accipiens* a été de bonne ou de mauvaise foi se présente non-seulement au point de vue de la restitution du capital, mais encore au point de vue de la restitution des intérêts ou des fruits.

Aux termes de l'art. 1378, *s'il y a eu mauvaise foi de la part de celui qui a reçu, il est tenu de restituer tant le capital, que les intérêts ou les fruits du jour du paiement.* Ainsi, celui qui a reçu de mauvaise foi ce qui ne lui était pas dû, en doit les intérêts ou les fruits du jour du paiement : les intérêts, s'il s'agit de sommes d'argent ou de choses qui se déterminent au compte, au poids ou à la mesure (1) ; les fruits, s'il s'agit de ces choses individuelle-

(1) Dans ce dernier cas, les intérêts se calculent sur la valeur estimative des choses payées.

ment déterminées donnant lieu à une obligation de corps certain.

L'accipiens de mauvaise foi est obligé, à raison de son délit, d'indemniser le *solvens* de tout le préjudice qu'il lui a causé. Il sera donc tenu non-seulement des intérêts et des fruits, qu'il aura réellement perçus, mais encore de tous ceux qu'il aura négligé de percevoir.

L'accipiens de bonne foi, au contraire, n'est jamais tenu que du capital, et ne doit aucun compte des fruits et des intérêts même de ceux qu'il a réellement perçus. La règle de l'art. 549, pour le possesseur de bonne foi, lui est pleinement applicable. A Rome et dans notre ancien droit, l'*accipiens* de bonne foi était tenu de restituer les fruits qu'il avait perçus, jusqu'à concurrence de son enrichissement ; aujourd'hui, on présume que les fruits n'enrichissent pas celui qui les perçoit de bonne foi, et on dispense ce dernier de toute restitution.

Nous avons supposé un *accipiens* de mauvaise foi au moment même du paiement, et nous avons dit qu'il était tenu des intérêts et des fruits à partir de cette époque. Si, de bonne foi à l'origine, il a cessé de l'être ensuite, à dater de quel moment devra-t-il les intérêts et les fruits ? Pour les fruits, il n'y a pas de difficulté, ils seront dus du jour où la bonne foi de l'*accipiens* aura cessé. Mais la question fait doute, lorsqu'il s'agit des intérêts. En principe, les intérêts de sommes d'argent, de deniers et autres choses mobilières, ne peuvent résulter que d'une convention ou de la mise en demeure par une demande en justice : l'art. 1378 déroge à cette règle lorsque l'*accipiens* a été de mauvaise foi dès l'origine : dans ce cas les intérêts courent en dehors de toute convention, et avant qu'aucune demande en justice n'ait été formée. Faut-il étendre cette dérogation au cas où l'*accipiens*, de bonne foi à l'origine, a ensuite cessé de l'être, et faire cou ir de plein droit les intérêts à compter de ce moment? Les exceptions étant de droit étroit, nous sommes assez disposé à limiter l'application de l'art. 1378, d'autant qu'il y a entre l'*accipiens* de mauvaise foi dès l'origine et celui qui ne l'est devenu qu'après coup, cette grande différence que le premier est en demeure, tandis que le second ne l'est pas. Toutefois, si l'on considère que celui qui a payé par erreur ce qu'il ne devait pas, se trouve, par le fait même de son erreur, dans l'impossibilité d'actionner l'*accipiens* en restitution de l'indû, il faut convenir qu'il y avait bien là un motif suffisant pour déroger à la règle générale et faire courir de plein droit les intérêts contre l'*accipiens* devenu de mauvaise foi.

Que déciderons-nous dans le cas inverse, si l'*accipiens*, de mauvaise foi à l'origine, a cessé de l'être ensuite? Commencera-t-il à faire les fruits siens, du jour où il sera devenu de bonne foi? Nous retrouverons la même question, à propos de l'acquisition des fruits par le possesseur : c'est à cet endroit que nous nous proposons de la traiter. Voici la solution qui nous paraît être la plus juridique : l'*accipiens*, devenu de bonne foi au cours de sa possession, ne fera pas les fruits siens, son obligation de restituer a sa cause dans sa mauvaise foi initiale, et, du moment qu'elle a pris naissance, ne peut plus être ensuite modifiée par la survenance de la bonne foi.

Obligations du solvens. — Nous venons de voir quelles sont les obligations de l'*accipiens*, indiquons en deux mots quelles sont celles du *solvens*.

Aux termes de l'art. 1381, *celui auquel la chose est res-*

tituée doit tenir compte, même au possesseur de mauvaise foi, de toutes les dépenses nécessaires et utiles qui ont été faites pour la conservation de la chose. Il ne s'agit ici que des dépenses *nécessaires* proprement dites, de ces dépenses, comme dit l'article, *qui ont été faites pour la conservation de la chose.* C'est improprement qu'on les appelle : *utiles,* on ne désigne ainsi que les dépenses qui procurent à la chose une amélioration, une plus-value, et qui n'étaient pas nécessaires au point de vue de sa conservation. Il y a une troisième catégorie de dépenses, ce sont celles qui n'améliorent pas la chose, mais l'embellissent simplement, sans lui donner une plus-value appréciable en argent; on les appelle : *voluptuaires.*

Si l'*accipiens* a fait sur la chose des dépenses nécessaires, le *solvens* sera tenu de lui en rembourser le montant intégral. L'art. 1381 ne distingue pas si l'*accipiens* a été de bonne ou de mauvaise foi; et en effet, du moment qu'il s'agit de dépenses, qui ont conservé la chose et l'ont empêchée de périr, qu'importe la bonne ou la mauvaise foi de celui qui les a faites? Le *solvens* doit toujours les supporter en entier, puisqu'elles lui ont profité pour le tout.

Si les dépenses faites par l'*accipiens* sont des dépenses utiles, c'est-à-dire ont simplement amélioré la chose, sans être nécessaires à sa conservation, ce n'est plus l'art. 1381 qu'il faut appliquer, c'est l'art. 555. Nous distinguerons donc, suivant que l'*accipiens*, qui a fait les dépenses, était de bonne ou de mauvaise foi. Était-il de bonne foi, le *solvens* pourra, à son choix, lui payer, soit le montant des dépenses, soit la plus-value : s'il rembourse les dépenses, et que celles-ci soient inférieures à la plus-value, il s'enrichira de toute la différence, mais ce ne sera pas aux dépens de *l'accipiens*, puisque celui-ci se trouve complètement indemne par le remboursement qui lui est fait; si, au contraire, il paie la plus-value, et que celle-ci soit inférieure aux dépenses, ni il ne s'enrichira, puisqu'il restitue tout ce dont sa chose a augmenté de valeur, ni il n'appauvrira *l'accipiens*, car, si celui-ci se trouve en perte, ce sera moins pour avoir été condamné à restituer la chose, que pour avoir fait des dépenses excédant la plus-value. *L'accipiens* était-il, au contraire, de mauvaise foi, le *solvens* aura le choix entre lui rembourser le montant intégral de ses dépenses, ou bien lui laisser enlever ses matériaux, en l'obligeant à remettre toutes choses dans leur état antérieur.

Quant aux dépenses voluptuaires, celles qui n'ont procuré aucune plus-value à la chose, le *solvens* n'est jamais obligé de les rembourser à *l'accipiens*, ce dernier eût-il été de bonne foi, car il ne s'en enrichit pas. Ici *l'accipiens* se trouve en perte, mais ce n'est pas par suite de son obligation de restituer la chose; il s'est appauvri par les dépenses mêmes qu'il a faites.

Les dépenses d'entretien et de culture sont une charge de la jouissance; *l'accipiens* de bonne foi qui jouit de la chose doit donc les supporter intégralement. Quant à *l'accipiens* de mauvaise foi, il pourra se les faire rembourser, puisqu'il est obligé de restituer les fruits.

CHAPITRE III

La possession est la détention d'une chose à titre de propriétaire, avec la volonté d'en disposer en maître. Les choses corporelles étant seules susceptibles de détention, c'est pour elles seules, si l'on s'en tenait à un langage très-rigoureux, qu'on pourrait parler de possession ; mais dès le droit romain déjà, on a compris que les choses incorporelles, les purs droits, sont eux-mêmes susceptibles, par l'exercice qu'on en fait, d'une espèce de détention morale, équivalant à la détention physique des premières, et, après avoir longtemps donné à cette détention morale le nom de quasi-possession, on a fini par lui donner le nom pur et simple de possession comme à l'autre. De là la définition que donne de la possession l'art. 2228 : *La possession est la détention d'une chose ou d'un droit que nous tenons ou que nous exerçons par nous-mêmes, ou par un autre qui la tient ou l'exerce en notre nom.*

Cet article ne parle que de la détention physique ou morale, et n'ajoute pas cette autre condition : *à titre de propriétaire ;* mais cet élément de la possession résulte de l'ensemble des textes qui suivent, combinés entre eux. Ceux qui détiennent une chose ou qui exercent un droit pour le compte d'autrui ne sont pas des possesseurs proprement dits ; il n'y a que celui au nom de qui ils détiennent la chose ou exercent le droit, qui possède réellement dans le sens exact du mot : Nous possédons, dit l'art. 2228, par ceux qui détiennent une chose ou qui exercent un droit en notre nom ; donc ces derniers ne possèdent pas, on les appelle des possesseurs pour autrui, de simples détenteurs à titre précaire. L'usufruitier est possesseur de son droit d'usufruit, car il l'exerce pour son propre compte ; mais il ne l'est pas de la chose même, sur laquelle repose son usufruit, car il la détient pour le compte du nu-propriétaire qui reste possesseur. De même, le locataire est possesseur de ses droits de locataire qu'il exerce, mais non de la chose louée, car il la possède toujours pour le compte du locateur.

La possession est un fait, la détention d'une chose à titre de propriétaire, ou l'exercice d'un droit à titre de titulaire. Suivant que ce fait correspond ou non au droit, dont il est l'exercice, la possession est ou non légitime. Nous avons à rechercher ici quel sont, en cas de possession injuste, les effets de la bonne et de la mauvaise foi du possesseur. Nous allons d'abord nous attacher à la possession de choses individuelles, nous supposerons ensuite celle d'une universalité de biens, d'une hérédité.

SECTION I. — Possession de choses individuelles.

Une personne possède une chose qui ne lui appartient pas : quelle serait, si nous faisions abstraction de sa bonne ou de sa mauvaise foi, sa situation vis-à-vis du propriétaire ? Pendant trente ans il pourrait être actionné en revendication, et condamné à restituer la chose avec tous les fruits et produits non consommés. Si avant cette époque il avait cessé de posséder, fût-ce même par son fait, la revendication ne serait plus possible contre lui, car il n'en était tenu que comme détenteur. S'il n'avait cessé de posséder que pour partie, la revendication serait encore possible à son égard, mais seulement pour ce qui resterait de la chose entre ses mains. Bien entendu, si, en consommant tout ou partie de la chose, il en avait tiré quelque profit, il devrait en tenir compte au propriétaire. Quant aux dépenses que le possesseur aurait faites sur la chose, voici dans quelle mesure le propriétaire en serait tenu ; il devrait rembourser intégralement toutes les dépenses nécessaires, et les autres, seulement jusqu'à concurrence de la plus-value qu'elles se trouveraient avoir donnée à la chose. Si le possesseur avait intérêt à reprendre ses matériaux, en remettant toutes choses dans leur état primitif, le propriétaire ne devrait pas s'y opposer.

Cette situation se trouve modifiée par suite de la bonne ou de la mauvaise foi du possesseur : suivant que ce dernier sera de bonne ou de mauvaise foi, sa situation sera ou meilleure ou pire.

Un des principaux effets de la bonne foi dans la possession est de rendre le possesseur propriétaire par la prescription de 10 à 20, s'il s'agit d'immeubles ; par une sorte de prescription instantanée, s'il s'agit de meubles. Ce premier effet de la bonne foi se justifie tout à la fois, et par la faveur qui s'attache à la bonne foi du possesseur, et par la faute du propriétaire, qui a négligé de faire valoir ses droits, et n'a pas surveillé suffisamment ses biens, et enfin, par cette considération d'utilité publique, qu'il est de la plus haute importance que la propriété ne reste pas douteuse et incertaine, surtout lorsqu'il s'agit de la propriété mobilière, qui est soumise à des mutations si fréquentes et si rapides.

Un second effet de la bonne foi est relatif aux fruits.

Le possesseur fait siens les fruits qu'il perçoit de bonne foi, absolument comme s'il était propriétaire de la chose qui les produit : quand bien même il les aurait encore entre les mains, il est dispensé de les rendre au propriétaire. Le possesseur, en effet, a réglé sur eux sa dépense annuelle, il est réputé ne pas s'en être enrichi, et ce serait l'appauvrir que de l'obliger à les restituer. Le possesseur de mauvaise foi, au contraire, est tenu non-seulement des fruits qu'il a perçus, qu'il les ait ou non-consommés, mais encore de tous ceux qu'il a négligé de percevoir : c'est la conséquence du délit qu'il a commis en se mettant en possession d'une chose qu'il savait ne pas lui appartenir, délit qui l'oblige à réparer tout le dommage qui en est résulté pour le propriétaire.

Un autre intérêt à distinguer si le possesseur est de bonne ou de mauvaise foi, c'est lorsque celui-ci a cessé de posséder ou qu'il a détérioré la chose ; suivant qu'il aura été de mauvaise ou de bonne foi, il sera ou non responsable et tenu de dommages-intérêts.

Enfin, nous verrons qu'aux termes de l'art. 555 le possesseur qui a élevé des constructions, fait des plantations sur le fonds d'autrui, a, vis-à-vis du propriétaire, des droits qui varient suivant qu'il a été de bonne ou de mauvaise foi. Le propriétaire doit rembourser au possesseur de bonne foi la plus-value donnée à la chose ou la valeur des matériaux et le prix de la main d'œuvre ; au possesseur de mauvaise foi le montant intégral de ses dépenses, si mieux il n'aime lui laisser enlever ses matériaux.

Nous allons étudier successivement les effets de la bonne foi : 1° quant à l'acquisition de la propriété de la chose possédée ; 2° quant à l'acquisition des fruits ;

3° Lorsque le possesseur a cessé de posséder ou détérioré la chose; 4° Lorsqu'il a fait sur elle des dépenses.

1° Effets de la bonne foi quant à l'acquisition de la propriété de la chose possédée.

La bonne foi, avons-nous dit, fait acquérir la propriété des immeubles par une prescription spéciale de dix à vingt ans, et celle des meubles immédiatement du jour où le possesseur entre en possession, par une sorte de prescription instantanée. Etudions chacun de ces modes d'acquisition.

§ 1. — De la prescription de 10 à 20 ans.

Celui qui possède pendant trente ans un immeuble, qui ne lui appartient pas, en acquiert la propriété. Au bout de ce temps, l'ancien propriétaire, qui n'a pas fait valoir son droit, est présumé y avoir renoncé; en tous cas, il a montré une telle négligence, qu'il ne mérite plus que la loi le lui reconnaisse et le sanctionne. L'intérêt public exige en outre qu'il en soit ainsi : il importe, en effet, que des revendications tardives ne viennent pas changer des situations de fait, que consacre l'autorité d'un long temps.

Lorsque le possesseur est de bonne foi, le temps par lequel il peut prescrire est abrégé : trente ans ne sont plus nécessaires, mais seulement dix ou vingt ans suivant que le propriétaire habite ou non le ressort de la Cour d'appel où se trouve situé l'immeuble. Cette diminution du délai de la prescription se justifie par la faveur toute particulière que mérite le possesseur de bonne foi. La

faute qu'a commise le propriétaire, en laissant pendant
dix ou vingt ans son bien entre des mains étrangères,
n'est pas assez lourde pour qu'on puisse équitablement
le dépouiller au profit d'un possesseur de mauvaise foi ;
mais s'agit-il de maintenir en possession un possesseur
de bonne foi, elle devient alors pleinement suffisante.

Cette prescription de dix à vingt ans remonte au droit
romain, où elle fut introduite par le préteur. Elle existait
également dans notre ancien droit, nous la retrouvons
dans un grand nombre de provinces coutumières, mais pas
dans toutes cependant. Chose singulière ! fait remarquer
M. Troplong, dans les pays de droit écrit où il semble
qu'elle devait être admise *a fortiori*, la prescription de
dix à vingt ans était rejetée par plusieurs Parlements, par
exemple dans le ressort des parlements de Grenoble, de
de Toulouse, de Bordeaux, de Provence. Il faut très-probablement attribuer cela à la novelle 119 de Justinien,
dont l'application devait rendre très-rares les cas de prescription par dix à vingt ans.

Parmi les règles qui régissent la prescription de
dix à vingt ans, les unes sont spéciales à cette prescription, les autres sont communes à la prescription
trentenaire : nous ne nous occuperons que des premières.
Pour prescrire par dix à vingt ans comme pour prescrire par trente ans, il faut posséder à titre de propriétaire, avoir une possession continue, non interrompue,
paisible, publique et non équivoque (art. 2230). Ces divers caractères, que doit présenter la possession, étant les
mêmes, qu'il s'agisse de la prescription par dix à vingt
ans ou de la prescription trentenaire, nous ne nous y arrêterons pas. Nous négligerons également les règles concernant la suspension de la prescription et son interrup-

tion, tant civile que naturelle, car elles sont communes aux deux prescriptions.

Demandons-nous d'abord quelles sont les conditions requises pour la prescription par dix à vingt ans; nous verrons ensuite à quels biens cette prescription s'applique.

CONDITIONS REQUISES POUR LA PRESCRIPTION DE DIX A VINGT ANS. — Aux termes de l'art. 2265, pour prescrire par dix à vingt ans, trois conditions sont nécessaires : 1° la bonne foi; 2° un juste titre; 3° une possession prolongée pendant dix à vingt ans.

De la bonne foi. — Elle est le fondement même de la prescription par dix à vingt ans. C'est par faveur pour elle que cette prescription a été admise. Est possesseur de bonne foi, quiconque possède une chose qui ne lui appartient pas, et dont il se croit propriétaire. On peut donc définir la bonne foi : la croyance ferme et erronée qu'a une personne qu'elle est devenue propriétaire de la chose qu'elle possède.

Il faut que cette croyance soit *ferme*, c'est-à-dire que la personne soit pleinement convaincue qu'elle est devenue propriétaire : s'il y a, à cet égard, le moindre doute dans son esprit, elle n'a plus cette bonne foi, qui est requise pour prescrire par dix à vingt ans.

Il faut, en second lieu, que cette croyance soit *erronée* : c'est évident, ce n'est en effet qu'autant que le possesseur, qui s'est cru propriétaire, s'est trompé, qu'il peut être question pour lui de le devenir par prescription. Mais toute espèce d'erreur peut-elle servir de base à la bonne foi? En droit romain et dans notre ancienne juris-

— 303 —

prudence, on distinguait entre l'erreur de droit et l'erreur de fait, la bonne foi, pour être utilement invoquée, devait reposer sur une erreur de fait. « L'erreur de droit, dit « Pothier, n'est pas une juste opinion et ne donne pas à la « possession le caractère nécessaire pour la prescrip- « tion. » M. Troplong fait la même distinction et admet dans toute sa rigueur cette règle, d'après laquelle l'erreur de droit doit empêcher l'usucapion. Quant à nous, nous nous référons à ce que nous avons dit plus haut au sujet de l'erreur de droit et de l'erreur de fait; nous croyons que, s'il est constant qu'une personne a acquis de bonne foi un immeuble, elle pourra toujours, quelle qu'ait été son erreur, en prescrire la propriété par dix à vingt ans. Si l'erreur alléguée était tellement grossière qu'elle fît douter de la bonne foi du possesseur, le juge devrait alors refuser à ce dernier le bénéfice de la prescription par dix à vingt ans.

D'après MM. Troplong et Marcadé, la bonne foi se compose de trois éléments, il faut : 1° que l'acquéreur ait cru l'aliénateur propriétaire ; 2° qu'il l'ait cru capable d'aliéner ; 3° que le titre de transmission ait été à ses yeux pur de toute espèce de vice.

M. Troplong en tire cette conséquence que si, au moment de l'acquisition, l'acquéreur a connu le vice, qui infectait le titre de nullité et le rendait rescindable, quand bien même cette nullité serait couverte par dix ans, sa mauvaise foi ne le serait pas, et il ne pourrait prescrire que par trente ans (1).

MM. Aubry et Rau sont d'un avis contraire. D'après eux, la bonne foi en matière d'usucapion doit être prise

(1) Prescript. Tom. II, n° 921.

dans un sens restreint; elle consiste, de la part du possesseur, à croire que la chose appartient à celui qui en dispose en sa faveur. L'usucapion ne devant avoir d'autre résultat que de couvrir, par rapport au véritable propriétaire, le vice consistant en ce que le titre translatif de propriété émane d'un autre que de lui, il semble, en effet, assez naturel de n'exiger pour ce résultat qu'une bonne foi également relative (1). Nous suivrons cette dernière opinion. Celui qui a un juste titre simplement rescindable, n'en a pas moins un titre qui lui eût donné la propriété de la chose, s'il fût émané du véritable propriétaire; sans doute la propriété, qu'il croit avoir ainsi acquise, peut être rescindée, mais qu'importe? Quand bien même il a eu connaissance du vice de son titre, il doit pouvoir le prescrire : il prescrira ce qu'il a cru acquérir, c'est-à-dire une propriété rescindable.

La bonne foi étant la base de la prescription de dix à vingt ans, on ne peut jamais prescrire que ce qu'on a possédé de bonne foi, si donc une personne, qui a acheté un fonds d'un non-propriétaire, n'a été de bonne foi qu'à l'égard d'une partie de ce fonds, c'est seulement cette partie qu'elle pourra prescrire par dix à vingt ans. « Lors- « que, dit Pothier, l'acheteur d'un héritage a connais- « sance qu'il n'appartient pas pour une partie divisée ou « indivisée à son vendeur; ce n'est que pour cette partie « qu'il n'est pas possesseur de bonne foi; il est possesseur « de bonne foi du surplus et il peut acquérir par prescrip- « tion le surplus. Mais lorsque l'acheteur sait seulement « en général que l'héritage n'appartient [pas pour le total « à son vendeur sans savoir pour quelle partie, il ne lui

____

(1) Aubry et Rau. 4ᵉ édit., § 218, note 21.

« appartient pas ; l'acheteur ne pouvant en ce cas avoir
« l'opinion à l'égard d'aucune partie de l'héritage, qu'elle
« appartient au vendeur, et qu'il lui en ait transféré la pro-
« priété ; il n'est possesseur de bonne foi d'aucune partie
« de cet héritage, il n'en peut rien acquérir par prescrip-
« tion » (1). La même règle est encore suivie dans notre
droit.

A quel moment la bonne foi doit-elle se rencontrer
chez le possesseur ?

Aux termes de l'art. 2265, celui-là seul peut prescrire
par dix à vingt ans qui a acquis de bonne foi. C'est donc
au moment même de l'acquisition, c'est-à-dire au moment où le possesseur serait devenu propriétaire, si celui
de qui il tient la chose l'avait été lui-même, que la bonne
foi devra se rencontrer. Dans notre droit, les contrats
étant translatifs de propriété, le possesseur, pour prescrire
par dix à vingt ans devra avoir été de bonne foi au
moment même où la vente, l'échange, la donation lui
a été consentie. A Rome, au contraire, les contrats
n'engendrant jamais que des obligations et la tradition
étant nécessaire pour la translation de propriété, c'était,
en général, au moment où la chose était livrée, qu'on
exigeait la bonne foi chez le possesseur. Au fond, l'idée
était la même chez les Romains que chez nous : puisque
la bonne foi, c'est la croyance qu'on est devenu propriétaire, il est tout naturel qu'elle coïncide avec le moment
où se passe l'acte, qui dans la pensée de l'acquéreur le
rend propriétaire : chez nous, cet acte, c'est le contrat ;
chez les Romains, c'était la tradition. La bonne foi étant
exigée au moment même de l'acquisition, si à cette époque le possesseur a été de mauvaise foi, il ne pourra

(1) Pothier. Prescript., n° 33.

Arthaud.   20

jamais prescrire par dix à vingt ans, quand bien même sa mauvaise foi viendrait ensuite à cesser au cours de sa possession. De là cette conséquence que l'héritier de celui qui a acquis de mauvaise foi un fonds des mains d'une personne qui n'en était pas propriétaire, fût-il personnellement de bonne foi, ne pourra pas prescrire par dix à vingt ans : il n'a pas, en effet, une possession nouvelle, et ne fait que continuer celle de son auteur, le *de cujus*, laquelle a été viciée à son origine par la mauvaise foi. Le successeur particulier, au contraire, ayant une possession nouvelle, pourra toujours prescrire par dix à vingt ans le fonds qu'il a acquis, s'il l'a reçu de bonne foi, sans qu'il y ait à se préoccuper si celui de qui il le tient, l'a ou non acquis de bonne foi.

Si la bonne foi est nécessaire au moment même de l'acquisition, elle ne l'est pas au cours de la possession. C'était la règle à Rome, et c'est encore celle que consacre aujourd'hui l'art. 2265. Le droit canonique voulait, au contraire, que la bonne foi eût existé non-seulement à l'origine, mais aussi pendant tout le temps requis pour la prescription. Ce fut cette disposition que suivit notre ancien droit, surtout dans les provinces coutumières, s'écartant ainsi de la doctrine romaine. « Elle est, disait « Pothier, très-équitable : par la connaissance, qui sur- « vient au possesseur avant qu'il ait accompli le temps « de la prescription, que la chose qu'il avait commencé « de bonne foi à prescrire ne lui appartient pas, il con- « tracte l'obligation de la rendre, laquelle obligation naît « du précepte de la loi naturelle, qui défend de retenir « le bien d'autrui; cette obligation étant une fois con- « tractée, dure toujours jusqu'à ce qu'elle soit acquittée, « et résiste à la prescription. Elle passe aux héritiers de

« ce possesseur et elle empêche pareillement que ses hé-
« ritiers ne puissent prescrire » (1).

Peut-être est-il regrettable que notre droit moderne
n'ait pas, lui aussi, abandonné la règle romaine pour s'attacher à celle du droit canonique et de notre ancien droit,
de beaucoup la plus équitable : permettre au possesseur
qui est devenu de mauvaise foi, de prescrire par 10 à
20 ans, c'est, en quelque sorte, l'encourager à retenir
la chose, au lieu de la restituer, comme serait son devoir, à celui qui en est le légitime maître. Les rédacteurs
du Code, en consacrant la règle romaine, ont sans doute
jugé que le possesseur, qui avait été de bonne foi au
commencement de sa possession, était par là même suffisamment digne d'intérêt pour prescrire par 10 à 20
ans, quoique depuis il eût cessé d'être de bonne foi. C'est
au moment de l'acquisition de la chose, et seulement à
ce moment, qu'ils se sont placés pour apprécier le degré
de faveur que méritait le possesseur de bonne foi. Le
délai de 10 à 20 ans n'est pas tant exigé pour augmenter le titre qu'a le possesseur, à acquérir la propriété
de la chose, que pour ne pas dépouiller le propriétaire
avant que, par sa négligence, il l'ait mérité.

De ce que la bonne foi n'est pas requise pendant tout
le temps de la prescription, il résulte que l'héritier d'un
possesseur de bonne foi pourra, quand bien même il serait personnellement de mauvaise foi, continuer la prescription par dix à vingt ans commencée par son auteur. Ici
la bonne foi du *de cujus* profite à l'héritier, parce qu'il n'y
a qu'une seule possession.—Le successeur particulier, au
contraire, ayant une possession distincte de celle de son

(1) Pothier, Prescrip., n° 31.

auteur ne bénéficiera pas de la bonne foi de ce dernier : il faudra, pour qu'il puisse prescrire par 10 à 20 ans, qu'il ait été personnellement de bonne foi.

Du juste titre. — En matière de prescription, la bonne foi n'est prise en considération qu'autant qu'elle repose sur un juste titre : « Nul, dit M. Bigot Préameneu, dans « son discours au Corps législatif, ne peut croire qu'il « possède comme propriétaire, s'il n'a pas un juste titre « qui soit de sa nature translatif de propriété et qui soit « d'ailleurs valable » (1).

On appelle *juste titre*, tout titre qui, à ne le considérer que d'une manière abstraite, serait de fait et de droit habile à conférer un droit de propriété ou de servitude; en d'autres termes, tout titre qui a pour objet de conférer un droit de propriété ou de servitude est un juste titre, lorsqu'il est légalement autorisé quant à son genre, et que les solennités auxquelles la loi subordonne sa validité ont été observées. Le mot juste fait allusion à ces dernières conditions (2).

M. Marcadé définit ainsi le *juste titre :* « Celui qui au- « rait conféré le droit de propriété, s'il était émané du « véritable propriétaire capable d'aliéner. » Ainsi, sont justes titres : la vente, l'échange, la donation, la constitution de dot, le legs, la datio en paiement. Tous ces actes sont, en effet, de nature à transférer la propriété et s'ils ne la transfèrent pas, c'est qu'ils émanent soit d'un non-propriétaire, n'ayant pas pouvoir d'aliéner, soit d'un

(1) Fenet, t. XV, p. 393.
(2) MM. Aubry et Rau. Tom. I, p. 463.

propriétaire incapable. — Le titre d'héritier ne peut pas être un juste titre pour la prescription ; car tous les biens de la succession, que j'appréhende en qualité d'héritier, je les possède au même titre que les possédait le défunt; à titre d'acheteur si le *de cujus* les avait achetés ; à titre de donataire, s'il les avait reçus en don. S'il s'agissait d'un bien que j'ai cru faire partie de la succession et que le *de cujus* n'a jamais eu dans son patrimoine, je le posséderais sans juste titre.

Les jugements d'adjudication, qui sont des ventes, sont les seuls qui puissent servir de juste titre. Les autres jugements, étant simplement déclaratifs de propriété, ne sauraient être considérés comme de justes titres. Il faut en dire autant des partages, qui, dans notre droit, sont déclaratifs de propriété.

Le contrat de société sera souvent un juste titre, mais ne le sera pas toujours. Supposons une société, j'y ai apporté un immeuble, dont je ne suis pas propriétaire; si, lors de la liquidation de cette société et du partage des biens, cet immeuble est mis dans mon lot, je suis censé l'avoir toujours possédé au même titre, auquel je l'avais, avant de l'avoir apporté dans la société : c'est là une conséquence de l'effet déclaratif du partage. Au contraire, si cet immeuble, que j'ai apporté dans la société, est mis dans le lot d'un de mes coassociés, celui-ci sera réputé l'avoir acquis de moi par le contrat de société, qui dès lors sera pour lui un juste titre d'acquisition. Nous ne parlons ici que du cas où la société ne forme pas une personne morale : si elle en formait une, notre solution serait différente : l'associé qui par suite du partage recouvrerait son ancien immeuble, le reprendrait comme associé et le posséderait en vertu d'un titre nouveau.

La transaction sera ou non un juste titre, suivant que ce sera par la transaction que la chose aura été transférée au possesseur, ou bien que la transaction n'aura fait que confirmer chez lui un droit existant.

Il faut pour fonder la prescription un juste titre *réel*, *actuel*, *valable*. N'avoir qu'un titre *putatif*, *conditionnel* ou *nul*, c'est ne pas en avoir.

Le juste titre doit être *réel* : l'opinion d'un juste titre ne saurait en tenir lieu. A Rome, les jurisconsultes permettaient quelquefois au possesseur de bonne foi d'usucaper en l'absence d'un titre réel, mais ce n'était qu'exceptionnellement, et lorsque des circonstances extraordinaires venaient excuser son erreur sur l'existence d'un juste titre. Dans notre ancien droit, bien que la Coutume de Paris, dans son art. 113, exigeât expressément le *juste titre*, Pothier n'hésitait cependant pas à suivre la doctrine romaine, et enseignait que le possesseur, qui n'avait qu'un titre putatif, pouvait, néanmoins, prescrire par 10 à 20 ans, si son erreur était appuyée sur un juste fondement : « l'art. 113 de la Coutume de Paris, disait-il, doit « s'interpréter dans un sens très-large : L'opinion qu'a le « possesseur que sa possession procède de quelque juste « titre, quoiqu'elle soit fausse, lorsqu'elle est appuyée « sur un juste fondement, est elle-même un juste titre, « comme sous le titre général *pro suo;* un tel possesseur « peut donc dire qu'il est dans les termes de la Coutume « de Paris et qu'il a possédé à juste titre. »

Lemaître enseignait, au contraire, que l'art. 113 de la Coutume de Paris ne permettait pas d'admettre le titre putatif comme pouvant remplacer le juste titre réel dans la prescription de 10 à 20 ans : « Une erreur, disait-il, « quelque fondement qu'elle puisse avoir, ne peut pas

« être un juste titre, lorsqu'il s'agit de s'approprier le bien
« d'autrui » (page 155). C'est cette dernière doctrine que
les rédacteurs du Code ont très-certainement voulu consacrer dans l'art 2265, en y reproduisant la disposition
de l'art 113 de la Coutume de Paris. Il suffit pour s'en
convaincre de rapprocher l'art. 2265 des art. 549 et 550.
L'art. 2265, en effet, exige deux conditions pour la prescription par 10 à 20 ans : la bonne foi et le juste titre;
l'art. 549 n'en exige, au contraire, qu'une seule pour
l'acquisition des fruits : la bonne foi de celui qui les perçoit; or, la bonne foi à elle seule implique nécessairement un titre putatif, à défaut d'un juste titre : aux
termes de l'art. 550 : *Le possesseur est de bonne foi quand
il possède comme propriétaire, en vertu d'un titre translatif
de propriété dont il ignore les vices;* toute différence dispa-
raîtrait donc entre les conditions de la prescription par
10 à 20 ans et celles de l'acquisition des fruits, si l'on
admettait que, dans l'art. 2265, le titre putatif pût sup-
pléer au juste titre. Or, il nous paraît impossible qu'il
en soit réellement ainsi : la loi, en mentionnant dans
l'art. 2267, à côté de la bonne foi, le juste titre, a certainement voulu exiger pour la prescription par 10 à 20 ans
une condition nouvelle, distincte de la bonne foi, qu'elle
n'exigerait pas déjà pour l'acquisition des fruits, autrement cette mention eût été inutile (1). Cette seconde
condition, qui vient ainsi s'ajouter à celle de la bonne
foi, quelle pourrait-elle être sinon un juste titre réel?

(1) Elle pourrait cependant, comme nous l'avons indiqué en
droit romain, présenter quelque intérêt au point de vue de la
preuve : la bonne foi se présume, la croyance au juste titre devrait être prouvée; mais c'est là une simple différence de preuves,
plutôt que de conditions.

La loi se serait contentée d'exiger la bonne foi, si dans sa pensée le titre putatif devait suffire pour la prescription de 10 à 20 ans, comme il suffit pour l'acquisition des fruits.

Voici un cas où, faute d'un juste titre réel, la prescription par dix à vingt ans ne sera pas possible : je suis appelé à recueillir une succession, et, en ma qualité d'héritier, je me mets en possession d'un bien, qu'à tort je m'imagine avoir appartenu à mon auteur, le *de cujus*, et dépendre de sa succession; pourrai-je le prescrire par 10 à 20 ans? Non, bien que je sois de bonne foi; car je le possède sans titre.

Il faut en second lieu, avons-nous dit, que le juste titre ne soit pas *conditionnel*, c'est-à-dire, ne soit pas affecté d'une condition suspensive. En effet, tant que la condition n'est pas réalisée, le juste titre conditionnel n'existe pas, et dès lors ne peut être utile à la prescription par 10 à 20 ans. Peu importe que le possesseur ait crû la condition accomplie: même dans ce cas, il ne pourra pas prescrire, car il n'a qu'un titre putatif. La condition résolutoire, au contraire, n'empêche pas la prescription par dix à vingt ans: et, en effet, tant qu'elle n'est pas réalisée, elle ne fait obstacle ni au juste titre, dont elle ne tient en aucune façon l'existence en suspens, ni à la bonne foi du possesseur, qui peut très-bien, malgré la condition résolutoire qui affecte son titre, se croire propriétaire.

Troisièmement enfin, le titre doit être valable. — Aux termes de l'art. 2267, le titre nul pour vice de forme ne peut servir de base à la prescription par 10 à 20 ans, cela ne fait aucun doute pour les nullités absolues. Ainsi, par exemple, il est très-certain que le donataire ne pourra pas prescrire par 10 à 20 ans, si la donation, qu'il a reçue, lui a été faite par acte sous seing privé.

S'il s'agissait seulement d'une de ces nullités de forme, qui ne sont que relatives, si, par exemple, un mineur avait vendu, sans formalité et comme s'il eût été majeur, un bien qui ne lui appartenait pas, la nullité de l'acte, n'étant établie qu'à son profit, nous pensons, avec la plupart des auteurs, que le tiers propriétaire ne pourrait pas s'en prévaloir, pour écarter la prescription de dix à vingt ans, qu'on opposerait à sa revendication (1). Toutefois, M. Vazeille enseigne l'opinion contraire. D'après lui, l'acte qui est nul pour vice de forme ne peut jamais fonder la prescription par 10 à 20 ans, quand même il ne s'agirait que d'une nullité relative.

Le Code ne dit rien des cas où l'acte serait nul ou annulable pour des causes autres que des vices de forme : erreur, violence, dol, incapacité, objet illicite, contraire à l'ordre public et aux bonnes mœurs. Les actes viciés par une de ces causes de nullité peuvent-ils servir à la prescription par dix à vingt ans ? La question était très-vivement débattue dans l'ancien droit. Nous croyons qu'aujourd'hui, dans le silence de la loi, la règle rationnelle est la distinction entre les nullités absolues et les nullités simplement relatives : les premières seules s'opposent à la prescription, lorsqu'elles affectent le titre d'acquisition ; quant aux autres, elles ne peuvent être invoquées que par les personnes en faveur desquelles

(1) Troplong. Prescript., tom. II, n° 906. — Marcadé. De la prescrip., sur l'art. 2267. — Aubry et Rau. Tom. I, § 217.

elles ont été établies ; le propriétaire est un tiers qui ne doit jamais pouvoir s'en prévaloir. Ainsi, s'agit-il d'un acte annulable pour cause d'erreur, dol, violence, incapacité : la nullité en pareil cas étant purement relative, le tiers propriétaire ne pourra pas l'invoquer pour écarter la prescription de 10 à 20 ans. Au contraire, l'acte a-t-il un objet illicite, que réprouve l'ordre public ou la morale ; sa nullité étant alors absolue et pouvant être demandée par toute personne y ayant intérêt, le tiers propriétaire aura toujours le droit de s'en prévaloir : il fera annuler l'acte, et la prescription invoquée contre lui se trouvera par là même écartée. — Telle est l'opinion généralement suivie par les auteurs et la jurisprudence.

Du délai de 10 à 20 ans. — Celui qui reçoit de bonne foi et en vertu d'un juste titre un immeuble des mains d'une personne qui n'en est pas propriétaire, en acquiert la propriété par une possession de 10 ou 20 ans, suivant que le véritable propriétaire habite ou non dans le ressort de la Cour où est situé l'immeuble. On réduit en sa faveur le délai de 30 ans requis pour la prescription ordinaire.

Cette distinction que nous venons de faire au point de vue du délai requis pour la prescription est très-rationnelle. Plus, en effet, le propriétaire est rapproché de l'immeuble, en train d'être prescrit, plus vite il est en faute de le laisser entre des mains étrangères et de ne pas faire valoir ses droits, et par conséquent moins long doit être le délai de la prescription qui le dépouille.

A Rome, la prescription des immeubles s'accomplissait aussi par 10 ans entre présents et 20 ans entre

absents. Seulement la présence et l'absence du propriétaire ne s'appréciaient pas par rapport à l'immeuble, mais
par rapport au domicile du possesseur : on ne tenait
aucun compte du lieu où était situé l'immeuble, pour
régler la durée de la prescription : le propriétaire et le
possesseur étaient présents, lorsqu'ils étaient domiciliés
dans la même province ; absents, lorsqu'ils résidaient
dans des provinces différentes.

La même règle était généralement suivie dans notre
ancien droit. D'après l'art. 116 de la Coutume de Paris :
*Sont réputés présents ceux qui sont demeurants en la ville,
prévôté et vicomté de Paris.*

La Coutume de Meaux, dans son art. 82, consacrait
le même système : *On tient pour présents,* dit-elle, *ceux
qui demeurent en même bailliage royal.* Mais toutes les Coutumes n'étaient pas unanimes à l'admettre ; celle de
Sedan avait adopté un autre système, qui se rapprochait
beaucoup plus de celui que consacre aujourd'hui notre
art. 2265, et qui, sans doute, fut inspiré par la même
pensée. Voici la disposition de l'art. 313 de cette Coutume : *Sont réputés présents, ceux qui sont demeurant dedans
dix lieues à l'environ de la situation de l'héritage ; et ceux
qui sont demeurants plus loin que de dix lieues, sont réputés
absents.*

Il peut se faire que le véritable propriétaire ait habité,
en différents temps, dans le ressort et hors du ressort de
la Cour d'appel, où est situé l'immeuble : en pareil cas
quel sera le délai de la prescription ? L'art. 2266
répond à cette question : deux années d'absence comp-
teront pour une de présence ; on devra donc ajouter aux
années de présence autant de fois deux années d'absence

qu'il manquera d'années de présence aux dix, qui sont requises pour la prescription.

Faut-il s'attacher au domicile de droit du propriétaire ou seulement à son domicile de fait, sa résidence habituelle, pour le calcul des années de présence et des années d'absence? La question est controversée. Nous croyons que c'est la résidence du propriétaire qu'il faut toujours prendre pour base du calcul. Les rédacteurs de l'art. 2265 ont voulu que le délai de la prescription fût plus ou moins long, suivant que le propriétaire était plus ou moins à portée de savoir ce qui se passait relativement à son immeuble; or, c'est évidemment la présence réelle et effective du propriétaire dans les environs de l'immeuble et non le rapport purement juridique qui contitue le domicile légal, qui mettra le propriétaire en mesure d'être facilement renseigné; donc c'est à la résidence plutôt qu'au domicile qu'il convient de s'attacher pour fixer quel devra être le délai de la prescription. De plus, si nous consultons l'ancien droit, nous voyons que la question qui nous occupe en ce moment y était tranchée dans le même sens. Ainsi il est certain que c'était seulement à la simple résidence qu'on avait égard pour le calcul du délai de la prescription : le texte des Coutumes, que nous avons citées plus haut, ne parle pas de *domicile*, et Pothier qui, dans son commentaire de la coutume de Paris, emploie cette expression, a bien soin de spécifier que c'est uniquement du domicile de fait qu'il s'agit : « Bien que nous nous servions du mot « *domicile*, dit-il, nous n'entendons parler que du domi- « cile de fait, c'est-à-dire de la résidence » (1). N'y a-t-il

(1) Pothier. Prescrip., n° 108.

pas tout lieu de croire que c'est cette ancienne doctrine, que les rédacteurs du Code ont entendu consacrer dans l'art. 2265?.... *Habite... est domicilié...* telles sont les expressions qu'ils y emploient indistinctement : si la seconde peut à la rigueur ne s'appliquer qu'au domicile proprement dit, il n'est pas douteux que la première s'applique spécialement à la simple résidence.

Pour prescrire par 10 à 20 ans, comme pour prescrire par 30 ans, il faut posséder. La prescription ne commencera donc à courir que du jour où l'acquéreur de l'immeuble sera entré en possession. Aux termes de l'article 2260, *la prescription se compte par jours et non par heures.* Le *dies a quo,* c'est-à-dire le jour où le possesseur est entré en possession devra toujours être compté pour le tout, quand même l'entrée en possession n'aurait eu lieu que vers les dernières heures de la journée, c'était la règle dans l'ancien droit pour la prescription, soit acquisitive, soit libératoire, et rien ne peut faire supposer que les rédacteurs du Code aient entendu s'en écarter. — Quant au dernier jour du terme, le *dies ad quem,* il faut qu'il soit accompli pour être compté dans la prescription (art. 2261). Cette règle n'était admise dans l'ancien droit que pour la prescription libératoire; lorsqu'il s'agissait de la prescription acquisitive, le *dies ad quem* à peine commencé, était aussitôt réputé achevé et comptait pour le tout (1). Le Code a, quant à ce dernier point, modifié l'ancien droit.

L'art. 2229 énumère les qualités que doit réunir la possession pour être utile à la prescription, nous n'avons pas à nous y arrêter, car il s'agit ici de règles qui n'ont

(1) Pothier. Prescrip., n° 102.

rien de spécial à la prescription par 10 à 20 ans. Nous n'avons pas davantage à nous occuper ici des causes qui suspendent ou interrompent la prescription, leur étude n'offrirait aucun intérêt particulier au point de vue spécial de la prescription par 10 à 20 ans.

Nous venons de dire que la prescription commence à courir du jour où l'acquéreur est entré en possession : en est-il ainsi, même au cas d'acquisition sous condition suspensive, lorsqu'il s'agit de la prescription par 10 à 20 ans? Si le propriétaire revendique son bien avant l'arrivée de la condition, il est très-certain que le possesseur ne pourra pas lui opposer la prescription par 10 à 20 ans, attendu qu'à ce moment, il n'a pas encore un juste titre; mais *quid*, si à l'époque de la revendication la condition se trouve déjà réalisée? Le possesseur pourra-t-il invoquer sa possession antérieure? Pothier était pour la négative. Suivant lui le possesseur ne pouvait jamais commencer à prescrire qu'à compter du jour où la condition se trouvait réalisée (1). Néanmoins nous croyons que c'est la doctrine contraire qui doit être adoptée de préférence. Nous appliquons ici le principe de la rétroactivité de la condition (art. 1179). La condition une fois accomplie, tout doit se passer comme si le titre d'acquisition avait été pur et simple dès l'origine; la prescription devient donc possible et sera réputé avoir couru du jour où l'acquéreur est entré en possession. Sans doute le possesseur savait très-bien, au moment même de son acquisition, qu'il ne devenait pas immédiatement propriétaire puisqu'il n'acquérait que sous condition suspensive, mais il a cru que le jour où cette condition se réaliserait, il deviendrait rétroactive-

(1) Prescrip., no 92.

ment propriétaire : cela doit suffire, une fois la condition arrivée, pour rendre toute sa possession antérieure utile à la prescription de 10 à 20 ans.

Aux termes de l'art. 2235, *pour compléter la prescription, on peut joindre à sa possession celle de son auteur, de quelque manière qu'on lui ait succédé, soit à titre universel ou particulier, soit à titre lucratif ou onéreux.* Ici qu'entend-on par auteur ? en général c'est celui de qui on tient la chose. Mais cette définition est trop étroite : ainsi, en cas d'adjudication sur expropriation forcée, on ne peut pas dire que l'adjudicataire tienne la chose des mains de l'exproprié : il n'est cependant pas douteux qu'il l'ait pour auteur. Nous préférons la définition suivante, que donne M. Marcadé : « L'auteur est celui à qui le possesseur actuel a légalement « et régulièrement succédé dans la possession. » (1).

Il semble, d'après l'art. 2235, qu'il n'y ait pas à distinguer entre les successeurs à titre universel et les successeurs à titre particulier, que les uns et les autres peuvent à leur choix ajouter ou non à leur possession celle de leur auteur. Ce serait une grave erreur que de le croire. Le successeur à titre universel n'a pas une possession nouvelle; il ne fait que continuer celle de son auteur; elle s'impose à lui; il ne peut pas ne pas l'accepter.

C'est seulement pour le successeur à titre particulier que la jonction des possessions est vraiment facultative. Celui-ci, à la différence du successeur universel, possède en vertu d'un titre nouveau : donation, vente, etc...; sa possession est tout à fait indépendante de celle qu'avait son auteur : de là cette conséquence, qu'il peut toujours l'invoquer séparément ; s'il préfère y joindre la possession

(1) Prescrip., art. 2235, n° 117.

de son auteur, comme l'y autorise l'art 2235, c'est une pure faculté qu'il exerce, et non pas une nécessité qui lui est imposée.

Cette distinction entre le successeur à titre particulier et le successeur à titre universel, au point de vue de la jonction des possessions, existait déjà à Rome ; nous la retrouvons également dans notre ancienne jurisprudence. Il est impossible d'admettre que les rédacteurs du Code aient entendu la supprimer; bien au contraire, ils en font eux-mêmes l'application dans les art. 2237 et 2239. D'après ces articles, les successeurs à titre universel d'un détenteur précaire possèdent au même titre que leur auteur, et pas plus que lui, ne peuvent prescrire; tandis qu'au contraire ses successeurs à titre particulier ont un titre nouveau, qui leur permet de prescrire.

Voyons comment s'applique à la prescription par 10 à 20 ans la distinction que nous venons de faire. Supposons d'abord un successeur à titre universel, il continue la possession de son auteur et avec elle la prescription que celui-ci a commencée. Son auteur a-t-il été de bonne foi : c'est la prescription par 10 à 20 ans, qu'il continuera, quand même, personnellement, il serait de mauvaise foi. A l'inverse, est-ce son auteur qui a été de mauvaise foi : même au cas où il serait personnellement de bonne foi, il ne pourra que continuer la prescription de 30 ans déjà commencée.

Lorsqu'au contraire il s'agit d'un successeur à titre particulier, ce n'est plus la même règle qui s'applique. Ce successeur commence une possession nouvelle et avec elle une nouvelle prescription. Il pourra seulement joindre à sa possession celle de son auteur pour compléter la prescription. Cette jonction ne sera possible qu'autant que, prise isolément, chacune des deux possessions sera utile à la prescription. Appliquons cette règle : celui qui a acquis un fonds des mains d'un détenteur précaire, ayant une possession nouvelle, peut prescrire : il prescrira par 10 à 20 ans ou par 30 ans, suivant qu'il aura ou non été de bonne foi; mais il ne pourra pas ajouter à sa possession celle de son auteur, car cette dernière, étant à titre précaire, se trouve impropre à la prescription. Supposons maintenant que le fonds ait été acheté, non plus à un simple détenteur à titre précaire, mais à une personne qui le possédait *animo domini* : l'acquéreur, dans ce cas, pourra joindre à sa possession celle de son auteur; mais cette jonction, qui peut toujours avoir lieu pour la prescription trentenaire, ne sera utilement faite pour la prescription de 10 à 20 ans, que si les deux possessions ont été commencées de bonne foi et avec juste titre.

On a cependant soutenu que l'ayant cause à titre particulier, bien qu'il fût personnellement de bonne foi, pourrait néanmoins tout comme un successeur à titre universel, bénéficier de la bonne foi de son auteur et prescrire par 10 à 20 ans. Une fois, dit M. Troplong (1), que les possessions sont jointes, elles ne forment plus ensemble qu'un tout indivisible, une seule possession, commencée par l'auteur et continuée par le successeur à titre particulier. Si donc, à son origine, cette possession unique présente les qualités requises pour la prescription par 10 à 20 ans ; si l'auteur l'a commencée de bonne foi et avec juste titre, le successeur parti-

(1) M. Troplong, prescript. n. 152.

culier, ne faisant que la continuer, devra pouvoir prescrire par 10 à 20 ans, comme l'aurait pu son auteur,
s'il était resté en possession. Ce raisonnement serait sans
réplique, s'il était vrai qu'après la jonction des possessions il n'y eût plus qu'une seule possession ; mais c'est
là une affirmation, qui n'est pas démontrée : nous croyons,
au contraire, qu'après comme avant leur jonction les possessions restent parfaitement distinctes et qu'elles ne peuvent concourir à la prescription par 10 à 20 ans, qu'autant que chacune d'elles, prise isolément, pourrait servir
à cette prescription. Le système de M. Troplong conduit
à assimiler celui qui de mauvaise foi a acquis une chose
des mains d'un non-propriétaire, possesseur de bonne
foi, au possesseur qui, de bonne foi à l'origine, a cessé de
l'être au cours de sa possession : tous deux, en effet, continuent à prescrire par 10 à 20 ans. Or ces deux situations
sont loin d'être les mêmes : celui qui acquiert de mauvaise
foi une chose, qu'il sait ne pas appartenir à celui qui la
lui livre est, sans contredit, bien plus coupable et mérite
d'être traité avec plus de rigueur, que celui qui retient
sciemment le bien d'autrui, après l'avoir acquis de bonne
foi.

DES BIENS SUSCEPTIBLES D'ÊTRE PRESCRITS PAR 10 A 20 ANS.
— L'art. 2265 n'admet la prescription par 10 à 20 ans
qu'au profit de *celui qui acquiert un immeuble*. Or, comme
il s'agit ici d'une prescription toute de faveur, on doit se
garder d'en étendre l'application en dehors des cas pour
lesquels elle a été organisée : les immeubles, et les immeubles déterminés sont donc les seuls, qui puissent être
prescrits par 10 à 20 ans. Cette prescription ne devra
s'étendre ni aux meubles, ni aux universalités de biens,
ni à une quote-part de ces universalités.

La prescription par 10 à 20 ans, ne s'applique qu'aux immeubles déterminés ; mais elle s'applique à tous. Il n'y a d'exceptions que pour les immeubles, qui ne sont pas dans le commerce, ou qu'une disposition particulière aurait soustraits au principe général. Ainsi pourront être prescrits par 10 à 20 ans, non-seulement les immeubles corporels, mais encore les immeubles incorporels : droits d'usufruit, d'usage, d'habitation (1). Ce point là est aujourd'hui indiscutable ; on a pourtant essayé de le contester en arguant des mots : *immeuble et propriété*, qui se trouvent rapprochés dans l'art. 2265. L'emploi de ces expressions, a-t-on dit, semble indiquer que cet article ne se réfère qu'à la prescription d'un *droit de propriété* immobilière. Mais un tel argument n'est vraiment pas sérieux, il est tout à fait puéril de s'attacher au mot *propriété*, qui se rencontre dans l'art. 2265, pour exclure les autres droits réels immobiliers de l'application de cet article : ne peut-on pas très-bien se dire *propriétaire* d'un droit d'usufruit ?

Appliquerons-nous aussi la prescription par 10 à 20 ans aux servitudes foncières ? Notre ancien droit présente la plus grande anarchie relativement à la prescription des servitudes. Les dispositions des Coutumes sur cette matière sont nombreuses et variées. Cette variété, cette hésitation est la conséquence du caractère, qu'offrent ces droits réels, qu'on appelle des servitudes, droits qui souvent se prêtent difficilement à une possession

(1) Duranton. Tom. 4, n⁰ 502. — Toullier. Tom. 3, n⁰ 393. — Proud'hon. Tom. 2, n⁰ 751. — Troplong. Prescript., Tom. 1; n⁰ 855. — Marcadé. Prescrip., art. 2265.

ayant les qualités requises pour la prescription, et dont la prescriptibilité comme l'imprescriptibilité, il faut bien le reconnaître, présentent l'une et l'autre de graves et et sérieux inconvénients. En ne tenant pas compte des variétés de détail, qui distinguent nos anciennes Coutumes, nous pouvons les ramener à 3 groupes principaux : 1° Les Coutumes qui admettaient la règle : *nulle servitude sans titre*, et qui repoussaient toute prescription de servitude par une possession sans titre, quelque longue, qu'elle fût; 2° Les Coutumes, qui admettaient la prescription pour certaines servitudes seulement et la rejetaient pour les autres; 3° Enfin les Coutumes, qui admettaient la prescription pour toute espèce de servitudes avec ou sans titre. — La prescription par une possession titrée et de bonne foi était généralement admise dans toutes les coutumes, même celles, où s'appliquait la règle : *nulle servitude sans titre :* dès lors, en effet, qu'il y avait possession avec juste titre, on pouvait, sans violer la règle susdite, admettre la prescription. Cette prescription s'accomplissait par 10 à 20 ans dans les Coutumes, où ce mode de prescription était admis pour la propriété; par 30 ans, dans les autres.

Le Code règle la question de la prescription des servitudes par une distinction. Il distingue suivant qu'il s'agit de servitudes continues et apparentes, ou, au contraire, de servitudes discontinues ou non apparentes; les premières, aux termes de l'art. 690, s'acquièrent par titre ou par une possession de 30 ans; les secondes, aux termes de l'art. 691, ne peuvent s'acquérir que par titre. Laissant de côté la prescription trentenaire, demandons-nous si aujourd'hui les servitudes peuvent se prescrire par 10 à 20 ans avec juste titre et bonne foi? Examinons la question d'abord au point de vue des servitudes continues et apparentes, nous la verrons ensuite au point de vue des servitudes discontinues ou non apparentes.

La prescription favorable de l'art. 2265 s'applique-t-elle aux servitudes continues et apparentes? Le propriétaire qui s'est fait concéder une servitude de ce genre sur le fonds voisin par une personne qui n'avait pas le pouvoir de la lui consentir, pourra-t-il, en la possédant, c'est-à-dire, en l'exerçant, pendant 10 à 20 ans, en devenir titulaire, s'il a été de bonne foi? La question est vivement débattue.

On invoque dans le sens de l'affirmative l'art 2265. Aux termes de cet article, celui qui acquiert de bonne foi et en vertu d'un juste titre un immeuble en prescrit la propriété par 10 à 20 ans, or les servitudes foncières sont des immeubles (art. 526); donc celui qui les acquiert de bonne foi et en vertu d'un juste titre, doit pouvoir les prescrire par 10 à 20 ans. Pour qu'il en fût autrement, il faudrait qu'un texte s'en expliquât formellement; or ce texte n'existe nulle part; en vain prétendrait-on le trouver dans l'art. 690. Il est vrai que cet article, qui indique comment s'acquièrent les servitudes continues et apparentes, ne mentionne pas, parmi les modes d'acquisition, la prescription par 10 à 20 ans; mais ce serait un tort d'en conclure qu'il l'exclut: l'argument *a contrario* n'est bon qu'autant qu'il ramène à l'application de la règle générale; il devient dangereux lorsqu'il a pour résultat d'en éloigner. Ici la règle est que les immeubles se prescrivent par 10 à 20 ans, lorsqu'il y a juste titre et bonne foi ; on ne peut y déroger, quant aux servitudes, par un argument *a contrario* tiré de l'art. 690. — Le silence de cet article sur la prescription par 10 à 20 ans peut d'ailleurs très-bien s'interpréter autrement que dans un sens exclusif de cette prescription. Les servitudes continues et apparentes, est-il dit, s'acquièrent par *titre* ou par *possession de trente ans* : cette opposition entre le titre et la possession trentenaire n'indique-t-elle pas qu'il n'est ici question que d'une possession non titrée ? Tout s'explique alors très bien : les rédacteurs du Code, peut-on dire, ont simplement voulu abroger dans l'art. 690, cette règle, qu'on rencontre formulée dans plusieurs Coutumes de notre ancien droit, notamment dans les Coutumes de Paris (art. 186) et de Normandie (art. 607) : *nulle servitude sans titre* ; or dans les Coutumes, où cette maxime était reçue, c'était seulement l'acquisition des servitudes par une possession sans titre, qui ne pouvait pas avoir lieu : la prescription par 10 à 20 ans des servitudes avec bonne foi et juste titre y était parfaitement admise ; il ne s'agissait donc que de rendre possible la prescription des servitudes, même en l'absence de tout titre ; voilà pourquoi l'art. 690 ne parle pas de la prescription par 10 à 20 ans, qui toujours suppose un juste titre, mais seulement de la prescription de 30 ans, qui, elle au contraire, n'en exige aucun. Ainsi cet art. 690 n'aurait eu qu'un but : abroger la règle ancienne de certaines Coutumes, suivant laquelle les servitudes ne pouvaient jamais être prescrites sans titre, bien loin d'établir une règle spéciale pour la prescription des servitudes, il n'aurait donc fait que ramener l'application de la règle générale. Enfin,

ajoute-t-on toujours à l'appui de cette première opinion,
si celui qui a reçu de bonne foi un fonds des mains d'une
personne, qui n'était pas propriétaire, peut en acquérir
la propriété par dix à vingt ans, à plus forte raison, si
c'est une servitude qui lui a été consentie, un simple
démembrement de propriété, doit-il pouvoir l'acquérir
par le même laps de temps. Qu'il s'agisse d'un droit de
propriété ou d'un simple droit de servitude, il y a pour
venir au secours de l'acquéreur de bonne foi les mêmes
raisons d'équité (1).

Sans méconnaître la force des arguments, présentés à
l'appui de ce premier système, nous ne croyons cependant
pas devoir nous y rallier. Notre avis est que la prescription favorable de l'art. 2265 ne s'applique pas aux servitudes et que celles-ci ne peuvent jamais se prescrire
que par 30 ans. L'art. 690 est placé sous cette rubrique : *comment s'établissent les servitudes*, et n'indique que
deux modes d'acquérir les servitudes continues et apparentes : un *titre* ou *une possession de trente ans*; on ne peut
donc pas en ajouter un troisième : la prescription par 10
à 20 ans. Mais, dit-on, l'art. 690 n'a nullement
entendu exclure cette prescription, s'il fait une mention
spéciale de la possession de 30 ans, c'est que dans
certaines Coutumes de l'ancien droit et notamment celle
de Paris, cette possession ne faisait jamais acquérir les
servitudes, lorsqu'elle était sans titre : la prescription

____

(1) Delvincourt. Tom. I, p. 413. — Duranton. T. V, n° 593. —
Vazeille. Des prescriptions, tom. I, n° 410 et tom. II, n° 523. —
Troplong. Prescr., tom. II, n° 856. — Mourlon. 3e examen,
n°° 1917 à 1950.

par dix à vingt ans avec titre et bonne foi étant, au contraire, généralement admise dans l'ancien droit comme moyen d'acquérir les servitudes, il n'était pas nécessaire de la mentionner d'une façon expresse, la disposition générale de l'art. 2265 suffisait. Nous repoussons comme tout à fait arbitraire cette interprétation de l'art. 690. Les rédacteurs du Code, qui avaient à déterminer comment s'acquerraient les servitudes, se trouvaient en face de l'ancien droit, où les dispositions les plus variées se rencontraient en matière de prescription des servitudes : n'est-il pas plus vraisemblable qu'au lieu de s'occuper d'abroger, en particulier, telle ou telle de ces dispositions, ils ont songé uniquement à en renverser tout l'ensemble, pour y substituer un système nouveau et complet, celui des art. 690 et 691 (1) ? — L'article 690 établit la prescription des servitudes continues et apparentes ; elle s'accomplit par 30 ans, il ne faut pas chercher ailleurs d'autres règles. Aux termes de l'art. 2264 : *les règles de la prescription sur d'autres objets que ceux mentionnés dans le présent titre* (de la prescription) *sont expliquées dans les titres qui leur sont propres :* la prescription des servitudes étant déjà réglée par l'art. 690, l'art. 2265 doit être laissé de côté. — Il y a d'ailleurs des raisons très-sérieuses pour que les servitudes ne puissent pas être prescrites par 10 et 20 ans. La possession d'une servitude, même continue et apparente, n'a pas, en général, au même point que la possession d'un droit de propriété ou d'usufruit, cette publicité, cette absence d'équivoque, qui la signale au propriétaire. Les droits de ce dernier n'eus-

(1) Locré. Tom. VIII, p. 150.

sent pas été suffisamment sauvegardés, si des servitudes avaient pu s'établir sur son fonds par une simple possession de 10 à 20 ans seulement. — Ainsi, il nous paraît certain que les servitudes continues et apparentes ne peuvent s'acquérir que par la prescription de trente ans, jamais par celle de 10 à 20 ans (1).

Que décider pour les servitudes discontinues ou non apparentes? Sont-elles prescriptibles au profit de celui qui les a exercées avec juste titre et bonne foi? Sur ce point encore les auteurs sont divisés.

Aux termes de l'art. 691, les servitudes discontinues ou non apparentes *ne peuvent s'établir que par titres.*

MM. Favard (V° servit. sect. 3 § 5) et Toullier (tom. III, n° 629), soutiennent que ces servitudes sont prescriptibles, lorsqu'il y a juste titre et bonne foi; M. Maleville, l'un des rédacteurs du Code, va même jusqu'à prétendre que l'opinion contraire est insoutenable (art. 691, tom. II, page 141). L'argument principal sur lequel repose ce premier système est le suivant : L'art. 691, dit-on, qui parle du *titre,* n'a pas seulement en vue le titre émanant du propriétaire, mais tout juste titre qui, en lui-même, est susceptible de conférer un droit de servitude, quelle que soit la personne de qui il émane. Dans l'ancien droit et dans les provinces où régnait la maxime : *Nulle servitude sans titre,* on l'interprétait en ce sens qu'une possession, qui ne reposait pas sur un juste titre, ne pouvait jamais faire acquérir une servitude, mais on admettait parfaitement que le juste titre émanant d'un non-propriétaire

(1) Favard. V° Servit., sect. 3. § 5. — Zachariæ. Tom. II, p. 76. — Marcadé. Art. 690, n° 2. — Demolombe. Servit., tom. II; n° 781.

suffisait pour faire acquérir, par la prescription, toute espèce de servitude. C'est cette même règle : *Nulle servitude sans titre*, telle qu'elle était comprise et appliquée par notre ancien droit, que les rédacteurs du Code ont entendu maintenir, dans l'art. 691, pour les servitudes discontinues ou non apparentes. Sans doute, il faut un titre pour acquérir les servitudes, mais il n'est pas nécessaire que ce titre émane du propriétaire : un titre coloré suffit. Ainsi, dans cette première opinion, les servitudes discontinues ou non apparentes peuvent s'acquérir par prescription, pourvu qu'il y ait juste titre. Quel est le délai de cette prescription ? Le même que pour les autres servitudes continues et apparentes : 10 à 20 ans, suivant les uns, en supposant l'acquéreur de bonne foi ; suivant les autres, 30 ans dans tous les cas.

Cette opinion qui admet la possibilité d'une prescription pour les servitudes discontinues et apparentes, lorsqu'il y a juste titre, est aujourd'hui repoussée par la plupart des auteurs. Le mot *titre* a évidemment, dans l'art. 691, le même sens que dans l'art. 690 ; or, il n'est pas douteux que, dans ce dernier article, le mot titre, rapproché de la possession de 30 ans, ne signifie un titre émané du véritable propriétaire ; c'est donc seulement de ce titre, d'un titre réel, qu'il est question dans l'art. 691. Remarquons bien comment s'exprime cet article : Les servitudes discontinues ou non apparentes, dit-il, *ne peuvent s'établir que par titre* ; évidemment il s'agit ici d'un titre, qui fait acquérir ; or, il n'y a qu'un titre réel, qui ait cette puissance : celui qui émane de toute autre personne que du propriétaire ne l'a certainement pas, puisque le possesseur, qui en est nanti, a besoin de prescrire; c'est donc seulement par un *titre réel* que peuvent s'établir les servitudes discontinues ou non apparentes : celles-ci sont imprescriptibles, même avec juste titre. L'art. 695 vient encore corroborer cette opinion : *Le titre constitutif de la servitude, à l'égard de celles* QUI NE PEUVENT S'ACQUÉRIR PAR LA PRESCRIPTION, *ne peut être remplacé que par un titre récognitif de la servitude, et émané du propriétaire du fonds asservi.* Il y a donc, aux termes mêmes de cet article, des servitudes qui ne peuvent pas s'acquérir par prescription : quelles sont ces servitudes sinon celles de l'art. 691. — La raison, qui a fait distinguer entre les servitudes continues et apparentes et les autres, admettre la prescription pour les premières et la rejeter pour les secondes, n'est-elle pas la même, qu'il s'agisse de la prescription par une possession titrée ou par une possession sans titre ? Si, comme tout le monde s'accorde à le reconnaître, les servitudes discontinues ou non apparentes ne peuvent pas, en l'absence d'un juste titre, s'acquérir par une possession de 30 ans, c'est apparemment que la possession de telles servitudes ne remplit pas les conditions de publicité et de continuité exigées pour la prescription. Or, n'est-il pas évident qu'il en est toujours ainsi, que cette possession soit ou non titrée? Le titre ne saurait, en effet, donner à la possession de la continuité ni de la publicité (1).

Peut-on acquérir par la prescription de 10 à 20 ans la franchise d'un fonds grevé de servitudes ?

(1) Delvincourt. Tom. I, notes, p. 413. — Duranton. Tom. V, n° 575. — Zachariæ, Aubry et Rau. Tom. II, § 251, p. 78. — Troplong. Prescrp., tom. II, n° 857. — Demolombe, Servit., tom. II, n° 788.

Les auteurs sont généralement d'accord pour admettre que l'acquéreur d'un immeuble grevé d'un usufruit, d'un droit d'usage ou d'habitation, en acquerra la pleine propriété par la prescription de 10 à 20 ans, si, lors de l'acquisition, il a été de bonne foi, c'est-à-dire s'il a cru que l'immeuble, qu'il acquérait, était libre de tout droit d'usufruit, d'usage ou d'habitation, et s'il a exercé sur cet immeuble les droits d'un plein propriétaire. S'il a reçu le bien d'un non-propriétaire, c'est la pleine propriété qu'il se trouvera acquérir par la prescription ; si, au contraire, son auteur était propriétaire, il acquerra, par la prescription, non plus le droit de propriété qu'il a déjà, mais ce qui manque à ce droit pour être un droit de pleine propriété. De même, en effet, qu'on peut prescrire par 10 à 20 ans un droit d'usufruit contre un propriétaire ; on doit pouvoir aussi prescrire par 10 à 20 ans, la pleine propriété d'un fonds, contre celui qui en a l'usufruit, l'usage, ou l'habitation. Remarquons qu'il s'agit ici, non pas d'une prescription libératoire proprement dite, laquelle ne pourrait jamais s'accomplir que par 30 ans, mais d'une véritable prescription acquisitive. Celui qui possède, comme franc, un immeuble grevé d'usufruit, exerce de fait la jouissance appartenant à l'usufruitier, et éteint le droit de ce dernier en l'acquérant pour son propre compte. L'art. 617 décide que l'usufruit s'éteint par le non-usage du droit pendant 30 ans. Cette disposition ne contredit en rien la règle, suivant laquelle le possesseur d'un fonds grevé d'usufruit peut, avec bonne foi et juste titre, en acquérir la liberté par la prescription de 10 à 20 ans : l'usufruit s'éteint lorsque, pendant 30 ans, l'usufruitier a négligé d'exercer son droit ; il peut s'éteindre plus tôt, par la prescription de 10 à 20 ans, si le possesseur du fonds qui en est grevé, a joui, comme plein propriétaire, avec bonne foi et juste titre : les deux dispositions s'harmonisent parfaitement.

Supposons maintenant un fonds grevé de servitudes réelles, de services fonciers : la franchise de ce fonds pourra-t-elle s'acquérir par la prescription de 10 à 20 ans? La question est des plus délicates et divise les auteurs.

MM. Toullier (tom. III, n° 688), Favard (V° servit. sect. 5), Pardessus (n° 306), Demolombe (servit. tom. II, n° 703), Aubry et Rau (§ 205, note 23) enseignent la négative. D'après ces auteurs la prescription libératoire de l'art. 706 est la seule qui puisse s'appliquer ici : la prescription acquisitive par 10 à 20 ans n'y trouve aucune place, car elle manquerait absolument de base. Celui qui possède, comme plein propriétaire, un fonds grevé d'usufruit, exerce pour lui-même le droit de jouissance de l'usufruitier, on comprend donc très bien que, possédant ce droit de bonne foi et en vertu d'un juste titre, il puisse l'acquérir par la prescription de 10 à 20 ans, et, par suite, en dépouiller l'usufruitier. Mais toute autre est la situation de celui qui possède, comme franc de servitude réelle, un fonds qui en est grevé : on ne peut pas dire, en effet, que celui-là exerce le droit de servitude, dont il prétend dépouiller le propriétaire du fonds dominant, qu'il en a la possession; il ne doit donc pas pouvoir le prescrire par une prescription acquisitive. Les servitudes réelles ne peuvent jamais être éteintes que par le non-usage pendant 30 ans (art. 706).

M. Marcadé fait une distinction: ou bien la prescription du tiers acquéreur a pour objet unique de lui procurer la libération de la servitude, ou bien elle a pour objet l'acquisition de la propriété même du fonds, propriété dont la servitude n'est plus qu'un accessoire et une partie. Dans le premier cas, la prescription est simplement libératoire de la servitude, et dès lors, par application de l'art. 706, ne peut s'accomplir que par 30 ans. Dans le second cas, au contraire, il s'agit d'acquérir la propriété même du fonds : cette propriété s'acquerra par la prescription de 10 à 20 ans, avec l'étendue qu'aura eu le fait de la possession ; si donc le fonds a été possédé franc de la servitude, ce sera dans cet état de franchise que l'acquerra le possesseur. Ici l'extinction de la servitude est accessoire à l'acquisition de la propriété, et s'opère, comme celle-ci, par la prescription de 10 à 20 ans.

Ce second système nous paraît défectueux : il aboutit à cette conséquence que l'acquéreur de bonne foi, qui devient propriétaire par la prescription de 10 à 20 ans, se trouve dans une situation meilleure que celui qui le devient en vertu même de son titre d'acquisition : le premier, en effet, acquiert une propriété franche des servitudes, dont il ignorait l'existence lors de sa mise en possession : le second, au contraire, acquiert une propriété grevée de toutes les servitudes antérieurement établies, lesquelles, qu'il en ait ou non ignoré l'existence, ne pourront jamais être prescrites que par 30 ans. Un tel résultat n'est-il pas la condamnation du système qui le produit ? Le secours accordé à l'acquéreur de bonne foi ne doit pas lui faire avoir plus qu'il n'aurait eu, s'il n'avait pas erré : si donc il était vrai, comme le prétend M. Marcadé, que l'acquéreur, qui a reçu un fonds des mains du véritable propriétaire, ne pût l'affranchir des servitudes, qui le grèvent, et dont il a ignoré l'existence, que par la prescription libératoire de 30 ans, il faudrait également décider que celui qui s'est trompé et a acquis, par erreur, d'une personne qui n'était pas propriétaire, ne pourra jamais obtenir la libération du fonds que par cette même prescription de 30 ans. En admettant, dans ce dernier cas, une prescription plus courte, M. Marcadé fait bénéficier de son erreur l'acquéreur de bonne foi, car il le traite avec plus de faveur que, si, n'ayant pas erré, il avait contracté avec le véritable propriétaire.

Reste, enfin, un troisième système, suivant lequel la franchise d'un immeuble, grevé d'une servitude, peut toujours être acquise par la prescription de 10 à 20 ans, lorsqu'il y a titre et bonne foi. Après bien des hésitations, nous croyons devoir nous y rallier. Toute servitude est un démembrement de la propriété. Celui qui possède de bonne foi et en vertu d'un juste titre, un immeuble, dont il n'est pas propriétaire, peut en acquérir la propriété par la prescription de 10 à 20 ans, pourquoi donc s'il est déjà propriétaire, mais n'a encore qu'un droit de propriété incomplet, démembré, ne pourrait-il pas reconstituer son droit en prescrivant par 10 à 20 ans ce qui manque à ce dernier pour le rendre plein et entier? Je possède comme libre de servitude un fonds qui en est grevé, j'exerce ainsi un droit plus étendu que celui que j'ai en réalité : ce qui manque à mon droit pour que ma possession soit légitime dans tous ses détails, pourquoi ne pourrais-je pas le prescrire par 10 à 20 ans, comme je pourrais prescrire la propriété tout entière, si je ne l'avais pas déjà? Bien entendu, il faudra que ma possession, allant contre le droit du titulaire de la servitude, soit publique, continue, non équivoque, en un mot, remplisse toutes les conditions requises pour la prescription acquisitive. — L'art. 706 règle les rapports de ceux auxquels les servitudes sont dues avec ceux qui les ont constituées ou leurs héritiers. Il trouvera aussi son application dans les rapports du titulaire de la servitude avec l'acquéreur de l'immeuble servant : lorsque celui-ci n'aura pas eu une possession avec tous les caractères requis pour la prescription, la servitude ne se trouvera éteinte que par le non-usage pendant 30 ans. Mais il cesse de s'appliquer lorsqu'il y a de la part du propriétaire du fonds servant une prise de possession exclusive de la servitude, une façon de jouir et de se servir de ce fonds, qui n'implique pas la servitude : en pareil cas, le propriétaire du fonds servant prescrira contre la servitude par 10 à 20 ans. La Coutume de Paris avait un article 186 conforme à notre art. 706, et cependant Pothier n'hésitait pas à admettre que l'acquéreur d'un héritage sujet à des droits de servitudes, soit personnelles : droit d'usufruit, d'usage, d'habitation ; soit *prédiales*, pouvait en acquérir l'affranchissement (1). Ce que décidait Pothier dans l'ancien droit, nous devons le décider encore aujourd'hui. Nous nous sommes refusé à appliquer la prescription de 10 à 20 ans à l'acquisition des servitudes prédiales : appliquée à la libération des fonds, cette prescription n'offre plus les mêmes dangers ; ce n'est donc pas nous contredire que de l'admettre (2).

Les priviléges et hypothèques ne peuvent jamais s'acquérir, mais s'éteignent par prescription (art. 2180). Il faut distinguer suivant que l'immeuble grevé se trouve

(1) Prescrip., n° 130.
(2) Delvincourt. Tom. I, p. 423. — Vazeille, tom. II, n° 523. — Duranton. Tom. V, p. 691. — Bressolles. Revue de droit français et étranger, 1848, p. 713 et suiv. — Demante. Tom. II, n° 505 *bis*. Troplong. Prescrip., n° 853.

encore entre les mains du débiteur, ou bien a passé en la possession d'un tiers. Dans le premier cas, les privilèges et hypothèques s'éteindront par le temps requis pour la prescription de l'action personnelle, qu'ils garantissent : ils subsisteront tant que la dette, dont il sont l'accessoire, ne sera pas prescrite ; mais ne survivront pas à l'extinction de celle-ci par la prescription. A Rome, l'action hypothécaire se prescrivait par quarante ans, et l'action personnelle par trente ans : après la prescription de cette dernière, il restait encore une obligation naturelle qui suffisait pour soutenir l'hypothèque, jusqu'au moment où celle-ci se trouvait elle-même prescrite. Aujourd'hui, il n'en est plus de même : l'action personnelle disparaissant, l'action hypothécaire tombe avec elle.

Dans le second cas, lorsque l'immeuble grevé a passé entre les mains d'un tiers détenteur, les privilèges et hypothèques s'éteignent toujours, une fois prescrite l'obligation qu'ils garantissent ; mais, même avant cette époque, ils peuvent s'éteindre par l'effet d'une prescription distincte de celle de l'obligation : aux termes de l'art. 2180, cette prescription spéciale, extinctive des privilèges et hypothèques, est acquise, quant aux biens qui sont dans la main d'un tiers détenteur, *par le temps réglé pour la prescription de la propriété à son profit*. Ainsi, l'affranchissement des privilèges et hypothèques peut, comme le pourrait la propriété même de ce fonds, se prescrire par 10 à 20 ans, s'il y a juste titre et bonne foi ; par 30 ans, en l'absence de l'une de ces deux conditions.

Pour prescrire par dix à vingt ans l'extinction des privilèges et hypothèques, il faut juste titre et bonne foi.

Le juste titre dont il est ici question est absolument le même que celui qui est exigé pour la prescription de la propriété : c'est le titre qui rend le tiers détenteur propriétaire, ou qui le rendrait tel s'il émanait du véritable maître.

Quant à la bonne foi, elle doit évidemment se référer à l'hypothèque ou au privilége, qu'il s'agit de prescrire. Il faut que le tiers détenteur ait ignoré l'existence de cette hypothèque ou de ce privilége, au moment où il a acquis l'immeuble qui s'en trouvait grevé. — L'existence d'une inscription ne suffira pas toujours pour constituer en mauvaise foi le tiers acquéreur : il arrive très-souvent, en effet, que l'inscription d'une hypothèque survit à son extinction ; et, bien qu'une hypothèque soit inscrite, il est très-possible que le tiers acquéreur l'ait néanmoins éteinte au moment de son acquisition.

Lorsque l'hypothèque s'éteint par la prescription de 10 à 20 ans, cette prescription commence à courir du jour où le titre d'acquisition a été transcrit : *Dans le cas*, dit l'art. 2180, *où la prescription suppose un titre, elle ne commence à courir que du jour où il a été transcrit sur les registres du conservateur.* Pourquoi prend-on la date de la transcription du titre pour la prescription par 10 à 20 ans ? Nous pensons, avec la plupart des auteurs, que la transcription est ici exigée, comme un moyen de publicité destiné à avertir le créancier que l'immeuble hypothéqué n'est plus entre les mains de son débiteur, et peut être prescrit par un laps de temps plus court : dès lors, il était tout naturel de ne faire commencer la prescription qu'à la date de la transcription du titre.

Le tiers acquéreur peut prescrire l'extinction de l'hypothèque par le temps requis pour la prescription de la propriété, soit qu'il ait acquis la propriété de l'immeuble hypothéqué, soit qu'ayant reçu l'immeuble *a non domino*, il n'en soit pas devenu propriétaire. Dans ce dernier cas, il aura à prescrire, et la propriété de l'immeuble hypothéqué, et l'extinction de l'hypothèque ; mais ces deux prescriptions sont tout à fait indépendantes l'une de l'autre : si parfois elles s'accomplissent en même temps, bien souvent aussi le contraire aura lieu, la propriété se trouvant prescrite avant l'extinction de l'hypothèque, ou l'extinction de l'hypothèque avant la propriété.

§ 2 — *De la règle : en fait de meubles, la possession vaut titre.*

À Rome, l'usucapion des meubles s'accomplissait par un an. Justinien fixa le délai à trois ans. Quant à notre ancienne jurisprudence, elle était loin de présenter une règle uniforme relativement au délai de la prescription en matière de meubles. Les Coutumes étaient muettes sur ce point : « La Coutume de Paris n'a point réglé, et « je n'en connais point », dit Denisart, « qui fixe le « temps pendant lequel il faut posséder des meubles « pour en acquérir la propriété. » De là cette diversité d'opinions, que l'on rencontre chez les auteurs et dans la jurisprudence des Parlements : suivant les uns, les meubles ne pouvaient jamais être prescrits que par trente ans ; suivant d'autres, et c'était le plus grand nombre, ils pouvaient l'être par trois ans avec bonne foi ; d'autres enfin établissaient pour les meubles une prescription quinquennale.—D'après Bourjon, « la prescription n'est d'au« cune considération, elle ne peut être d'aucun usage « quant aux meubles, puisque par rapport à de tels « biens, la simple possession produit tout l'effet d'un titre « parfait » (1). Cette doctrine, Bourjon nous la présente

(1) Bourjon. Droit commun de la France, tom. I, p. 911.

comme étant celle du Châtelet : « Suivant la juris-
« prudence de ce tribunal, » dit-il, « la possession
« d'un meuble, ne fût-elle que d'un jour, vaut titre de
« propriété. » Cependant, d'après Denisart, procureur
au Châtelet, la jurisprudence de ce tribunal aurait été
tout autre : le fait de la possession n'aurait fait naître
qu'une simple présomption de propriété, pouvant tomber
devant un titre contraire : « Nous tenons au Châtelet
« pour maxime certaine, que celui qui est en possession
« de meubles, bijoux et argent comptant, en est réputé
« propriétaire, s'il n'y a titre au contraire » (1). Quoi qu'il
en soit, c'est la jurisprudence du Châtelet, telle que la
constate Bourjon, en la résumant dans ces quelques mots :
*la possession d'un meuble, ne fût-elle que d'un jour, vaut
titre de propriété*, que les rédacteurs du Code ont très-
certainement entendu consacrer dans l'art. 2279. Cet
article reproduit à peu près la même expression, dont se
sert Bourjon ; il commence ainsi : *En fait de meubles, la
possession vaut titre.*

.... *vaut titre...* Quel est ce titre ? est-ce le simple *juste
titre*, que nous avons vu exigé pour la prescription des
immeubles, lequel, émanant d'un non-propriétaire, ne
peut pas transférer la propriété à l'acquéreur ? Assurément non, le titre dont il est ici question est un titre
parfait, qui transfère réellement la propriété. Le fait de
la possession rend efficace, en matière de meubles, et
conférant le droit de propriété, le titre qui émane d'un
non-propriétaire : tel est le sens qu'il faut donner à la
règle de l'art. 2279 : *en fait de meubles, la possession vaut
titre.*

(1) V° Prescrip., n. 10.

Toutefois, cette doctrine a été contestée. M. Toullier (1), s'appuyant sur plusieurs autorités de notre ancien droit : Dunod, Duplessis, Pothier, qui toutes exigeaient trois ans pour la prescription des meubles avec juste titre et bonne foi, soutient que l'art. 2279 n'a pas voulu consacrer une autre théorie. D'après lui, cet article n'aurait pas d'autre portée que de dispenser le possesseur de produire un titre ; en d'autres termes, la règle : *en fait de meubles, la possession vaut titre*, voudrait simplement dire que le fait de la possession vaut le juste titre, qui est requis pour la prescription des immeubles, et non pas que la possession équivaut au titre de propriété.

Cette opinion doit être repoussée. C'est dans Bourjon que les rédacteurs du Code ont pris la règle de l'art. 2279 ; on est donc fondé à dire qu'ils l'ont prise avec le sens que lui donnait cet auteur : pour eux, comme pour Bourjon, elle signifiait que le fait de la possession rendait l'acquéreur immédiatement propriétaire.—L'art. 2279 se trouve placé au titre de la prescription ; c'est une prescription spéciale qu'il organise pour les meubles : les immeubles se prescrivent par dix à vingt ans avec juste titre et bonne foi ; les meubles, instantanément par le seul fait de leur possession.

Dans le cas où la chose a été perdue ou volée, l'art 2279 autorise expressément le propriétaire à la revendiquer pendant trois ans entre les mains du tiers acquéreur ; c'est donc, qu'il lui refuse ce droit en toute autre circonstance : qu'est-ce à dire, sinon qu'en principe et par application de la maxime : *en fait de meubles, la possession vaut titre*, celui qui reçoit une chose des mains d'une

(1) Tom. XIV, nᵒˢ 104-119.

personne qui n'en est pas propriétaire, on acquiert aussitôt la propriété, s'il remplit d'ailleurs les conditions que sous-entend l'art. 2279? — Remarquons que le délai de trois ans qui est laissé au propriétaire de la chose volée ou perdue pour la revendiquer, commence à courir du jour même de la perte ou du vol. Le tiers qui, passé ce délai, a acquis la chose, en est donc aussitôt devenu propriétaire, bien qu'il l'ait reçue du voleur lui-même, lequel n'était pas propriétaire et n'aurait pu le devenir qu'au bout de trente ans de possession.

Nous savons maintenant quel est le sens de la règle de l'art. 2279, et sa portée exacte : elle établit une sorte de prescription instantanée des meubles. Voyons à quelles conditions cette prescription aura lieu.

Trois conditions sont ici nécessaires : 1° la possession ; 2° la bonne foi ; 3° un juste titre.

La possession. — Elle doit être *réelle* (art. 1141) : peu importe d'ailleurs qu'elle provienne d'une tradition réelle ou feinte. Ainsi, l'acheteur de bonne foi d'un objet mobilier devient instantanément propriétaire par la remise qui lui est faite de la clef de la chambre où se trouve renfermé l'objet : ici il n'y a qu'une tradition feinte, mais la possession qui en résulte est *réelle*. — Supposons que le vendeur d'une chose mobilière, qui ne lui appartient pas, la retienne entre ses mains, la possédant au nom et pour le compte de l'acheteur, celui-ci pourra-t-il bénéficier de la règle favorable de l'art. 2279 ? Nous ne le pensons pas, sa possession est équivoque et n'a pas une réalité suffisante.

La bonne foi. — D'après Bourjon, elle était déjà exigée par la jurisprudence du Châtelet, qui, en cas de mauvaise foi, n'admettait pour les meubles, comme pour les immeubles, que la prescription trentenaire ; or, c'est cette jurisprudence, attestée par Bourjon, que le Code a consacrée ; la bonne foi est donc aujourd'hui, comme autrefois, une condition essentielle pour l'application de notre art. 2279. L'art. 1141 en serait au besoin, la preuve. Cet article, qui n'est qu'une application de la règle : *en fait de meubles, la possession vaut titre*, exige expressément la bonne foi : lorsque, dit-il, une chose vendue à une première personne est ensuite vendue de nouveau et livrée à un second acheteur, le second acheteur est préféré au premier, et demeure propriétaire, *pourvu toutefois que la possession soit de bonne foi.*

C'est au moment de l'entrée en possession que doit exister la bonne foi, puisque c'est la possession qui rend instantanément propriétaire.

Le juste titre. — Il est ici nécessaire, comme pour la prescription des immeubles par dix à vingt ans. S'il faisait défaut, dit M. Marcadé, ou bien il n'y aurait pas possession *animo domini*, ou bien il n'y aurait pas possession de bonne foi. Il faut donc un titre réel et non pas simplement putatif. C'est ce titre réel que la possession de bonne foi rend efficace, en conférant au possesseur un droit de propriété, que son auteur n'avait pas sur la chose.

La prescription instantanée des meubles se justifie d'abord par l'idée de faveur qui s'attache à la bonne foi du possesseur, ensuite et surtout par des considérations d'intérêt public. Les meubles passent rapidement de mains en mains : s'il était permis au propriétaire de les revendiquer entre les mains des acquéreurs de bonne foi, il en résulterait une série de recours qui jetteraient la plus grande perturbation dans les relations commerciales de chaque jour; il importait donc, au point de vue de la sécurité du commerce, de fixer la propriété mobilière entre les mains des acquéreurs, possesseurs de bonne foi. « En matière de meubles, disait Bourjon, la possession « vaut titre de propriété, la sûreté du commerce l'exige « ainsi » (tome I, page 124).

Quant au propriétaire, qui se trouve dépouillé de la propriété de sa chose, il aura souvent à se reprocher de n'avoir pas veillé sur elle. Il sait avec quelle rapidité circulent les meubles; il ne doit s'en dessaisir qu'entre les mains de personnes sûres, qui n'abuseront pas de sa confiance: s'il a fait un mauvais choix, si les personnes à qui il a remis sa chose en dépôt ou en location en ont disposé et l'ont vendue, il subira les conséquences de son imprudence.

Cependant, si la chose est sortie des mains du propriétaire par suite d'une perte ou d'un vol, la règle de l'art. 2279 fléchit. C'est par suite d'un événement, tout à fait indépendant de sa volonté, que le propriétaire s'est trouvé dessaisi de sa chose: à raison de cette circonstance toute particulière on lui accorde trois années, à compter de la perte ou du vol, pour revendiquer sa chose entre les mains du tiers acquéreur de bonne foi.

Même dans cette dernière hypothèse, si l'acquéreur a acheté de bonne foi la chose perdue ou volée *dans une foire ou dans un marché ou dans une vente publique, ou d'un marchand vendant des choses pareilles*, le propriétaire en revendiquant sa chose devra lui rembourser le prix qu'il aura payé (art. 2280). Ici l'acquéreur n'a absolument aucune faute à se reprocher; il est donc de toute justice qu'on le rende indemne: cela est d'autant plus équitable que le propriétaire, qui s'est laissé voler, ou qui a perdu sa chose, aura le plus souvent commis quelque imprudence. D'ailleurs, n'est-il pas plus naturel que ce soit lui, directement dépouillé de sa chose par un événement de force majeure, qui en subisse les suites dommageables, que l'acquéreur de bonne foi, qui, lui, n'a pas été directement atteint ?

On s'est demandé si la disposition de l'art. 2279, spécialement relative au cas où la chose a été volée, devait s'appliquer également au cas où la chose est sortie des mains du propriétaire par suite d'une escroquerie ou d'un abus de confiance.

Nous ne le pensons pas, la disposition, dont il est ici question, est une disposition exceptionnelle, qui déroge au principe général posé en tête de l'art. 2279; on doit l'entendre dans un sens restrictif et bien se garder d'en étendre l'application en dehors des cas qu'elle vise expressément. Le mot *vol* dans notre droit a un sens précis et bien déterminé, beaucoup moins large qu'en droit romain le mot *furtum :* ni l'escroquerie, ni l'abus de confiance ne peuvent rentrer sous cette désignation; le deuxième alinéa de notre article 2279 ne doit donc pas leur être appliqué.

Nous venons de voir comment se justifiait la règle de l'art. 2279. Les mutations de meubles sont rapides et fréquentes; ne laissent le plus souvent aucune trace écrite, en sorte qu'il est très-difficile à une personne, qui achète un meuble, de s'assurer si le vendeur en a réellement la propriété. On a voulu donner de la sécurité au commerce en enlevant à ceux qui avaient acquis des objets mobiliers la crainte, dans le cas où il les auraient acquis d'un non-propriétaire, de s'en voir dépouillé par leur véritable maître. Les considérations qui ont inspiré la règle de l'art. 2279 doivent servir à déterminer à quels biens convient de l'appliquer.

L'art 2279 ne concerne que les meubles, mais ne s'applique pas à tous. Il faut à cet égard faire des distinctions. Nous l'appliquerons sans difficulté aux meubles corporels : c'est spécialement en vue de ces biens, qu'il a été édicté ; nous l'appliquerons encore à ceux de ces meubles incorporels, connus sous le nom d'*effets au porteur*, qui, à l'instar des meubles corporels, se transmettent de la main à la main avec le titre qui les constate ; mais notre art. 2279, malgré la généralité de ses termes, ne devra pas être appliqué aux meubles incorporels : les motifs de sa disposition font ici complètement défaut : le transfert de ces sortes de biens ne se fait plus de la main à la main : il y a d'ordinaire une rédaction d'acte de transfert, qui permet à l'acquéreur de s'assurer assez facilement du droit du possesseur actuel. — La prescription instantanée de l'art. 2279 ne s'applique qu'aux meubles individuels ; les universalités ou quotes-parts d'universalités, aussi bien mobilières qu'immobilières, n'ont jamais été soumises qu'à la prescription trentenaire.

L'art. 1141 que nous avons cité plus haut n'est qu'une application particulière de la règle générale formulée dans l'art. 2279 : *Si la chose qu'on s'est obligé de donner ou de livrer à deux personnes successivement est purement mobilière, celle des deux qui en a été mise en possession réelle est préférée et en demeure propriétaire, encore que son titre soit postérieur en date, pourvu toutefois que la possession soit de bonne foi.* Ainsi supposons un effet mobilier vendu successivement à deux personnes différentes ; le premier acheteur est devenu propriétaire par l'effet de la vente qui lui a été consentie ; le vendeur a donc aussitôt cessé de l'être, et,

dès lors, n'a pas pu rendre propriétaire le second acheteur; néanmoins celui-ci acquerra la propriété de la chose,
dit l'art. 1141, si, étant de bonne foi, il a été le premier
mis en possession: comment ne pas voir là un cas d'application de la prescription instantanée des meubles? Cependant on a soutenu que la disposition de l'art. 1141
était tout à fait indépendante de la règle de l'art. 2279
et avait un autre objet. La propriété des meubles est
transférée par le seul effet des conventions : l'art. 1141
décide que cette mutation de propriété mobilière ne sera
opposable aux tiers, qu'autant qu'elle aura été suivie d'une
tradition. Tel est, dit-on, l'objet de cet article. Nous
répondrons que, s'il était vrai que la tradition fût nécessaire pour rendre opposable aux tiers le transfert de la
propriété mobilière, le second acquéreur, mis en possession le premier, devrait toujours devenir propriétaire,
qu'il ait ou non connu l'aliénation consentie au premier
acquéreur; or, ce n'est pas ce que décide l'art. 1141, qui,
au contraire, exige toujours la bonne foi du second acquéreur. Il faut donc reconnaître que cet article n'a pas le sens
qu'on prétend lui donner. Qu'on ne dise pas non plus
que l'art. 1141 est une application de l'art. 1167; que le
second acquéreur, qu'il ait été ou non de bonne foi, devient toujours propriétaire ; mais que son acquisition se
trouve ensuite révoquée, comme ayant été faite au préjudice du premier acquéreur, s'il a été de mauvaise foi :
pour qu'il y eût ainsi lieu à l'action révocatoire de l'art.
1167, il faudrait la fraude du débiteur et son insolvabilité; or l'une et l'autre de ces conditions peuvent très-
bien faire défaut, sans que pour cela l'art. 1141 cesse de
s'appliquer.

Comme complétement de ce que nous venons de dire

sur la règle de l'art, 2279: *en fait de meubles, la possession vaut titre*, signalons certains effets de la bonne foi qui peuvent se rattacher à cette même règle. Ce n'est pas seulement un droit de propriété, qui peut ainsi être acquis par une prescription instantanée; c'est encore un droit de gage, si l'on possède de bonne foi à titre de créancier gagiste. — Le locateur a une sorte de gage et exerce son privilége sur tous les meubles, qui garnissent les lieux loués (art. 2102 Cod. civ.), même ceux qui n'appartiendraient pas au locataire, si toutefois il l'a ignoré. Lorsque le propriétaire se présentera pour réclamer ceux des meubles garnissant les lieux loués, qui lui appartiennent, le locateur pourra l'écarter en invoquant la maxime : *en fait de meubles, la possession vaut titre*. J'ai cru, lui dira-t-il, que tous les meubles apportés par le locataire lui appartenaient, et qu'ils étaient mon gage ; vous deviez me prévenir que vous étiez propriétaire d'une partie de ces meubles; vous êtes en faute de ne l'avoir pas fait ; tant pis pour vous, si le locataire a compromis les biens que vous avez laissés à sa disposition; vous ne devez vous en prendre qu'à vous d'avoir suivi sa foi ; je ne dois souffrir en rien d'une situation qui vous est imputable. S'il était établi que le locateur savait que les meubles apportés par le locataire ne lui appartenaient pas en totalité, il ne serait pas admis à exercer son privilége à l'encontre du propriétaire, bien que celui-ci ne lui ait fait aucune notification, à moins pourtant que, d'après les circonstances, le locateur n'ait pu croire que c'était du consentement du propriétaire que les meubles avaient été apportés dans les lieux loués, en garantie du paiement des loyers.

Le droit de propriété fléchit donc devant le droit de gage du locateur de bonne foi. Il en est de même et *a fortiori*, paraît-il, du privilége du vendeur. Ce privilége passera après celui du locateur, si ce dernier a ignoré que les meubles apportés par son locataire venaient d'être achetés et n'étaient pas encore payés. Ainsi la bonne foi du locateur, qui a ignoré l'existence du privilége du vendeur grevant les meubles de son locataire, aura pour résultat de le faire préférer au vendeur. Cet effet de la bonne foi se trouve expressément indiqué dans l'art. 2102 : *Le privilége du vendeur ne s'exerce toutefois qu'après celui du propriétaire de la maison ou de la ferme, à moins qu'il ne soit prouvé que le propriétaire avait connaissance que les meubles et autres objets garnissant sa maison ou sa ferme n'appartenaient pas au locataire.*

2°. *Effets de la bonne foi quant à l'acquisition des fruits.*

On entend par produits d'une chose tout ce qui provient de cette chose ou qui se trouve perçu à son occasion. Lorsque ces produits donnent lieu à des perceptions régulières et périodiques, on les appelle des fruits : tels sont les récoltes des champs, les coupes de taillis et de futaies aménagées, les produits des carrières et des mines mises en exploitation régulière.

Les fruits peuvent se diviser en trois classes : les fruits naturels, industriels, et civils. Les fruits naturels sont ceux qui naissent spontanément de la chose ; les fruits industriels, ceux que fait naître la culture de l'homme ; enfin les fruits civils, qui ne sont considérés comme fruits, que par une fiction de la loi, sont les revenus qui se perçoivent à l'occasion d'une chose.

En principe, tous les fruits et produits d'une chose appartiennent au propriétaire (art. 547). Cette règle souffre exception en faveur du possesseur de bonne foi. Celui-ci fait siens, les fruits qu'il a perçus croyant être propriétaire.

Le possesseur de mauvaise foi, au contraire, subit dans toute sa rigueur l'application du droit commun : il doit restituer tous les fruits de la chose, tant ceux qu'il a déjà consommés que ceux qui existent encore en nature ; il est même tenu vis-à-vis du propriétaire de tous les fruits qu'il a négligé de percevoir.

Cette obligation, qui incombe au possesseur de mauvaise foi, existait déjà en droit romain et dans notre ancienne jurisprudence ; elle est tout à fait conforme aux principes du droit : celui qui entre ou se maintient en possession d'une chose, qu'il sait ne pas lui appartenir, commet un délit, qui l'oblige à réparer tout le dommage qui en résulte pour le propriétaire. « La restitution des « fruits, disait Domat, est une espèce de dédommagement « que doit celui qui a indûment joui du revenu d'un au- « tre. Car cette restitution répare la perte que cette jouis- « sance a causée à celui qui devait jouir » (1).

Mais il ne faut pas que le propriétaire s'enrichisse aux dépens du possesseur même de mauvaise foi. Il devra donc lui rembourser les frais de labours, travaux et semences (art. 548). Pour le même motif, si le possesseur de mauvaise foi avait, par son activité et son intelligence personnelle, réalisé des bénéfices extraordinaires sur la chose, le propriétaire n'y aurait aucun droit.

(1) Lois civiles, liv. III, tit. V, sect. III, n. 1.

— 351 —

Le possesseur, une fois qu'il a prescrit la chose, cesse
d'être tenu de la restitution des fruits. La prescription
a un effet rétroactif : celui au profit de qui elle s'accomplit, est réputé propriétaire du jour où il est entré en
possession de la chose, et garde tous les fruits. Aux termes de l'art. 549 les fruits doivent être restitués avec la
chose, qui les a produits : du moment que le possesseur a
prescrit, il n'est plus tenu de restituer la chose, ni, par
conséquent, les fruits.

La prescription quinquennale établie par l'art. 2277
s'applique-t-elle aux restitutions de fruits que doit le
possesseur de mauvaise foi ? Nous ne le pensons pas. Tout
d'abord ces restitutions de fruits ne sont pas payables par
année, ni à des termes périodiques plus courts, comme le
sont toutes les prestations soumises à la prescription de
cinq ans de l'art. 2277. Ensuite le possesseur de mauvaise
foi possède indûment la chose par suite d'un délit, et, le
plus souvent, à l'insu du véritable maître, au préjudice
duquel il perçoit les fruits.

Le possesseur de bonne foi, avons-nous dit, fait les
fruits siens. C'était déjà la règle en droit romain et dans
notre ancien droit, où nous la trouvons consacrée par
l'Ordonnance de Villers-Cotterets : 1539. Les revenus,
les fruits se dépensent, en général, à mesure qu'on les
perçoit : on vit avec plus ou moins d'opulence suivant
que l'on jouit de revenus plus ou moins considérables. Ce
serait, le plus souvent, ruiner ou du moins appauvrir considérablement le possesseur que de l'obliger à rendre
tous les fruits qu'il a perçus de bonne foi pendant de
longues années, peut-être. Si le bien dont il s'est cru propriétaire lui a donné de plus gros revenus, il ne s'en est
pas pour cela enrichi, car ses dépenses, elles aussi, ont

augmenté en proportion, du moins on le présume. Telles sont les considérations qui, du côté du possesseur de bonne foi, justifient la dérogation au droit commun faite en sa faveur. — Quant au propriétaire qui se trouve frustré des fruits de sa chose, très-souvent il l'aura mérité par sa négligence. D'ailleurs, on présume que s'il avait perçu les fruits, il les aurait dépensés et ne s'en serait pas enrichi : ne serait-il pas souverainement injuste qu'il acquît, aux dépens du possesseur ruiné, un capital que, probablement, il n'aurait pas lui-même formé, et qu'il profitât ainsi de sa négligence? — Ainsi donc la disposition de l'art. 549, dérogatoire au droit commun, s'appuie tout à la fois sur la faveur que mérite la bonne foi, sur la négligence du propriétaire, et, enfin, sur cette présomption, qu'en général les revenus se dépensent et ne se capitalisent pas, présomption d'où l'on tire cette double conséquence, que le propriétaire s'enrichirait, s'il pouvait se faire restituer les fruits, et le possesseur de bonne foi s'appauvrirait, s'il était condamné à cette restitution.

Pour acquérir les fruits le possesseur doit être de bonne foi. *Le possesseur est de bonne foi*, dit l'art. 550, *quand il possède comme propriétaire en vertu d'un titre translatif de propriété, dont il ignore les vices.* — Ici, comme en matière de prescription, on entend par titre non pas l'acte écrit, qui constate le fait en vertu duquel le possesseur détient la chose, mais bien le fait lui-même, indépendant de l'écrit qui le constate, qui est la cause de la possession. Les vices dont le titre peut être affecté, qui peuvent le rendre inefficace, sont le défaut de propriété ou de capacité d'aliéner chez celui de qui on tient la chose ou bien encore une nullité de forme. Quels que soient les vices

dont se trouve affecté le titre, qu'ils proviennent du fond
ou de la forme, notre article ne distingue pas; du moment que le possesseur les ignore et se croit propriétaire,
il est de bonne foi et a droit aux fruits.

Est-il nécessaire, pour l'acquisition des fruits, comme
pour la prescription par 10 à 20 ans, que la bonne foi
du possesseur repose sur un juste titre?

Dans le sens de l'affirmative on invoque l'art. 550 : aux
termes de cet article, est de bonne foi celui qui ignore
les vices de son titre d'acquisition ; or il n'y a évidemment qu'un *titre réel* qui puisse avoir des vices ;
donc la bonne foi, qui consiste dans l'ignorance de ces
vices, suppose nécessairement l'existence d'un titre. Le
système contraire, d'après lequel un simple titre putatif
suffirait pour l'acquisition des fruits, ajoute à l'art. 550,
et lui fait dire ce qu'en réalité il ne dit pas ; il substitue
à sa rédaction, fait observer M. Mourlon, cette autre rédaction : *Le possesseur de bonne foi est celui qui possède en
vertu d'un juste titre dont il ignore les vices,* OU QUI CROIT
POSSÉDER EN VERTU D'UN JUSTE TITRE QUI DANS LA RÉALITÉ
N'EXISTE PAS (1).

Néanmoins, nous croyons devoir nous ranger à l'opinion
de la négative ; c'était l'opinion suivie en droit romain et
dans notre ancienne jurisprudence, elle doit l'être encore
aujourd'hui. Dès lors qu'un possesseur se croit propriétaire, il a droit aux fruits, quand bien même sa
croyance ne reposerait que sur un titre purement imaginaire. Les partisans de l'affirmative donnent une trop
grande importance aux termes de l'art. 550 : cet article

(1) Du Caurroy, Bonnier et Roustain. Tom. 2, de la Propr., p. 62,
n° 100.

Arthaud.   23

ne fait pas du juste titre une condition distincte de la bonne foi, il ne l'exige que comme moyen de preuve ou élément de cette dernière, et parce qu'en thèse générale il est impossible d'admettre la bonne foi de celui qui possède sans titre. Si pour la prescription par 10 à 20 ans nous avons donné une règle différente ; si nous avons dit qu'il était nécessaire qu'il y eût un juste titre réel, c'est à cause de l'art. 2265, qui l'exige expréssement, comme une condition distincte de la bonne foi. On comprend d'ailleurs très-bien que le législateur se soit montré plus difficile pour la prescription par 10 à 20 ans que pour l'acquisition des fruits : dans le premier cas, le secours accordé au possesseur de bonne foi est autrement plus énergique, autrement plus préjudiciable au propriétaire que lorsqu'il s'agit d'une simple acquisition de fruits. Ainsi donc, la bonne foi est la seule condition requise pour que le possesseur acquière les fruits, peu importe qu'elle repose sur un titre réellement existant ou purement imaginaire. C'est la doctrine que consacre l'art. 138, lorsqu'il décide que l'héritier apparent qui, lui, évidemment, possède sans juste titre, fera néanmoins siens les fruits qu'il percevra de bonne foi (1).

Pour prescrire par dix à vingt ans, il suffit que le possesseur ait acquis l'immeuble de bonne foi ; la bonne foi n'est exigée qu'au commencement de la possession, la mauvaise foi, qui survient ensuite au cours de la possession, n'empêche pas la prescription. Au contraire,

(1) Massé et Vergé. Tom. II, p. 107, note 15. — Pothier. De la Propr., n. 293. — Aubry et Rau. 2ᵉ édit., tom. I, p. 422 et 423.— Marcadé. Art. 550. — Demolombe. De la Propr., tom. I, n. 602.

pour que le possesseur acquière les fruits, il faut qu'il soit de bonne foi au moment même de leur perception : *Le simple possesseur*, dit l'art. 549, *ne fait les fruits siens que dans le cas où il possède de bonne foi. Possède*, au présent, indique bien que le possesseur doit être de bonne foi au moment où il fait les fruits siens par la perception, mais l'art. 138 est encore plus explicite dans ce sens; *ceux, dit-il, qui auront recueilli une succession à défaut de l'absent, gagneront les fruits par eux perçus de foi.* Pour justifier cette différence avec la prescription par dix à vingt ans, on a dit que les fruits, étant acquis successivement par des faits de perception séparés et indépendants les uns des autres, il était tout naturel d'exiger que la bonne foi existât au moment de la perception et pour chaque perception en particulier; tandis qu'au contraire l'acquisition de la propriété par la prescription n'ayant qu'une cause unique, la possession, il devait suffire que cette cause eût été, dans son principe, accompagnée de bonne foi. Mais cette explication n'est pas satisfaisante ; la cause de l'acquisition de la propriété, est la possession prolongée pendant un certain temps; si donc la cause acquisitive de la propriété est successive, pourquoi la loi n'exige-t-elle pas qu'elle soit légitime à tous les instants, de même qu'elle exige que chaque perception soit légitime pour l'acquisition des fruits? Voici généralement comment on essaie de justifier cette différence. Si, dit-on, le législateur laisse courir la prescription au profit de celui qui a cessé d'être de bonne foi, c'est qu'il a pensé que celui-ci n'aurait pas le courage de rendre la chose après avoir découvert qu'elle ne lui appartient pas; au contraire, le possesseur de bonne foi, qui a cessé de l'être, averti que la revendication peut d'un moment à l'autre être intentée contre lui, est inexcusable s'il ne prend pas ses mesures pour être à même de restituer les fruits le jour où le propriétaire viendra revendiquer sa chose. Quant à nous, nous croyons que la pensée de la loi a été qu'il suffit que la bonne foi se rencontre au moment même où se produit l'acte de nature à faire naître le droit, qu'à tort, on s'imagine régulièrement acquérir. Pour la prescription par dix à vingt ans, la bonne foi n'est exigée qu'à l'époque de l'acquisition, parce que c'est à cette époque même que le possesseur serait devenu propriétaire, s'il avait reçu la chose des mains du véritable propriétaire; pour l'acquisition des fruits, elle est exigée au moment de leur perception, parce que c'est à ce moment que le possesseur les aurait acquis, comme propriétaire de la chose, s'il l'avait été réellement.

Puisque l'acquisition des fruits par le possesseur n'a lieu que tant dure sa bonne foi, il importe de bien déterminer le moment précis où le possesseur cessera d'être de bonne foi. Aux termes de l'art. 550, deuxième alinéa, le possesseur cesse d'être de bonne foi du moment que les vices de son titre lui sont connus: peu importe de quelle manière cette connaissance lui est parvenue, que ce soit par une demande en justice, ou par une sommation extra-judiciaire; c'est là une question de fait que les juges auront à apprécier. Tous les moyens de preuve seront admis pour établir la mauvaise foi du possesseur.

La demande en justice formée contre le possesseur aura-t-elle nécessairement pour effet de le constituer en mauvaise foi? Sans aucun doute, il peut très-bien arriver que le possesseur actionné en revendication ne considère pas comme sérieuse l'action intentée contre lui, et persiste à se croire propriétaire : dans ce cas évidemment, il continuera en fait à être de bonne foi ; néanmoins il sera réputé avoir connu les vices de son titre du jour de la demande, si cette demande réussit contre lui, et sera tenu en conséquence de restituer tous les fruits qu'il aura perçus depuis cette époque. Averti, il n'a pas dû compter sur les fruits d'un bien revendiqué, il a dû au contraire les mettre en réserve afin de pouvoir les restituer, le cas échéant ; s'il ne l'a pas fait, il a commis une grave imprudence et ne doit s'en prendre qu'à lui s'il se voit condamné à rendre la valeur des fruits qu'il a dépensés. D'ailleurs, cette obligation pour le possesseur, dont la bonne foi a survécu à la demande en justice, de restituer les fruits, qu'il a perçus depuis cette demande, peut être considérée comme l'application de ce principe, que les effets du jugement rétroagissent au jour de la demande, principe auquel la bonne foi du possesseur ne saurait apporter aucune dérogation : « car cette bonne foi, quand elle « aurait été sincère, ne peut pas avoir l'effet de nuire au « vrai maître, qui a connu son droit et demandé son bien, « ni balancer l'autorité de la chose jugée » (1).

Supposons qu'un possesseur de bonne foi, actionné en revendication, ait gagné son procès en première instance, contradictoirement ou par défaut, le revendiquant interjette appel ou forme opposition, et sur l'appel la Cour infirme le jugement de première instance, ou bien sur l'opposition le Tribunal rapporte le jugement par défaut rendu d'abord au profit du possesseur : celui-ci sera-t-il

(1) Domat. Lois civiles, liv. III, tit. V, sect. III, n° VI.

traité comme étant de bonne foi, jusqu'au jour où il sera condammé sur l'appel ou sur l'opposition, et sera-t-il dispensé de restituer les fruits, qu'il aura perçus jusqu'à ce moment? Allons plus loin, et supposons qu'il ait encore obtenu gain de cause devant la Cour d'appel, mais que le revendiquant, s'étant pourvu en cassation, et l'affaire étant renvoyée à une autre Cour, cette seconde Cour lui ait donné raison: le possesseur sera-t-il réputé de bonne foi, et continuera-t-il à faire les fruits siens, tant qu'il n'aura pas été condamné par la nouvelle Cour? Dans tous ces cas, le possesseur sera tenu de restituer tous les fruits qu'il aura perçus depuis la première demande formée contre lui. A partir de cette époque, il doit se tenir pour averti: tant que le procès n'est pas entièrement vidé, que les recours ordinaires n'ont pas été exercés, et qu'on se trouve dans les délais où ils peuvent l'être, le possesseur est exposé aux chances de la lutte, il doit être prêt à toute éventualité. — Si au lieu des recours ordinaires, que nous venons de supposer, il s'agit de recours extra-ordinaires, si par exemple le jugement, qui a été rendu au profit du possesseur, se trouve ensuite rétracté sur requête civile ou par la tierce opposition, comme ce sont des recours extraordinaires, et qu'aucun délai n'est fixé pour leur exercice, le possesseur de bonne foi ne sera tenu de la restitution des fruits qu'à compter de la demande de rétractation du jugement dirigée contre lui.

Dès que le possesseur est devenu de mauvaise foi, il est, relativement aux fruits, soumis à toutes les obligations, que nous avons indiquées plus haut, nous n'avons pas à y revenir.

Nous venons de voir que, pour acquérir les fruits, le possesseur devait être de bonne foi au moment de leur perception, est-ce suffisant? Faut-il en outre qu'il l'ait été à l'origine de sa possession, et depuis n'ait pas un seul instant cessé de l'être? La question peut se présenter dans bien des cas, en voici deux à titre d'exemples :

1° Une personne achète un immeuble, qu'elle sait ne pas appartenir au vendeur; tant qu'elle restera dans cet état de mauvaise foi, elle n'aura évidemment aucun droit sur les fruits. Mais voici qu'au cours de sa possession son auteur, le vendeur, ou bien elle-même, succède comme héritier à un tiers qu'elle s'imagine être le véritable propriétaire; à partir de ce moment, elle possède de bonne foi : pourra-t-elle à l'avenir s'approprier les fruits?

2° Un possesseur de mauvaise foi meurt : son héritier, croyant que la chose, qu'il possédait, lui appartenait, continue sa possession : il est de bonne foi : fera-t-il les fruits siens?

Prenons cette seconde espèce qui, en pratique, doit se présenter assez fréquemment, et sur laquelle les auteurs ont l'habitude de traiter la question qui nous occupe. La solution que nous donnerons, pour ce cas particulier, sera la même pour tous les autres. Demandons-nous donc si l'héritier d'un possesseur de mauvaise foi, continuant de bonne foi la possession de son auteur, gagnera les fruits? Un grand nombre d'auteurs et des plus considérables (1) sont pour l'affirmative, et enseignent que, du moment que l'héritier est possesseur de bonne foi, il a droit aux fruits qu'il a perçus, sans qu'il y ait à se préoccuper si son auteur a été personnellement de bonne ou

(1) Duranton. Tom. IV, n. 387. — Marcadé. Tom. II, art. 550. — Taulier. Tom. II, p. 203. — Massé et Vergé, t. II, p. 107. — Aubry et Rau. Tom. I, p. 423. — Demolombe. De la prop., tom. I, n° 612 à 614.

de mauvaise foi. La question de bonne foi, dit-on dans ce système, doit être envisagée d'une manière distincte par rapport à la personne de chacun des possesseurs qui se sont succédé : l'acquisition des fruits repose sur une perception faite de bonne foi, et tout acte de perception constitue un fait isolé, dont le caractère est nécessairement indépendant des faits de perception antérieurs. Les articles 138 et 549, qui règlent l'acquisition des fruits par le possesseur, ne parlent de la bonne foi qu'au moment de la perception. Enfin, ajoute-t-on, toutes les considérations, qui ont fait attribuer les fruits au possesseur de bonne foi, se présentent également en faveur de l'héritier, qui perçoit de bonne foi des fruits sur la chose que son auteur possédait de mauvaise foi.

Sans méconnaître la valeur de ces arguments, nous croyons cependant devoir nous ranger à l'opinion contraire : nous déciderons donc que l'héritier du possesseur de mauvaise foi qui continue de bonne foi la possession de son auteur, n'aura prétendre aucun droit sur les fruits de la chose. Telle est à notre avis la conséquence forcée de ce principe que l'héritier succède à toutes les obligations de son auteur. Le possesseur de mauvaise foi, qu'il l'ait été dès l'origine de sa possession, ou qu'il le soit devenu depuis celle-ci, contracte, par la connaissance qu'il a que la chose dont il est possesseur ne lui appartient pas, l'obligation de la restituer au véritable propriétaire et d'indemniser ce dernier de tout le préjudice qu'il lui aura causé par le fait de sa possession injuste. Cette obligation, ainsi que toutes les autres, passe à son héritier, qui dès lors se trouve, comme lui, et indépendamment de sa bonne ou de sa mauvaise foi personnelle, tenu de restituer au propriétaire non-seulement les fruits qui existent encore au moment de la revendication, maisaussi ceux qu'il aura consommés et qu'il aura négligé de percevoir. Tel est, résumé en deux mots, l'argument sur lequel s'appuie l'opinion que nous soutenons, et qui, selon nous, est décisif. Et pourtant, parmi les nombreux partisans du système opposé, nous ne connaissons que M. Demolombe qui ait essayé d'y répondre. Il ne faut pas, dit cet auteur, faire toujours et nécessairement survivre, avec toute son étendue, l'obligation pour celui qui s'est emparé indûment de la chose d'autrui, d'indemniser le propriétaire de toute la perte qui en résulte pour lui, au fait de la possession de la chose par celui-là même qui s'en est injustement emparé : notamment, en ce qui concerne les fruits, celui qui s'est indûment mis en possession de la chose d'un autre pourrait bien ne pas en être toujours responsable lorsqu'il a cessé de posséder, et que les fruits ont été perçus par un autre possesseur. Ainsi, le possesseur de mauvaise foi ne continuerait à être tenu des fruits à venir que dans le cas où il aurait cessé de posséder par dol ; s'il avait cessé de posséder sans méfait, il ne serait pas tenu des fruits que la chose a produits ou pu produire dans l'avenir. Or, c'est précisément cette dernière hypothèse, qui se présente, lorsque le possesseur de bonne foi cesse de posséder par sa mort : comme en pareil cas, il n'y a aucun méfait de sa part, il ne laisse pas à son héritier l'obligation de payer les fruits à percevoir dans l'avenir, et, quand celui-ci les percevra, n'étant pas tenu personnellement de les restituer, il ne le sera pas davantage du chef de son auteur, qui n'a pas eu cette obligation en mourant. La perte que le maître de la chose éprouve à raison de la bonne foi du possesseur actuel, résulte d'un fait nouveau, qui n'est pas directement imputable à l'ancien possesseur de mauvaise foi, et dont par conséquent son héritier ne saurait être tenu. Telle est la réponse que donne M. Demolombe à l'argument que nous avons présenté à l'appui de notre système. Elle ne nous convainc pas. M. Demolombe reconnaît que le possesseur de mauvaise foi, qui par dol aurait cessé de posséder, n'en continuerait pas moins à être tenu des fruits, bien qu'il ne fût plus en rapport avec la chose, et que la prescription des fruits ne dépendît plus de lui; c'est donc que ce possesseur est tenu à raison de son dol des faits qui, en étant la suite, préjudicient au propriétaire! Or, cela nous suffit pour établir que l'héritier du possesseur de mauvaise foi, bien que personnellement de bonne foi, n'en est pas moins tenu, du chef de son auteur, de payer les fruits qu'il a perçus depuis l'ouverture de la succession ou négligé de percevoir. Cette obligation, en effet, n'est que la conséquence du dol, dont s'est rendu coupable le *de cujus*, possesseur de mauvaise foi, en s'emparant d'un bien qu'il savait ne pas lui appartenir et en le retenant jusqu'à sa mort. N'est-ce pas, en effet, parce que le *de cujus*, s'est comporté vis-à-vis de la chose, l'a possédée, comme s'il en avait été le propriétaire, que son héritier a pu croire qu'elle lui appartenait réellement, qu'il l'a gardée en sa possession et en a perçu les fruits aux dépens du propriétaire? N'avons-nous pas raison de dire que la rétention de la chose par l'héritier, possesseur de bonne foi, et le dommage, qui en résulte pour le véritable propriétaire, ont pour cause directe le dol du *de cujus?* Si l'héritier, à raison de sa bonne foi, n'en est pas personnellement responsable, il l'est au moins du chef de son auteur, et, en conséquence, doit restituer au propriétaire avec la chose, qu'il possède indûment, les fruits qu'il en a perçus et ceux qu'il a négligé de percevoir. Toute autre solution nous paraît contraire aux principes. Les motifs, dit-on, qui ont fait admettre que le possesseur de bonne foi a droit aux fruits, se rencontrent les mêmes pour attribuer à l'héritier les fruits qu'il perçoit de bonne foi, et ne pas l'obliger à les restituer. Celui-ci, en effet, se croyant propriétaire de la chose possédée par son auteur, aura le plus souvent dépensé, au fur et à mesure, les fruits qu'il percevait ; ce serait l'appauvrir, peut-être même le ruiner que de venir lui en demander le remboursement après plusieurs années. Nous le reconnaissons, c'est là un grave inconvénient que présente le système que nous soutenons, mais il ne suffit pas pour le faire rejeter : dans bien d'autres circonstances, l'héritier se trouvera, à son insu, tenu, du chef de son auteur, de restitutions auxquelles il ne sera nullement préparé (1).

(1) Domat. Lois civiles, 1re part., liv. III, tit. III, sect. 5, n° 14. — Dunod. Præscrip., part. I, chap. 8, p. 46. — Pothier. De la prop., nos 331 et 336. — Delvincourt. Art. 550. — Proudhon. Domaine de propriété, tom. II, n° 551. — Colon. Quest. de droit, tom. III, p. 300. — M. Mourlon fait une distinction : le *de cujus*, possesseur de mauvaise foi, l'a-t-il été dès l'origine, c'est un délit qu'il a commis, son héritier qui continuera sa possession sera tenu de restituer même les fruits, que, personnellement, il aura perçus de bonne foi ; au contraire, le *de cujus*, de bonne foi à l'origine, a-t-il cessé de l'être ensuite, ce n'est qu'un simple quasi-délit qu'il a commis en retenant la chose ; son héritier aura droit à tous les fruits qu'il percevra de bonne foi (Répétitions écrites, tom. I, p. 694, note 1). — Cette distinction doit être repoussée : l'héritier succède indistinctement à toutes les obligations de son auteur, qu'elles proviennent d'un délit ou d'un quasi-délit.

Quels sont les fruits que fait siens le possesseur de bonne foi ? Ce sont tous ceux qu'il a perçus comme tels pendant sa possession, qu'ils soient naturels, industriels ou civils. Quant aux autres produits de la chose, le possesseur de bonne foi n'y a aucun droit. Toutefois ce dernier point a été contesté : M. Marcadé enseigne que, par application de l'art. 2279, le possesseur de bonne foi acquière non pas seulement les fruits, mais tous les produits de la chose qu'il possède. Nous ne saurions admettre cette opinion : l'art. 549 n'est pas, comme le prétend M. Marcadé ,une application pure et simple de l'art. 2279 ; ces deux articles consacrent des dispositions distinctes, complètement indépendantes l'une de l'autre : autre en effet , est l'acquisition des fruits par le possesseur, telle qu'elle résulte de l'art. 549 ; autre, la prescription instantanée, qu'établit pour les meubles l'art. 2279 : ni elles ne se justifient par les mêmes considérations, nous l'avons vu ; ni elles ne se trouvent soumises aux mêmes conditions : pour acquérir les fruits, il suffit que le possesseur soit de bonne foi ; pour prescrire instantanément, il faut en outre qu'il ait un juste titre réel. L'art. 2279 ne s'applique donc nullement à l'acquisition des produits par le possesseur de bonne foi, l'art. 549 est le seul qui règle cette matière. Or, aux termes de cet article, ce sont seulement ces produits, qu'on appelle des fruits, que peut acquérir le possesseur de bonne foi : *le simple possesseur ne fait les* fruits *siens...* ; donc les autres produits doivent rester sans l'empire de la règle générale et appartenir au propriétaire. Il est vrai que le mot : *produits* se trouve employé à la fin du même article : *dans le cas contraire, il est tenu de rendre les* produits..., mais c'est évidemment comme synonyme du mot ; *fruits :* les rédacteurs de l'article ont simplement voulu varier l'expression. N'est-ce pas d'ailleurs la première partie, qui est la principale de notre article, et ne renferme-t-elle pas implicitement la seconde? C'est donc à la rédaction du commencement plutôt qu'à celle de la fin, qu'il convient de s'attacher de préférence. — L'art. 138 peut encore être invoqué en faveur de l'opinon que nous défendons : ce sont en effet seulement les *fruits*, que cet article accorde à ceux qui de bonne foi ont recueilli une succession dévolue à un absent. — Enfin nous ajouterons cette autre considération, qui nous porte à rejeter l'opinion de M. Marcadé, à savoir que les raisons, qui justifient l'acquisition des fruits par le possesseur de bonne foi et qui l'ont fait admettre, soit à Rome, soit dans notre ancien droit, ne peuvent guère s'appliquer aux autres produits.

Le possesseur de bonne foi fait les fruits siens par la perception. Nous avons vu que, dans le dernier état du droit romain, le possesseur n'était dispensé de restituer que les fruits, qu'il avait consommés de bonne foi ; notre ancienne jurisprudence ne suivit pas cette règle et accorda au possesseur tous les fruits, qu'il avait perçus de bonne foi (1). La même règle s'applique aujourd'hui.

Les fruits naturels et industriels sont perçus et dès lors acquis au possesseur de bonne foi, dès l'instant qu'ils sont séparés de la chose frugifère.

Que décider relativement aux fruits civils? Le possesseur de bonne foi les acquiert-il jour par jour comme l'usufruitier? La question est fort délicate, et divise les auteurs et la jurisprudence. Nous inclinons vers l'affir-

(1) Domat, Lois civiles, liv. III, tit. V, sect. III, n° 7. — Pothier, De la propriété, n° 310.

mative : nous pensons que le possesseur de bonne foi acquerra les fruits civils jour par jour. Telle était déjà la doctrine enseignée par Domat dans l'ancien droit, où rien n'indique qu'elle n'ait pas été suivie. Le Code ne s'en est pas écarté : bien au contraire, ne résulte-t-il pas du rapprochement des textes, qu'il a entendu la consacrer? Aux termes des art. 138 et 549, nous l'avons vu, le possesseur de bonne foi acquiert les fruits par leur perception ; or, d'après l'art. 586, les fruits civils sont réputés s'acquérir jour par jour ; donc le possesseur gagne les fruits civils à proportion de la durée de sa possession de bonne foi. On objecte que, dans les articles 138 et 549, c'est d'une perception réelle qu'il s'agit et non de cette perception toute fictive de l'art. 586; que d'ailleurs l'art 586 se rapporte à l'usufruit, et que par conséquent la fiction, qu'il établit, ne doit pas être appliquée au possesseur de bonne foi, d'autant plus qu'il y a entre l'usufruitier et le possesseur cette grande différence que le premier exerce un droit, tandis que le second n'a pour lui qu'un simple fait. — Essayons de répondre à cette série d'objections. Et d'abord, remarquons-le, rien dans les art. 138 et 549 n'indique que les fruits, perçus réellement et matériellement, soient les seuls, qui puissent être acquis au possesseur de bonne foi; on peut donc très-bien, sans aller contre le texte de ces articles, se contenter pour les fruits civils d'une perception toute fictive. Ces sortes de fruits sont réputés perçus jour par jour; ils doivent donc être traités, comme s'ils l'étaient réellement et être acquis jour par jour au possesseur de bonne foi. Prenons pour exemple les loyers des maisons; la créance qu'a le bailleur peut se décomposer en une série de petites créances, qui correspondent chacune à un jour de jouissance de l'immeuble, et qui toutes ont un terme commun : chacune de ces créances partielles, qui chaque jour viennent se fixer sur la tête du bailleur, ne peut-elle pas, bien qu'elle soit à terme, être assimilée à un fruit réellement perçu : c'est la jouissance de l'immeuble, qui chaque jour se paye ainsi par une créance à terme. Pourquoi donc cette créance, qui représente une jouissance déjà perçue, ne serait-elle pas elle-même un fruit perçu, à ce titre, devant appartenir au possesseur de bonne foi, bailleur ? — En second lieu, dit-on, l'art. 586 étant placé au titre de l'usufruit, ne doit s'appliquer qu'à l'usufruitier. L'objection n'est vraiment pas sérieuse : bien d'autres articles se rencontrent en effet au titre de l'usufruit, qui pourtant, de l'avis de tout le monde, n'en sont pas moins d'une application générale : tels sont, par exemple, les art. 583 et 584 qui déterminent ce qu'il faut entendre par fruits naturels, industriels ou civils. D'ailleurs il est facile, en lisant attentivement l'art. 586, de se convaincre qu'il s'agit dans cet article d'une règle générale appliquée spécialement à l'usufruitier. *Les fruits civils sont réputés s'acquérir jour par jour*, voilà le principe posé d'une façon générale ; d'où cette conséquence : *et appartiennent à l'usufruitier, à proportion de la durée de son usufruit;* voilà l'application particulière faite à l'usufruitier. Soit : dit-on, la disposition de l'art. 586 ne concerne pas seulement l'usufruitier ; elle est générale ; mais alors par exception il ne faut pas l'appliquer au possesseur de bonne foi, qui se trouve dans une situation toute particulière et n'a pour lui, à la différence de l'usufruitier, qu'un simple fait. Nous répondrons que, du moment que la loi attribue les fruits au possesseur de bonne foi, c'est qu'elle reconnaît en sa faveur plus qu'un simple fait, un véritable droit.

Le possesseur de bonne foi ne fait siens que les fruits qu'il a perçus pendant la durée de la possession ; quant aux fruits qu'un autre aurait antérieurement perçus, et que le possesseur de bonne foi aurait reçus avec la chose, ils seront considérés comme capitalisés, et devront être restitués. Plusieurs décisions judiciaires (1) ont cependant été rendues dans un sens opposé ; mais elles sont très-certainement contraires, et au texte de la loi, et à ses motifs.

Nous avons supposé jusqu'ici une possession de choses corporelles. Ce n'est pas seulement le possesseur d'immeubles, qui fait les fruits siens, lorsqu'il est de bonne foi, c'est encore le possesseur de meubles. Sans doute, il sera assez rare, à raison de la maxime : *en fait de meubles la possession vaut titre*, de rencontrer un possesseur de meubles, de bonne foi, n'étant pas aussitôt devenu propriétaire, et ayant besoin de la disposition de l'art. 549 pour avoir droit aux fruits ; cependant le cas peut se présenter : je suppose, par exemple, que j'achète de bonne foi un objet mobilier, qui a été perdu ou volé, je n'en deviendrai propriétaire qu'au bout de trois ans, à compter de la perte ou du vol ; si dans l'intervalle j'en acquiers les fruits, ce sera par application de l'art. 549. De même encore, si je possède un meuble de bonne foi, mais sans titre : ne pouvant, en pareil cas, le prescrire que par trente ans, l'art. 549 me sera évidemment utile pour l'acquisition des fruits dans l'intervalle.

Le possesseur de bonne foi d'un usufruit fait-il les

(1) Paris, 8 juillet 1831, D., 1831, 1, 217; cass., 7 juin 1837, D., 1837, 1, 303; Paris, 13 avril 1848, Dev., 1848, 11, 213.

fruits siens? L'affirmative ne nous paraît pas douteuse : que je possède comme propriétaire ou comme usufruitier, il y a absolument les mêmes raisons pour que j'acquière les fruits, que je perçois de bonne foi.

Que décider s'il s'agit d'une rente viagère? Le créancier apparent, qui en aura touché les arrérages de bonne foi, devra-t-il les restituer? Nous pensons qu'ici encore notre art. 549 doit s'appliquer, et que le créancier apparent, qui aura touché les arrérages de bonne foi, ne sera pas tenu de les rendre. On objecte qu'il n'y a ici ni possession, ni possesseur, mais seulement des paiements faits sans cause, donnant par conséquent lieu à l'application des règles sur la répétition de l'indu ; or que celui qui a reçu l'indu, soit de bonne ou de mauvaise foi, il est toujours tenu de restituer la totalité de la somme qu'il a indûment touchée; il n'y a de différence que pour les intérêts de cette somme, que l'*accipiens* de mauvaise foi doit à partir de l'époque où il a reçu le paiement indu, et l'*accipiens* de bonne foi, à partir seulement de la demande en répétition. M. Demolombe répond victorieusement à cette objection : les arrérages, dit-il, qui ont été ainsi indûment payés, l'ont été, non pas comme un capital, mais comme des fruits de la rente elle-même. Le principal était la rente; les arrérages perçus par celui qui s'est cru créancier doivent être considérés comme des fruits, et à ce titre lui appartenir. Si celui qui a reçu l'indu est obligé de le restituer quant au capital, c'est qu'il est censé s'en être enrichi; s'il est dispensé de restituer les intérêts, c'est que les intérêts sont des fruits, et que les fruits sont réputés n'avoir pas enrichi celui qui les a perçus, mais lui avoir seulement donné le moyen de vivre plus largement. Le possesseur d'une rente viagère, qui en a touché de bonne foi les arrérages, ne saurait être présumé s'en être enrichi, ce serait l'appauvrir que de l'obliger à les restituer.

3° *Effets de la bonne foi, lorsque le possesseur a cessé de posséder ou détérioré la chose.*

Le possesseur de bonne foi n'est jamais tenu que dans la mesure où il possède : s'il a dégradé la chose ou l'a laissé se détériorer, il n'en sera aucunement responsable et devra simplement la restituer dans l'état où elle se trouvera au moment de la revendication. De même, s'il l'a détruite complètement, perdue ou aliénée, il n'encourra aucune responsabilité : ayant cessé de posséder, il cessera aussi d'être tenu de la revendication. Bien entendu, s'il avait retiré quelque profit, soit des dégradations de la chose, soit de son aliénation, il en devrait compte au propriétaire; car il ne doit pas s'enrichir à ses dépens.

Telle est la règle, que consacrent les art. 1379 et 1380 pour le cas où une personne a reçu une chose qui ne lui était pas due, et qui, l'art. 1631 le suppose implicitement, doit s'appliquer à tous les autres cas de possession.

Cette règle, nous l'avons déjà rencontrée en droit romain, elle existait aussi dans notre ancien droit, où elle s'appliquait même au détenteur de l'immeuble hypothéqué dans ses rapports avec les créanciers hypothécaires. L'art. 2175 a changé la doctrine sur ce dernier point; nous y voyons *que les détériorations qui procèdent du fait ou de la négligence du tiers détenteur au préjudice des créanciers hypothécaires ou privilégiés donnent lieu contre lui à une action en indemnité;* mais on ne saurait en induire que les rédacteurs du Code ont entendu abolir d'une façon générale la règle de notre ancien droit, relativement au possesseur de bonne foi dans ses rapports avec le propriétaire. La disposition de l'art. 2175 est une disposition particulière, qui n'en atteste que mieux le maintien de l'ancienne règle pour les autres cas.

Le possesseur de mauvaise foi, au contraire, est tenu de rendre la chose, non plus seulement comme détenteur, mais en vertu d'une obligation personnelle. Cette obligation a sa cause dans le délit ou quasi-délit, qu'il a commis en entrant ou en se maintenant en possession d'une chose qu'il savait ne pas lui appartenir, et a pour objet la chose possédée dans l'état où elle était au moment qu'il s'en est emparé, ou, si à cette époque il était de bonne foi, au moment qu'il a cessé de l'être.

Comm etout débiteur de corps certain, le possesseur de mauvaise foi sera donc tenu de conserver la chose et de l'entretenir en bon état. Si, par suite de son fait ou de sa négligence, il manque à cette obligation, s'il détériore la chose ou la laisse se dégrader, s'il cesse de posséder, il sera responsable et devra au propriétaire des dommages-intérêts.

Le possesseur de mauvaise foi ne répond pas seulement de son dol et de sa faute, il répond en outre des cas fortuits, si, au moment qu'il a pris possession de la chose, il a su qu'elle ne lui appartenait pas : sa mauvaise foi initiale le constitue en demeure, et met la chose à ses risques (art. 1138). Mais, bien entendu, ce possesseur, comme tout débiteur en demeure, ne sera pas garant des cas fortuits, qui eussent également fait périr ou détérioré la chose entre les mains du propriétaire, à moins cependant qu'il n'ait commis un vol; car, aux termes de l'art. 1302, *de quelque manière que la chose volée ait péri ou ail été perdue, sa perte ne dispensera pas celui qui l'a soustraite de la restitution du prix.*

4° *Effets de la bonne foi lorsque le possesseur a fait des impenses sur la chose.*

Nous avons à rechercher ici quels sont, suivant qu'il a été de bonne ou de mauvaise foi, les droits du possesseur, qui a fait des dépenses sur la chose.

Il faut distinguer entre les dépenses qui sont une charge de la jouissance : frais d'entretien et de culture ; et celles qu'il est d'usage, au contraire, de prélever sur le capital : frais de grosses réparations et d'améliorations.

Pour les premières, la règle est bien simple : le possesseur de bonne foi, qui jouit de la chose et fait les fruits siens, devra les supporter intégralement ; le possesseur de mauvaise foi, au contraire, n'est pas tenu de les garder à sa charge, il peut toujours les imputer sur les fruits, qu'il est obligé de rendre au propriétaire.

Quant aux autres dépenses, à celles qui, à raison de leur nature et de leur importance, sont d'ordinaire supportées par le capital, voici quelle est la règle :

On distingue suivant qu'il s'agit de dépenses *nécessaires, utiles* ou *voluptuaires.*

Sont *nécessaires* les dépenses qui ont pour but la conservation de la chose. Le propriétaire profite pour le tout de ces dépenses, puisqu'elles conservent sa chose ; il est donc juste qu'il en tienne compte au possesseur qui en a fait l'avance, que celui-ci ait été de bonne ou de mauvaise foi.

Les dépenses *utiles* sont celles qui, sans être nécessaires à la chose, en augmentent la valeur. A Rome et dans notre ancien droit, le possesseur qui avait fait de telles dépenses, ne pouvait jamais se les faire restituer que jusqu'à concurrence de la plus-value, qu'elles avaient donnée à la chose, encore fallait-il qu'il eût été de bonne foi. S'il avait été de mauvaise foi, il ne pouvait, en principe, qu'enlever les matériaux. Ce droit lui était même refusé, lorsque le propriétaire offrait de le désintéresser en lui payant la valeur des matériaux. On admettait cependant que le possesseur de mauvaise foi pouvait compenser les dépenses utiles avec les fruits : il a, disait-on, déjà restitué la valeur de ceux-ci, en consacrant le montant de cette valeur à améliorer la chose du propriétaire. Ces principes n'étaient pas toujours rigoureusement appliqués dans la pratique : « le juge, » dit Pothier, « appréciant « les circonstances, pouvait dans certains cas accorder au « possesseur de mauvaise foi le remboursement de ses « impenses jusqu'à concurrence de la plus-value » (1).

Aujourd'hui la règle, en ce qui concerne les dépenses utiles, se trouve écrite dans l'art. 555. Aux termes de cet article, 1er alinéa, *lorsque les plantations, constructions et ouvrages, ont été faits par un tiers et avec ses matériaux, le propriétaire du fonds a droit ou de les retenir, ou d'obliger ce tiers à les enlever. Si le propriétaire du fonds demande la suppression des plantations et constructions, elle est aux frais de celui qui les a faites, sans aucune indemnité pour lui; il peut même être condamné à des dommages et intérêts, s'il y a lieu, pour le préjudice que peut avoir éprouvé le propriétaire du fonds. — Si le propriétaire préfère conserver ces planta-*

(1) Pothier. De la propriété, nos 350 à 353.

tions et constructions, il doit le remboursement de la valeur des matériaux et du prix de la main-d'œuvre, sans égard à la plus ou moins grande augmentation de la valeur que le fonds a pu recevoir. Ainsi, de deux choses l'une : ou bien le propriétaire approuve les plantations, constructions ou autres travaux qui ont été exécutés sur sa chose, et dans ce cas il doit, s'il veut les conserver, rembourser intégralement au possesseur le prix qu'ils ont coûté ; ou bien il ne les trouve pas à sa convenance, et alors le possesseur doit à ses frais enlever les matériaux, en remettant les lieux dans leur état primitif.

Ce système, qui, suivant la première rédaction de l'art. 555, devait s'appliquer également au possesseur de bonne foi et au possesseur de mauvaise foi, présente cet inconvénient qu'en fait, il met le possesseur à la merci du propriétaire. Je suppose, en effet, que celui-ci trouve à sa convenance les travaux exécutés sur sa chose, et désire les conserver, mais ne veuille cependant pas payer intégralement le prix qu'ils ont coûté : que fera-t-il ? Il menacera le possesseur de le contraindre à enlever ses matériaux, si celui-ci ne veut pas se contenter d'une somme inférieure à ses dépenses : comme, en général, les matériaux enlevés n'auraient pas grande valeur, le possesseur, le plus souvent, aura encore intérêt à accepter les propositions qui lui seront faites, et le propriétaire se trouvera ainsi bénéficier, aux dépens du possesseur, de travaux qu'il approuve, qui rentrent dans ses plans, et que, peut-être, il eût entrepris lui-même.

Il eût été assurément bien dur de maintenir à l'encontre du possesseur de bonne foi un système qui laissait un tel pouvoir aux mains du propriétaire ; aussi, sur l'observation conforme de la section de législation du

Tribunat, ajouta-t-on cette phrase au projet de l'art. 555 : *Néanmoins, si les plantations, constructions et ouvrages, ont été faits par un tiers évincé, qui n'aurait pas été condamné à la restitution des fruits, attendu sa bonne foi, le propriétaire ne pourra demander la suppression desdits ouvrages, plantations et constructions ; mais il aura le choix, ou de rembourser la valeur des matériaux et du prix de la main-d'œuvre, ou de rembourser une somme égale à celle dont le fonds a augmenté de valeur.* Ainsi, le possesseur de bonne foi est traité autrement que le possesseur de mauvaise foi, par rapport aux impenses utiles qu'il a faites sur la chose : il peut exiger du propriétaire le remboursement de ses dépenses, du moins jusqu'à concurrence de la plus-value, qu'elles ont donnée à la chose. Ici le propriétaire se voit imposer des dépenses que, peut-être, il n'eût jamais faites, qui ne cadrent pas bien avec ses projets, mais ce n'est jamais que dans les limites de ce dont elles l'ont enrichi. S'il y a pour lui quelque gêne, n'oublions pas qu'il s'agit de venir au secours d'un possesseur de bonne foi, qui combat pour éviter une perte. — Très-souvent il arrive que les dépenses sont supérieures à la plus-value : dans ce cas, le possesseur se trouve en perte de toute la différence; mais il ne doit s'en prendre qu'à lui, car en réalité c'est lui qui, par ses dépenses exagérées, s'est infligé à lui-même la perte qu'il éprouve, et non pas le propriétaire, qui lui restitue le montant intégral de la plus-value.

A quelle époque faut-il se placer pour évaluer la plus-value dont est tenu le propriétaire? Au moment même de la restitution du bien. Il ne s'agit point ici d'une gestion d'affaires, proprement dite; l'obligation du propriétaire n'a pour cause et pour objet, que l'enrichissement, que lui procurent les travaux exécutés sur sa chose.

De quelle manière faut-il faire cette évaluation? C'est uniquement à l'augmentation de valeur vénale, qu'il faut s'attacher. Cette règle était suivie dans notre ancienne jurisprudence : elle est exempte d'arbitraire, et d'une application sûre et facile (1).

Le possesseur de bonne foi, qui demande le remboursement de ses impenses utiles, devra-t-il déduire de leur montant la valeur des fruits qu'il aura perçus? Nous ne le pensons pas, bien que Pothier ait enseigné le contraire(2). Aux termes de l'art. 549, le possesseur fait siens les fruits qu'il perçoit de bonne foi : dès lors qu'il est dispensé de les restituer, il ne saurait être question de les faire venir en compensation des dépenses dont le remboursement lui est dû. L'art. 549, par la généralité de ses termes, soustrait le possesseur de bonne foi à toute restitution de fruits, tant directe par voie d'action, qu'indirecte par voie d'exception. M. Marcadé, qui admet avec nous, comme règle générale, que le possesseur de bonne foi ne sera pas tenu d'imputer sur les impenses, les fruits qu'il aura perçus, fait cependant une exception pour le cas où il serait établi que le possesseur, n'ayant pas augmenté ses dépenses à raison des fruits perçus, a employé le montant de ceux-ci à des travaux d'amélioration. Cette opinion ne nous paraît pas devoir être suivie : elle conduit à un examen et à des recherches que le législateur a précisément voulu écarter, en présumant que les fruits perçus ont toujours été dépensés par le possesseur de bonne

(1) Pothier. De la propriété, n. 348. — Denisart. V° Améliorations, § 1, n. 1.

(2) Traité de la propriété, n. 349.

foi et en les attribuant, à ce dernier, pour la totalité.

Il peut se faire que le propriétaire se trouve dans l'impossibilité de disposer d'une somme suffisante pour rembourser au possesseur, même dans la mesure de la plus-value, les impenses qu'il a faites sur la chose. En pareil cas, plutôt que d'obliger le propriétaire à la vente de son bien, le juge pourra avoir recours à l'expédient qu'indique Pothier (1), et décider que le propriétaire sera seulement tenu de servir au possesseur une rente d'une somme approchant de ce dont le revenu de l'héritage a été augmenté par les impenses, et affecter une hypothèque à la garantie des arrérages de cette rente.

C'est au moment même où les travaux sont exécutés sur la chose, que le possesseur doit être de bonne foi pour qu'il ait droit au remboursement de la plus-value. La bonne foi, qui est ici requise, est la même que celle qui est exigée pour l'acquisition des fruits : l'art. 555 le dit expressément.

L'art. 555 vise le cas où il s'agit de travaux nouveaux, donnant de la plus-value à la chose : cela nous paraît résulter implicitement des dispositions mêmes qu'édicte cet article. S'il s'agissait de travaux de réparation, de travaux s'appliquant à des constructions ou, plus généralement, à des ouvrages déjà existants, ce ne serait plus l'art. 555 qu'il faudrait appliquer, mais bien l'art. 1381.

L'art. 555 s'appliquera sans difficulté à ces ouvrages, qui conservent encore quelque valeur après leur enlèvement. Que décider s'il s'agit de tous autres travaux ? Incontestablement, si le possesseur, qui les a exécutés, a été de bonne

(1) Traité de la propr., n. 317.

foi, la deuxième disposition de l'art. 555 devra encore s'appliquer : le propriétaire aura le choix entre payer au possesseur la valeur des matériaux et le prix de la main-d'œuvre, ou seulement la plus-value qu'aura reçue la chose. Mais si le possesseur, qui a fait les travaux, se trouve de mauvaise foi, faudra-t-il appliquer la première disposition de l'art. 555 ? Suivant MM. Ducaurroy, Bonnier et Roustain, le possesseur aura toujours le droit de détruire les travaux qu'il aura faits, quand bien même il ne devrait en retirer aucun profit, si le propriétaire se refuse à lui payer la valeur des matériaux employés et le prix de la main-d'œuvre : c'est, en effet, en usant ainsi de la rigueur de son droit qu'il arrivera à se faire rembourser les dépenses, dont profite le propriétaire. — Nous ne pensons pas que cette opinion doive prévaloir. Le législateur n'a pas pu vouloir consacrer un système rigoureux de destruction, qui ne profiterait à personne, ni au possesseur, ni au propriétaire. L'article 555 ne doit s'appliquer qu'à ces ouvrages que le possesseur peut avoir quelque profit à enlever. Si donc un possesseur de mauvaise foi, ayant exécuté certains travaux sur la chose, n'a aucun intérêt à les détruire, il ne le pourra pas ; mais, comme il n'est pas juste que le propriétaire s'enrichisse aux dépens du possesseur, nous croyons que le juge pourra le condamner à payer au possesseur la plus-value de la chose, en prenant toutefois en considération la position personnelle du possesseur et aussi la nature des travaux, il ne faut pas, en effet, gêner par trop le propriétaire en mettant à sa charge des dépenses que, peut-être, il n'eût pas faites (1).

(1) Demolombe. De la propriété, tom. 1, n. 680. — Dalloz. V° Propriété, n. 414.

Les dépenses voluptuaires sont celles qui ont été faites sans nécessité et sans utilité, qui n'ont contribué, ni à conserver la chose, ni à en augmenter la valeur. De telles dépenses restent exclusivement à la charge du possesseur qui les a faites, qu'il soit de bonne ou de mauvaise foi. Le possesseur s'est appauvri au moment même où il a fait ces dépenses, il s'enrichirait aux dépens du propriétaire s'il pouvait ensuite s'en faire restituer une part quelconque. Il n'aura donc qu'un seul droit, celui de reprendre les matériaux, en remettant les lieux dans leur état primitif (art. 599).

Le tiers détenteur a-t-il sur la chose un droit de rétention pour se faire rembourser les indemnités qui lui sont dues?

A Rome, le possesseur, qui avait droit au remboursement de ses impenses, ne pouvait jamais les répéter que par voie d'exception (1). C'était un droit de rétention qu'il exerçait sur la chose. Ce droit de rétention fut consacré dans notre ancien droit par l'art. 97 de l'Ordonnance de Villers-Cotterets 1539, par l'art. 52 de l'Ordonnance de Moulins 1566, et, enfin, par l'art. 9 du titre 27 de l'Ordonnance de 1667. Seulement, pour éviter que le possesseur ne prolongeât sa possession, en traînant en longueur la liquidation des indemnités à lui dues, l'Ordonnance de Moulins donnait pour cette liquidation un délai d'un mois, passé lequel le droit de rétention devait cesser; l'Ordonnance de 1667 laissait au juge le soin de fixer lui-même le délai, après lequel le propriétaire pouvait être remis en possession de sa chose, en fournissant caution de payer les indemnités dues au possesseur, aussitôt qu'elles seraient liquidées.

(1) Inst. Just., *de divis. rer.*, § 30.

Aujourd'hui, la question est débattue de savoir si le possesseur jouit encore d'un droit de rétention. Pour soutenir la négative, on invoque le silence du Code qui n'a pas reproduit les dispositions des anciennes Coutumes, touchant le droit de rétention accordé au possesseur. Plusieurs articles, dit on, parlent du droit de rétention, qu'ils appliquent à des situations particulières, il ne convient pas d'en étendre les dispositions à d'autres situations, qui, bien que présentant certaines analogies avec celles que visent ces articles, ne réunissent cependant pas les conditions, sur lesquelles s'appuie le principe constitutif du droit de rétention. Ce principe, en effet, repose sur l'identité, l'égalité de position qui existe entre deux parties réciproquement obligées l'une envers l'autre, à raison d'une même chose et en vertu d'une même cause (art. 1184, 1612, 1654); or, lorsqu'un possesseur a fait sur la chose des impenses que le propriétaire est tenu de lui rembourser, on est bien en présence de deux personnes obligées l'une envers l'autre à raison d'une même chose, mais les deux obligations, dont elles sont réciproquement tenues, n'ont pas la même cause. Sans doute la loi accorde le droit de rétention dans des cas analogues (art. 867, 1673, 1749, 1948); mais ce sont là des dispositions exceptionnelles, qui se justifient par des circonstances tout particulièrement favorables, et qu'on ne doit pas étendre. On ajoute enfin qu'il n'y a pas égalité de position entre le propriétaire, qui réclame sa chose, et le possesseur qui demande une indemnité pour des constructions, qu'il a faites à l'insu du propriétaire.

Malgré les raisons sérieuses qu'il peut y avoir pour

refuser au possesseur le droit de rétention, la plupart des auteurs s'accordent néanmoins à le lui reconnaître et, selon nous, avec raison. L'obligation du possesseur et celle du propriétaire n'ont pas la même cause ! Qu'importe ? La loi n'est-elle pas la première à admettre expressément le droit de rétention dans des cas où les deux obligations, relatives à une même chose, n'ont pas la même cause (art. 867, 1673, 1749, 1948). C'est, dit-on, par exception : mais où voit-on cela ? Pourquoi ne serait-ce pas plutôt la conséquence d'un principe général d'équité qui doit trouver son application dans tous les cas analogues ? — L'art. 570 offre, d'ailleurs, un puissant argument en faveur de l'opinion que nous soutenons : il suppose qu'une personne a employé la matière d'autrui à faire une chose d'une nouvelle espèce, et il décide que le propriétaire de la matière pourra la revendiquer contre le possesseur, *en remboursant* à ce dernier *le prix de la main-d'œuvre*. Le possesseur d'un objet mobilier, qui l'a transformé par son travail a donc un *droit de rétention* pour se faire récompenser : pourquoi le possesseur d'un fonds, qui a exécuté sur ce fonds des travaux, n'aurait-il pas aussi le même droit ?

Parmi les auteurs, qui reconnaissent au possesseur le droit de rétention, quelques-uns ne le lui reconnaissent qu'autant qu'il a été de bonne foi. Nous croyons, quant à nous, que cette condition ne doit pas être exigée : Le *droit de rétention* repose sur un principe d'équité, tout à fait indépendant de la bonne ou de la mauvaise foi de celui qui l'exerce. L'art. 555 a déterminé en quoi la situation du possesseur de mauvaise foi devait différer de celle du possesseur de bonne foi, il ne nous appartient pas de l'aggraver encore.

Les auteurs qui admettent que le possesseur peut invoquer le droit de rétention, apportent à leur système un tempérament très-équitable, et que, pour notre part, nous n'hésitons pas à accepter, ils laissent aux juges le soin d'apprécier, suivant les circonstances, s'il convient ou non d'autoriser le possesseur à retenir la chose, jusqu'à ce qu'il soit indemnisé des impenses qu'il a faites sur le fonds.

Nous avons supposé jusqu'ici les dépenses faites par le possesseur d'un fonds. Si c'est un possesseur d'objets mobiliers, qui a fait des dépenses sur ces objets, quels seront ses droits? — Une personne a uni comme accessoire sa propre chose à celle d'autrui qu'il possédait : le propriétaire de la chose principale restera propriétaire du tout, à charge de payer au possesseur la valeur de sa chose (art. 566.). — Voici une personne qui je suppose, travaille une chose qu'elle possède injustement, et [la transforme : si le travail en question n'est pas de telle importance que la matière puisse être considérée comme en étant l'accessoire, le propriétaire pourra revendiquer la chose travaillée, mais devra rembourser au possesseur le prix de la main-d'œuvre (art. 570). — Les art. 566 et 570 ne distinguent pas suivant que le possesseur a été de bonne ou de mauvaise foi. — Si sa chose que le possesseur a unie à celle d'autrui était la principale ; si le travail qu'il a effectué avait une telle importance que la matière employée en est devenue l'accessoire, le possesseur deviendrait propriétaire du tout par voie d'accession, à charge, bien entendu, de payer au propriétaire la valeur de sa chose, et des dommages-intérêts s'il a été de mauvaise foi.

SECTION II. — Possession d'une hérédité.

L'hérédité est une chose incorporelle, l'ensemble des droits et des obligations qui constituent le patrimoine actif et passif d'une personne décédée. Le possesseur d'une hérédité est celui qui se prétend héritier, se présente au public comme tel et en exerce les droits.

Pour posséder une hérédité, il n'est pas nécessaire d'avoir entre les mains toutes les choses héréditaires; il suffit d'en avoir une seule, mais il faut la posséder comme héritier, autrement on serait bien possesseur d'une chose héréditaire, mais non pas d'une hérédité.

Le possesseur d'une hérédité est de mauvaise foi lorsqu'il s'empare d'une succession à laquelle il sait n'avoir aucun droit; il est de bonne foi lorsqu'au contraire, il se croit appelé à la recueillir, soit comme héritier légitime, soit comme successeur irrégulier, soit comme héritier testamentaire ou contractuel, soit comme acheteur des droits héréditaires.

Celui qui s'est mis en possession d'une succession à laquelle il n'a pas droit, est tenu d'une action particulière, la pétition d'hérédité. Cette action dure 30 ans, qu'il s'agisse d'un possesseur de bonne ou de mauvaise foi, et quelle que soit la nature des biens qui composent l'hérédité.

Voici quelle serait l'obligation du possesseur, tenu de la pétition d'hérédité, si on faisait abstraction de sa bonne ou de sa mauvaise foi : il devrait restituer au véritable héritier toutes les choses héréditaires, y compris les fruits et autres accessoires dont il se trouverait encore possesseur au moment de la pétition d'hérédité. Quant aux choses qu'il aurait déjà consommées, il n'en serait ja-

mais tenu que jusqu'à concurrence du profit qu'il en aurait retiré.

Ces règles se trouvent modifiées par suite de la bonne
ou de la mauvaise foi du possesseur. La situation du possesseur se trouve améliorée ou, au contraire, aggravée
suivant qu'il a été de bonne ou de mauvaise foi. Ce sont
ces modifications, qu'il nous faut étudier ici.

A Rome, il existait entre le possesseur de bonne foi et
le possesseur de mauvaise foi d'une hérédité cette grande
différence, que le premier n'était tenu de restituer ce qui
lui était parvenu de l'hérédité, tant le fonds que les fruits
et intérêts, que jusqu'à concurrence du profit qu'il en
avait retiré ; tandis que le possesseur de mauvaise foi, au
contraire, devait restituer tous les biens dont il s'était
emparé, les fruits qu'il avait perçus, ceux qu'il avait négligé de percevoir, et était en outre responsable de toutes
les pertes de l'hérédité, survenues par la négligence ou
même par cas fortuit. C'était l'application du sénatus-consulte Juventien : le possesseur de bonne foi d'une hérédité ne devait ni profiter de sa possession, ni souffrir
de son obligation de restituer ; le possesseur de mauvaise
foi, au contraire, devait tout restituer, même ce dont il
ne s'était pas enrichi, et était de plus tenu d'indemniser
le véritable héritier de tout le préjudice que lui avait
causé son indue possession. Ces principes du droit romain passèrent dans notre ancienne jurisprudence, mais
avec des différences, quant à l'application qui en fut
faite (1). Faut-il encore les admettre aujourd'hui sous
l'empire du Code ? L'affirmative ne nous paraît pas dou-
deuse : nous avons déjà appliqué ces principes au pos-

_____

(1) Pothier. De la propriété, nos 423 à 429.

sesseur tenu de la revendication ; il n'y a aucune raison pour ne pas les appliquer aussi au possesseur tenu de la pétition d'hérédité. Toutefois, nous ne suivrons pas les Romains dans toutes les applications particulières qu'ils en faisaient.

Le possesseur d'une hérédité n'en acquiert jamais les biens qu'avec l'hérédité elle-même ; il ne peut donc en prescrire la propriété que par 30 ans, quand bien même il serait de bonne foi (art. 789) ; ni la prescription par 10 à 20 ans de l'art. 2265, ni la prescription instantanée de l'art. 2279 ne sont ici applicables.

Comme tout à l'heure, lorsque nous traitions de la possession des choses individuelles, nous allons ici étudier successivement les effets de la bonne foi : 1° quant à l'acquisition des fruits ; 2° lorsque le possesseur a cessé de posséder tout ou partie des biens héréditaires, ou les a détériorés ; 3° lorsque le possesseur a fait des impenses relativement à l'hérédité. Nous rechercherons en quatrième lieu, quelle influence peut avoir la bonne foi au point de vue du maintien, à l'égard des tiers, des actes faits par l'héritier apparent.

1° Effets de la bonne foi, quant à l'acquisition des fruits.

A Rome, nous trouvons la règle : *Fructus augent hereditatem.* Les fruits étaient considérés et traités comme des choses héréditaires. La règle, qui concernait la restitution du fonds, leur était applicable. Le possesseur de mauvaise foi était obligé de restituer tous les fruits qu'il avait perçus, qu'il en eût ou non profité, et ceux qu'il avait négligé de percevoir ; le possesseur de bonne foi, au contraire, n'était tenu que des fruits qu'il avait per-

25

çus, et seulement jusqu'à concurrence du profit qu'il en avait retiré.

Il est facile de se rendre compte des difficultés d'application que devait rencontrer le système romain. Aussi, nos anciens auteurs l'abandonnèrent-ils pour la plupart et imaginèrent-ils, pour le remplacer, les systèmes les plus variés. Quelques-uns obligeaient le possesseur de bonne foi à restituer tous les fruits qu'il avait perçus, même ceux qu'il avait déjà consommés, et le dispensaient seulement de payer la valeur des fruits qu'il avait négligé de percevoir, obligation dont n'était jamais tenu que le possesseur de mauvaise foi. D'autres établissaient des distinctions entre les fruits naturels et industriels consommés, ou encore existants, pour n'exiger du possesseur de bonne foi que la restitution de ces derniers. D'Argentré, sur l'art. 597 de la Coutume de Bretagne, va même jusqu'à décider que ni le possesseur de bonne foi, ni même le possesseur de mauvaise foi ne sont tenus de restituer les fruits perçus avant la demande en justice. En Normandie, c'était, dit-on, la même règle. — Lebrun (1) enseigne qu'il est certain dans l'usage que la bonne foi dispense de restituer les fruits de la succession. Cependant, d'après Pothier, c'est la règle romaine qui aurait été suivie (2).

Quoi qu'il en soit, c'est le système de Lebrun que les rédacteurs du Code ont entendu consacrer dans l'art. 138. Dans notre droit comme en droit romain, le possesseur de mauvaise foi est toujours tenu de restituer les fruits qu'il a perçus et ceux qu'il a négligé de percevoir; mais

(1) Successions. Liv. II, chap. VII, sect. I, nos 17 et 18.

(2) De la propriété, nos 130 et 431. — Des success., chap. III, sect. III, art. 3, § 5.

le possesseur de bonne foi n'est plus tenu de rendre les fruits qu'il a perçus ; il les fait irrévocablement siens : *Tant que l'absent ne se présentera pas*, dit l'art. 138, *ou que les actions ne seront point exercées de son chef, ceux qui auront recueilli la succession, gagneront les fruits par eux perçus de bonne foi*

Au fond, l'art. 138, remarquons-le bien, ne va nullement contre le principe du droit romain ; il ne fait qu'en simplifier l'application. Le possesseur de bonne foi est dispensé de la restitution des fruits qu'il a perçus, parce que d'ordinaire les fruits se dépensent au fur et à mesure qu'ils se perçoivent, et ne sont l'occasion d'aucun enrichissement. Étant admise cette présomption, le possesseur de bonne foi, qui n'est jamais tenu de l'hérédité que jusqu'à concurrence du profit qu'il en a retiré, devait nécessairement être dispensé de restituer les fruits par lui perçus.

L'art. 138 suppose un possesseur ayant recueilli la succession à défaut d'un absent, qui y était appelé. Mais il ne faut pas hésiter à étendre le bénéfice de sa disposition à tout possesseur de bonne foi d'une succession. L'art. 138 n'est en effet que l'application, à un cas particulier, du principe général consacré par l'art. 549, d'après lequel tout possesseur gagne les fruits qu'il perçoit de bonne foi.

Le possesseur d'une hérédité est-il tenu des intérêts des sommes héréditaires ? D'après Pothier, le possesseur, quoique de mauvaise foi, ne doit les intérêts de la somme, dont il est reliquataire par son compte, que du jour qu'il a été mis en demeure de la payer (1). Nous croyons qu'il

(1) De la propr., n. 433.

faut appliquer ici la règle de l'art. 1378 : le possesseur
de mauvaise foi devra les intérêts des sommes héréditaires du jour où elles lui seront parvenues ; quant au
possesseur de bonne foi, il n'en sera évidemment jamais
tenu (1).

*2° Effets de la bonne foi, lorsque le possesseur a cessé de
posséder tout ou partie des biens héréditaires, ou les a détériorés.*

Le possesseur de bonne foi d'une hérédité n'est obligé
de rendre que les biens héréditaires qu'il a encore entre
les mains, au moment de la pétition d'hérédité, et dans
l'état où ils se trouvent à cette époque. Il n'est tenu ni
des biens qu'il a cessé de posséder, ni de ceux qu'il a négligé de recueillir, ni enfin des dégradations provenant
de son fait ou de sa négligence. Je suppose par exemple
que l'héritier apparent ait détruit ou détérioré divers objets de la succession, qu'il ait négligé de revendiquer des
immeubles héréditaires entre les mains des tiers, qui les
ont prescrits, ou bien encore qu'il ait laissé éteindre par
prescription une créance héréditaire ; dans tous ces cas,
il n'encourra absolument aucune responsabilité.

Bien entendu, si le possesseur de bonne foi avait tiré
quelque profit des choses héréditaires, qu'il a dégradées
ou cessé de posséder, il serait tenu vis-à-vis du véritable
héritier, jusqu'à concurrence de son enrichissement, en
vertu de ce principe tout d'équité, que nul ne doit s'enrichir aux dépens d'autrui. C'est ainsi que l'héritier ap-

(1) Domat, 2ᵉ part., liv. I, tit. I, sect. III, n. 12. — Durantou,
Tom. VI, n. 123.

parent, qui a vendu de bonne foi un bien de la succession, doit compte au véritable héritier du prix qu'il a touché. Si, au lieu de vendre ce bien héréditaire, il en avait fait donation, ne le possédant plus et n'en ayant retiré aucun profit, il se trouverait, quant à lui, libre de toute obligation.

Il peut se faire que l'héritier apparent ait aliéné successivement tous les biens de la succession, qu'il ait même aliéné d'un seul coup l'hérédité tout entière : s'il a été de bonne foi en agissant ainsi, il ne restera jamais tenu que de ce dont il se sera enrichi.

Il est souvent bien difficile de déterminer d'une façon exacte l'enrichissement que le possesseur se trouve avoir retiré de l'hérédité, de suivre l'emploi qui a été fait des biens héréditaires, de rechercher s'ils ont été dissipés, ou si au contraire ils ont été remplacés dans les mains du possesseur par d'autres valeurs, qui s'y retrouvent encore à l'époque de la demande. A Rome, ces recherches difficiles devaient toujours être faites; mais notre ancienne pratique française les simplifia au moyen de certaines prescriptions qu'elle établit : l'héritier apparent était censé s'être enrichi de toutes les sommes provenant de la succession (1). « Notre ancienne juris- « prudence », dit Merlin, « ne tenait aucun compte des « lois romaines qui dispensaient l'héritier apparent de « bonne foi de restituer au véritable héritier le prix des « ventes qu'il avait faites, lorsque, après l'avoir touché, « il l'avait perdu par sa faute ou consommé en folles « dépenses; cédant à l'équité naturelle, notre ancien droit « attachait au seul fait que le prix avait été touché la

(1) Pothier. De la propriété, n. 420.

« présomption que le vendeur était encore nanti, ou
« en avait fait un emploi utile. » — Cette présomption
doit encore être admise aujourd'hui (1). L'héritier apparent est réputé s'être enrichi de toutes les sommes héréditaires qu'il a touchées, de celles qui lui ont été payées
par les débiteurs de la succession, ou qui proviennent
de la vente des biens héréditaires. L'art. 1380 fait
une application de cette présomption, lorsqu'il oblige
celui qui ayant reçu une chose, qui ne lui était pas due,
l'a ensuite rendue, à restituer le prix intégral, qu'il a touché de la vente ; c'est aussi en vertu de cette même présomption, que celui qui a reçu de bonne foi une somme
d'argent, qui ne lui était pas due, ou quelqu'une de
ces choses qui se consomment par l'usage et ne peuvent
plus être distinguées, une fois payées, est toujours obligé
de restituer une somme égale, ou une chose de même
espèce. Il est réputé s'être enrichi de toute la valeur
qu'il a reçue, et se trouver encore nanti de cet enrichissement à l'époque où la demande en répétition est formée
contre lui.

A partir de la demande en pétition de l'hérédité, le possesseur de bonne foi, averti qu'il peut succomber dans le
procès et être condamné à restituer l'hérédité au demandeur, doit veiller sur elle et mettre tous ses soins à bien
l'administrer. Il devient donc responsable de son dol et
de sa faute. Il répond même des cas fortuits, si les choses,
qui en ont été atteintes, n'eussent pas également péri
entre les mains du demandeur : c'est là une conséquence
de l'effet rétroactif des jugements.

(1) Demante. Cours de Code civil, tom. I. n. 176 *bis*, II. — Aubry et Rau, 2ᵉ éd·t., tom. IV, p. 302 et 303.

Le possesseur de mauvaise foi, en s'emparant d'une succession, qu'il sait ne pas lui appartenir, s'oblige personnellement à la restituer. Il est tenu de la conserver intacte, de veiller à ses intérêts et de réparer tout le préjudice, que son indue possession aura causé au véritable héritier. Il répond non-seulement de son dol et de sa faute, mais encore des cas fortuits, qui n'eussent pas atteint la succession entre les mains du véritable héritier. Il doit compte non-seulement des biens héréditaires, qu'il a en sa possession, et de ceux qu'il a cessé de posséder, mais encore de ceux qu'il n'a jamais possédés, s'il a négligé de les recueillir : ainsi a-t-il laissé s'éteindre des droits héréditaires, faute de les avoir exercés, il devra en indemniser le véritable héritier.

Lorsque le possesseur n'aura pas été de mauvaise foi dès l'origine, mais le sera devenu au cours de sa possession, il sera bien, comme au cas précédent, tenu à raison de son dol et de sa négligence ; mais, n'étant pas constitué en demeure par la survenance de sa mauvaise foi, il n'aura pas à répondre des cas fortuits.

3° *Effets de la bonne foi, lorsque le possesseur a fait des impenses relativement à l'hérédité.*

Il faut, comme au cas de possession de choses singulières, distinguer ici, suivant qu'il s'agit de frais de jouissance ou de toutes autres dépenses, et quant à ces dernières, suivant qu'elles sont nécessaires, utiles ou voluptuaires.

Les frais de jouissance doivent être exclusivement supportés par celui qui gagne les fruits. Le possesseur les aura donc à sa charge, suivant qu'il fera ou non les fruits siens, c'est-à-dire, qu'il sera de bonne ou de mauvaise foi.

Les dépenses nécessaires profitent pour le tout à l'héritier, qui doit, par conséquent, les rembourser intégralement au possesseur, qui en a fait l'avance, que celui-ci ait été de bonne ou de mauvaise foi. Doivent être considérées comme dépenses nécessaires, outre celles qui ont pour but la conservation des biens de la succession, le paiement des droits d'enregistrement, celui des dettes héréditaires échues. Toutes ces dépenses, l'héritier eût été obligé de les faire, si le possesseur ne les avait faites à sa place. il est donc juste qu'il en tienne compte à ce dernier.

Quand il s'agit de dépenses simplement utiles, il importe beaucoup de distinguer si le possesseur, qui les a faites, a été de bonne ou de mauvaise foi. A Rome, le possesseur de mauvaise foi ne pouvait jamais se faire indemniser de ses impenses que jusqu'à concurrence de la plus-value, qu'elles avaient données à la chose ; le possesseur de bonne foi, au contraire, avait toujours droit à leur remboursement intégral, qu'elles eussent ou non profité pour le tout à l'hérédité. Cette règle qui n'était que l'application du sénatus-consulte Juventien, doit être aujourd'hui abandonnée, aucun texte du C ne l'ayant consacrée. Nous appliquerons au possesseur d'une hérédité, comme à tous autres possesseurs, la disposition de l'art. 555, concernant les dépenses utiles. Nous avons étudié plus haut cet article, nous n'y reviendrons pas; qu'il nous suffise de rappeler, en l'appliquant à notre matière, la solution qu'il donne. Le possesseur, qui a fait des dépenses utiles sur les choses héréditaires, a-t-il été de mauvaise foi, le véritable héritier pourra le

contraindre à enlever ses matériaux, si mieux il n'aime
conserver les travaux, auquel cas il devra lui payer la
valeur des matériaux et le prix de la main d'œuvre.
S'agit-il, au contraire, d'un possesseur de bonne foi, le
véritable héritier aura le choix entre deux partis : lui
rembourser le prix des matériaux et de la main d'œuvre,
ou lui payer la plus-value donnée à l'hérédité.

Si les dépenses sont purement voluptuaires, le possesseur, qu'il soit de bonne ou de mauvaise foi, n'aura aucun
droit à se les faire rembourser, il ne pourra qu'enlever
les matériaux en remettant les lieux dans leur état primitif. En droit romain, on ne traitait ainsi que le possesseur
de mauvaise foi. Par application de la règle du sénatus-
consulte Juventien on accordait au possesseur de bonne
foi une exception de dol pour se faire indemniser de ses
dépenses même voluptuaires.

4° *Influence que peut avoir la bonne foi, quant au maintien, à l'égard des tiers, des actes faits par l'héritier apparent.*

Nous venons de voir d'après quels principes devaient se
régler les rapports entre l'héritier apparent et le véritable héritier. Demandons-nous maintenant quel est, à
l'égard des tiers, le sort des actes que l'héritier apparent
a passé avec eux. Ces actes sont-ils opposables au véritable héritier? Doivent-ils être maintenus?

Il faut distinguer entre les *actes nécessaires* ou *d'administration* et les *actes volontaires de disposition.*

Des actes nécessaires ou d'administration. — Parmi ces
actes, il en est qui s'imposent aux tiers, qui les accom-

plissent de bonne foi : ceux-là incontestablement devront
être tenus pour valables. Si l'héritier en souffre, tant pis
pour lui; il a eu tort de laisser entre des mains étrangères une succession, qui lui était échue. Les tiers, au
contraire, n'ont aucune faute à se reprocher : ils n'a-
vaient aucun droit sur la succession, comment auraient-
ils pu contester la qualité d'héritier à celui qui, possédant
l'hérédité, passait pour en être le légitime maître ?

Que faut-il décider, quant aux autres actes d'administration? Doit-on aussi les maintenir à l'égard des tiers de
bonne foi? L'affirmative ne nous paraît pas douteuse. Le
fait de la possession, surtout de la possession d'une universalité de biens, comporte, ou tout ou moins révèle, chez
le possesseur, un certain pouvoir d'administration. Ceux
qui contractent avec l'héritier apparent, dans les limites
d'une simple administration, le font sans crainte, sans
même s'enquérir du droit de ce dernier : ne serait-il pas
bien dur d'annuler des actes, qu'ils ont cru pouvoir valablement conclure ? — Il importe que les biens ne restent
pas sans être administrés, que la gestion en soit prompte
et facile: or ce résultat ne saurait être atteint si les tiers,
avec lesquels on a à traiter, étaient exposés à se voir
troublés dans les actes qu'ils passent. — N'est-il pas,
d'ailleurs, de l'intérêt de l'héritier que les biens de la succession soient administrés? Pourquoi donc attaquerait-il
des actes qui précisément ont été faits dans ce but? S'il
arrive que parfois il ait à en souffrir, ce ne sera jamais
que dans une mesure fort restreinte.

Ainsi donc, tous les actes nécessaires ou d'administration consentis par l'héritier apparent doivent être maintenus à l'égard des tiers de bonne foi. Indiquons quelques-uns de ces actes.

En première ligne nous trouvons les paiements faits de bonne foi par les débiteurs héréditaires à l'héritier apparent. Ces paiements sont valables comme actes nécessaires par application de l'art. 1240, aux termes duquel le débiteur, qui paye de bonne foi au possesseur de la créance, se trouve libéré.

Les baux passés par l'héritier doivent être également maintenus. L'intérêt de l'agriculture, la sécurité des relations sociales exigent qu'il en soit ainsi. Bien entendu, il n'est ici question que des baux qui restent dans la limite des actes d'administration, c'est-à-dire qui n'excèdent pas 9 ans. Quant aux baux d'une durée plus grande, ils rentrent dans la catégorie des actes de disposition, dont nous aurons plus loin à régler le sort.

Nous devons également décider que les jugements rendus pour ou contre l'héritier apparent ont l'autorité de la chose jugée pour ou contre l'héritier véritable. Les jugements sont, en effet, des actes nécessaires : on n'est pas libre de plaider ou de ne pas plaider ; il y a, dit Merlin, les mêmes motifs pour que l'héritier véritable respecte les jugements, que pour qu'il tienne valables les paiements faits à l'héritier apparent (1). Il faut bien que le possesseur de l'hérédité puisse interrompre la prescription qui court au profit des tiers contre la succession ; et, à l'inverse, que les tiers puissent interrompre la prescription qui court contre eux au profit de la succession. Il est donc de l'intérêt de tous que le jugement intervenu pour ou contre l'héritier apparent, puisse être invoqué pour ou contre l'héritier réel, qui prend plus tard possession de l'hérédité.

(1) Merlin, Questions de droit, V° Héritier, § III, p. 372.

Les transactions, que l'héritier apparent a passées avec des tiers, sont-elles opposables à l'héritier véritable? La question peut faire doute. Les transactions, peut-on dire, ne sont pas des actes nécessaires, à proprement parler; de plus, elles peuvent facilement se prêter à des fraudes entre les parties. Néanmoins, nous inclinons à penser qu'on devra maintenir les transactions intervenues entre l'héritier apparent et les tiers, toutes les fois qu'elles seront démontrées sérieuses et loyales. Remarquons que la transaction a pour but de sacrifier une partie de son droit pour sauver l'autre, quand on est exposé à le perdre tout entier : elle sera donc souvent, en fait, un acte *nécessaire.*

Citons encore, parmi les actes qui doivent être maintenus, les partages et licitations. L'état d'indivision est souvent très-préjudiciable à la bonne administration des biens : nul n'est tenu d'y rester ; l'absence ou l'inaction du véritable héritier ne saurait obliger les tiers à y demeurer.

Des actes volontaires de disposition. — Ces actes doivent-ils être maintenus? D'une part, les tiers, qui se sont mis en relation avec l'héritier apparent, n'y étaient pas obligés; d'autre part, il s'agit ici d'actes qui portent directement atteinte au fond même du droit du véritable héritier et dont le maintien aurait souvent pour ce dernier les plus graves conséquences. Telles sont les considérations, qu'on peut faire valoir pour la nullité des actes de disposition. — En sens opposé, on invoque la bonne foi des tiers, qui, dans l'espèce, est d'autant plus favorable que le plus souvent ceux-ci se trouveront dans une erreur tout à fait invincible; et aussi l'intérêt public, qui veut que les droits ne restent pas longtemps en suspens.

Prenons le cas d'aliénations faites par l'héritier apparent : devront-elles être respectées par le véritable héritier ?

Un grand nombre de distinctions sont ici nécessaires. Il faut d'abord distinguer, suivant que le tiers acquéreur peut ou non invoquer le bénéfice de la disposition de l'art. 2279 : dans le premier cas, l'aliénation est définitive, et le véritable héritier n'a pas de revendication ; dans le second, on distingue suivant que l'aliénation est à titre gratuit ou à titre onéreux.

Tous les auteurs s'accordent à décider que les aliénations à titre gratuit ne devront jamais être maintenues, et que l'héritier pourra toujours revendiquer les biens donnés entre les mains des tiers donataires.

Quant aux aliénations à titre onéreux, une sous-distinction doit encore être faite. Est-ce l'hérédité tout entière, le *jus hereditarium*, ou une quote-part de cette hérédité, qui a été aliénée, les auteurs sont presque unanimes pour reconnaître qu'une telle aliénation est absolument nulle à l'égard de l'héritier véritable, qui, en pareil cas, sera toujours autorisé à réclamer la succession au tiers acquéreur. L'aliénation, au contraire, a-t-elle eu pour objet des biens de la succession individuellement déterminés, la question de savoir si elle doit être maintenue et à quelle condition, divise les auteurs.

A Rome, les aliénations faites par l'héritier apparent, en principe, n'étaient pas valables ; l'héritier véritable pouvait toujours revendiquer les biens héréditaires entre les mains des tiers acquéreurs. La loi 25, § 17, paraît toutefois apporter à cette règle une exception, pour le cas où l'héritier apparent vendeur, étant de bonne foi, était tenu à garantie vis-à-vis de l'acquéreur : comme en pareil cas l'action en revendication, intentée contre le tiers acquéreur, aurait réfléchi contre l'héritier apparent de bonne foi, l'esprit du sénatus-consulte Juventien voulait que l'héritier véritable s'en abstînt.

Sous notre ancienne jurisprudence, la question de la validité des actes consentis par l'héritier apparent était débattue. On s'attachait, en général, aux textes du droit romain sur la matière; mais ces textes obscurs étaient eux-mêmes, comme aujourd'hui, l'objet de commentaires divers (1). Le système qui prévalut fut celui de la validité des aliénations faites par l'héritier apparent. Toutefois les arrêts des parlements varient sur les conditions auxquelles cette validité devait être prononcée : tantôt, en effet, ils semblent exiger la bonne foi et chez l'héritier et chez le tiers acquéreur, et en cela se rapprochent du droit romain(2); tantôt ils se contentent de la bonne foi du tiers acquéreur pour maintenir l'aliénation, s'écartant ainsi du droit romain, qui validait l'aliénation dans l'intérêt de l'héritier apparent de bonne foi, plutôt que dans celui du tiers acquéreur. C'est ce dernier système de la validité des aliénations faites par l'héritier apparent, qui paraît avoir été généralement suivi (4).

Aujourd'hui, sous l'empire du Code, nous n'hésiterons pas à admettre la nullité des aliénations consenties par

(1) Cochin. Tom. V, p. 651.

(2) Arrêt du parlement de Paris, 17 juin 1744. — Arrêt du parlement de Toulouse, 18 mars 1773.

(3) Arrêt Malandrin du parlement de Rouen, 19 juin 1739. — Arrêt du même parlement, 5 août 1748. — Arrêt du parlement de Toulouse, 7 septembre 1780.

(4) Denisart. V° Héritier, § 11, n. 16.

l'héritier apparent. Celui-ci, en effet, n'étant pas propriétaire des biens héréditaires, n'a pas pu, sur ces biens, transférer un droit de propriété qu'il n'avait pas: *Nemo plus juris in alium transferre potest quam ipse habet* (art. 1599 et 2182). Pour déroger à cette règle d'équité, il faudrait un texte bien précis, or ce texte n'existe nulle part dans le Code. — Ceux qui admettent la validité des aliénations consenties par l'héritier apparent se réfutent eux-mêmes par leurs propres divergences. Les uns n'exigent que la bonne foi du tiers acquéreur : parmi eux, quelques-uns distinguent suivant que l'héritier apparent est ou non parent au degré successible, l'aliénation étant valide au premier cas et nulle au second. D'autres exigent la bonne foi et du possesseur de l'hérédité et du tiers acquéreur. D'autres, enfin, ne valident l'aliénation qu'autant que le tiers acquéreur évincé aurait un recours en garantie contre son auteur, l'héritier apparent.

En faveur du système qui, pour la validité de l'aliénation consentie par l'héritier apparent, n'exige que la bonne foi du tiers acquéreur, on invoque d'abord cette bonne foi même, laquelle, le plus souvent, sera invincible : la plupart du temps, en effet, il sera tout à fait impossible aux tiers de découvrir que le possesseur d'une hérédité, avec lequel ils se trouvent en relations d'affaires, n'est pas le véritable héritier. On ajoute qu'il est de l'intérêt public que les biens circulent, et qu'à ce point de vue, il est très-important que ceux qui achètent des biens dépendant d'une succession, le fassent sans crainte de s'en voir un jour évincés. Nous répondrons à ces considérations, qu'il y a aussi le droit de l'héritier, dont il faut tenir compte et qu'on sacrifie complètement dans ce premier système. La loi a pris soin de déterminer elle-même, dans les art. 2265 et 2279, la part qu'il convient de faire, en notre matière, aux exigences de l'intérêt public et à la faveur, que mérite la bonne foi des acquéreurs ; nous ne devons rien y ajouter : l'acquéreur de bonne foi devient propriétaire, instantanément, s'il s'agit de meubles, par la prescription de 10 à 20 ans, s'il s'agit d'immeubles. Il serait tout à fait arbitraire de déroger à ces règles pour le cas particulier, où l'acquéreur de bonne foi a reçu le bien d'un héritier apparent. — On croit cependant pouvoir justifier cette dérogation par l'art. 132, aux termes duquel l'absent de retour doit respecter les actes faits par ceux qui ont obtenu l'envoi en possession définitif. Si, dit-on, l'envoyé en possession peut librement disposer des biens de l'absent, alors qu'il sait que peut-être il aura à les rendre un jour, à plus forte raison, l'héritier apparent doit-il avoir ce même pouvoir, puisqu'il possède pour lui-même les biens de la succession et que les tiers, qui contractent avec lui, s'imaginent contracter avec le véritable héritier. Nous repoussons absolument l'argument qu'on prétend tirer de l'art. 132 : cet article, appliqué à l'envoyé en possession, a une raison d'être toute particulière qu'il n'a plus, lorsqu'il s'agit de l'héritier apparent. L'envoyé en possession est un détenteur à titre précaire, incapable par conséquent de prescrire, même par 30 ans ; il n'aurait donc jamais pu, quelque durée qu'ait eu sa possession, aliéner les biens de l'absent, si la loi ne l'avait autorisé expressément à le faire, passé un certain délai depuis la disparition de l'absent. L'héritier apparent, au contraire, au bout de 30 ans de possession, devient propriétaire des biens de la succession et peut en disposer en maître, il n'y avait donc pas les mêmes raisons pour lui accorder un droit qu'il pouvait proscrire un jour. Remarquons aussi que l'envoyé en possession ne peut jamais aliéner les biens de l'absent qu'après l'envoi en possession définitif, tandis qu'au contraire, dans le système que nous combattons, l'héritier apparent pourrait immédiatement après sa prise de possession disposer des biens de la succession et dépouiller par des actes d'aliénation le véritable héritier : est-il possible que le législateur ait entendu consacrer une pareille iniquité? — Ainsi donc, l'argument qui s'appuie sur l'art. 132 ne doit pas mieux être accueilli que celui qui invoque l'intérêt public et la faveur que mérite la bonne foi.

Toutefois MM. Demante et Demolombe, frappés des avantages pratiques que présente le système de la validité des aliénations consenties pas l'héritier apparent, système que la jurisprudence n'hésite plus aujourd'hui à appliquer, ont essayé de lui trouver une base juridique : l'héritier apparent, disent ces auteurs, peut être considéré comme un administrateur ayant des pouvoirs d'administration, les plus larges, qui lui permettent d'aliéner les biens de la succession. Ces pouvoirs, l'héritier apparent les a comme possesseur d'une universalité de biens, sa possession ayant toutes les apparences d'une possession légitime. Objecte-t-on que le mandat en termes généraux ne comprend que les actes de simple administration, et que, s'il s'agit d'aliéner ou d'hypothéquer, ou de quelqu'autre acte de disposition, le mandat doit être exprès (art. 1988), MM. Demante et Demolombe répondent que ce n'est pas là une règle absolue, que le pouvoir d'aliéner ou d'hypothéquer n'est pas contraire à l'essence d'un mandat général, et qu'il s'agit ici d'une simple règle d'interprétation, que les circonstances peuvent

Artbaud.   26

modifier : si dans l'espèce, il est utile d'accorder ce pouvoir à l'héritier apparent, il faut le lui reconnaître. Or il
est raisonnable, dit M. Demolombe, d'interpréter le
pouvoir, que la loi confère par l'art. 135 à ceux qui viennent à la succession, à défaut de l'absent, dans ce sens,
qu'ils sont considérés comme procureurs de l'absent
cum libera administratione : si l'absent ne reparaît pas, ils
restent propriétaires et héritiers; s'il reparaît, ils n'auront été que de simples procureurs avec des pouvoirs
très-étendus: leurs actes, passés avec les tiers, devront
être respectés, comme doivent l'être les actes faits par le
curateur d'une succession vacante, lorsque l'héritier, qui
a d'abord répudié cette succession, se repent et l'accepte
(art. 790 et 462 Cod. civ.). — Le pouvoir, qu'il convient
de reconnaître à celui qui recueille une succession, à
défaut de l'héritier véritable absent, il y a absolument les
mêmes motifs, dit M. Demolombe, pour le reconnaître également, au parent successible, qui recueille une succession à défaut d'un parent plus proche, dont il ignore
l'existence et qui reste dans l'inaction: sa possession est
légitime en ce sens, qu'il aura droit à la succession, si
le parent le plus proche y renonce. — M. Demolombe
va même jusqu'à reconnaître que le même pouvoir peut
être accordé à un étranger, qui s'emparerait de la succession, comme légataire, en vertu d'un testament
nul pour une cause quelconque ; il voit là une situation
qui peut être tout aussi favorable que les précédentes, et
à laquelle il convient d'appliquer, comme aux autres, le
principe du mandat avec toutes ses conséquences. Mais
bien entendu, dit-il, il y aura à examiner si les tiers n'ont
pas été négligents et s'ils étaient réellement dans l'impossibilité de contrôler le titre de leur vendeur.

Ainsi, il n'est plus ici question de l'art. 136 ; la validité de la vente faite par l'héritier apparent n'est plus présentée comme une dérogation à la règle : *Nemo plus juris in alium transferre potest quam ipse habet*, mais bien comme la conséquence des pouvoirs de large administration que l'héritier apparent a comme possesseur d'une universalité de biens. Ces pouvoirs, quelque larges qu'ils soient, ne s'étendent pas aux actes à titre gratuit ; les donations faites par l'héritier apparent ne devront donc pas être maintenues. Ils ne comportent pas non plus le pouvoir d'aliéner le *jus hereditarium*, une telle aliénation n'est pas un acte d'administration, elle est une abdication du pouvoir d'administrer : l'aliénation du *jus hereditarium* devra donc être tenue pour nulle.

Quelqu'ingénieux que soit ce système par lequel MM. Demante et Demolombe arrivent à valider les actes de disposition consentis par l'héritier apparent, nous ne saurions l'admettre. Nous reconnaissons parfaitement que la possession d'une universalité de biens comporte avec elle un certain pouvoir d'administration ; mais, la loi n'ayant pas déterminé l'étendue de ce pouvoir, nous devons le restreindre aux actes de simple administration. — Il serait vraiment exorbitant que l'héritier apparent pût disposer librement des biens de l'héritier véritable, et cela du jour même de l'ouverture de la succession, et avant que l'héritier ait eu le temps d'être informé. Si la loi avait entendu reconnaître un tel pouvoir au possesseur de l'hérédité, elle n'aurait pas manqué d'en soumettre l'exercice à certaines conditions protectrices du droit du véritable héritier.

Cette idée que l'héritier apparent doit être considéré comme ayant les pouvoirs d'une libre administration est si peu vraie, que ces pouvoirs n'existent plus dès que l'héritier apparent traite avec un tiers de mauvaise foi. Dira-t-on que c'est la bonne foi des tiers qui ont contracté avec l'héritier apparent, qui, par faveur, fait considérer ce dernier comme ayant agi en vertu d'un mandat, qui, en réalité, n'existait pas, de même qu'aux termes de l'art. 2009, la bonne foi des tiers fait valider les actes, qu'ils ont passés avec un mandataire après la cessation du mandat? Mais il est facile de répondre que l'art. 2009 statue dans le cas particulier, où il y a eu un véritable mandat, et que la disposition de cet article, étant exceptionnelle, ne doit pas être étendue à un cas où il n'y a jamais eu de mandat. D'ailleurs, les considérations, sur lesquelles repose l'art. 2009, ne peuvent plus être invoquées, quand il s'agit de valider les actes de l'héritier apparent.

D'après un second système, les aliénations faites par l'héritier apparent, en règle générale, sont nulles; mais, par exception, doivent être maintenues dans l'intérêt de l'héritier apparent de bonne foi, lorsque le tiers évincé aurait un recours contre lui. C'est une application de ce principe romain, introduit par le sénatus-consulte Juventien, à savoir que l'héritier apparent de bonne foi n'est jamais tenu que jusqu'à concurrence de son enrichissement, et ne doit ni directement ni indirectement être constitué en perte. — Cette application du sénatus-consulte Juventien, que nous avons rencontrée dans la loi 25, § 17 au Digest. *de hered. petit.*, et qui, aujourd'hui, est l'objet de vives controverses entre les interprètes du droit romain, ne nous paraît pas devoir être reçue dans notre droit. L'héritier apparent n'est tenu que *propter rem*, dans la mesure de ce qu'il possède ou de ce dont il s'est enrichi; mais rien ne s'oppose à ce qu'on puisse revendiquer entre les mains des tiers acquéreurs les biens héréditaires, qu'il a aliénés. Si les tiers évincés agissent en garantie contre leur vendeur, l'héritier apparent, celui-ci se trouvera en perte non par suite de la pétition d'hérédité intentée contre lui, mais bien, ce qui est tout différent, par l'effet de l'obligation de garantie qu'il a contractée par la vente des biens héréditaires.

L'héritier qui revendiquera les biens héréditaires entre les mains des tiers acquéreurs ne sera pas tenu d'indemniser l'héritier apparent du dommage que pourra lui causer cette éviction. Il est vrai que nous avons donné une autre solution dans le cas, à peu près semblable, où une personne, ayant reçu de bonne foi une chose qui ne lui était pas due, l'a ensuite aliénée; nous avons dit qu'en pareille occurrence, le *solvens*, qui revendiquait sa chose entre les mains du tiers acquéreur, devait indemniser l'*accipiens* vendeur de bonne foi du dommage qu'il pourrait éprouver par suite de l'éviction. Mais cette décision se justifie par cette circonstance toute particulière, que c'est par le fait du *solvens* que la chose a été mise en la possession de l'*accipiens* qui en a disposé, et aussi par la disposition exceptionnelle de l'art. 1380, d'après laquelle l'*accipiens*, qui a vendu de bonne foi la chose indûment payée, ne doit jamais être tenu au delà du prix qu'il en a retiré. L'*accipiens*, même de bonne foi, est *personnellement* tenu de restituer la chose, qui lui a été indûment payée, on eût donc très-bien pu, en cas d'aliénation de cette chose, l'obliger à en payer la valeur, on n'eût fait en cela qu'appliquer ce principe de droit commun, à savoir que celui qui est tenu d'une obligation personnelle ne peut jamais se libérer par son propre fait. Si donc le législateur a cru devoir déroger à ce principe, dans l'art. 1380, en réduisant l'obligation de l'*accipiens*, qui a aliéné de bonne foi la chose, au prix qu'il en a retiré, c'est évidemment qu'il a voulu mettre l'*accipiens* de bonne foi à l'abri de tout préjudice. Voilà pourquoi nous avons décidé que le *solvens* ne pourrait revendiquer sa chose entre les mains du tiers acquéreur qu'à la condition d'indemniser l'*accipiens* du préjudice résultant pour lui de l'éviction. Si le possesseur de bonne foi d'une hérédité, lui aussi, ne peut jamais être condamné que jusqu'à concurrence de son enrichissement, c'est non pas par l'effet d'une faveur spéciale, mais par cette raison fort simple qu'il n'est tenu que comme détenteur, et que son obligation n'a rien de *personnel :* Il n'y a là aucune dérogation aux principes, qui vienne témoigner, de l'intention qu'aurait eu le législateur de rendre absolument indemne le possesseur de bonne foi d'une hérédité. Nous pouvons donc très-bien, sans pour cela aller contre ce que nous avons décidé plus haut, ne pas obliger l'héritier, qui revendique les biens héréditaires entre les mains des tiers acquéreurs, à payer des dommages-intérêts à l'héritier apparent, vendeur de bonne foi.

Dans un troisième système on exige pour que les aliénations consenties par l'héritier apparent, soient maintenues, qu'elles aient été faites de bonne foi à des tiers également de bonne foi. Ce système nous paraît tout à fait arbitraire. Si, en effet, c'est par faveur pour la bonne foi des tiers que l'on valide les aliénations faites par l'héritier apparent, qu'importe que l'héritier apparent ait été de bonne ou de mauvaise foi ? Si c'est au contraire en contemplation de la bonne foi de l'héritier apparent,

qu'importe alors la bonne ou la mauvaise foi des tiers ?
Une seule chose est à considérer : les tiers évincés
auraient-ils ou non un recours en garantie contre l'héritier apparent.

Nous venons de parcourir les principaux systèmes, qui,
dans une mesure plus ou moins large, admettent la validité des aliénations faites par l'héritier apparent, aucun
d'eux, ne nous présente en sa faveur un argument décisif,
qui soit une réponse péremptoire au système de la nullité, que nous avons adopté; nous persistons donc à
croire que ce dernier système est le seul qui puisse être
soutenu sous l'empire des principes du Code.

POSITIONS

DROIT ROMAIN.

1° L'erreur de droit n'est pas utile à celui qui prétend répéter ce qu'il a indûment payé.

2° L'opinion qu'exprime Pomponius dans la loi 4, pr. D. *pro suo*, ne concerne que le cas particulier de l'usucapion *pro suo*.

3° Celui qui avait une chose *in bonis*, n'avait pour la revendiquer que l'action publicienne.

4° La mauvaise foi qui survient aux cours de la possession, ne fait pas plus obstacle à l'action publicienne, qu'elle n'empêche l'usucapion;

5° C'est seulement sous la législation du Bas-Empire que le possesseur de bonne foi a été tenu de restituer les fruits non consommés.

6° A partir du sénatus-consulte Juventien; l'usucapion *pro herede* ne dût plus pouvoir être opposée au véritable héritier, même par un possesseur de bonne foi.

DROIT FRANÇAIS.

1° Le mariage putatif légitime les enfants naturels.

2° En cas de mariage putatif, les donations de biens présents doivent être maintenues, même à l'égard de l'époux de mauvaise foi.

3° La survenance d'un enfant, issu d'un mariage putatif, révoque de plein droit, même les donations qu'aurait faites à des étrangers l'époux de mauvaise foi.

4° Le débiteur qui a donné en paiement la chose d'autrui, aux termes de l'art. 1238, peut la répéter.

5° Le paiement, fait de bonne foi au faux cessionnaire de la créance, ne libère pas le débiteur.

6° En cas de paiement de l'indu, le *solvens* pourra revendiquer sa chose entre les mains du tiers acquéreur, à la condition, toutefois, d'indemniser l'*accipiens* de bonne foi de tout dommage résultant pour lui de l'éviction.

7° Les servitudes continues et apparentes ne peuvent jamais être prescrites que par 30 ans.

8° La franchise d'un immeuble, grevé d'une servitude prédiale, peut être acquise par la prescription de 10 à 20 ans.

9° L'héritier d'un possesseur de mauvaise foi ne fait pas siens, les fruits qu'il perçoit de bonne foi.

10° Le possesseur de bonne foi acquiert les fruits jour par jour.

11° Le possesseur a un droit de rétention pour se faire rembourser les dépenses, qu'il a faites sur la chose.

12° La vente faite par l'héritier apparent est nulle.

DROIT PÉNAL.

1° Le ministère public n'est pas obligé d'attendre, pour poursuivre la banqueroute simple ou frauduleuse, que la faillite ait été déclarée par le tribunal de commerce.

2° En cas de récidive, le juge doit appliquer d'abord l'aggravation de peine résultant de la récidive, et appliquer au tout la réduction résultant des circonstances atténuantes.

DROIT DES GENS.

1° Le traité du 10 mai, et la convention additionnelle du 11 décembre 1871, n'ont fait perdre la qualité de français qu'aux originaires des territoires cédés : les simples domiciliés sont restés français.

2° L'art. 18 du Code civil est applicable aux Alsaciens-Lorrains, qui, n'ayant pas opté dans les délais voulus, ont perdu la qualité de français.

Vu par le Président de la Thèse,
LABBÉ.

Vu par le Doyen,
G. COLMET DAAGE.

Vu et permis d'imprimer :
Le vice-recteur de l'Académie de Paris,
A. MOURIER.

Paris, A. Parent, imprimeur de la Faculté de Médecine, rue M.-le-Prince, 31.

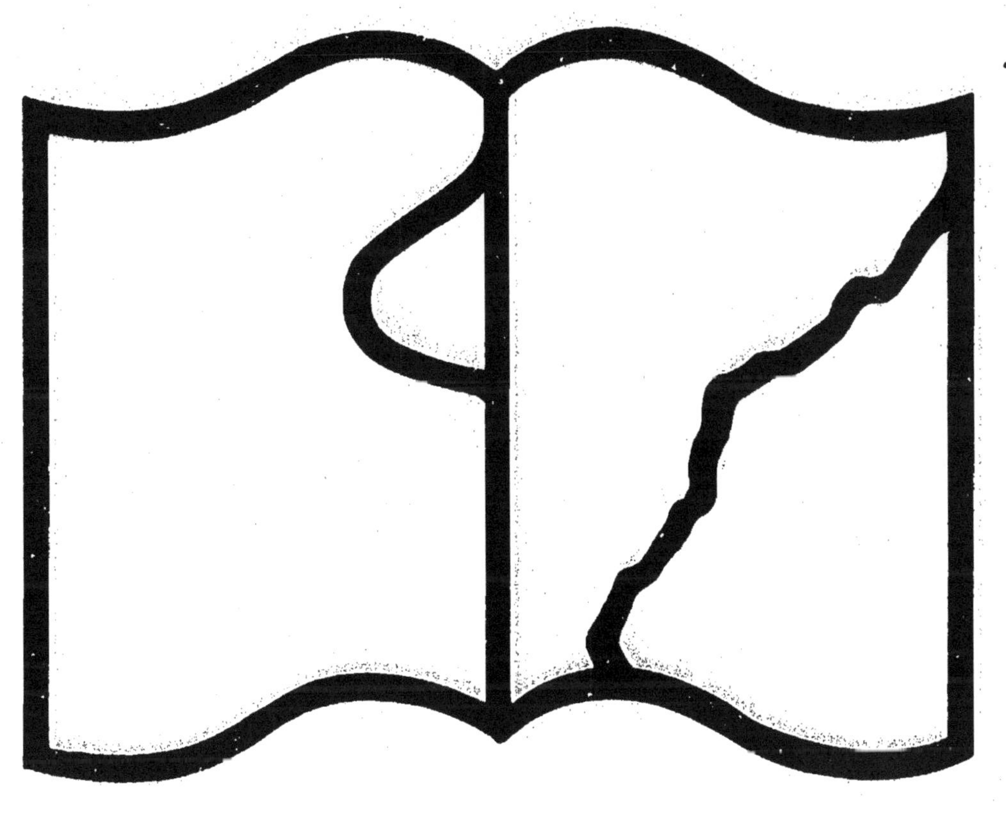

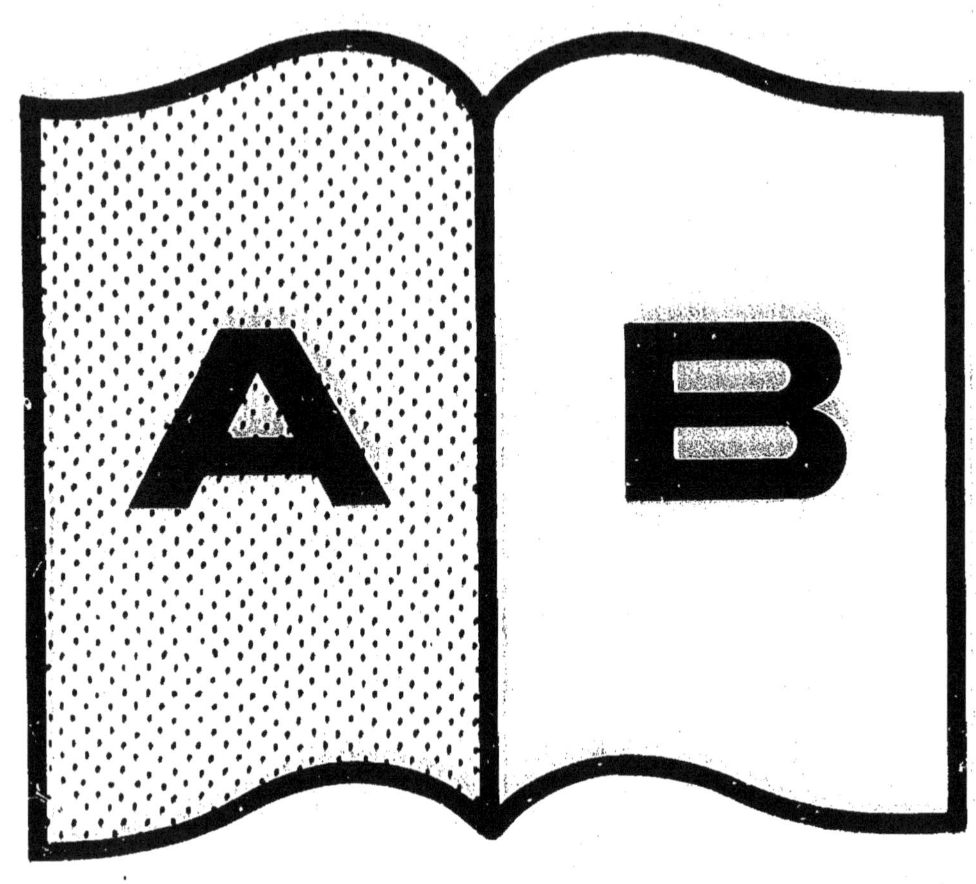

Contraste insuffisant

NF Z 43-120-14

www.ingramcontent.com/pod-product-compliance
Ingram Content Group UK Ltd.
Pitfield, Milton Keynes, MK11 3LW, UK
UKHW020116130726
13696UKWH00001B/63